Jörg Peltzer

1066

Jörg Peltzer

1066

Der Kampf
um Englands Krone

C.H.BECK

Mit 36 Abbildungen, 9 Karten und 6 Stammtafeln

Gesetzt aus der Dante MT und der Trade Gothic: Janß GmbH, Pfungstadt
Druck und Bindung: CPI – Ebner & Spiegel, Ulm
Umschlaggestaltung: Kunst oder Reklame, München
Umschlagabbildungen: Teppich von Bayeux. © akg-images / De Agostini Picture Lib. /
G. Dagli Orti (oben), © akg-images / Erich Lessing (unten)
Gedruckt auf säurefreiem, alterungsbeständigem Papier
(hergestellt aus chlorfrei gebleichtem Zellstoff)
Printed in Germany
ISBN 978 3 406 69750 0

www.chbeck.de

A. P. und E. W. P.

INHALT

KARTENVERZEICHNIS

VORWORT

Der Kampf um die englische Krone im Jahr 1066 war weichenstellend für die englische, ja europäische Geschichte. 2016 jähren sich die dramatischen Ereignisse jenes Jahres zum 950. Mal. Dies war Anlass für den Verlag C.H.Beck, dieses Buch in Auftrag zu geben, verbunden mit der Bitte, den Schlachten von Fulford Gate, Stamford Bridge und Hastings ausführlichen Raum in der Darstellung zu bieten. Für einen Historiker, der mehr an gesellschaftlichen Strukturen als an Schlachten interessiert ist, war diese Aufgabe Herausforderung und Chance zugleich. Wer waren die Männer, die 1066 ihr Leben für die englische Krone riskierten, was motivierte sie, in den Kampf zu ziehen? Welche Rolle spielten Schlachten im kriegerischen Alltag und welche Wertesysteme prägten das Handeln der Krieger? Welche Folgen hatten die Ereignisse von 1066 für England? Das sind nur einige Fragen, die sich bei dem Versuch aufdrängten, die Schlachten von 1066 in ihren weiteren gesellschaftlichen Kontext einzubetten.

Bei diesem Unterfangen habe ich sehr von John Gillingham profitiert, der so großzügig war, die einzelnen Kapitel unter großem Zeitdruck zu lesen und zu kommentieren. Er hat zur Schärfung der Argumentation wesentlich beigetragen. Dafür bin ich ihm sehr dankbar. David Bates, dessen große Biographie über Wilhelm den Eroberer in Bälde erscheinen wird, Hugh Doherty, Frank G. Hirschmann und Nicholas Vincent schulde ich Dank für Diskussionen zu einzelnen Fragen. Anuschka Gäng, Angela Peltzer und Max Wetterauer halfen beim Korrekturlesen, Debora Pape erstellte die Karten, Max Wetterauer die Bibliographie und Gabriel Zeilinger überprüfte für mich in Kiel in letzter Sekunde einen schlampig notierten Verweis. Ihnen allen gebührt ein großes Dankeschön. Besonderen Dank schulde ich Stefan von der Lahr und seinem Team bei C.H.Beck, namentlich Andrea Morgan, für die professionelle, vertrauensvolle und verlässliche Zusammenarbeit. Herr von der Lahr hatte die Idee für dieses Buch, und sein gründliches Lektorat hat dem Text gutgetan. Wichtige Grundlagen für ‹1066› konnte ich während meiner Zeit als Visiting Fellow von Clare Hall, Cambridge, im Wintersemester 2014/15 legen. Für die Nominierung stehe ich in der Schuld von Rosamond McKitterick, für die Wahl und für die Möglichkeit, meine Familie, die ansonsten in den letzten beiden Jahren viel zu kurz kam, ebenfalls im College unterzubringen, bin ich dem Präsidenten und den Fellows von Clare Hall zu Dank verpflichtet. Gewidmet aber ist dieses Buch meinen Eltern, nicht nur weil sie manchen Bezugspunkt zum Thema haben, sondern auch weil sie während des Schreibens die Zielgruppe dieser Arbeit personifizierten, die berühmten ‹interessierten Laien›.

1

EINLEITUNG

Eine Krone weckt Begehrlichkeiten

Am 4. oder 5. Januar 1066 starb Eduard, König von England, ohne dass eindeutig gewesen wäre, wer sein Erbe antreten sollte. Sein Tod eröffnete eines der berühmtesten Rennen der europäischen Geschichte um einen Thron. Nicht nur in England selbst, sondern im gesamten Nordseeraum brachten sich Männer in Stellung, die englische Krone zu erlangen. Am schnellsten reagierte der englische Earl Harold Godwinson, der sich am 6. Januar – dem Tag, an dem Eduard beigesetzt wurde – zum neuen König krönen ließ. In England fügte sich der letzte Abkömmling des alten Königshauses von Wessex, Edgar, dieser Machtergreifung, doch die Mitbewerber außerhalb Englands ließen sich nicht davon abschrecken, dass Harold Fakten geschaffen hatte. In Norwegen rüstete König Harald Hardrada für einen Eroberungszug, und in der Normandie tat es ihm Herzog Wilhelm gleich. Der Wettstreit erreichte seinen Höhepunkt zwischen dem 20. September und dem 14. Oktober 1066, als innerhalb von nicht einmal vier Wochen drei große Schlachten geschlagen wurden. Zwei Könige, Harald und Harold, sowie Abertausende von norwegischen, angelsächsischen und normannischen Kriegern ließen dabei ihr Leben.

Am Ende sollte der normannische Herzog Wilhelm das Rennen um die Krone für sich entscheiden. An Weihnachten 1066 wurde er zum englischen König gekrönt. Nie mehr danach wurde die englische Krone von einem landfremden Herrscher erobert. Dieser Erfolg trug Wilhelm den Beinamen ‹der Eroberer› ein und veränderte den Lauf der englischen Geschichte und damit des gesamten Nordseeraums maßgeblich. England wurde damals auf Jahrhunderte hinaus fest mit Frankreich verwoben, während sich die Verbindungen nach Skandinavien abschwächten. 1066 war wahrlich ein Schicksalsjahr der europäischen Geschichte.

Im Zentrum dieses Buchs stehen die dramatischen Ereignisse des Jahres 1066. Es geht darum, zu verstehen, warum der Kampf um die englische Krone nicht auf England begrenzt, sondern eine nordwesteuropäische Angelegenheit war, und nachzuvollziehen, warum Herrscher anderer Reiche ihr Leben und das Tausender ihrer Männer riskierten, um englischer König zu werden. Denn was 1066 so außergewöhnlich für seine Zeit macht, ist nicht so sehr die Tatsache, dass die Nachfolge König Eduards umstritten war, sondern wie der Streit geklärt wurde. Der Kampf bzw. die Bereitschaft zum Kämpfen gehörte zwar zum Alltag eines Adligen im 11. Jahrhundert und war gängiges Mittel, eigene Interessen durchzusetzen. Auch kam es gelegentlich zu größeren Schlachten, die auf eine Entscheidung angelegt waren, doch die gängige Strategie militärischer Konflikte zielte in der Regel auf die allmähliche Zermürbung des Gegners durch häufige Streifzüge, die vor allem gegen dessen materielle Ressourcen gerichtet waren. Die direkte Konfrontation wurde wegen der damit verbundenen Lebensgefahr nach Möglichkeit vermieden. Im Herbst 1066 aber geschah genau dies: Die Entscheidung um die englische Krone wurde in der Schlacht, im Kampf auf Leben und Tod gesucht. Die drei Schlachten von Fulford Gate, Stamford Bridge und Hastings waren deshalb auch für ihre Zeit außergewöhnlich dramatische Ereignisse.

Wer diese Ereignisse verstehen will, muss Vorgänge in Betracht ziehen, die sich lange vor 1066 zugetragen haben, und versuchen, die Lebenswelten und Ambitionen der Protagonisten der drei Schlachten zu begreifen. Diese Fokussierung auf die Akteure bedeutet dabei keineswegs die Rückkehr der ‹großen Männer, die Geschichte machten› durch die Hintertür auf die Bühne aktueller Geschichtsschreibung. Sie trägt vielmehr Ansätzen der jüngeren Forschung Rechnung, deren Vertreter danach fragen, welche Bedeutung die Demonstration persönlicher Fähigkeiten für den Rang der Akteure in ihren jeweiligen Gesellschaften hatte.[1] Im Kontext von 1066 kann man diese Frage auf den Stellenwert des Kämpfens für einen Adligen und insbesondere für einen Herrscher zuspitzen. Es geht mithin um ein besseres Verständnis des zeitgenössischen Wertesystems bzw. der Wertesysteme und um die Motive, die das Handeln der Männer leiteten, die bei Fulford Gate, bei Stamford Bridge und bei Hastings kämpften.[2] Die Ereignisse des Jahres 1066 bieten somit nicht nur Stoff für eine gute Geschichte, sondern öffnen gleichsam auch ein einzigartiges Fenster, durch das wir einen Blick auf die Werteordnung(en) der weltlichen Eliten Nordwesteuropas um die Mitte des 11. Jahrhunderts werfen können.

Die Quellen

Der Kampf um die englische Krone hinterließ nicht nur auf den Schlachtfeldern tiefe Spuren, sondern auch in der zeitgenössischen Berichterstattung. Zu keiner anderen Schlacht aus jenen Tagen liegen so viele Quellen vor wie zu Hastings. Selbst weit über den Kontinent verbreitete sich noch die Nachricht von Wilhelms Eroberung und wurde in verschiedenen Chroniken festgehalten.[3] Auch die Bandbreite der Überlieferungsformen ist beeindruckend: Von der Prosa dürrer Annalistik und opulenter Chronistik über die Poesie von Heldengesängen bis hin zur Verbildlichung auf dem Teppich von Bayeux reichen die Darstellungsweisen. Dieser enorme, seinesgleichen suchende Widerhall gründete zunächst auf der Bedeutung der Ereignisse. Geradezu geschockt hielt man in Niederaltaich fest, dass alleine auf Seiten der Sieger 12 000 Mann ums Leben gekommen, während die Verluste der Verlierer überhaupt nicht in Zahlen auszudrücken seien. Manche, so heißt es weiter, brachten dies mit dem zuvor am Himmel vorbeigezogenen Kometen in Verbindung.[4] Die Menschen verstanden, dass Besonderes geschehen war, und hielten die Geschichte fest. Darüber hinaus förderte die normannische Siegerpropaganda ganz wesentlich diesen Quellenreichtum. Wilhelm und seine Berater entwickelten ein ausgeprägtes Bedürfnis, die Eroberung zu legitimieren und die öffentliche Meinung in ihrem Sinne zu lenken. Ihre Version der Geschichte wurde von anderen Autoren, insbesondere der nächsten Generation anglo-normannischer Chronisten, verformt und zum Teil kritisch kommentiert. Dieser Quellenreichtum bedeutet auch, dass wir über die Schlacht von Hastings besser unterrichtet sind als über die Treffen von Fulford Gate und Stamford Bridge. Die Sieger dieser Schlachten erhielten keine Gelegenheit, ihre Heldentaten zu besingen. Gerade wegen der Vielfältigkeit der Quellen aber ist auch für die Ereignisse von Hastings und ihre Vorgeschichte keine präzise Rekonstruktion möglich. Schon Wilhelm von Malmesbury warnte zu Beginn des 12. Jahrhunderts seine Leser, dass er über den Verlauf seiner Erzählung der Eroberung Zweifel hege, weil die Tatsachen ungeklärt seien. Engländer wie Normannen hätten ihre eigene Version der Geschichte, und es seien diese unterschiedlichen Meinungen, die seine Erzählung gefährdeten, weil er nicht entscheiden könne, was die Wahrheit sei.[5] Den heutigen Historikern geht es kaum besser als Wilhelm von Malmesbury, aber im Unterschied zu ihm sehen sie den Wert ihrer Darstellungen dadurch nicht mehr gefährdet. Sie versuchen schon lange nicht mehr, in der Tradition Rankes «blos [zu] zeigen, wie es eigentlich gewesen»,[6] sondern haben gelernt, die Quellen und ihre Geschichten jeweils für sich ernst zu nehmen und unterschiedliche Wahrnehmungen zu respektieren. Es gilt die Schattierungen, Facetten, Eigenheiten und Zielsetzungen der durch die einzelnen Gewährsleute jeweils entworfenen Bilder herauszuarbeiten, um schließlich behutsam ein eigenes zu formen. Damit dieser Vorgang leichter nachzuvollziehen ist, werden die wichtigsten Quellen für die Geschichte von 1066 im Folgenden knapp vorgestellt. Der Fokus liegt dabei auf der narrativen Überlieferung, die wichtigste administrative Quelle der Zeit, das Domesday Book, wird im zwölften Kapitel im Kontext seiner Entstehung näher erläutert werden.

Die in altenglischer Sprache verfassten Angelsächsischen Chroniken sind die bedeutendsten narrativen Quellen zur englischen Geschichte bis zum Ende des 11. Jahrhunderts. Die Angelsächsischen Chroniken sind in sieben Handschriften und zwei Fragmenten überliefert, die von der Forschung durch die Buchstaben A bis I voneinander unterschieden werden. Sie gehen zurück auf einen gegen Ende des 9. Jahrhunderts in Wessex, vielleicht am Hof König Alfreds des Großen kompilierten Text, der dann in England zirkulierte. An verschiedenen Orten und zu unterschiedlichen Zeitpunkten wurde die Chronik fortgeführt, so dass wir es nicht mit einem, sondern mit mehreren Texten zu tun haben. Diese Varianten stehen wiederum in mitunter komplexen Beziehungen zueinander, sind also keine gänzlich unabhängig voneinander erstellten Fortsetzungen der ersten Chronik. Zum Teil schreiben die Autoren voneinander ab, zum Teil greifen sie ihrerseits wieder auf gemeinsame, heute aber verlorene Vorlagen zurück. Gleichwohl entwickeln sie jeweils ihre eigenen Perspektiven auf die Ereignisse und sind deshalb wichtige Gewährsmänner für unterschiedliche Wahrnehmungen politischer Entwicklungen.[7] Die wichtigsten Rezensionen der Angelsächsischen Chronik für die Geschichte des 11. Jahrhunderts sind C, D und E. Rezension C wurde wahrscheinlich in den frühen 1040er Jahren zusammengestellt, dann bis 1056 fortgeführt, ehe sie mit knappen Einträgen zu 1065 und 1066 mitten in der Erzählung der Schlacht von Stamford Bridge abbricht. Sie enthält verhältnismäßig viele Informationen zu den Earls von Mercien und erscheint ihnen gegenüber deutlich wohlwollender eingestellt als gegenüber Earl Godwin und seiner Familie, den ärgsten Konkurrenten der Earls von Mercien. Es wird deshalb vermutet, dass sie in Mercien verfasst wurde.[8] Die Einträge der Rezension D wurden für die Jahrzehnte um die Mitte des 11. Jahrhunderts sehr wahrscheinlich im Auftrag Ealdreds, Bischof von Worcester (1046–1062) und Erzbischof von York (1061–1069), verfasst und reichen bis ins Jahr 1079.[9] Rezension E wiederum wurde zwischen 1031 und 1121 in Canterbury fortgeführt, ehe sie nach Peterborough kam, wo sie bis 1154 weitergeschrieben wurde und in ihrer altenglischen Form wahrlich ein Relikt aus vergangenen Zeiten darstellte. Die in Canterbury formulierten Einträge zeichnen sich durch einen gegenüber Earl Godwin und seiner Familie freundlichen Zungenschlag aus. Sie bilden in dieser Hinsicht das Gegenstück zu C.[10]

Anders als die Angelsächsischen Chroniken ist die zwischen etwa 1124 und 1140 in Worcester von dem Mönch Johann verfasste Chronik auf Latein geschrieben. Doch ist sie inhaltlich eng mit ihnen verwandt. Eine der wichtigsten Vorlagen Johanns für seine Darstellung des 11. Jahrhunderts war nämlich eine heute verlorene Version der Angelsächsischen Chronik. Dies macht sein Werk trotz seines vergleichsweise späten Entstehungsdatums zu einer bedeutenden Quelle für die englische Geschichte jener Jahre.[11]

Neben den Angelsächsischen Chroniken stammen aus dem 11. Jahrhundert noch zwei gänzlich anders gestaltete Narrationen, die maßgeblich unser Bild von England in dieser Zeit prägen: das sogenannte «Loblied der Königin Emma» (*Encomium Emmae Reginae*) und das sogenannte «Leben König Edwards» (*Vita Ædwardi Regis*). Beide Texte wurden von englischen Königinnen in Auftrag gegeben und bieten einen einmaligen Einblick in deren Wahrnehmung der Dinge. Königin Emma, Witwe der englischen Könige Æthelred und Knut sowie Mutter des amtierenden Königs Hardaknut, ließ das *Encomium* 1041/42 wohl von einem Mönch des Klosters St. Bertin in St. Omer (Flandern) verfassen. Dieses «Loblied» präsentierte ihre Sicht auf die dänisch-englische Geschichte seit 1013 und zielte darauf ab, die Thronansprüche ihres Sohns Hardaknut zu stützen.[12] Hinter dem ein Vierteljahrhundert später verfassten «Leben König Eduards» stand Königin Edith, Eduards Frau und Schwester König Harolds. Sie erteilte den Auftrag dazu wahrscheinlich wieder einem Mönch aus St. Omer. Der Text wurde wohl in zwei Schritten verfasst – der erste Teil in den Jahren 1065/66, der zweite nach der Eroberung um etwa 1067. Der erste Abschnitt bietet eine Geschichte der Regierungszeit Eduards, in dem insbesondere Ediths Brüder Harold und Tostig gewürdigt werden. Der tragische Bruderzwist beschäftigte die Königin offensichtlich sehr. Der zweite Abschnitt konzentriert sich hingegen auf ihren Ehemann, König Eduard, und betont dessen hervorragende Eigenschaften. Er steht am Anfang der hagiographischen Verehrung des 1161 heiliggesprochenen Herrschers.[13] In ihrer Ausführlichkeit zeigt die *Vita* in eindrücklicher Weise, wie die mächtigste angelsächsische Familie, insbesondere die Königin, Eduards Regierungszeit wahrnahm und sich selbst darin verortete. Die Eroberung selbst aber wird nicht thematisiert. Sprachlos waren Edith und ihr Schreiber angesichts der Katastrophe, die ihre Familie heimgesucht hatte.

Vollmundig hingegen kündeten die normannischen Schreiber Wilhelm von Jumièges und Wilhelm von Poitiers vom Erfolg ihres Herzogs Wilhelm. Wilhelm, Mönch im normannischen Kloster Jumièges, verfasste seine «Taten der Herzöge der Normannen» in zwei Etappen. Eigentlich hatte er die in den frühen 1050er Jahren begonnene Arbeit bereits kurz vor 1060 abgeschlossen. Doch Herzog Wilhelms Eroberung der englischen Krone musste ihren Platz in seiner Geschichte finden, und so setzte er 1067, wahrscheinlich auf Bitten Wilhelms selbst, sein

Werk fort. 1070 beendete Wilhelm von Jumièges die Arbeit an seiner Chronik endgültig. Gerade für die Phase zwischen dem Tod Herzog Richards II. und der Eroberung ist Wilhelms Darstellung die wichtigste Quelle für die normannische Geschichte.[14] Seine Parteilichkeit zugunsten der normannischen Herzöge ist eindeutig, erscheint aber im Vergleich zu Wilhelm von Poitiers geradezu zurückhaltend.

Wilhelm von Poitiers war zunächst Ritter bevor er die geistliche Laufbahn einschlug und Priester wurde. Er war Kaplan Herzog Wilhelms und versah in einem heute nicht mehr genau zu bestimmenden Zeitraum das Amt eines Erzdiakons von Lisieux. Anders als der Mönch von Jumièges verfasste Wilhelm von Poitiers sein zwischen 1071 und 1077 entstandenes Werk «Die Taten Wilhelms» ganz aus der Rückschau der Eroberung der englischen Krone. Unter reicher Verwendung von Autoren der Antike richtete er es völlig auf die Überhöhung seines Helden König Wilhelm und die Legitimität der Eroberung aus. In seiner Wortgewaltigkeit war Wilhelm von Poitiers das wirkmächtigste Sprachrohr der normannischen Propaganda.[15] So wie sich König Wilhelm mit den antiken Feldherren messen konnte, ja sie sogar übertraf, so sah Wilhelm der Kleriker sein Wirken in der Tradition der Autoren der Antike. John Gillingham bezeichnete sein Werk folglich als «widerlich kriecherisch» (*nauseatingly sycophantic*),[16] und in der Tat ermüden die hochtönenden Elogen den Leser gelegentlich. Dennoch ist es bedauerlich, dass der Schluss seines Werks nicht überliefert ist und wir nur aufgrund des später schreibenden Orderic Vitalis davon zumindest teilweise indirekt Kenntnis haben. Bei all ihrer Parteilichkeit sind Wilhelms «Taten» eine der wichtigsten Quellen für unser Thema. Wer wissen will, wie König Wilhelm seine Eroberung rechtfertigte, wer wissen will, was einen idealen Ritter ausmachte, und wer wissen will, was von einem Heerführer erwartet wurde, der findet bei Wilhelm von Poitiers reichlich Antworten. Jener griff bei seiner Arbeit nicht nur auf klassische Autoren, sondern auch auf ein unmittelbar nach der Schlacht verfasstes Werk zurück, das «Lied von der Schlacht von Hastings», wahrscheinlich verfasst von Guido, Bischof von Amiens (1058–1074/75). Guido gehörte zur Familie der Grafen von Ponthieu, Nachbarn der normannischen Herzöge und zumindest mit einem Familienmitglied am Eroberungszug beteiligt. Bischof Guido war ebenfalls von der Rechtmäßigkeit der Eroberung überzeugt, aber in seinen Augen war der Erfolg nicht das Ergebnis einer rein normannischen, sondern einer gemeinsamen nordfranzösischen Leistung. Wilhelm hatte seinen großen Erfolg, so Guidos Botschaft, mit Hilfe seiner Nachbarn errungen.[17] So eröffnet Guidos Lied eine weitere Perspektive auf die Ereignisse, zumal wir noch sehen werden, dass er hinsichtlich des Verhaltens der Krieger in der Schlacht andere Wertevorstellungen vertrat als Wilhelm von Poitiers.

Die berühmteste zeitgenössische Erzählung der Eroberung aber ist weder eine Chronik noch ein Heldenepos, sondern eine Wollstickerei: der Teppich von Bayeux. Wenn man von Bauwerken absieht, ist der Teppich das größte erhaltene Artefakt des Hochmittelalters, das auf uns gekommen ist. Dabei ist der Tuchstreifen, der heute knapp über 68 Meter Länge und etwa einen halben Meter Höhe misst, noch nicht einmal vollständig: Das Ende des Teppichs ist verlorengegangen; wir wissen deshalb nicht, wie diese Bildgeschichte ursprünglich einmal aufgehört hat. Schon für seine Zeit dürfte der Teppich außergewöhnlich groß gewesen sein; es muss von vornherein beabsichtigt gewesen sein, ihn im Inneren eines großen Gebäudes zu zeigen. Es sind aber nicht nur die Maße, die die Besonderheit des Teppichs ausmachen. Seine Bilder – man hat 627 Darstellungen von Menschen, 190 von Pferden und Maultieren, 37 von Bäumen, 35 von Hunden, 33 von Gebäuden und 32 von Schiffen gezählt[18] – verschaffen der Erzählung über Earl bzw. König Harold und Herzog Wilhelm sowie der Schlacht von Hastings eine ihresgleichen suchende Anschaulichkeit. Die große Bedeutung der Stickerei für gleich eine ganze Reihe von Wissenschaftsdisziplinen schlägt sich in einer entsprechend hohen Anzahl von Forschungsarbeiten nieder, und es gibt kaum einen Aspekt, der nicht kontrovers diskutiert würde. 2013 veröffentlichte Shirely Ann Brown eine über 1000 Titel umfassende Bibliographie zu den Publikationen über den Teppich – und ein Ende der Diskussionen ist nicht abzusehen.[19] Für den Teppich von Bayeux gilt somit ganz Ähnliches wie für das Thema der Eroberung von 1066 insgesamt: Eine eindeutige Lesart liegt nicht vor. Sehr wahrscheinlich wurde die Stickerei in der Abtei von St. Augustinus in Canterbury angefertigt und noch zu Lebzeiten König Wilhelms fertiggestellt. Die lange Zeit die Forschung dominierende Annahme, dass der Halbbruder des Königs, Odo, Bischof von Bayeux und Earl von Kent, der Auftraggeber des Werks war, ist in der jüngsten eingehenden Studie über den Teppich angezweifelt worden.[20] Elisabeth Pastan und Stephen White sprechen sich dafür aus, dass die Initiative von den Mönchen selbst ausging, und in der Tat könnte Odos vergleichsweise prominente Darstellung auf dem Teppich schlicht damit erklärt werden, dass er als Earl von Kent der mächtigste Mann der Region um Canterbury war. Pastan und White argumentieren schließlich, dass die bisherigen Lesarten des Teppichs fehlgehen, denen zufolge er entweder eine abgeschwächte Variante der normannischen Sichtweise auf die Eroberung oder eine Kombination aus der normannischen und einer englischen, die Legitimation von Harolds Königtum propagierenden Version präsentiert. Stattdessen hätten die Mönche ganz bewusst ihre Erzählung offen und doppeldeutig gehalten, hätten absichtlich die Frage unbeantwortet gelassen, ob Harold oder Wilhelm der rechtmäßige Nachfolger Eduards gewesen war. Diese Offenheit machte die Geschichte kompatibel mit den verschiedenen Vorstellungen möglicher Betrachter. Jeder konnte sich mit seinen Ideen darin wiederfinden. Das gilt allerdings auch für den modernen Historiker, und insofern dürfte auch mit den Vorschlägen von Pastan und White noch nicht das letzte Wort über den Teppich von Bayeux gesprochen worden sein.

Diese Zurückhaltung in der Interpretation der Ereignisse von 1066 kennzeichnet in unterschiedlichen Graden die anglo-normannische Geschichtsschreibung der nächsten Generation.[21] Der früheste Autor dieser Gruppe, Eadmer von Canterbury, wurde um 1064 geboren, war Mönch in Canterbury und ein enger Vertrauter des Erzbischofs von Canterbury, Anselm (1093–1109). Da Anselm zur Zeit der Eroberung Prior der normannischen Abtei von Bec gewesen war, hatte Eadmer seinen eigenen Informanten über die Ereignisse dieser Jahre für seine «Geschichte der Neuigkeiten».[22] Sein spielerischer, eigenständiger Umgang mit der normannischen Propaganda macht seine Darstellung besonders wertvoll. Jünger als Eadmer waren die beiden bedeutendsten Vertreter lateinischer Historiographie im England der ersten Hälfte des 12. Jahrhunderts, Wilhelm von Malmesbury und Heinrich von Huntingdon. Wilhelm, Mönch in Malmesbury, war ein skrupulös arbeitender Historiker. Auf ausgedehnten Reisen suchte er in Gesprächen und in Bibliotheken nach Informationen und Materialien zu seiner um 1125 fertig gestellten «Geschichte der englischen Könige». Wir haben bereits gesehen, dass ihm all diese Mühen dennoch zu keiner eindeutigen Antwort auf seine Fragen zur Eroberung Englands verhalfen. Gleichwohl war er überzeugt davon, dass sie letztlich die Strafe Gottes für das sündige Verhalten des englischen Volks gewesen sei. Der Normanne Wilhelm war somit lediglich das Instrument göttlichen Willens.[23] Ähnlich betrachtete Heinrich, Erzdiakon von Huntingdon, in seiner in größtenteils zwischen 1123 und 1130 geschriebenen, dann noch bis in die Regierungszeit König Stephans (1135–1153) fortgesetzten «Geschichte des englischen Volks» die Eroberung als Gottesurteil über das englische Fehlverhalten. Auch Heinrich suchte nach Quellen für seine Darstellung, ließ mündlich tradierte Geschichten miteinfließen, und manches ist nur bei ihm überliefert.[24]

In der Normandie war der Benediktinermönch Orderic Vitalis der bedeutendste Autor der nächsten Generation. In England im Jahr 1075 geboren, wurde er alsbald Mönch des normannischen Klosters St. Evroul. Um etwa 1114 begann er mit der Abfassung seiner monumentalen «Kirchengeschichte», die in ihrer etwa dreißigjährigen Entstehungszeit zugleich eine Abhandlung der anglo-normannischen Geschichte wurde. Orderic beurteilte König Wilhelm grundsätzlich positiv, verhielt sich insgesamt aber zurückhaltender als Wilhelm von Poitiers in der Bewertung normannischer Größe. Orderic ist nicht nur für seine Zeit ein zentraler Autor, sondern bietet auch einiges von Interesse für das 11. Jahrhundert. Aus eigenen Quellen ergänzte er die knappen Angaben Wilhelms von Jumièges zu den Ereignissen in der Normandie vor der Eroberung und in seiner Kirchengeschichte verarbeitete er zumindest zum Teil den heute verlorenen Schluss der Erzählung von Wilhelm von Poitiers.[25] In den 1160er Jahren schließlich entstand in der Normandie das Versepos «Die Geschichte von Rollo», verfasst im Auftrag König Heinrichs II. von Wace, einem Kanoniker der Domkirche von Bayeux. Er griff dabei auf die gerade genannten normannischen Autoren zurück, suchte ihre Angaben aber ähnlich wie Heinrich von Huntingdon durch mündliche Traditionen zu ergänzen. Seinem Vater, zum Beispiel, verdankte er die Informationen über das Auslaufen der normannischen Flotte 1066. Trotz der erheblichen zeitlichen Entfernung gesteht ihm die Forschung deshalb dennoch einigen Quellenwert für die normannische Eroberung zu.[26]

Bei all dem Reichtum der normannischen, englischen und anglonormannischen Quellen tritt die karge skandinavische Überlieferung in den Hintergrund. Adam von Bremen, der in den 1070er Jahren seine «Taten der Bischöfe der Kirche von Hamburg» verfasst hat, ist noch der beste Informant zu den dänischen Verhältnissen der Zeit.[27] Aus Norwegen sind keine Erzählungen überliefert, die im 11. Jahrhundert niedergeschrieben worden wären. Gleiches gilt für administrative Quellen; am ehesten noch liefert die Archäologie belastbares Material aus dieser Zeit. Erst seit dem 12. Jahrhundert wurden die Sagas, das heißt die Erzählungen über die Taten der norwegischen Könige, zu Pergament gebracht. Die ausführliche Niederschrift der Heldengeschichten über König Harald sind schließlich isländischen Initiativen aus der ersten Hälfte des 13. Jahrhunderts geschuldet, zunächst der um 1220 entstandenen *Morkinskinna*, dann der kurz darauf verfassten *Fagrskinna* und schließlich der in den frühen 1230er Jahren abgeschlossenen *Heimskringla*.[28] Das Genre des Heldenepos und die späte Verschriftlichung machen es nicht einfach, die historischen Figuren scharf zu erfassen. Gleichwohl sind die Sagas als historische Quelle nicht nur für die Jahre ihrer Abfassung, sondern auch für frühere Zeiten brauchbar. Gerade der Abgleich mit anderen Quellen zu König Haralds Leben zeigt, dass die Sagas keine frei erfundenen, gleichsam als Passepartout jedem König überzustülpende Geschichten waren, sondern eine gewisse Historizität beanspruchen können.[29] Sie auszuwerten unterscheidet sich deshalb nicht wesentlich von der Arbeit mit dem Werk Wilhelms von Poitiers, nur dass dessen Werteordnung aus der Zeit der von ihm behandelten Protagonisten stammte, während bei den Sagas zunächst einmal von jenen Wertevorstellungen auszugehen ist, die in der ersten Hälfte des 13. Jahrhunderts galten.

1066 – ein Evergreen der Geschichtsschreibung

Diese insgesamt relativ gute Überlieferungslage und die zentrale Bedeutung der Ereignisse von 1066 für die europäische Geschichte machen das Thema zu einem Evergreen der Geschichtsschreibung – ganz gleich, ob sie in den Klöstern des 12. oder in den Universitäten des 21. Jahrhunderts betrieben wird. Wie waren die Ansprüche der Thronprätendenten von 1066 legitimiert, wie versuchten sie, ihre Ansprüche durchzusetzen? Warum endeten die Schlachten so und nicht anders? Welche Konsequenzen hatte die Eroberung für England? Auf welchen Feldern kam es zu radikalen Neuerungen und wo dominierten Kontinuitäten? Das sind nur einige der Fragen, die die Forschung seit jeher umtreiben. Die Antworten darauf sind kaum mehr zu überblicken, und es wäre abwegig, an dieser Stelle zu versuchen, einen adäquaten Überblick über die zahllosen Publikationen zu geben.[30] Dies wäre Gegenstand eines eigenen bzw. gar mehrerer Bücher.[31] Festzuhalten ist lediglich, dass es zu fast jedem Aspekt mindestens zwei verschiedene Meinungen gibt, und kein seriöser Mediävist würde behaupten, dass es *die eine* Meistererzählung der Ereignisse von 1066, ihrer Ursachen und Folgen gebe. Am intensivsten werden die Debatten traditionell in der englischsprachigen Forschung geführt. Berühmt-berüchtigt ist die Kontroverse zwischen Edward August Freeman und John Horace Round, die Ende des 19. Jahrhunderts im Anschluss an die Publikation von Freemans monumentalem Werk *History of the Norman Conquest* geführt wurde.[32] Im Ton sind die Auseinandersetzungen heute weniger scharf und persönlich, können aber nach wie vor sehr deutlich geführt werden.[33] 1066 lässt den Puls in der englischen Mediävistik immer noch schneller schlagen. Das liegt nicht zuletzt daran, dass das Thema fest im Bewusstsein der englischen Bevölkerung verankert ist. In einer 2010 in England durchgeführten Umfrage lautete bezeichnenderweise die erste Frage nicht, ob die normannische Eroberung bekannt, sondern wie wichtig sie für die britische Geschichte sei. Die Antwort fiel eindeutig aus: Für 52 Prozent der befragten Engländer war sie sehr wichtig, für 31 Prozent immerhin noch wichtig. Nur ein Prozent fanden die Eroberung bedeutungslos.[34] Wer in England aufwächst, wächst mit 1066 auf – und mit jenen Bildern der Ereignisse, die Schule und Medien prägen. Die Folge ist ein vergleichsweise großes öffentliches Interesse an den wissenschaftlichen Diskussionen, die um dieses Thema kreisen. Im deutschsprachigen Raum ist das nicht der Fall. Hier dominiert, wenn überhaupt, der nur elf Jahre nach Hastings stattfindende Gang nach Canossa die Geschichtsbilder vom 11. Jahrhundert. Auf beiden Seiten des Ärmelkanals sind es nach wie vor die im 19. Jahrhundert gelegten Grundlinien nationaler Geschichtsschreibung, die bis heute ihre Wirkung entfalten. Hastings und Canossa sind aber weder national zu vereinnahmen, noch sind sie auf die Geschichten spezifischer Königreiche des 11. Jahrhunderts zu reduzieren. Sie sind stattdessen als Chiffren für Ereignisse und Veränderungen von europäischer Dimension zu begreifen.[35] Die Chiffre 1066 zumindest teilweise zu entziffern, ist Ziel dieses Buchs. Es ist dezidiert für Nichtspezialisten geschrieben, die berühmten ‹interessierten Laien›, und versteht sich mithin als Einführung in ein komplexes Thema.

Am Anfang einer jeden Abhandlung über 1066 muss die Frage stehen: Um was ging es damals eigentlich? Deshalb beginne ich meine Darstellung mit einer Verortung Englands im politischen Gefüge Nordwesteuropas in der ersten Hälfte des 11. Jahrhunderts und einer Skizze dessen, was es bedeutete, englischer König zu sein. Es folgen Kapitel zu Harold, Wilhelm und Harald. Diese Portraits setzen bereits in den ersten Jahrzehnten des 11. Jahrhunderts an, um die strukturellen Bedingungen besser fassen zu können, die mittel- und langfristig die Handlungsspielräume der drei Thronprätendenten beeinflussten. Ganz bewusst werden dabei Konflikte eingehend in den Blick genommen, welche die Protagonisten vor 1066 ausfochten. Zum einen eröffnet diese Vorgehensweise grundsätzliche Einblicke in Strategien zeitgenössischer Konfliktbewältigung und -führung. Zum anderen gewinnen wir einen Eindruck von der Beschaffenheit der Machtgefüge der jeweiligen politischen Landschaften, von Bündnissen und Rivalitäten. Gerade für England ist dieser Aspekt von einigem Interesse, bleibt es doch ein bemerkenswerter, wenngleich bis heute ungeklärter Umstand, dass mit den Brüdern Earl Edwin von Mercien und Earl Morkar von Northumbrien die führenden Köpfe der zweitmächtigsten angelsächsischen Familie nicht in Hastings kämpften. Schließlich eröffnet die detaillierte Analyse der ‹Konfliktkarriere› der Thronprätendenten die Möglichkeit, ihr Verhalten in politischen und zum Teil kriegerischen Auseinandersetzungen zu studieren und so ihr Vorgehen 1066 differenziert zu betrachten. Die Kapitel zu Harold, Wilhelm und Harald stellen folglich zumindest in Teilen die Geschichte des nordwesteuropäischen Raums für die Jahrzehnte zwischen 1030 und 1066 dar. Sie münden in den Kapiteln über die Schlachten von 1066 und Wilhelms Krönung. Da der Sieg von Hastings allerdings keinesfalls gleichbedeutend mit der Eroberung Englands war, die Konfliktlinien von 1066 noch einige Zeit weiter bestanden und Wilhelms Krone alles andere als sicher auf seinem Haupt saß, verfolge ich im nächsten Kapitel den Verlauf der Auseinandersetzungen bis zu Wilhelms Tod 1087 und damit die Phase der eigentlichen Eroberung. Das abschließende Kapitel ist einigen ausgewählten Bereichen der in der Forschung so oft und intensiv diskutierten Folgen der normannischen Herrschaftsübernahme gewidmet.

2
DER PREIS

Die Schlachten, die im Herbst 1066 bei Stamford Bridge und Hastings geschlagen wurden, waren keine gewöhnlichen Scharmützel in einer kriegerischen Zeit. Es waren vielmehr Entscheidungsschlachten, in denen Herrscher mit vielen tausend Mann miteinander auf Leben und Tod um den englischen Thron kämpften. Nach dem Tod König Eduards im Januar 1066 griff Earl Harold nach der Krone und verteidigte sie bis zum letzten Atemzug. Zielgerichtet zogen König Harald von Norwegen und Herzog Wilhelm von der Normandie an der Spitze ihrer vielköpfigen Heerscharen nach England, um jeweils für sich König Harold herauszufordern und dabei ihr Leben zu riskieren. Was aber machte diese Krone so erstrebenswert? Was bedeutete es vor dem Schicksalsjahr 1066, englischer König zu sein? In diesem ersten Kapitel soll in groben Zügen das angelsächsische Königreich zwischen etwa 1000 und 1066 skizziert werden.

Zunächst richtet sich der Blick auf die Lage Englands in Nordwesteuropa. Im Mittelpunkt stehen die Verbindungen des englischen Königreichs nach Skandinavien und in die Normandie, um Haralds und Wilhelms Invasionen besser einordnen und verstehen zu können. In einem zweiten Schritt werden die Verhältnisse im englischen Königreich selbst, die Position des Königs, seine königliche Würde und die Ressourcen seiner Herrschaft vorgestellt. In diesem Zusammenhang geht es nicht zuletzt darum, weitere wichtige Akteure der politisch-sozialen Ordnung Englands kennen zu lernen – Bischöfe, Earls, die Thegns und die Ceorls (diese beiden Begriffe werden weiter unten erläutert). Schließlich wird im Hinblick auf die Schlachten von Stamford Bridge und

Hastings etwas ausführlicher auf den gesellschaftlichen Stellenwert des Kämpfens und die militärische Organisation des englischen Königreichs eingegangen. Bestanden überhaupt realistische Aussichten, die englische Krone im Kampf zu erringen?

England im Gefüge Nordwesteuropas um das Jahr 1000

Um das Jahr 1000 erschienen einem zentraleuropäischen Betrachter die Britischen Inseln eher entfernt an der nordwestlichen Peripherie gelegen. Aus der Perspektive eines Nordseeschiffers aber besaßen sie eine sehr viel zentralere Lage. Sie bildeten eine Schnittstelle zwischen dem westlichen Kontinent und Skandinavien und damit auch zwischen der christlichen Welt, zu der sie selbst zählten, und einer noch weitgehend nicht-christlich geprägten Region. Die Intensität der Verbindungen sowohl auf den Kontinent als auch nach Skandinavien variierte freilich im Lauf der Jahrhunderte.[1] Die geographische Lage führte nicht zwangsläufig zu einem gleichbleibend hohen Grad des Austauschs. Es hing von den Interessen der Akteure ab, wie und in welchem Ausmaß Verflechtungen hergestellt wurden.

Die Verbindungen nach Skandinavien wurden ganz maßgeblich durch die Wikinger geschaffen und gestaltet. Seit dem Ende des 8. Jahrhunderts unternahmen skandinavische Seefahrer Raubzüge auf den Britischen Inseln. Das erste Mal, so die Angelsächsische Chronik A, dass die Dänen das Land der Engländer heimgesucht hätten, war im Jahr 789, als die Besatzung dreier Schiffe nach ihrer Ankunft einen königlichen Vogt tötete.[2] Vier Jahre später kam es zu dem berühmten Überfall auf das Kloster Lindisfarne an der nordwestenglischen Küste, als «ein Raubzug heidnischer Männer in schrecklicher Weise die Kirche Gottes auf Lindisfarne durch Plünderei und Gemetzel verwüstete».[3] Dieser Angriff steht geradezu paradigmatisch für den Beginn wikingischer Raubfahrten in ganz Nordwesteuropa. Auf ihren schnellen, wendigen und auch auf Flüssen einsetzbaren Schiffen schlugen die Wikinger blitzschnell zu und verbreiteten Angst und Schrecken. Die Britischen Inseln waren fortan wiederholtes Ziel ihrer Unternehmungen.[4]

Karte 1 *Der Nordseeraum*

Die wikingischen Angriffe des 9. Jahrhunderts rückten die Britischen Inseln nicht nur dauerhaft in den Wahrnehmungshorizont der Skandinavier, sie veränderten auch spürbar ihre politische Landschaft. Denn nicht wenige Invasoren kamen, um zu bleiben. Die Folge waren bedeutende skandinavische Siedlungs- und Herrschaftsbildungen. In Irland wurde Dublin das Zentrum nordischer Könige, und in England sorgte die Invasion der sogenannten großen dänischen Armee für eine langfristige Neuordnung der Herrschaftsverhältnisse. Mitte der 860er Jahre setzte eine große dänische Flotte nach England über. Über ein Jahrzehnt, bis 878, streiften die Dänen kriegführend über die Insel und eroberten weite Teile Ost- und Mittelenglands. Auch das im Süden gelegene Königreich Wessex bedrängten sie hart, doch unterlagen sie in der Schlacht von Edington (Wiltshire) 878 dem westsächsischen König Alfred. Daraufhin einigten sie sich auf eine Abgrenzung ihrer jeweiligen Herrschafts- bzw. Einflussbereiche. Die Grenze verlief in etwa in einer Diagonale von London im Osten nach Chester im Westen. Südlich davon herrschte Alfred, nördlich davon sollten die Dänen das Sagen haben. Später sprach man von den Regionen dichter dänischer Besiedlung von dem Gebiet des Danelags, also der Gegend, in dem dänisches Recht galt.[5] Die höchste Siedlungsdichte herrschte in Ostmittelengland in der Gegend von York. Von dort bestimmten skandinavische Könige zwischen 866 und 954 die Geschicke der Region. Ganz zu Recht sprechen Historiker in diesem Kontext eher von einer anglo-skandinavischen als einer angelsächsischen Gesellschaft.[6]

Die dänischen Angriffe auf Wessex setzten Prozesse in Gang, die für die zukünftige Formierung des englischen Königreichs von erheblicher Bedeutung waren. So organisierte als Reaktion auf die dänische Bedrohung König Alfred das Militärwesen neu und schuf eine schlagkräftige Armee zu Land und zu Wasser, die in England ihresgleichen suchte.[7] Darüber hinaus wurde der Anspruch formuliert, den Widerstand gegen die Dänen auch jenseits des eigenen Herrschaftsgebiets anzuführen. Alfred betrachtete sich nicht nur als Anführer der Menschen in Wessex, sondern aller durch die Dänen bedrohten oder bereits beherrschten Angelsachsen. Nicht zuletzt in diesem Kontext wurde in Alfreds Umgebung die Existenz einer über Wessex hinausgreifenden, die anderen Regionen ebenfalls umfassenden englischen Identität propagiert. Die Vorstellung einer solchen kollektiven Identität geht wohl bis in das frühe

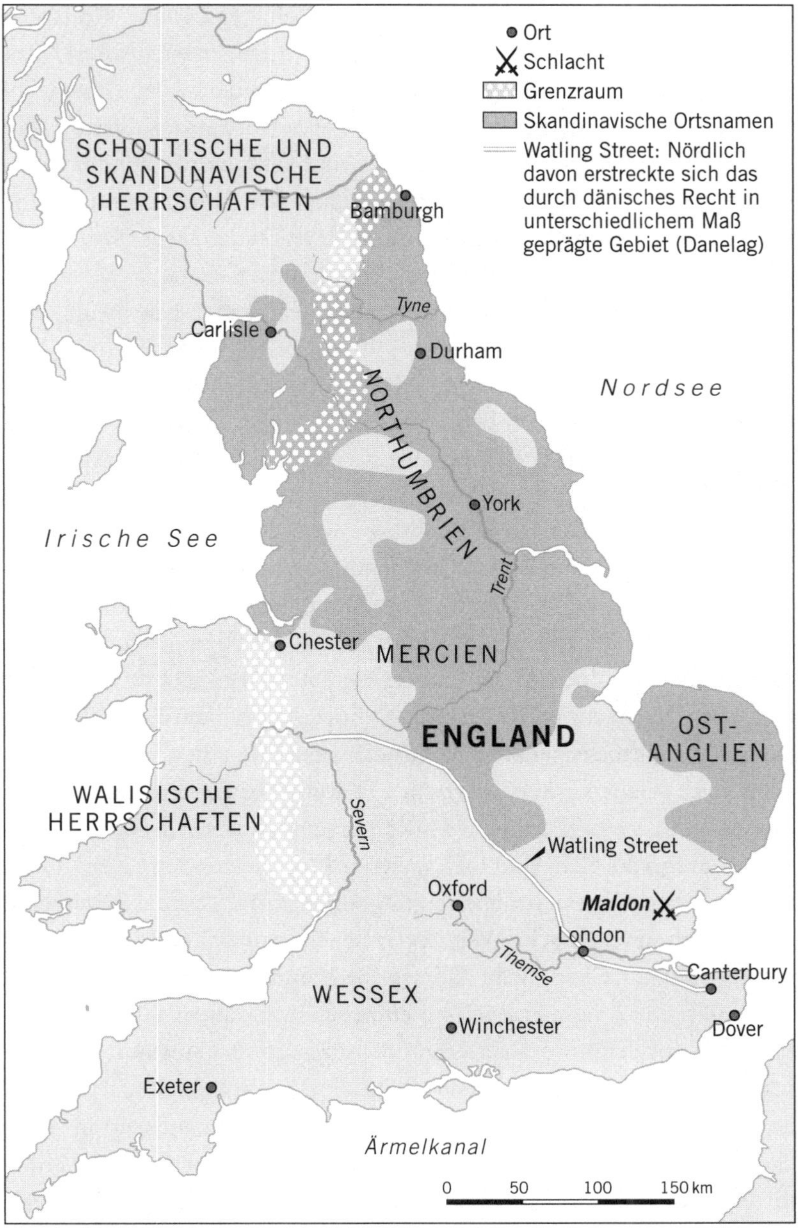

Karte 2 *Großbritannien um 1000*

8. Jahrhundert zurück, gewann aber damals eine ganz neue Kraft und Wirkung entfaltende Dynamik. Für seine Anhänger war Alfred nicht mehr nur König der West-Sachsen (Wessex), sondern aller Angelsachsen.[8] Wenn also in den folgenden Jahrzehnten von Wessex die Initiative für eine größere Reichsbildung ausging und wenn dort – aus der Rückschau betrachtet – die Bildung des englischen Königreichs ihren Anfang nahm, dann gehörte die große dänische Invasion der 860er / 870er Jahre zu den Faktoren, die diese Entwicklung mitverursachten.

Die Formierung des englischen Königreichs war gleichwohl kein geradliniger oder gar vorbestimmter Prozess. Die im 10. Jahrhundert erfolgende schrittweise Ausdehnung der Autorität der Könige von Wessex nach Norden hin, über Mercien und Ostanglien schließlich bis Northumbrien, folgte keinem Automatismus. Andere Entwicklungsverläufe wären ebenfalls möglich gewesen. Doch gegen Ende des 10. Jahrhunderts nahm das Königreich schärfere Konturen an. Es wurde zunehmend als zu bewahrende politische Einheit betrachtet,[9] auch wenn wir noch sehen werden, dass Teilungen bis in die Mitte des 11. Jahrhunderts hinein denkbar blieben. In dieser Phase englischer Reichsbildung in den letzten Jahrzehnten des 10. Jahrhunderts kam es erneut zu heftigen Attacken der Wikinger. Nachdem auf der Nordsee einige Jahrzehnte vergleichsweise ruhige Verhältnisse geherrscht hatten, verstärkten sich seit etwa 980 wieder die Angriffe skandinavischer Flottenverbände auf England. Sie mündeten in den Eroberungen des Königreichs zunächst durch den dänischen König Sven Gabelbart 1013 / 14, dann durch dessen Sohn Knut in den Jahren 1015 / 16. Knuts Thronbesteigung sorgte dafür, dass die Einbindung Englands in die nordische Welt noch intensiver und geradezu institutionalisiert wurde. Gleichzeitig führten die skandinavischen Attacken auf das englische Königreich auch zu einer sehr viel engeren Verflechtung Englands mit der Normandie. Die Ereignisse um die Jahrtausendwende schufen Verknüpfungen, die 1066 virulent werden sollten. Zugespitzt formuliert: Ohne die dänische Eroberung ist die normannische Invasion kaum zu verstehen, ohne 1016 kann man 1066 nicht erzählen. So werden im Folgenden zunächst die herrschaftlichen Verflechtungen Englands mit Skandinavien in den ersten Jahrzehnten des 11. Jahrhunderts näher in den Blick genommen, bevor im Weiteren die Beziehungen zwischen England und der Normandie entfaltet werden.

England und Skandinavien

England war um das Jahr 1000 ein lohnendes Ziel für die Wikinger. Angeblich wurden in den Jahren zwischen 991 und 1016 insgesamt über 150 000 Pfund Silber an Tributleistungen bezahlt.[10] Kriegsherren wie der Däne Thorkell der Lange, der mit seiner zahlreichen Gefolgschaft zwischen 1009 und 1012 sengend und brennend durch Südengland zog, erpressten hohe Zahlungen. 48 000 Pfund erhielten sie schließlich von König Æthelred. Wenn der Sold stimmte, konnten sie ihre Kampfkraft aber auch dem englischen König zu Verfügung stellen. Nachdem Æthelred den Tribut geleistet hatte, wechselte Thorkell bis 1014 in dessen Dienste.[11] In dieser Funktion kämpfte er vor allem gegen den dänischen König Sven Gabelbart, der 1013 eine große Flotte gen England führte. Anders als Thorkell ging es Sven aber weniger um schnelle Beute als um die englische Krone selbst. Die Nordsee sollte zur Drehscheibe seines königlichen Vorrangs und seiner Herrschaft werden. England hatte mehr zu bieten als nur sein Silber.

Zunächst erfüllten sich Svens Ambitionen. Rasch eroberten er und sein Sohn Knut große Teile des englischen Königreichs und zwangen Æthelred in die Flucht. Doch ehe Sven seinen Triumph richtig auskosten konnte, starb er nur wenige Monate später im Februar 1014. Knut, den seine Anhänger schon zum englischen König gekürt hatten, zog sich nach Dänemark zurück. Ob er dort gemeinsam mit seinem Bruder Harald den Thron übernahm oder eine Harald nachgeordnete Rolle spielte, ist ungewiss.[12] England jedenfalls, das inzwischen wieder von dem aus seinem normannischen Exil zurückgekehrten Æthelred regiert wurde, behielt Knut fest im Blick. Seine Ambitionen auf die englische Krone hatte er nicht aufgegeben. Sie bot ihm die Möglichkeit, (alleinigen) königlichen Rang zu erlangen. Im September 1015 wagte Knut einen großangelegten Angriff, vielleicht ermutigt durch Streitigkeiten zwischen Æthelred und dessen Sohn Edmund. Bis Ende des Jahres hatte Knut sich in Wessex durchgesetzt, doch Edmund, der nach Æthelreds Tod im April 1016 die Nachfolge als König antrat, führte einen erbitterten Verteidigungskampf. In dieser Zeit verdiente er sich seinen Beinamen ‹Eisenseite›, der – so die Angelsächsische Chronik D einige Jahre später – seinen Mut zum Ausdruck bringen sollte.[13] Mehrere Schlachten brachten keine Entscheidung, bis Knut schließlich am 18. Oktober 1016, über ein Jahr nach seiner Landung, Edmund bei ‹*Assandun*› (die Lokalisierung des Orts ist strittig) besiegte. Kurz darauf einigten sie sich auf einen Frieden, in dem sie die Teilung des Königreichs vereinbarten. Alles Land südlich der Themse verblieb bei Edmund, während Knut das Land nördlich der Themse erhielt. Darüber hinaus sicherte ihm Edmund zu, den Sold für Knuts Armee zu bezahlen. Die Teilung des Königreichs entfaltete allerdings keine Wirkung, da Edmund bereits am 30. November 1016 unter ungeklärten Umständen verstarb. Knut übernahm daraufhin die Herrschaft im gesamten Königreich,[14] 1019 folgte die dänische Krone nach dem Tod oder der Absetzung seines Bruders Harald.[15] Neun Jahre später, 1028, sicherte er sich schließlich noch den norwegischen Thron.[16] England war nun Teil eines Nordseeimperiums und Knut einer der mächtigsten und angesehensten Herrscher Europas. Schon 1027 hatte er von seiner Romreise nach England berichtet, wie ehrenvoll er dort vom Papst und von Kaiser Konrad behandelt worden sei. Insbesondere der Kaiser habe ihm wertvolle Geschenke, goldene und silberne Gefäße, Seidengewänder und kostbare Stoffe verehrt.[17] Die kaiserlichen Chronisten wissen davon zwar nichts und betonen ihrerseits, dass Knut den kaiserlichen Vorrang anerkannt habe.[18] Dass Knut aber in den Augen des Kaisers zu den vornehmsten europäischen Herrschern zählte, lässt die 1030 getroffene Heiratsvereinbarung erkennen, die eine Ehe zwischen seinem Sohn Heinrich und Knuts Tochter Gunhild vorsah. Ein Jahr nach Knuts Tod 1035 fand die Hochzeit tatsächlich statt. In der kaiserlichen Pfalz zu Nimwegen wurde sie prächtig gefeiert.[19]

Knuts Nordseereich hatte über seinen Tod hinaus keinen Bestand. Seine Söhne konnten Norwegen nicht behaupten. Gleichwohl war Knuts Imperium weit mehr als nur Episode. Die herrschaftlichen Verknüpfungen zwischen Dänemark und Norwegen blieben lang über 1035 hinaus virulent. Wir werden darauf später im Kontext der Karriere Harald Hardradas noch ausführlicher zurückkommen. Gleiches galt für die dänisch-englischen Verbindungen. Nach Knuts Tod wurde in Dänemark sein Sohn Hardaknut König. Hardaknut hatte wohl auch den ersten Anspruch auf die Herrschaftsnachfolge in England, dort aber suchte sich sein Halbbruder Harold den Thron zu sichern. Zunächst sollte eine Teilung des englischen Königreichs helfen, den Thronstreit beizulegen. Wie schon bei der Teilung von 1016 bildete die Themse die Grenze zwischen den beiden Reichen: Harold sollte König von Mercien und Northumbrien sein, Hardaknut von Wessex. Doch weil Hardaknut in Dänemark gebunden war und seine Ansprüche in Wessex nicht persönlich geltend machen konnte, setzte sich Harold 1037 schließlich in ganz England durch. Erst nach dessen Tod 1040 konnte Hardaknut wieder die Personalunion zwischen Dänemark und England herstellen.[20] Diese war zwar nur von kurzer Dauer, denn Hardaknut starb bereits zwei Jahre später. Sie unterstreicht aber noch einmal die enge Verflechtung Englands mit den skandinavischen Nordseeanrainern. Fester denn je war England im 11. Jahrhundert in den Nordseeraum eingebunden. Für Dänen und Norweger war England kein weit entferntes Reich, sondern Teil der eigenen, unmittelbaren Welt. Dorthin fuhr man, um zu kämpfen, zu handeln, zu siedeln und auch um zu herrschen. Ein enges Netz verwandtschaftlicher, herrschaftlicher und kommerzieller Kontakte verband die Nordseeanrainer. Mit den Menschen reisten Güter und Nachrichten auf Booten schnell von einer Seite der Nordsee auf die andere. Man wusste in der Regel gut übereinander Bescheid.[21] Wenn also schließlich 1066 mit König Harald Hardrada ein Prätendent für den englischen Thron aus Norwegen kam, dann war das für die Zeitgenossen keine große Überraschung, sondern letztlich eine fast logische Konsequenz dieser engen Verflechtungen.

England und die Normandie

Ganz ähnliche Voraussetzungen lagen den Ambitionen des normannischen Herzogs Wilhelm zugrunde. An der Südseite des Ärmelkanals gelegen, war das Herzogtum Teil sowohl des Nordseeraums als auch der kontinental ausgerichteten Welt der *Francia*, für die die Drehscheibe Nordsee eher an der Peripherie als im Zentrum des Handelns lag. Der Blick der normannischen Herrscher richtete sich im 10. und 11. Jahrhundert folglich sowohl nach Norden als auch nach Süden. Mit dem englischen Königreich bestanden zunächst keine besonders engen Beziehungen. Sie entwickelten sich erst im Zuge und in Folge der verstärkten wikingischen Attacken auf die Britischen Inseln seit den 980er Jahren. Die Normandie diente den Angreifern nämlich als günstig gelegener Stützpunkt. Dort konnten sie lagern, zu ihren Raubzügen aufbrechen und auf den Märkten ihre Beute umsetzen, ohne dass sie der normannische Herrscher Richard I. daran hinderte. König Æthelred bemühte sich deshalb um ein Abkommen mit Richard, um den wikingischen Gruppen ihre Basis zu nehmen. Unterstützung suchte der König wohl auch beim Papst, denn nachdem Papst Johannes XV. Kunde von den Differenzen zwischen Æthelred und Richard erhalten hatte, entsandte er einen Legaten, Bischof Leo von Trevi, um Eintracht zu stiften. Seine Bemühungen waren erfolgreich: 991 kam es zu einem Friedensabkommen zwischen beiden Herrschern. Falls es gebrochen werden und es zu Angriffen kommen sollte, müssten dafür Kompensationsleistungen erbracht werden.[22]

Doch lange hielten diese guten Vorsätze nicht. Ein wikingisches Aufgebot, das seit 997 England alljährlich heimsuchte, errichtete im Jahr 1000 seine Basis in der inzwischen von Richards Sohn, Richard II., beherrschten Normandie. Erst 1002 gelang es Æthelred durch eine hohe Tributzahlung, sie zum endgültigen Abzug zu bewegen.[23] Nun versuchte der König, mit Richard II. ein ähnliches Abkommen zu erreichen, wie er es 991 mit dessen Vater geschlossen hatte. Tatsächlich einigten sich beide Herrscher zunächst und knüpften ein starkes verwandtschaftliches Band: Richards Schwester Emma wurde mit Æthelred verheiratet.[24] Diese dynastische Verbindung zeitigte langfristig sehr wichtige Folgen für die anglo-normannischen Beziehungen, kurzfristig aber blieb das Verhältnis zwischen Æthelred und Richard II. ambivalent. So berichten die Quellen für die Zeit nach dem Abschluss der Heirat von einem nicht näher datierten fehlgeschlagenen angelsächsischen Angriff auf den Westen der Normandie.[25] Richard II. seinerseits empfing wahrscheinlich im Jahr 1013 den Dänenkönig Sven Gabelbart in Rouen und schloss einen auf Dauer angelegten Frieden mit ihm. Sie vereinbarten darüber hinaus, dass die Dänen ihre Beute in der Normandie versetzen würden und dass kranke oder verletzte Dänen dort so versorgt werden würden, als ob sie in ihrer Heimat wären.[26] Der Vertrag diente Richard vor allem der Eigensicherung. Ein Bruch mit seinem Schwager war nicht intendiert. Als Sven sich 1013 in England durchsetzte, bot Richard Æthelred, Emma und ihren Kindern Eduard, Alfred und Godgifu Asyl, das diese gerne annahmen.[27]

Nach Svens Tod im Februar 1014 kehrten Æthelred, Emma und Eduard nach England zurück.[28] Doch nachdem Æthelred verstorben war und Knut sich im Kampf um den englischen Thron durchgesetzt hatte, floh Eduard zurück in die Normandie.[29] Seine Mutter Emma hingegen blieb in England. 1017 kam es zur Eheschließung zwischen ihr und König Knut. Die Heirat der Witwe König Æthelreds diente Knut vor allem dazu, seine Herrschaft in England zu stabilisieren.[30] Ihre Verwandtschaft mit dem normannischen Herzog dürfte eher von nachrangiger Bedeutung gewesen sein. Dennoch wurde so das durch den Tod Æthelreds zerschnittene dynastische Band zwischen beiden Reichen wieder erneuert.

Auf die Lebensverhältnisse der Kinder Emmas aus ihrer ersten Ehe mit Æthelred hatte ihre Heirat mit Knut zunächst keine Auswirkung. Sie verblieben am normannischen Hof. Dort wurden Eduard und seine Geschwister von Herzog Richard II. «wie seine Kinder» aufgenommen,[31] in diesem Rahmen wurden sie sozialisiert, und schließlich machte Eduard daselbst auch die Bekanntschaft mit seinem jungen Verwandten, dem 1027/28 geborenen Wilhelm, dem Sohn Herzog Roberts I. und Enkel Richards II. und späteren Eroberer Englands. Von der Normandie aus beobachteten Eduard und sein Bruder Alfred aufmerksam die Ereignisse auf der anderen Seite des Ärmelkanals. Eduard hatte seine Ansprüche auf den englischen Thron nie aufgegeben und wurde in dieser Auffassung am normannischen Hof bestärkt. Herzog Robert, der seit 1027 herrschte, betrachtete ihn als englischen König.[32] Mit dem Tod Knuts 1035 und dem Nachfolgestreit zwischen Hardaknut und Harold schien Eduard und Alfred die Chance auf eine Rückkehr nach England gekommen. Sehr wahrscheinlich ermutigte sie ihre Mutter, Königin Emma, zu diesem Schritt. Mit bewaffnetem Gefolge setzten sie auf getrennten Wegen über den Kanal, um sich im Kampf um den englischen Thron Geltung zu verschaffen. Doch ihr Unterfangen endete in der Katastrophe. Ohne etwas erreicht zu haben, kehrte Eduard wieder in die Normandie zurück, sein Bruder Alfred hatte weniger Glück. In England wurden er und seine Gefolgsleute gefangen gesetzt. Alfred wurde geblendet und starb.[33] Sein gewaltsamer Tod brannte sich in die Erinnerung der Zeitgenossen ein und sollte, wie wir noch sehen werden, einige Jahre später eine gewichtige Rolle in der englischen Politik spielen. Für den Augenblick aber waren die Ambitionen der Söhne Æthelreds und Emmas kläglich gescheitert. Eduard musste in der Normandie auf eine günstigere Gelegenheit warten.

Diese kam 1041. Wahrscheinlich auf Initiative seiner Mutter Emma wurde Eduard mit Billigung des in England unpopulären Hardaknut auf die Insel zurückgerufen, um dort zum Nachfolger des kinderlosen Königs designiert zu werden.[34] Die Thronfolge erlangte er wohl früher, als es alle Beteiligten erwartet hatten: Der noch keine 25 Jahre zählende Hardaknut starb am 8. Juni 1042, als er während des Hochzeitsmahls der Kinder zweier seiner Gefolgsleute zusammenbrach.[35] Wie vorgesehen folgte Eduard seinem Halbbruder auf den Thron. Gekrönt wurde er an Ostern 1043.[36]

Mit Eduard kamen Leute aus seinem kontinentalen Umfeld, insbesondere der Normandie nach England.[37] Manche durchliefen beeindruckende Karrieren. Eduards enger Vertrauter Robert Champart, Abt von Jumièges, wurde 1046 Bischof von London, dann 1051 Erzbischof von Canterbury. Die Bischöfe von London, Wilhelm, und Dorchester, Ulf, stammten ebenfalls aus der Normandie. Robert fitz Wimarc, ein Verwandter Eduards von normannischer Seite, war bis zu Eduards Tod in seiner engsten Umgebung zu finden und wurde für seine Dienste mit reichen Ländereien belohnt. Eduards Neffe Ralph, Sohn seiner Schwester Godgifu aus ihrer ersten Ehe mit Drogo, Graf des Vexin, wurde Earl und erhielt Güter in den östlichen Midlands sowie an der südwalisischen Grenze. In seinem Umfeld agierten eine Reihe weiterer Männer, die aus Nordwestfrankreich stammten. Ihre Migration war für England an und für sich nichts Ungewöhnliches. Zuwanderung aus Skandinavien und dem Kontinent war für das Königreich vor allem in den ersten Jahrzehnten des 11. Jahrhunderts eher die Regel denn die Ausnahme. Das in der Forschung entworfene Bild eines kosmopolitischen Königshofs ist zwar etwas überzeichnet,[38] verweist aber richtigerweise auf die vielfältigen Lebensläufe der politischen Akteure in England. Die Neuankömmlinge in Eduards Umfeld ließen des Königs enge Verbindung mit der Normandie erkennen. Väterlicherseits war Eduard der letzte angelsächsische König aus dem Haus Wessex, und es war diese Abstammung, die die Zeitgenossen anlässlich seiner Inthronisierung betonten.[39] Blickt man aber auf die Seite seiner Mutter sowie auf den Ort seiner Erziehung und Sozialisation, wäre es nicht allzu weit hergeholt, in ihm auch den ersten normannischen König Englands zu sehen. Jedenfalls verkörperte er die enge Verbindung Englands mit der Normandie. Sehr viel später sollte sich der Eroberer Wilhelm unter anderem diese normannische Seite Eduards zunutze machen, um seinen Anspruch auf den englischen Thron zu legitimieren.

Der englische König und sein Reich

Wendet man den Blick von der Situation Englands im politischen Gefüge Nordwesteuropas um die Mitte des 11. Jahrhunderts auf die Position des englischen Königs auf den Britischen Inseln selbst, so wird seine führende Stellung offensichtlich. Irland lag zwar gänzlich außerhalb des englischen Herrschaftsbereichs, und auch in Großbritannien selbst gab es mit Wales und Schottland zwei größere Gebiete, die sich der unmittelbaren englischen Herrschaft entzogen. Dort existierten im 11. Jahrhundert jeweils eine Reihe eigener König- oder Fürstentümer, deren Herren in blutigen Kämpfen um die Vorherrschaft rangen und größere Reichsbildungsprozesse in Gang setzten.[40] Dennoch gab es keinen Zweifel daran, dass der englische König der bedeutendste Herr dieser Region war. Zum Zeitpunkt des Regierungsantritts Eduards 1042 verlief die Grenze im Westen zu Wales vom englischen Chester im Norden bis zur Mündung des Severn im Süden. In den wechselvollen Jahren walisisch-englischer Beziehungen erreichte Eduard bis zum Ende seiner Regierungszeit eine deutliche Verschiebung der Grenze nach Westen hin. Weitaus bedeutender war die Tatsache, dass nach dem gewaltsamen Tod des walisischen Königs Gruffydd ap Llewelyn im Jahr 1063 das von diesem geschaffene Königreich wieder in einzelne Herrschaften geteilt wurde. Zumindest die nordwalisischen Fürsten mussten Eduard die Treue schwören, Militärdienst und andere Leistungen versprechen sowie zur Sicherheit Geiseln stellen.[41] Durch diese Akte wurde Eduards Oberhoheit nachdrücklich anerkannt.

Im Norden verlief das Grenzgebiet zu Schottland etwas weiter südlich als heute: Kumbrien mit seinem Vorort Carlisle zählte nicht zum englischen Königreich. Gegen Ende seiner Regierungszeit erreichte Eduard – ähnlich wie schon im Fall von Wales –, dass auch der schottische König seinen Vorrang anerkannte. In den blutigen Kämpfen um den schottischen Thron setzte sich 1057/58 Malcolm mit englischer Hilfe gegen Macbeth und dessen Sohn Lulach durch. Als Malcolm ein Jahr später Eduard in Gloucester aufsuchte, mag er dort nicht nur Eduards Vorrang, sondern vielleicht auch dessen Oberhoheit anerkannt haben. Diese Anerkennung war allerdings – anders als seitens der Waliser – wohl nicht mit herrschaftlichen Dienstleistungen verbunden.[42]

Eduard war also mehr als nur König von England. Gar als Herrscher Britanniens wollte ihn seine *Vita* wahrgenommen wissen.[43] Damit übertrieb sie freilich seine tatsächliche herrschaftliche Verfügungsgewalt, traf aber doch den entscheidenden Punkt: Unter den Herrschern Britanniens war Eduard der Erste. Sein Amt entfaltete auch Strahlkraft weit über die Britischen Inseln hinaus. Zu Eduards Krönung an Ostern 1043 kamen Gesandte des ostfränkisch-deutschen Königs Heinrich III. sowie des französischen Königs Heinrich I. Angeblich wohnten noch eine Reihe weiterer bedeutender Adliger von jenseits des Kanals der Zeremonie bei. Voll Stolz berichtet die *Vita* gar, dass der weit entfernt lebende dänische König Boten geschickt hätte, um sich Eduard «wie ein Sohn seinem Vater in allen Dingen zu unterwerfen».[44] Wahrscheinlich handelte es sich allerdings lediglich um Gesandte des dänischen Thronprätendenten Sven Estrithson, der Eduard um Hilfe in seinem Kampf um den dänischen Thron bat – eine tatsächliche Unterordnung Dänemarks war damit also nicht verbunden; dennoch unterstreicht diese Demarche die über das eigene Reich hinausreichende Wirkkraft des englischen Königs.

Die Krönung Eduards ist nicht nur signifikant im Hinblick auf die Position des englischen Königs im politischen Ordnungsgefüge auf europäischer Ebene, sondern vor allem auch hinsichtlich seiner Position an der Spitze der politisch-sozialen Ordnung seines Reichs. Keine andere Würde in England, weltlich oder geistlich, rivalisierte mit der hervorragenden Position des Königs. Das Amt des Königs besaß sakralen und damit einen ganz besonderen Charakter. Als einziger weltlicher Herr erhielt der König bei seiner Amtseinführung, der Krönung, die Salbung. Dabei verwendete man wahrscheinlich das Chrisam, das heiligste Öl der Kirche.[45] So wurde der König als ein von Gott für sein Amt bestimmter Herrscher gekennzeichnet. Sein Wirken stand unter göttlichem Segen und besaß deshalb besondere Autorität. Neben der Salbung kamen im Ritual der Krönung noch weitere Zeichen zum Einsatz, in denen sich die Rolle und die Verantwortlichkeiten des Königs an der Spitze der politisch-sozialen Ordnung manifestierten. Nach der Salbung wurde er mit den Insignien seiner Herrschaft investiert: Zuerst erhielt er den Ring, das «Siegel des heiligen Glaubens», Zeichen der «Dauerhaftigkeit des Reichs» und «der Zunahme der Macht», mit dessen Hilfe er seine Feinde zurückschlagen, seine Untertanen einigen und den Glauben verbreiten sollte. Dann erhielt er das Schwert zur Verteidigung des Königreichs und des Glaubens; danach die Krone als Zeichen für Ruhm und Gerechtigkeit und das Zepter als Symbol für das Königreich und die Tugend. Schließlich erhielt er noch den Stab als Zeichen der Gleichheit und wiederum der Tugend.[46] Diese Zeichen brachten sinnfällig die königliche Autorität zum Ausdruck und damit sein Recht auf Herrschaft. Sie verwiesen aber auch auf die Pflichten, die Kernaufgaben, an deren Bewältigung sich gute Herrschaft zu messen hatte: Schutz des Glaubens und des Königreichs, tugendhaftes Verhalten und die Sorge für Gerechtigkeit.

Eduard war sich der besonderen Natur seines Amts und der hervorragenden Symbolkraft der Krone wohlbewusst. Um 1051/52 ließ er sich eine neue Krone aus Gold und mit vielen Edelsteinen besetzt schmieden, die der Autor der Geschichte der Abtei von Abingdon später als *corona imperialis*, also als kaiserliche Krone bezeichnete.[47] Stärker noch als seine Vorgänger nutzte Eduard Versammlungen der politisch-sozialen Elite des Reichs, um seinen Vorrang in Szene zu setzen.[48] Bei solchen Anlässen trug er seine Krone, die von seiner Frau Edith ausgewählten festlichen, ihresgleichen suchenden Kleider und bestieg seinen mit goldgewirktem Tuch bedeckten Thron.[49] Diese unmissverständliche Visualisierung seiner alles überragenden königlichen Dignität ließ Eduard vermutlich auch akustisch untermalen. Wurde doch das Tragen der Krone sehr wahrscheinlich vom Singen der *laudes regiae* begleitet, einer seit den Karolingern auf dem Kontinent praktizierten Huldigungsform des göttlichen und weltlichen Königtums.[50] Der König wurde so gleichermaßen als Zentrum wie Spitze des englischen Königreichs inszeniert. Um diese exaltierte Würde, um den Rang eines großen Königs und um das damit verbundene Reich ging es 1066.

Die englische Königswürde war auch wegen der Prosperität des Reichs von besonderer Attraktivität. England war für seine verhältnismäßig günstigen Lebensbedingungen bekannt. Gegen Ende des 11. Jahrhunderts beschrieb der um 1060 nach England emigrierte Mönch Goscelin von St. Bertin mit geradezu überschwänglichen Worten seine neue Heimat: «Überaus reiche Felder erstrecken sich vor den Augen, blühende Wiesen, breite Streifen fruchtbaren Ackerlands, saftige Wiesen, Milch spendende Herden, vor Kraft strotzende Pferde und Herden. Bewässert wird das Land durch zahllose sprudelnde Quellen, springende Bäche sowie bedeutende und berühmte Flüsse, Seen und Teiche reich an Fischen und Vögeln sowie an auf ihnen verkehrenden Schiffen; alles sehr geeignet für Städte und Menschen. Die Haine und Wälder, im Flachland und in den Bergen, stehen in sattem Grün und sind reich an Eicheln und Waldfrüchten sowie verschiedenen Wildarten.»[51] Der Golfstrom sorgte schon damals für ein vergleichsweise mildes Klima auf den Britischen Inseln. Zwar war auch England nicht gefeit vor den Unbilden der Witterung, schlechten Ernten und Krankheiten. Chroniken berichten gerade in den 1040er Jahren immer wieder von schweren Stürmen, Hunger und Epidemien, die Mensch und Tiere dahinrafften.[52] Dennoch herrschten grundsätzlich Lebensbedingungen, in denen Menschen, Tiere und Pflanzen gut gediehen. Etwa zwei Millionen Menschen, so schätzt man, lebten im 11. Jahrhundert in England. Die Bevölkerungsdichte war dabei ungleich verteilt, in Ostanglien war sie beispielsweise höher als im Westen Englands.[53]

Die meisten Bewohner Englands lebten und arbeiteten auf dem Land. Der Rhythmus von Land- und Viehwirtschaft prägte ihren Alltag. Am Vorabend von 1066 war das ländliche Leben vorwiegend in dörflichen Siedlungsgemeinschaften organisiert. Zwar gab es immer noch die ältere Siedlungsform der weit verstreut liegenden Einzelgehöfte, aber das Landschaftsbild prägten nun dörfliche Siedlungen mit ihren Möglichkeiten arbeitsteiligen Wirtschaftens und gemeinschaftlichen

Handelns, wenn größere Aufgaben zu bewältigen waren.[54] Die Bauern bedienten damals mit ihren Erzeugnissen schon lange keine reine Subsistenz- und Tauschwirtschaft mehr. Ihre Überschüsse wurden auf zumeist regionalen Märkten gehandelt.

Seit dem 11. Jahrhundert nahm wohl aufgrund günstiger klimatischer Veränderungen europaweit der Handel zu. Diese Entwicklungen betrafen auch England. Das Wachstum ging einher mit einer Veränderung der Handelsstrukturen. Neben die regionalen Märkte traten nun Zentren des überregionalen Warenaustauschs. Städte entwickelten sich. Bis zu 112 Städte hat die Forschung auf der Grundlage des in den späten 1080er Jahren entstandenen Domesday Books in England identifiziert. Sie variierten in Größe und Strahlkraft. Grundsätzlich scheinen sie in Ostengland etwas größer gewesen zu sein als im Westen, obgleich eine seriöse Schätzung von Einwohnerzahlen für diese Zeit äußerst schwierig ist. York, Lincoln, Norwich, Thetford und im Süden Winchester zählten zu den bedeutenden Zentralorten, deren Bevölkerung ähnlich wie in den größeren Städten im ostfränkisch-deutschen Reich jeweils ein paar tausend Einwohner betragen haben dürfte. London war mit seinen mindestens 10 000 Einwohnern die wohl bevölkerungsreichste Stadt und ein wichtiger Umschlagplatz für Waren aus England und vom Kontinent.[55] Wie aus einem Zollverzeichnis aus der Regierungszeit König Æthelreds hervorgeht, brachten Kaufleute aus Rouen Wein und fettreiche Fische wie Delphine (sic!); weitere, nicht näher spezifizierte Güter kamen aus anderen Orten Nordfrankreichs, Flanderns und dem Maasgebiet. Auch Kaufleute aus dem ostfränkisch-deutschen Reich, «die Männer des Kaisers» (*homines imperatoris*), kamen nach London, um dort ihre Waren zu verkaufen, darunter Stoffe, Pfeffer und Essig. Ihrerseits kauften sie Wolle und Schmalz. Als Proviant für ihre lange Rückreise luden sie zusätzlich drei lebendige Schweine.[56] Wolle war eines der wichtigsten englischen Exportgüter und sorgte für einen steten Zufluss von Silber auf die Insel. So sollen Anfang des 12. Jahrhunderts flämische Kaufleute auf einer einzigen Reise Wolle im Wert von über 300 Mark Silber erworben haben (die dann anschließend bei einem Lagerbrand in Dover in Flammen aufging).[57]

Der König profitierte von den Erträgen seines Reichs auf unterschiedliche Art und Weise. Seine Herrschaftsrechte waren vielfältiger

Natur. Er alleine hielt das Münzrecht, das sogenannte Münzregal. Keiner außer dem König hatte das Recht, Münzen zu prägen. Dieses Monopol machte die königliche Münze zu einem wichtigen Träger königlicher Autorität im Reich. Sie brachte im Wortsinne das Bild des Königs in die letzten Winkel Englands. Das Münzregal war zudem eine bedeutende Einkommensquelle. Der König konnte eine Münze aus dem Verkehr ziehen und entweder direkt über den Umtauschkurs für die neugeprägten Münzen Geld abschöpfen oder indirekt, indem die Münzer die neuen Prägestempel gegen eine Gebühr erhielten. Auch konnte der Silbergehalt der Münzen verändert werden, allerdings ist sich die Forschung nicht sicher, inwieweit dieses Instrument zum Erzielen von Einkünften – durch Verringerung des Edelmetallanteils – unter den angelsächsischen Königen eingesetzt wurde.[58] Die Versorgung mit Silber besorgten zum Teil englische Minen,[59] zum Teil sicherte auch der Handel vor allem mit dem ostfränkisch-deutschen Reich den Nachschub. So schrieb zu Beginn des 12. Jahrhunderts Heinrich von Huntingdon, dass es in England zwar Silber gebe, es aber selten sei. Es würde über den Rhein aus dem ostfränkisch-deutschen Reich (*Germania*) importiert «im Austausch gegen eine wunderbare Fülle an Fisch und Fleisch, wertvoller Wolle und Milch sowie zahllosem Vieh». Deshalb, wie er nicht ohne Stolz hinzufügte, habe es den Anschein, dass es in England mehr Silber als im ostfränkisch-deutschen Reich gebe.[60] Es spricht in der Tat für die Leistungsfähigkeit der englischen Wirtschaft, dass selbst in Zeiten, in denen viel Münzgeld das Land verließ, das Münzvolumen in England relativ stabil blieb. Jedenfalls scheinen die seit dem Ende des 10. Jahrhunderts nach Skandinavien geleisteten hohen Tributzahlungen keine gravierenden Auswirkungen auf die Geldmenge in England gehabt zu haben. Unter Eduard stieg das Münzvolumen dann wieder leicht an.[61]

Geld war im Wortsinne auch noch auf andere Weise eine Einkommensquelle des Königs. Ihm allein stand es zu, eine landesweite Steuer zu erheben: das sogenannte *heregeld*. Das *heregeld* war eine Wehrsteuer, deren Erträge vor allem zur Anwerbung von Söldnern eingesetzt wurde. Sie wurde gewöhnlich jährlich auf Grundlage des Landbesitzes erhoben.[62] 1051, «neununddreißig Jahre nachdem es eingerichtet worden war», so die Angelsächsische Chronik D, hob König Eduard das unpopuläre *heregeld* auf.[63] Ob er es später wieder einführte, ist unklar. Im

Domesday Book jedenfalls fand das unter Eduard erhobene *geld* Erwähnung.[64] Weitere landesweite Einkünfte erzielte der König durch die Rechtsprechung. Viele Vergehen wurden mit einer Geldbuße abgegolten, und als oberstem Gerichtsherrn standen dem König eine Vielzahl solcher Gelder zu. Sie zählten zu seinen wichtigsten regelmäßigen Einkünften.[65] Einen weiteren Bereich königlicher Rechte und eine zusätzliche Einnahmequelle bildete das Krongut. Die Höfe Eduards waren weit, aber keineswegs gleichmäßig über das Reich verteilt. In Middlesex, Essex, Hertfordshire, Rutland, Lincolnshire, Cheshire und Cornwall besaß er laut Domesday Book keine Höfe.[66] Die königlichen Güter wurden auf zwei Arten bewirtschaftet. Zum einen direkt, das heißt, dass diese Höfe von königlichen Verwaltern bewirtschaftet wurden; sie dienten vor allem dazu, den königlichen Bedarf an Naturalien zu decken. Soweit Überschüsse erzielt wurden, gingen diese in den Handel. Zum anderen wurden Höfe gegen die Zahlung festgelegter Summen an Dritte verpachtet.[67] Die Städte standen in der Regel ebenfalls unter königlicher Hoheit. Sie generierten durch die Einnahmen der örtlichen Gerichte, Marktzölle und sonstige Abgaben weitere willkommene Einkünfte für den König.[68]

Das angelsächsische England war kein moderner Verwaltungsstaat, in dem etwa eine hierarchisch klar gegliederte königliche Administration den königlichen Willen bis in den letzten Winkel hinein vertreten und umgesetzt hätte. Gleichwohl bildeten sich im 11. Jahrhundert administrative Strukturen, die es immerhin ermöglichten, königliche Ansprüche machtvoll zu repräsentieren und durchzusetzen. Das war keineswegs selbstverständlich für Reichsverwaltungen dieser Zeit. In dem allerdings sehr viel größeren ostfränkisch-deutschen Reich kam es beispielsweise zu keiner vergleichbaren Entwicklung. Dort konzentrierte sich der direkte königliche Zugriff auf ganz bestimmte Regionen und erreichte nie einen Durchdringungsgrad wie die Herrschaft in England.[69] Auf der Insel sah eine ganze Reihe von Verwaltern nach den Rechten des Königs. Zum wichtigsten königlichen Statthalter entwickelte sich im 11. Jahrhundert der Sheriff (altenglisch *scirgerefa*; *scir* = *shire* = Grafschaft; *gerefa* = *reeve* = Vogt). Er stand der Grafschaft vor, die als territoriale Verwaltungseinheit zu begreifen ist. Die Formierung dieser Grafschaften war das Resultat eines sich nach und nach vollziehenden Prozesses, doch bis zum Ende der Regierungszeit Eduards war bis auf den Norden das gesamte englische Königreich in Grafschaften unterteilt. Die Grafschaften von Northumberland und Durham wurden erst nach 1066 geschaffen.[70] Der Sheriff vertrat den König in der Grafschaft, nahm seine Rechte wahr und hatte ihm darüber Rechenschaft abzulegen.[71] Im regelmäßig abgehaltenen Grafschaftsgericht wurden Rechtsstreitigkeiten aller Art verhandelt, der Verkauf von Land vor Zeugen getätigt, Testamente veröffentlicht, Steuerpflichten zugewiesen und das Heeresaufgebot ausgehoben.[72] Die Grafschaften selbst waren wiederum in Hundreds bzw. in Wapentakes (so hießen die Hundreds im Gebiet des Danelag) als nächstkleinere administrative und gerichtliche Einheiten unterteilt. Diese konnten vom König an andere Herren vergeben werden und waren so dem direkten Zugriff durch einen königlichen Verwalter entzogen, ohne dass damit freilich allgemeine Pflichten wie etwa die der Heerfolge erloschen.[73]

Geistliche und weltliche Herren: Bischöfe und Äbte, Earls und Thegns

Der König war der ranghöchste, aber beileibe nicht der einzige Herr in England. Zahlreiche geistliche wie weltliche Herren herrschten ihrerseits über Ländereien von zum Teil erheblicher Größe. An der Spitze der Geistlichkeit standen die beiden Erzbischöfe von Canterbury und York sowie die Bischöfe der übrigen Diözesen. Das konnten theoretisch bis zu fünfzehn sein, da in der Praxis aber einzelne Bischöfe gelegentlich mehr als ein Bistum innehatten bzw. versuchten, aus zwei Bistümern eines zu formen, schwankte ihre Zahl.[74] Die Bischöfe rangierten in der politisch-sozialen Ordnung des Reichs ganz oben; so wurden sie in den Zeugenlisten der königlichen Urkunden noch vor den Earls, den ranghöchsten weltlichen Herren, geführt. Ihre Kirchen verfügten über Grundbesitz, der aber in seinen Ausmaßen stark variieren konnte.[75] Der Erzbischof von Canterbury und der Bischof von Winchester zählten zu den größten Grundherren Englands überhaupt.[76] York hingegen war schlecht ausgestattet, so dass manche der Erzbischöfe gleichzeitig das wohlhabendere

Bistum Worcester hielten – eine vom Papsttum kritisierte, aber noch bis ins 11. Jahrhundert gängige Praxis.[77] Geltung beanspruchten auch die Äbte der großen Abteien wie zum Beispiel Glastonbury, Ely oder Bury St. Edmunds. Auch sie hielten große Ländereien.[78] Bischöfe und Äbte waren also nicht nur in ihrer Rolle als Geistliche von erheblicher Bedeutung, sondern auch als Herren über Land und Leute. Wie die weltlichen Herren schuldeten auch Bischöfe und Äbte dem König für ihre Ländereien bestimmte Dienste – so den Unterhalt von Brücken, den Bau von Befestigungen und vor allem die Bereitstellung von Kriegern. Darüber hinaus waren sie verpflichtet, Abgaben wie das *geld* zu leisten.[79] Die Beziehungen zwischen den Bischöfen und Äbten zum König waren aber nicht nur institutioneller Natur. Oftmals kamen auch enge persönliche Bindungen hinzu, sprach doch der König das letzte Wort bei der Besetzung dieser Ämter. Er bestimmte, wer an die Spitze der Bistümer und der großen Abteien trat.[80] Durch eine kluge Personalpolitik konnte der König mithin treue Gefolgsleute belohnen und Bischöfe und Äbte aktiv in den königlichen Dienst einbinden. Sie wurden auf diese Art zu wichtigen Stützen seiner Politik.

Auf weltlicher Seite waren die bedeutendsten Herren nach dem König die Earls. In den lateinischen Quellen vor 1066 werden sie als *duces*, als Herzöge, bezeichnet. In der Rangfolge der Zeugen königlicher Urkunden kamen sie zwar hinter den Bischöfen, in ihrer Macht aber überragten sie jene. Die Mitglieder dieser kleinen, elitären Gruppe – unter König Eduard waren es nie mehr als ein halbes Dutzend[81] – wurden vom König ernannt. So wie ihre Zahl nicht festgelegt war, so änderte sich auch der territoriale Zuschnitt ihrer Earldoms erheblich. In dieser Hinsicht wie auch in anderen Bereichen bot das Amt seinem Träger Entfaltungsspielräume. Die wichtigste Aufgabe des Earls war die Organisation des militärischen Aufgebots seines Earldoms. Er war für die Aushebung und Anführung dieser Truppen verantwortlich.[82] Darüber hinaus wurden von ihm eine ganze Reihe weiterer Tätigkeiten erwartet. Manch einen Earl schienen sie geradezu zu überfordern. So lässt der Mitte des 12. Jahrhunderts verfasste *Liber benefactorum* der Abtei von Ramsey Æthelwin über sein gegen Ende des 10. Jahrhunderts ausgeübtes Amt als Ealdorman, das in etwa dem Amt eines Earls unter König Eduard entsprach,[83] klagen: «Oft bin ich erschöpft durch die zur Unzeit kommende

Qual des Königsdiensts, der Heerfahrten, der Bezahlung von Truppen, der Rechtsprechung, der Klageführung gegen Schuldige und durch andere öffentliche Angelegenheiten, welche schwierig oder gar nicht abgelehnt werden können, ohne zu beleidigen.»[84] Aber was dem einen lästig war, bot dem anderen günstige Gelegenheiten, sich zu profilieren. Die hohe militärische Verantwortung der Earls machte sie zu Schlüsselfiguren im Königreich. Ohne ihre Unterstützung war der König nachgerade handlungsunfähig. Sie spielten folglich eine zentrale Rolle in der Gestaltung der königlichen Politik. Am Hof diskutierten sie über weitreichende Entscheidungen; auf diplomatischen Missionen vertraten sie die Interessen des Königreichs.[85]

Mit dem Amt des Earls ging in den Earldoms nicht nur eine Vorrangstellung einher, sondern es waren damit auch konkrete Rechte verbunden. Die Earls konnten den Grafschaftsgerichten ihrer Earldoms vorsitzen und so deren Entscheidungen beeinflussen, mithin regionale Politik betreiben. Auch hatten sie Zugriff auf potentiell reiche Einkünfte; beispielsweise stand ihnen der Dritte Pfennig der an den König fälligen Zahlungen zu. Dies betraf insbesondere die Einkünfte aus der Rechtsprechung der Justiz und die Abgaben der Städte.[86] Die Earls hatten folglich ein starkes Eigeninteresse an einer funktionierenden Rechtsprechung und einem florierendem Handel. Darüber hinaus konnten mit dem Amt einzelne Ländereien verbunden sein. Dabei handelte es sich um Güter innerhalb des Earldoms, die dem jeweiligen Amtsinhaber zustanden.[87] Mit diesen Mitteln konnten sich Earls ihre eigenen Gefolgschaften aufbauen und so ihren politischen Einfluss weiter steigern. Wie mächtig Earls im 11. Jahrhundert werden konnten, werden wir im folgenden Kapitel am Beispiel von Harold Godwinson genauer beobachten können. Dennoch: Selbst wenn sie die Geschicke des Königreichs mitbestimmten, über hohe militärische, administrative und gerichtliche Autorität sowie über eine zahlreiche Gefolgschaft, ausgedehnte Ländereien und reiche Einkünfte verfügten und selbst wenn ihre Earldoms begannen, Tendenzen zur Erblichkeit zu entwickeln, und ihre Söhne erwarten konnten, eines Tages selbst zu Earls ernannt zu werden: Auch die mächtigsten angelsächsischen Earls waren keine kleinen Könige. Sie konnten keine Urkunden ausstellen und sie prägten auch keine eigenen Münzen – all dies blieben königliche Prärogative. Auch hielten Earls kein eigenes Gericht ab, denn bei den Grafschaftsgerichten handelte es sich ja um königliche Gerichte.[88] Vor allem aber blieb es das Vorrecht des Königs, Earls zu ernennen und gegebenenfalls auch abzusetzen.[89] Er konnte Earldoms schaffen und sie neu zuschneiden. Es hing freilich von den jeweiligen politischen Konstellationen ab, inwieweit der König gegen einen Earl vorgehen konnte, aber sein Recht, dies zu tun, war unbestritten.

Die kleine Gruppe der Earls und ihrer Söhne, die in den Zeugenlisten der königlichen Urkunden auch als *nobiles*, Adlige, bezeichnet wurden,[90] machte die Spitzengruppe des angelsächsischen Adels aus. Das Gros dieses Adels bildeten freilich die Thegns. Die Thegns waren Gefolgsleute des Königs oder von Earls und erhielten von diesen ihre Güter. Als Gegenleistung für sein Land hatte ein Thegn zu Beginn des 11. Jahrhunderts dem König folgende Leistungen zu erbringen: Waffendienst und Arbeitseinsatz bei der Instandhaltung von königlichen Festungen und Brücken. Hinzu kam noch eine Reihe weiterer Dienste. Sie reichten von der Küstenwache bis zur Instandhaltung der Zäune des Wildgeheges an königlichen Residenzen, vom Einsatz als Leibwächter bis zur Entrichtung von Almosen.[91] Die etwa 4000 bis 5000 Thegns bildeten keine sehr homogene Gruppe.[92] Manche hielten sich eher in der Umgebung des Königs oder des Earls auf, andere auf ihren Herrensitzen. Manchen gelang es, umfangreiche Güter zu erwerben und zu den mächtigsten Männern des Königreichs zu gehören, die meisten aber blieben kleine Landbesitzer und spielten politisch keine besondere Rolle. Rangunterschiede lassen beispielsweise die Regelungen Knuts des Großen zum *heriot*, den beim Tod eines Earls oder Thegns fälligen Abgaben an den König, deutlich erkennen. Im Todesfall eines Earls hatte der König Anrecht auf vier gesattelte und ungesattelte Pferde, vier Helme, vier Kettenhemden, vier Schwerter, acht Speere und acht Schilde aus dessen Besitz. Dazu kamen noch 200 Mancusen (die Mancuse war eine Goldmünze). Starb ein Thegn des Königs, wechselten hingegen nur zwei gesattelte wie ungesattelte Pferde, ein Helm und ein Kettenhemd, vier Speere und vier Schilde sowie 50 Mancusen aus dessen Besitz in den des Königs. Aus dem Vermögen des Thegn eines Earls musste lediglich dessen persönliche Ausrüstung – Pferd, Helm, Kettenhemd, Schwert, Speer und Schild – oder ein bestimmter Geldbetrag übergeben werden.[93]

Erzbischöfe und Bischöfe, Earls und ihre Söhne, mächtige Äbte und Thegns: Sie bildeten die politisch-soziale Elite des Königreichs. Sie waren die ‹Großen›, die ‹Magnaten› des Reichs, von denen die Forschung gerne spricht, wenn es um Leute geht, deren Wort beim König Gewicht hatte und die ganz wesentlich an der politischen Willensbildung beteiligt waren. Ihre Mitwirkung an der Gestaltung des Reichs war ein Strukturmerkmal mittelalterlicher politischer Ordnung im Allgemeinen. Das galt auch für das angelsächsische England. Ein zentraler Ort dieser Willens- und Entscheidungsfindung waren Versammlungen, Treffen, zu denen der König die Großen des Reichs einlud, um wichtige Themen zu verhandeln. In England hießen solche Versammlungen vor 1066 bezeichnenderweise *witan*, wörtlich ‹die weisen Männer›.[94] Sie hatten den König zu beraten, wenn es darum ging, die Geschicke des Reichs zu lenken.

Keine Einladung zum *witan* erhielten die Ceorls, die freien Bauern. Sie zählten nicht mehr zum angelsächsischen Adel. Ähnlich wie die Thegns bildeten auch die Ceorls keine homogene Gruppe. Das soziale Spektrum war sehr breit.[95] Manche besaßen wenig und bewirtschafteten Land, das mit hohen Abgaben belastet war. Die Ceorls in Hurstbourne Priors in Hampshire zum Beispiel hatten ihrem Herrn für das von ihm erhaltene Land Abgaben in Geld und Naturalien zu leisten. Darüber hinaus hatten sie ihm eine Reihe von Diensten zu erbringen, wie das Pflügen und Einsäen (mit eigenem Saatgut) von drei Acre Land (ein Acre Land entsprach in etwa der Fläche, die ein Ochsengespann am Tag beackern konnte), das Mähen eines halben Acre Wiese, das Einzäunen (das dafür erforderliche Holz hatten sie ebenfalls zu liefern) sowie das Waschen und Scheren der Schafe. All dies hatten sie in ihrer eigenen Zeit zu erledigen, hinzu kamen noch jene Aufgaben, die auf Bitten des Herrn Woche für Woche anfielen.[96] Andere Ceorls hingegen steigerten ihren Wohlstand und gerierten sich wie Thegns, so dass Zeitgenossen sich bemüßigt fühlten, den Unterschied zwischen einem Ceorl und einem Thegn genau zu definieren. Normative Texte, für die der 1023 verstorbene Erzbischof von York, Wulfstan, verantwortlich zeichnete, zeugen von diesen Versuchen.[97] Von Bedeutung für den Rang eines Thegns waren mehrere Faktoren. Waffen spielten eine wichtige Rolle, allerdings machte der Besitz bestimmter Waffen alleine aus einem Ceorl noch keinen Thegn: So besagte das «Recht der Leute aus dem Norden» (*northleoda laga*), dass ein Ceorl auch dann ein freier Bauer blieb, wenn er einen Helm, ein Kettenhemd und ein mit Gold eingelegtes Schwert besäße, aber keine fünf Hufen Land.[98] Die Bedeutung von mindestens fünf Hufen Landbesitz, aber auch von bestimmten baulichen Merkmalen des Wohnsitzes – was eben aus einer gewöhnlichen Hofstatt einen Herrensitz machte – sowie die Königsnähe unterstreicht der vielleicht zwischen 1008 und 1014 verfasste Rechtstext *Geþyncðo* («Rang»). Daraus geht hervor, dass einem Ceorl, der über fünf Hufen Land besaß, dessen Gebäudekomplex ferner eine Kirche und eine Küche, ein Glockenhaus/-reiter und ein Zugangstor aufwies und der zudem über einen Sitz und ein besonderes Amt in der Halle des Königs verfügte, der Rang eines Thegn zukam.[99] Dieses Idealbild eines Thegn mag nicht in allen Einzelheiten der Realität entsprochen haben, illustriert aber eindrücklich, dass der Aufstieg eines Ceorls in den Rang eines Thegn möglich war und was ihn bedingte.

Was Earls, Thegns und Ceorls bei all ihren enormen Rangunterschieden gemein war, war ihre persönliche Freiheit. Darin unterschieden sie sich grundsätzlich von den Unfreien, die ihrerseits wieder unterschiedliche Grade der Unfreiheit kannten. Selbst Sklaverei gab es im 11. Jahrhundert noch, obgleich die Anzahl von Sklaven rückläufig war, ehe das Phänomen schließlich völlig verschwand.[100] Ein wesentliches Zeichen uneingeschränkter persönlicher Freiheit war das Recht, Waffen zu tragen. Die bisherigen Ausführungen mögen den Eindruck vermittelt haben, dass es sich bei der angelsächsischen Gesellschaft des 11. Jahrhunderts um eine gänzlich friedvolle, prosperierende Gemeinschaft von König, Bischöfen, Äbten, Adligen, Bauern und Händlern handelte, in der es zwar erhebliche soziale und rechtliche Ungleichheiten gab, der Aufstieg für den Einzelnen aber durchaus möglich war. Dies aber greift zu kurz. Das angelsächsische England war keine reale Großversion der von Tolkien und Jackson so kunstvoll kleinbürgerlich-paradiesisch entworfenen Grafschaft der Hobbits. Was einen freien Angelsachsen ausmachte, waren seine Waffen, nicht sein Pflug.

Kriegertum und Heeresorganisation

Der bewaffnete Kampf war ein Strukturmerkmal der angelsächsischen Gesellschaft. Die Aufgaben der weltlichen Elite, der Earls und der Thegns, waren vor allem militärischer Natur. Aber auch Bischöfe konnten an der Spitze ihrer Aufgebote in den Kampf ziehen. Ein besonders prominenter, weil in seinem Kampfeseifer wiederum untypischer Fall war Leofgar, Bischof von Hereford. Er, der bis zu seiner Bischofsweihe im Jahr 1056 nach Kriegersitte einen prächtigen Schnurrbart zu tragen pflegte, führte nur elf Wochen nach seinem Amtsantritt gemeinsam mit dem Sheriff von Herefordshire einen Kriegszug gegen den walisischen König Gruffydd ap Llewelyn. Das Unternehmen scheiterte, sie wurden geschlagen und Leofgar fand den Tod. Er selbst mag dies als ein würdiges Ende empfunden haben, die klösterlichen Chronisten der Zeit allerdings sahen dieses allzu große kriegerische Engagement eines Bischofs kritisch.[101]

Leofgars Aktivitäten entsprachen ganz und gar dem Kriegerideal seiner Zeit. Die Kriegstüchtigkeit solle in einem Earl gedeihen, so verlangt es eine altenglische Spruchweisheit aus dem späten 10. Jahrhundert. Dies hatte auch noch für die Mitte des 11. Jahrhunderts Gültigkeit.[102] Der kundige Umgang mit dem einhändig geschwungenen Schwert, der beidhändig geführten Breitaxt, dem Speer sowie dem Bogen wurde erwartet.[103] Auch reiten musste man können, obgleich in der Forschung umstritten ist, ob der berittene Krieger eine zentrale oder eher marginale Rolle in der angelsächsischen Kriegsführung spielte. Dass Krieger des Reitens kundig waren und zu Pferde schnell zum Kampfplatz gelangten – und bei Bedarf auch rasch wieder von dort entkamen – und dass gelegentlich Berittene in der Schlacht selbst eingesetzt wurden, steht hingegen außer Frage.[104]

Die Waffen der Angelsachsen entsprachen den im Nordseeraum üblichen Kriegswerkzeugen der Zeit. Die Klingen der Schwerter waren in etwa einen dreiviertel Meter lang, gerade und zweischneidig. In der Mitte verlief auf beiden Seiten eine das Gewicht verringernde Hohlkehle, die fast bis zur Spitze reichte. Die Parierstange schützte die Schwerthand, der Knauf verhinderte ein allzu leichtes Abrutschen der

Abb. 1 *Axtkopf, 950–1050, England*

Hand vom Griff und diente als Gegengewicht. Der über dem Metall angebrachte Griff bestand aus Holz oder Knochen. Darüber gewickelte Bänder aus Leder oder Stoff erhöhten die Griffigkeit. So ließen sich die zwischen einem und anderthalb Kilogramm schweren Schwerter vergleichsweise leicht und zielsicher führen.[105] Die Breitaxt bestand aus einem etwa 1,20 Meter langen Schaft, an dessen oberem Ende sich eine einschneidige, nach außen gerundete Klinge befand. Die beidhändig geführte Breitaxt entwickelte eine enorme Schlagkraft, gegen die auch Kettenhemden keinen großen Schutz boten.[106] Ihr Einsatz verlangte allerdings von ihrem Träger ausgeprägte Behändigkeit und Geschicklichkeit. Da er nicht gleichzeitig einen Schild zum Schutz führen konnte, musste die Waffe schnell und umsichtig eingesetzt werden. Große Körperbeherrschung war dabei vonnöten, um nicht von der Wucht des eigenen Streichs aus der Balance geworfen zu werden und so dem Gegner eine offene Flanke zu bieten. Speere gehörten ebenfalls zur Standardausrüstung eines angelsächsischen Kriegers.[107] Mit ihren scharfen, metallenen, blattförmigen Spitzen konnten sie Schwert- und Axtkämpfer im Nahkampf auf Distanz halten und durch gezielte Würfe zu Fall bringen.

Geschützt wurde der Krieger im Idealfall durch Schild, Helm und Kettenhemd. Bei den Schilden handelte es sich oftmals um Rundschilde,

Abb. 2 *Lanzenspitze mit Einlegearbeiten an der Tülle, England*

aber es gab sie auch bereits in der für die Normannen so typischen Mandelform. Die Schilde waren aus Holz, gegebenenfalls mit Leder bezogen und am Rand durch eine Metallfassung verstärkt. Ein Griff an der Innenseite ermöglichte dem Schildträger, seine Armierung zu führen. Auf der Außenseite befand sich oftmals ein Schildbuckel.[108] Ein Helm sollte den Kopf und oberen Gesichtsbereich gegen Hiebe und Wurfgeschosse schützen. Helme konnten aus einem Stück Eisen geschmiedet werden, oder sie bestanden aus mehreren Eisenplatten, die durch Metallstreifen miteinander verbunden wurden; dabei wurden an einem eisernen Ring in der Form eines Stirnbands einzelne metallene Streifen in gleichmäßigen Abständen befestigt und oben in der Mitte zusammengefügt. So entstand die konische Form des Helms. In diese Struktur wurden dann die einzelnen Metallplatten eingesetzt. Der Nasenschutz wurde entweder ebenfalls bereits mit dem Helm ausgeschmiedet oder als einzelnes Stück gefertigt und dann angebracht.[109] Den Körper schließlich schützte ein über einem Wams getragenes Kettenhemd mit Ärmeln, das bis zu den Knien reichte. Kettenhemden gab es in zwei Formen: Das Kettenhemd im engeren Sinne des Wortes bestand aus vielen kleinen miteinander verbundenen Metallringen. Es wurde über das Wams gezogen und seine Ärmel konnten über die Ellbogen reichen. Daneben – und vielleicht als häufigere Erscheinungsform – gab es die Variante, bei der Metallplatten auf das Wams direkt aufgenäht wurden, so dass die Rüstung eher einem Schuppenpanzer glich. Diese scheinen an den Armen bis zu den Ellbogen gereicht zu haben. Armschienen schützten dann die Unterarme.[110] Der Einfachheit halber werden hier beide Formen unter dem Begriff des Kettenhemds gefasst, zumal die Quellen im Einzelfall kaum eine genaue Unterscheidung zulassen. In der Forschung kontrovers diskutiert wird die Frage, wie bei Fußkämpfern das Kettenhemd im Oberschenkelbereich gestaltet war. Die These, dass der

Abb. 3 *Konischer Helm, 10. Jahrhundert, Ukraine*

Schutz die Form von Überhosen annehmen konnte, die entweder direkt mit dem Oberteil des Kettenhemds verbunden waren oder als separate Stücke angelegt wurden, ist in jüngerer Zeit kritisiert worden. Wie bei den Reitern, habe auch bei Fußkämpfern das Kettenhemd in Form einer vorne und hinten geöffneten Tunika über die Hüften bis zum Knie hinabgereicht. Als eine Art Kompromiss zwischen beiden Formen erscheint auch denkbar, dass die beiden so entstehenden Rockschöße um die jeweiligen Oberschenkel gelegt und an der Innenseite durch Bänder zusammengehalten wurden.[111] Das sogenannte Sigmund Fries der Kathedrale von Winchester, deren Herstellung wohl in die Regierungszeit König Knuts fällt, zeigt eine kurze, bis zur Mitte der Oberschenkel reichende Kettenhose, deren Hosenbeine am unteren Ende durch Bänder eingefasst wurden. Ob darüber hinaus noch Bänder an der Innenseite existierten, lässt sich nicht erkennen.[112] Man wird von der Existenz dieses Typs Beinschutz für das angelsächsische England ausgehen dürfen. Wie auch immer sie geschmiedet, genäht und geschnitten waren, boten die Kettenhemden einen für den Nahkampf vergleichsweise guten Kompromiss aus Schutz und Beweglichkeit. Gegen gezielt geführte Schwert- und Axthiebe halfen sie zwar nur bedingt, aber gegen stumpfe Schläge

Abb. 4 *Das Sigmund-Fries der Kathedrale von Winchester: Krieger mit Kettenhose, wohl aus der Zeit König Knuts*

oder abgeglittene Hiebe boten sie einen ordentlichen Schutz. Gleichzeitig bedeutete ein etwa zwölf Kilogramm schweres Kettenhemd für einen trainierten Kämpfer keinen wirklichen Ballast.[113] Es schränkte seine Beweglichkeit nicht ein, und darauf kam es im Nahkampf an. In jedem Fall galt auch damals schon: Nur wer geschmeidig blieb, hatte eine Überlebenschance.

Der Kampf war für die Krieger im wahrsten Sinne des Wortes Ehrensache. Auf dem Schlachtfeld ging es um Ehre und damit ihren Rang. Die Geschichten um Earl Siward demonstrieren dies in sehr anschaulicher Form. Siward, spätestens seit 1033 Earl von Northumbrien, war wahrscheinlich dänischer Herkunft – eine Erinnerung daran, dass ‹angelsächsisch› in der ersten Hälfte des 11. Jahrhunderts auch oft ‹angloskandinavisch› meint. Er erhielt bereits zu Lebzeiten den Beinamen «der Starke»[114] und wurde Gegenstand von Heldenerzählungen.[115] 1054 führte Siward im Auftrag König Eduards einen Kriegszug gegen den schottischen König Macbeth. Sein Sohn Osbjörn kam dabei ums Leben. Als Siward die Nachricht von Osbjörns Tod überbracht wurde, soll er gefragt haben, ob er die tödliche Wunde in der Brust oder im Rücken empfangen habe. Auf die Antwort «in der Brust» reagierte er zufrieden und stellte fest, dass dies der einzige würdige Tod für Osbjörn oder auch für ihn selbst sei.[116] So viel Glück war Siward allerdings nicht vergönnt. Er erkrankte 1055 an der Ruhr. Als er merkte, dass er sich davon nicht erholen würde, soll er ausgerufen haben: «Was für eine Schande ist es für mich, dass ich, der in so vielen Schlachten nicht fallen konnte, gerettet worden sein sollte für den schmachvollen Tod einer Kuh.» Woraufhin er befahl, ihm wenigstens Kettenhemd, Schwert und Helm anzulegen sowie ihm zur Linken seinen Schild und zur Rechten seine mit Gold eingelegte Breitaxt zu reichen, damit er, «der Tapferste aller Krieger wie ein Krieger sterben könne».[117] So gerüstet ging er nicht nur qual-, sondern auch ehrenvoll von hinnen.

Siwards Geschichte zeigt nicht zuletzt, dass die zum Teil prächtig verzierten Waffen mehr darstellten als nur reines Tötungswerkzeug: Sie waren Ausdruck der kriegerischen Identität ihrer Träger. Als 1040 Earl Godwin König Hardaknut angeblich ein Kriegsschiff mit 80 Kriegern übergab, trug jeder von ihnen einen zum Teil vergoldeten Helm, ein Kettenhemd, ein Schwert, in dessen Griff Gold eingelegt war, eine mit Gold und Silber eingelegte Breitaxt, einen Schild mit vergoldetem Buckel und Nägeln sowie einen Speer.[118] Helm, Kettenhemd und goldverziertes Schwert waren so eng mit dem Erscheinungsbild eines Thegn verknüpft, dass, wie gerade gesehen, im *northleoda laga* Landbesitz als weiteres Distinktionsmerkmal seines Rangs betont werden musste. Solch ein Schwert konnte geradezu mythisch aufgeladen werden. In Beowulf, dem großen angelsächsischen Heldenepos, erhält Beowulf das Schwert *Hrunting*, das «unter die größten der alten Schätze zählte. Seine Klinge war aus Eisen, leuchtend mit Schlangenverzierungen und gehärtet durch das Schlachtenblut. Niemals hatte es seinen Träger im Kampf im Stich gelassen [...].»[119] Das Gedicht auf die 991 zwischen Angelsachsen und Wikingern geschlagene Schlacht von Maldon schildert, wie die Krieger zunächst ihre Speere aufeinander schleuderten, um dann ihre Schwerter im Nahkampf zu zücken. Ein Wikinger hatte es auf den Anführer der Angelsachsen, Earl Bryhtnoth, «seine Rüstung, seine Ringe und sein verziertes Schwert abgesehen». Der Earl trat seinerseits dem Angreifer mutig entgegen, doch nach einem Streich gegen seinen Schwertarm «fiel das goldgriffige Schwert aus seiner Hand». Noch im Tod hielt er seine Mannen an, auszuharren und weiter zu kämpfen, ehe er mit einem Gebet auf den Lippen verstarb. Für diejenigen, die vom Schlachtfeld flohen, hatte der Dichter nichts als Verachtung übrig: Die Feiglinge hätten ihre Pflicht vergessen.[120] Gerade in den Kreisen der Krieger hielten sich Erinnerungen an solche Heldentaten vergangener Zeiten und sorgten für die Verinnerlichung des darin transportierten Kriegerethos. Harold Godwinsons persönliches Zeichen, das er auf seinem Banner in die Schlacht trug, war nicht umsonst ein bewaffneter Mann.[121]

Der oberste Kriegsherr war der König. Die Bewahrung des Friedens und die Verteidigung des Königreichs gehörten zu den bei seiner Krönung definierten Pflichten. Schon alleine vor diesem Hintergrund gehörte die Kriegsführung zu den elementaren Aufgaben des Königs.[122] Eduard konnte sich dabei auf ein relativ gut organisiertes Militärwesen stützen. Zwar war das von König Alfred Ende des 9. Jahrhunderts zur Abwehr wikingischer Angriffe geschaffene stehende Heer längst Geschichte, und auch die zum Teil auf Alfred zurückgehenden Befestigungsanlagen der Städte waren nicht zuletzt wegen des wirtschaftlichen Wachstums und der längeren Friedenszeiten verfallen oder gar gezielt zurückgebaut worden. Dennoch war die Organisation des militärischen Aufgebots Mitte des 11. Jahrhunderts schlagkräftig und im nordwesteuropäischen Vergleich keinesfalls rückständig.

Das Rückgrat des angelsächsischen Militärs war der Fyrd. Der Fyrd war kein ‹nationales› Aufgebot, in dem im Kriegsfall vor allem freie Bauern ihre Pflugscharen gegen Schwerter eingetauscht hätten. Er rekrutierte sich stattdessen aus einer breiten Auswahl oftmals gut trainierter Kämpfer. Im Fyrd leisteten die Earls, die Thegns und alle übrigen, die vom König so genanntes Buchland hielten (altenglisch: *bocland*; *boc* = königliche Urkunde, die anlässlich einer Landvergabe darüber ausgestellt wurde), die dem Herrscher als Gegenleistung geschuldete Heerfolge. Der König konnte von seinen Landnehmern darüber hinaus die Bereitstellung weiterer Männer verlangen. Diese zweite Gruppe machte das Gros des Fyrd aus. Wie die Höhe des Aufgebots eines Earls, Thegns, Bischofs oder Abts bemessen war, ist von der Forschung nicht abschließend geklärt. Sie konnte davon abhängig sein, mit wieviel Hufen bzw. Carucaten sein vom König erhaltenes Land bemessen wurde. Hufe und Carucata waren eigentlich Flächenmaße (der Umfang einer Hufe konnte variieren, eine Carucata entsprach dem Land, das ein Pfluggespann in einem Jahr beackern konnte), doch im Hinblick auf den Fyrd scheint die Bemessungsgrundlage weniger die Fläche, sondern vielmehr der Wert des Lands gewesen zu sein. Wie viele Hufen bzw. Carucaten einem im Gegenzug zu stellenden Krieger entsprachen, konnte allerdings von Region zu Region variieren. Eine gängige Einheit waren fünf Hufen bzw. sechs Carucaten. Allzu schematisch darf man sich dieses System jedoch nicht vorstellen. So konnten die großen Landbesitzer ihr politisches Gewicht dazu einsetzen, vom König günstigere Konditionen zu erhalten – das heißt weniger Männer zu stellen, als sie es auf Basis der Fünf-Hufen-Regel eigentlich hätten tun müssen. Folglich gilt für die Größe der einzelnen Kontingente des Fyrd der von Michael Prestwich geprägte Satz: Ein Herr, von dem die Heerfolge eingefordert wurde, erschien beim König höchst wahrscheinlich mit einem Aufgebot, dessen Größe sich eher an seinem Rang orientierte als auf der sorgfältig kalkulierten Anzahl der von ihm gehaltenen Hufen.[123] Die Kämpfer, die die Magnaten rekrutierten, konnten auf unterschiedliche Weise mit ihnen verbunden sein. Besonders gefordert waren diejenigen, die von ihnen Land hielten. Daneben konnte ein Magnat Gefolgschaft von den Männern erwarten, die sich ihm kommendiert hatten, das heißt ein wechselseitiges Schutzverhältnis eingegangen waren. Die Kommendation war eine personale Bindung zwischen zwei Freien, die nicht notwendigerweise auf der Vergabe von Land basierte. Da Kommendation und Landleihe aber oftmals zusammengingen, handelte es sich bei den betroffenen Kriegern nicht um zwei strikt voneinander getrennte Gruppen. Tatsächlich dürfte für einen guten Teil dieser Männer das Kämpfen für ihren Herrn als Kernaufgabe definiert gewesen sein. Am deutlichsten ausgeprägt war dies in der Form des Thegns eines Earls, wobei der militärische Dienst des Gefolgsmanns geradezu institutionalisiert worden war.[124] Die Einheiten des Fyrd organisierten sich gemäß der administrativen Struktur des englischen Königreichs. Die Kerneinheit war die Grafschaft, so wurde bei regionalen Konflikten in der Regel nicht der Fyrd ganz Englands ausgehoben, sondern lediglich der betreffenden Grafschaften. Innerhalb der Grafschaften scheinen die Kämpfer gemäß der Hundreds bzw. Wapentakes organisiert worden zu sein.[125]

Gekämpft wurde aber nicht nur zu Land, sondern auch zur See. Im 11. Jahrhundert zählte die Flotte zu den traditionellen Bestandteilen des militärischen Aufgebots englischer Könige. Ihre Zusammensetzung wandelte sich allerdings erheblich unter König Eduard. Die dänischen Könige auf dem englischen Thron, Knut der Große, Harold und Hardaknut, verfügten über ihre eigenen Schiffe, die ständig in Bereitschaft lagen. Knut verfügte 1018 über 40, gegen Ende seiner Regierungszeit 1035 noch über sechzehn Schiffe. Sein Nachfolger Harold scheint diese Anzahl beibehalten zu haben, ehe Hardaknut mit seiner Ankunft 1040 das Kontingent wieder erhöhte. Er brachte 60 Schiffe mit, von denen ein Jahr später noch 32 in seinen Diensten standen. Eduard entschied sich dann, auf die dauerhaften Dienste dieser Söldner zur See zu verzichten. 1050 zahlte er die letzten Mannschaften aus.[126] Damit konzentrierte sich Eduard auf die ad hoc-Aushebung der Besatzung von Kriegsschiffen. Auch dafür stand ein Instrument zur Verfügung, denn analog zum Dienst zu Land konnte der Fyrd in Form des Shipfyrd sich auch auf den Dienst zur See erstrecken. Grundsätzlich bestand für den König die Möglichkeit, die Bereitstellung und die Bemannung von Schiffen flächendeckend einzufordern. 1049 hatte Eduard auf diese Weise eine beachtliche Flotte aufgeboten.[127] Mit einzelnen Küstenstädten, die später zur Gruppe der Cinque Ports gehören sollten, gab es spezielle Vereinbarungen. Als Gegenleistung für königliche Privilegien stellten Dover und Sandwich je zwanzig Schiffe mit 21 Mann Besatzung für die Dauer von fünfzehn Tagen zur Verfügung, Romney eine nicht näher spezifizierte Anzahl von Schiffen.[128] Der Begriff der *butsecarls* (wörtlich ‹Bootsmänner›) bezog sich wohl insbesondere auf die Männer, die auf den Schiffen dieser und anderer Küstenstädte der Grafschaften Kent und Sussex Dienst leisteten. Auch in diesem Falle ist die Trennlinie zwischen solchen, die ihren Dienst leisteten, und solchen, die sich dafür bezahlen ließen, fließend; eine zu klare Kategorisierung dürfte den historischen Realitäten zuwiderlaufen.[129] Es gibt keinen Grund anzunehmen, dass ein und dieselbe Person nicht zunächst die geschuldeten Tage Dienst leistete, um dann für eine weitere Periode auf dem Schiff bezahlt zu werden. Analog dazu konnte weiterer Bedarf über angeworbene Schiffe und ihre Besatzungen gedeckt werden.

Söldner – ob zu Land oder See – bildeten einen festen Bestandteil angelsächsischer Aufgebote, sei es in Form von Fortbeschäftigung oder direkter Anwerbung. Die dafür nötigen Mittel konnten zumindest zum Teil unmittelbar aus der Verpflichtung zum Fyrd oder Shipfyrd aufgebracht werden, denn der Militärdienst konnte durch Abgaben in Geld oder Naturalien abgegolten werden. Gerade Städte machten von dieser Möglichkeit Gebrauch.[130] Neben Fyrd und Söldnern konnte der König auf eine dritte Gruppe von Kriegern zurückgreifen, die Hauskarle (altenglisch *huscarls*). Sie waren die bewaffneten Mitglieder des königlichen Haushalts, das heißt, sie befanden sich ständig in der Umgebung des Königs. Ihre wesentliche Aufgabe bestand im Kampf für den König. Sie bildeten die königliche Kerntruppe. In Friedenszeiten konnten sie allerdings andere Aufgaben für ihren Herrn übernehmen. 1041 schickte König Hardaknut zwei Hauskarle nach Worcester, um von den dortigen Bürgern Steuern einzutreiben. Als geschickte Diplomaten erwiesen sie sich allerdings nicht. Die aufgebrachten Bürger erschlugen sie, woraufhin Hardaknut fünf Earls und fast all seine Hauskarle auf eine Strafexpedition nach Worcester schickte. Nun in ihrem eigentlichen Element, wüteten sie fürchterlich.[131] Die Hauskarle bildeten also weder eine stehende Armee im engeren Sinne, noch waren sie eine reine Söldnertruppe. Zwar erhielten sie für ihre Dienste auch Geld, die wertvollste Entlohnung erfolgte aber in Form von Landzuweisung. Hauskarle, denen eine solche Auszeichnung zu Teil wurde und die ihr Leben und

Handeln nicht in und um den königlichen Haushalt, sondern um ihr Land organisierten, unterschieden sich freilich kaum noch von anderen Freien, die vom König Land erhielten und ihm dafür Militärdienst leisteten. Insofern war der Übergang zwischen Hauskarlen und Männern des Fyrd fließend.[132]

Angesichts dieser Strukturen verfügten die englischen Könige grundsätzlich über die Mittel, recht schnell eine schlagkräftige Truppe zusammenzustellen. Inwieweit dies umgesetzt werden konnte, hing jedoch ganz wesentlich von der jeweiligen politischen Situation ab. Uneinigkeiten mit den Earls oder auch nur mit manchen von ihnen konnten das königliche Aufgebot erheblich schwächen. Vereint hingegen waren sie für jeden Angreifer ein sehr ernst zu nehmender Gegner. Zu Lebzeiten eines Königs waren seine Würde und sein Reich also keine leichte Beute. Der Tod Eduards 1066 und das Fehlen einer eindeutigen, allgemein anerkannten Nachfolgeregelung schuf jedoch geradezu einmalig günstige Bedingungen, den Kampf um die englische Krone aufzunehmen. Keiner wusste das besser als der beim Tod Eduards bei weitem mächtigste englische Earl, Harold Godwinson.

3
HAROLD GODWINSON

Harolds Königtum war mit knapp über zehn Monaten von Januar bis Oktober 1066 von nur sehr kurzer Dauer, seine Vorgeschichte aber reicht bis an den Anfang des 11. Jahrhunderts zurück. Selbst wenn sich Harolds eigene Ambitionen auf den Thron wahrscheinlich erst im letzten Jahrzehnt vor Eduards Tod konkretisierten, so kann man seine Rolle im Reich Eduards nur dann verstehen, wenn man die Beschäftigung mit seiner Geschichte mit der seines Vaters Godwin beginnt. Jener nämlich schuf die Voraussetzungen für die große Macht seiner Söhne, der Godwinsons, und machte seine Tochter Edith zur englischen Königin. So wird im Folgenden zunächst Godwins Position im politisch-sozialen Gefüge des englischen Königreichs skizziert und sein Verhältnis zu König Eduard nachgezeichnet. Auf diese Weise gelangen wir zu ersten Einblicken in das politische Verhalten seiner Söhne, insbesondere von Harold und dessen älterem Bruder Sweyn. Die Eskalation des Konflikts zwischen Godwin und seinen Söhnen auf der einen Seite und König Eduard auf der anderen in den Jahren 1051–52 verdient aus verschiedenen Gründen besondere Aufmerksamkeit: Erstens lassen sich die Mechanismen politischen Handelns daran besonders gut erkennen. Zweitens erfuhr Harolds spätere Karriere durch den Erfolg seines Vaters eine entscheidende Weichenstellung; drittens kamen sein Bruder und Neffe als Geiseln in die Normandie, wo wiederum die Ereignisse von 1051–52 später mit dem Thronanspruch Wilhelms verknüpft wurden. Nach Godwins Tod 1053 und Harolds Nachfolge als Earl von Wessex gilt das Augenmerk vor allem dessen Auseinandersetzungen mit Ælfgar, Earl von Mercien, dem Haupt der Familie der Leofwinsons. Sie lassen zum einem den Krieger Harold schärfer hervortreten und erklären zum anderen den Antagonismus zwischen den beiden mit Abstand mächtigsten englischen Familienverbänden, der das Königreich maßgeblich prägte.

Godwin und seine Söhne – Aufstieg einer Familie

Harolds Vater Godwin war eine der Schlüsselfiguren der englischen Geschichte in der ersten Hälfte des 11. Jahrhunderts. Über Godwins Eltern und seine ersten Jahre ist nur wenig bekannt. Sein Vater war wahrscheinlich der südenglische Adlige Wulfnoth; er selbst kann vielleicht mit dem Thegn Godwin identifiziert werden, der zwischen 1009 und 1016 in der Überlieferung erscheint.[1] Mit dem Herrschaftswechsel von 1016 hatte sich Godwin offenbar schnell arrangiert. Er stellte seine Kräfte in den Dienst des neuen Königs Knut, unter dessen Herrschaft er zu großer Bedeutung gelangte. 1018 wird er das erste Mal als *dux*, als Earl, erwähnt. Seine Bewährungsprobe, so die einige Jahrzehnte später verfasste *Vita Ædwardi*, bestand Godwin auf einer Expedition nach Dänemark, als er eine wichtige Rolle in der Niederschlagung einer Rebellion gegen Knut spielte. Der König habe, so heißt es dort in elegischen Formulierungen, während dieses Feldzugs die Weisheit, das Durchhaltevermögen, den Mut und die Stärke Godwins näher prüfen können. Auch habe er Godwins große Beredsamkeit entdeckt und es für vorteilhaft befunden, ihn näher an sich zu binden. So habe er ihn in seine engere Umgebung aufgenommen, ihm seine Schwester zur Frau gegeben und ihn zu seinem Stellvertreter in fast ganz England gemacht.[2]

Es mag sein, dass der Autor der *Vita* Godwin an dieser Stelle allzu überschwänglich feierte, in der Tendenz aber lag er richtig. Godwins Aufstieg gewann in den 1020er Jahren erheblich an Dynamik. Der dänische Feldzug, auf dem Godwin seine Tüchtigkeit unter Beweis stellte, fand wahrscheinlich 1022/23 statt. Es war wohl zu dieser Zeit, dass König Knut die Ehe des Earls zwar nicht mit seiner eigenen Schwester, aber doch mit einer sehr prominenten Frau stiftete.[3] Godwin ehelichte Gytha, die Schwester des dänischen Großen Ulf. Da Ulf seinerseits mit

Knuts Schwester vermählt war, gehörte Gytha im weiteren Sinne tatsächlich zur königlichen Verwandtschaft. Der Zweck ihrer Ehe mit Godwin erschöpfte sich nicht in der Auszeichnung des Angelsachsen, sie diente vielmehr auch dazu, engere Bande zwischen den englischen und dänischen Eliten und damit zwischen beiden Reichen zu knüpfen.[4] Beide Traditionen spiegeln sich auch in der Namensgebung der zahlreichen Kinder Godwins und Gythas wider. Von ihren sechs Söhnen erhielten vier (wohl die älteren) mit Sweyn, Harold, Tostig und Gyrth skandinavische Namen, zwei (wohl die jüngeren) mit Leofwin und Wulfnoth angelsächsische. Auch die Namen der drei Töchter verweisen auf beide Traditionen: Gunhild auf die dänische, Edith und Ælfgifu auf die angelsächsische.[5]

Als Earl erfreute sich Godwin in dieser Zeit ebenfalls eines erheblichen Autoritätszuwachses. Die Entwicklung von Godwins Earldom ist ein typischer Fall für die ganz und gar fließenden Grenzen der Earldoms in dieser Zeit. Der König konnte, wenn es ihm opportun schien, diese Grenzen nach seinem Willen verschieben. Davon profitierte Godwin ganz erheblich. Hatte sich sein Earldom bis etwa 1020 auf eine kaum präzise zu bestimmende Region in Ost- und Zentralwessex beschränkt, so dehnte sich damals sein Einfluss rasch nach Westen aus. Wohl schon 1023 war er Earl von ganz Wessex, eine Position, die vor ihm noch niemand innegehabt hatte.[6] Seine Vorrangstellung unter den Earls unterstreichen die Zeugenlisten der königlichen Urkunden. Ab 1023 führen sie ihn an erster Stelle,[7] die *Vita Ædwardi* spricht von Godwin als dem Ersten unter den Ranghöchsten des Königreichs.[8]

Godwins umfangreiches Earldom verschaffte ihm nicht nur einen sehr weiten Aktionsradius, sondern über den Dritten Pfennig auch reichlich Barmittel als Einkünfte. Darüber hinaus verfügte Godwin über umfangreiche eigene Besitzungen. Folgt man den Einträgen im Domesday Book, so konzentrierten sich Godwins Ländereien auf die Grafschaften Sussex und Kent. Typisch für die Earls seiner Zeit bildeten seine Güter keinen geschlossenen territorialen Machtblock, sondern waren relativ weitläufig über einzelne Grafschaften verstreut. So besaß Godwin weitere Hofstellen in Hampshire und in Worcestershire.[9] Als enger Vertrauter des Königs, als Erster der Earls und als Mann, der über Land und Geld verfügte, war es für Godwin ein Leichtes, eine zahlreiche Gefolgschaft aufzubauen und zu unterhalten. Dabei nutzten er und die übrigen Magnaten dieselben Mittel wie der König: Landleihe, Kommendation und Bezahlung. So schuf Godwin sein eigenes, weitreichendes Netz an Unterstützern, was der Durchsetzung seiner Ziele im Frieden wie im Konfliktfall ungemein förderlich war. Bestand ein gutes Verhältnis zwischen Earl und König, so kam solch ein Netzwerk auch dem Herrscher zugute; in Zeiten des Konflikts jedoch konnte man sein Potential auch gegen den König richten. Der Lebensweg Godwins zeigt in aller Deutlichkeit, dass der Earl mit beiden Varianten vertraut war.

Godwins Position war so stabil, dass der Tod König Knuts im Jahr 1035 für ihn keine wesentliche Zäsur bedeutete. Über alle wechselnden politischen Konstellationen hinweg behielt er in den folgenden Jahren seine führende Rolle unter den englischen Magnaten. Dies demonstrierte er auch den neuen Königen. Godwin verstand sich auf die Zeichensprache der Zeit und ließ sowohl Hardaknut als auch Eduard eindrucksvolle Geschenke zu ihren Amtsantritten machen – über etwaige Geschenke an Knuts unmittelbaren Nachfolger Harold ist hingegen nichts bekannt. Während Hardaknut 1040 angeblich ein Schiff mit 80 prächtig ausgestatteten Kriegern erhielt,[10] konnte sich Eduard 1042/43 über ein für 120 Krieger ausgerüstetes Kriegsschiff freuen. Seine purpurfarbenen Segel schmückten Abbildungen der königlichen Genealogie sowie berühmter Seeschlachten aus den Tagen früherer Könige. Eduard wurde so unverrückbar in die Tradition der westsächsischen Könige Englands, seiner Vorfahren gestellt – die normannische Seite des neuen Königs spielte dabei überhaupt keine Rolle. Am Bug des Schiffs drohte ein Drache mit goldenen Schwingen, der Flammen zu speien schien. Ein goldener Löwe hingegen zierte das Heck.[11] Das waren Geschenke, die einem König wahrlich alle Ehre machten. Bei aller Freude aber dürften Hardaknut und Eduard diese recht unverhohlene Machtdemonstration Godwins auch mit etwas Sorge betrachtet haben. Wer solche Geschenke machte, beanspruchte eine führende Rolle im Reich. Godwins Gaben waren Angebot und Drohung zugleich.

In der Tat schrieben Zeitgenossen Godwin eine zentrale Rolle bei der Thronbesteigung Eduards zu. Die *Vita Ædwardi* sah in ihm den Königsmacher, der ganz wesentlich dazu beigetragen hatte, Hardaknut davon zu überzeugen, Eduard nach England einzuladen.[12] Hauptsächlich dank der Bemühungen Godwins und des Bischofs Lyfing von Worcester sei Eduard auf den Thron gekommen, heißt es auch bei Johann von Worcester.[13] Ob Godwin wirklich die treibende Kraft war, ist nicht mehr zu klären. Sicher ist aber, dass es auf sein Verhalten ankam. Gegen seinen Willen war an eine reibungslose Thronbesteigung Eduards nicht zu denken. Eduard selbst dürfte den desaströsen Ausgang der nach dem Tod Knuts von ihm und seinem Bruder Alfred angeführten Expeditionen nach England nur noch allzu gut in Erinnerung gehabt haben. Godwin hatte damals auf der Gegenseite gestanden. Dieses Mal signalisierte der Earl seine Unterstützung. Mit seinem Krönungsgeschenk an Eduard betonte er, wie sehr er sich seiner entscheidenden Rolle bewusst war.

Godwins Zeichen wurden verstanden. Er fand beim neuen König ein offenes Ohr für seine Ambitionen. Sein Earldom wurde um Kent im Osten erweitert und erstreckte sich fortan über die gesamte englische Südküste.[14] Alle Häfen am Kanal, inklusive des wichtigen Brückenkopfs Dover, lagen nun in seinem Autoritätsbereich. Noch wichtiger allerdings waren die Rangerhöhungen, die Godwin für seine Söhne erreichte. Sweyn wurde 1043 zum Earl erhoben, Harold 1045.[15] Die Ernennung seines Neffen Björn Estrithson zum Earl im selben Jahr[16] dürfte ebenfalls auf Godwins Fürsprache hin stattgefunden haben. Ihre Earldoms grenzten allesamt im Norden an Wessex und stellten so ein formidables Machtgefüge dar. Im Westen umfasste Sweyns Earldom Oxfordshire, Gloucestershire, Herefordshire, Somerset und Berkshire, im Osten zählte Ostanglien, Cambridgeshire und Essex zu Harolds Earldom.[17] Dazwischen lag Björns Earldom mit den Grafschaften Bedfordshire, Hertfordshire und wahrscheinlich Middlesex.[18] Huntingdonshire lag entweder in Harolds oder in Björns Earldom.[19]

Ihr neuer Rang verlieh ihnen eine besonders hervorgehobene Position im englischen Königreich, hob sie in den Kreis der Männer, die seine Geschicke mitbestimmten und ermöglichte ihnen die Ausweitung ihrer Gefolgschaften sowie die tiefere Verankerung ihrer herrschaftlichen Positionen. Godwins größter Coup aber war die 1045 geschlossene Ehe zwischen seiner Tochter Edith und König Eduard.[20] Sie machte Godwins Familie zur königlichen Verwandtschaft. Godwin und seine Kinder wurden zu Vater bzw. Geschwistern der Königin, zu Schwieger-

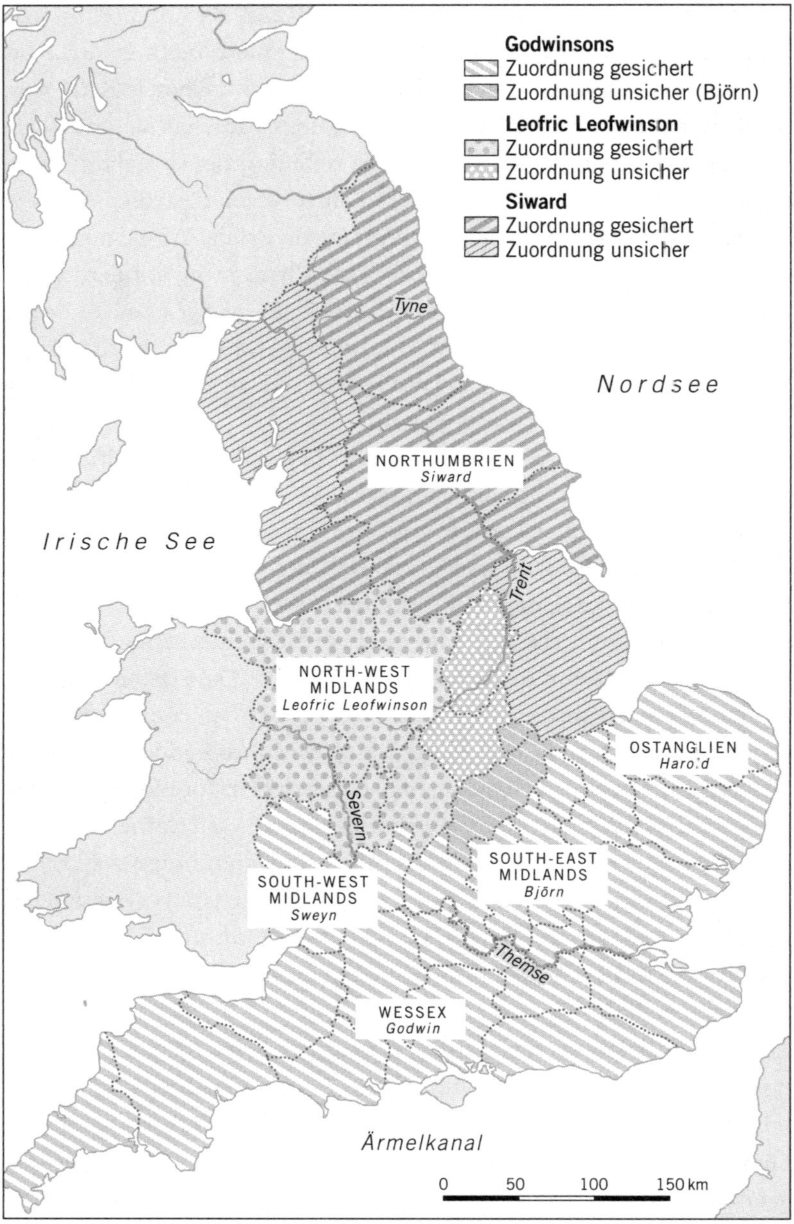

Karte 3 *Die Verteilung der Earldoms im Jahr 1045, nach* Baxter, *Edward the Confessor and the Succession Question, Karte 2*

vater, Schwägerinnen und Schwägern des Königs und somit zu potentiellem Großvater, Tanten und Onkeln des zukünftigen Königs. Die herrschaftlichen Pfeiler der Stellung Godwins und seiner Familie wurden durch diese verwandtschaftliche Verbindung mit dem Königshaus noch einmal gleichsam überwölbt. Godwins Vorrang schien auf Dauer gesichert. Der Fortsetzung seiner seit Jahrzehnten ausgeübten führenden Rolle in der englischen Politik stand nichts mehr im Weg. Eine solche Rolle war, davon musste man ausgehen, durch die Heirat schon für die nächste Generation gesichert.

Aus Eduards Perspektive barg seine Eheschließung ebenfalls Vorteile. So konnte er die mächtigste Familie des Königreichs noch enger an sich binden und hatte auf diese Weise die Aussicht, seine Herrschaft auf stabiler Basis zu gründen. Doch schon bald wurde das Verhältnis zwischen Eduard und seinen neuen Verwandten auf eine ernste Probe gestellt. Anlass dafür war das ungezügelte Verhalten von Godwins ältestem Sohn Sweyn. Es verdient nähere Betrachtung, weil die damit verknüpften Ereignisse einiges über die Handlungsmöglichkeiten des Königs gegenüber einem Earl verraten, aber auch weil sie Harold als einen kühl kalkulierenden Machtmenschen erscheinen lassen.

Im Jahr 1046 führte Sweyn gemeinsam mit dem nordwalisischen Fürsten Gruffydd ap Llewelyn eine Strafexpedition nach Südwales durch. Berauscht durch den Erfolg der Unternehmung, ließ Sweyn auf dem Rückweg durch Herefordshire die Äbtissin von Leofminster, Eadgifu, zu sich bringen und «behielt sie so lange bei sich, wie es ihm gefiel. Dann ließ er sie heimkehren.»[21] Dies war eine rohe, unmissverständliche Machtdemonstration des Siegers.[22] Sweyn gebärdete sich als Dominator der Region, doch war dieses archaische Verhaltensmuster nur sehr begrenzt kompatibel mit angelsächsischen Normvorstellungen. Die Entführung und wahrscheinliche Vergewaltigung der Äbtissin war ein schweres Verbrechen, das nicht ungesühnt bleiben konnte. Ein Jahr später floh Sweyn aus England,[23] und seine Besitzungen sowie seine Grafschaften wurden größtenteils zwischen seinem Bruder Harold und seinem Vetter Björn aufgeteilt.[24] Diese Regelung demonstrierte sowohl die Fähigkeit des Königs, Verbrechen auch der Mächtigsten zu ahnden, als auch seinen Willen, es darüber nicht zu schwerwiegenderen Verwerfungen mit Godwin und seiner Familie kommen zu lassen.

Auch an anderer Stelle wurden Godwin die Grenzen seines Einflusses aufgezeigt. Aus Dänemark bat 1047 sein Neffe Sven Estrithson, der Bruder Björns, um englische Unterstützung in seinem Kampf um den dänischen Thron. Godwin setzte sich bei Eduard für die Entsendung von angeblich 50 voll bemannten Schiffen ein. Doch nicht alle Großen am Hof waren dieser Ansicht, insbesondere Earl Leofric widersprach solchen Plänen. Eduard entschied sich schließlich, nicht mit eigenen Schiffen in den Konflikt einzugreifen.[25] Seine Verbindungen nach Dänemark waren weniger stark und mithin weniger handlungsleitend als die Godwins.

Kurz darauf kehrte Sweyn nach England zurück, und es zeigte sich, dass auch verwandtschaftliche Beziehungen nicht unbedingt immer in Hilfeleistungen münden mussten. Nach einiger Zeit in Flandern und Dänemark suchte er die Aussöhnung mit Eduard und die Wiedereinsetzung in seine Güter. Er setzte dabei insbesondere auf die Vermittlung seines Vetters Björn. Doch seine Hoffnungen wurden enttäuscht. Sowohl Björn als auch Harold lehnten es ab, ihm seine vormaligen Besitzungen zurückzugeben. Insbesondere Harold scheint in dieser Frage zu keinem Kompromiss bereit gewesen zu sein. Angesichts dieser Entscheidung gegen ihren Verwandten sah Eduard keinen Anlass, sie zur Herausgabe der Güter zu zwingen, und forderte Sweyn auf, innerhalb von vier Tagen das Königreich wieder zu verlassen.[26] Sweyn aber hatte nicht die Absicht, England still und leise zu verlassen. Er suchte Björn erneut auf und bat ihn, für ihn beim König zu intervenieren. Dieses Mal ging Björn darauf ein und begab sich in Begleitung von nur wenigen Gefolgsleuten mit Sweyn auf den angeblich zum König führenden Weg. Björn vertraute darauf, so die Angelsächsische Chronik C, dass seine Verwandtschaft zu Sweyn ihn vor Unheil bewahren würde. Doch genauso wenig wie kurz zuvor die Verwandtschaft Harold und Björn veranlasst hatten, Sweyn seine vormaligen Ländereien auszuhändigen, schützte sie nun Björn vor Sweyn. Denn sie zogen nicht nach Sandwich, wo sich Eduard gerade aufhielt, sondern nach Bosham, wo Sweyns Schiffe vor Anker lagen. Als sich Björn weigerte, mit an Bord zu gehen, zwangen ihn Sweyns Männer dazu. Dann setzte Sweyn Segel gen Westen. Im Verlauf der Reise eskalierte die Situation: Sweyn ermordete Björn bei Dartmouth und begrub ihn an der Küste.[27] Die Reaktion auf diese schockierende Tat erfolgte umgehend: Eduard erklärte Sweyn zu einem *nithing*, einem Ehrlosen.[28] Damit war Sweyns soziale Identität zerstört, er hatte seinen Rang, seine Ehre, sein Ansehen verloren. Sweyn war ein Niemand geworden. Und dennoch: Selbst aus dieser scheinbar ausweglosen Situation gab es die Möglichkeit zur Rückkehr, existierte die Chance, wieder in die Gnade des Königs aufgenommen zu werden. Sweyn, der sich nach Flandern geflüchtet hatte, suchte und fand die dafür notwendigen, einflussreichen Fürsprecher: Bischof Ealdred von Worcester befand sich 1050 auf der Rückreise von Rom nach England, als er sich in Flandern von Sweyns guten Absichten überzeugen ließ. In lakonischer Kürze bemerken die Quellen, dass er ihn in England mit dem König versöhnte.[29] Am Hof mag Earl Godwin seinerseits für die Wiederaufnahme seines Sohnes gearbeitet haben. Möglicherweise bezahlte er Eduard für die Restituierung zumindest einiger Güter an Sweyn.[30]

Sweyns Verhalten war zweifelsohne eine Belastungsprobe für das Verhältnis sowohl zwischen Godwin und seinen Söhnen als auch zwischen Godwin und dem König. Es führte aber nicht zum Bruch zwischen Earl und König. Mit Sweyns Rückkehr 1050 schien man sich schließlich innerhalb der königlichen Familie arrangiert zu haben. Wenn allerdings Spannungen zwischen Godwin und Eduard aus dieser Angelegenheit geblieben sein sollten, so haben diese – jedenfalls aus Godwins Perspektive – im Weiteren keine Lösung erfahren. Im Gegenteil, im folgenden Jahr erlitt Godwin so schwere politische Niederlagen, dass sich die enge Zusammenarbeit mit seinem Schwiegersohn in einen offenen, harten Konflikt wandelte. 1051 wurde das Jahr der großen Krise seiner Beziehungen zu Eduard – eine Krise, die für Godwin und seine Familie existenzbedrohende Ausmaße annahm.

Die erste Enttäuschung erlebte Godwin im Bereich der Kirchenpolitik. Am 29. Oktober 1050 verstarb Eadsige, Erzbischof von Canterbury. Die Besetzung des wichtigsten Bischofsamts im Reich war von höchster politischer Bedeutung, der König würde auf jeden Fall die Auswahl aktiv begleiten und das letzte Wort haben. Die Mönche von Canterbury versuchten dennoch, ihren Willen durchzusetzen, indem sie sich für einen der ihren, Ælric, entschieden. Ælric war ein Verwandter Godwins, der nur zu gerne dessen Kandidatur unterstützte.[31] Canterbury lag in seinem Earldom und dort einen Verwandten als Erzbischof zu wissen, erschien Godwin eine sehr verlockende Aussicht. Doch Eduard hatte einen anderen Kandidaten im Sinn. Im Frühjahr 1051 sorgte er für die Überführung des Londoner Bischofs Robert Champart nach Canterbury.[32] Wie schon in der Dänemark-Frage hatte sich Godwin am Hof nicht durchsetzen können. Schlimmer noch, nicht nur, dass sein Kandidat unterlegen war, mit Robert wurde ein Mann Erzbischof, mit dem er wohl bereits seit einiger Zeit über Kreuz lag. Jedenfalls wurden ihre Differenzen offensichtlich, als der neue Erzbischof Godwin beschuldigte, Canterbury Ländereien entfremdet zu haben.[33] Damit lag er wahrscheinlich gar nicht so falsch, denn die Aneignung von Kirchengut, sei es gegen den Willen der Bischöfe und Äbte oder mit ihrer Zustimmung als Gegenleistung für politische Gefallen, war eine verbreitete Strategie der Magnaten, ihre Besitzungen zu erweitern.[34] Gravierender aber als dieser Vorwurf waren die Anschuldigungen, die Robert am Hof gegen ihn in Umlauf brachte. So wie Godwin einst Alfred getötet hatte, würde er nun vorhaben, den König zu töten.[35] Indem er dieses Gerücht streute, suchte Erzbischof Robert bewusst, alte, kaum verheilte Wunden wieder aufbrechen zu lassen und das Verhältnis zwischen Godwin und Eduard zu belasten, denn Alfreds tragisches Schicksal war am Hof wohl bekannt. Dass Godwins Männer ihn damals gefangen gesetzt hatten, dürfte ebenfalls kein Geheimnis gewesen sein. Doch inwieweit Godwin persönlich in Alfreds Tötung involviert war, war weit weniger klar. Die Quellen sind in diesem Punkt widersprüchlich,[36] und Godwin selbst scheint sich in der Regierungszeit Hardaknuts von den Vorwürfen gereinigt zu haben: Er soll vor fast allen Magnaten des Reichs dem König geschworen haben, selbst die Blendung Alfreds nicht gewollt, sondern auf Befehl Harolds die Order dazu gegeben zu haben.[37] Robert wusste, dass er mit diesen Anschuldigungen einen wunden Punkt traf. Es ging ihm bei der Diskreditierung Godwins nicht nur um ein paar Besitzungen seiner Kirche, ihm ging es um die führende Position am Hof, um das Ohr des Königs.

In dieser Situation wurde Godwin mit einer zweiten großen Herausforderung seiner Autorität konfrontiert. Im September 1051 kam Graf Eustachius II. von Boulogne nach England zu einem Treffen mit seinem Schwager König Eduard (Eduards Schwester Godgifu war in zweiter Ehe mit Eustachius verheiratet). In Dover kam es dabei zu einem schwerwiegenden Zwischenfall. Eustachius und seine Männer verlangten Quartier. Als ihnen dies verweigert wurde, versuchten sie, mit Waffengewalt die Bereitstellung von Unterkünften zu erzwingen. In den folgenden Kämpfen kam es zu Toten auf beiden Seiten. Eustachius und seine Männer mussten aus Dover fliehen und berichteten dem König über den Vorfall. Eduard folgte der Version seines Schwagers und machte die Stadt für die Auseinandersetzung verantwortlich.[38] Manche Zeitgenossen freilich sahen in Eustachius den eigentlichen Übeltäter, und mit der Zeit begannen Gräuelgeschichten über ihren Einfall zu kursieren. Männer und Frauen, so berichtet es Johann von Worcester später, seien von ihren Schwertern niedergehauen, Kinder und Säuglinge unter den Hufen ihrer heranpreschenden Pferde zertrampelt worden.[39]

Eduard beauftragte Earl Godwin, die entsprechenden Maßnahmen gegen das in seinem Earldom liegende Dover einzuleiten. Doch Godwin weigerte sich, «seine eigene Provinz zu verletzen».[40] Er hatte offensichtlich eine andere Sicht auf die Dinge. Der Brückenkopf Dover und die Unterstützung in Kent waren für ihn viel zu wichtig, als dass er sie wegen Eustachius riskieren würde. Er spekulierte stattdessen darauf, Eustachius am Hof zu isolieren, indem er ihn für den Zwischenfall verantwortlich machte. Es war ein gefährliches Spiel, aber Godwin mag keine andere Option gesehen haben. Ob Eduard diese Zuspitzung der Situation intendiert hatte oder ob er von der Entwicklung überrascht wurde, ist heute nicht mehr zu entscheiden. Jedenfalls erkannte er den Ernst der Lage. Er berief die Großen des Reichs nach Gloucester zusammen, um über die Lage zu beraten. Allerdings war an ein friedvolles Ausdiskutieren der Streitpunkte nicht mehr zu denken. Zu sehr hatten sich die Fronten zwischen den Parteien verhärtet. Die Forderungen und wechselseitigen Anschuldigen ließen den Kontrahenten kaum Spielräume, Kompromisse zu finden und das Gesicht zu wahren. Der Vorwurf, Godwin plane, den König zu ermorden, wog schwer. Angesichts solcher unversöhnlicher Töne rüsteten beide Seiten für den Kampf. Auf Eduards Seite versammelten die Earls Ralph, Siward und Leofric Truppen, während Godwin und seine Söhne Sweyn und Harold ihre Männer in Beverstone, etwa 20 Kilometer südlich von Gloucester, zusammenkommen ließen.[41] Die aus Sicht Godwins und seiner Söhne ins Unerträgliche gestiegenen Spannungen drohten, sich im Krieg zu entladen.

Doch weder der Earl noch der König wollten den Kampf riskieren, zumal Godwins Ingrimm sich hauptsächlich gegen Erzbischof Robert und Graf Eustachius, weniger aber gegen Eduard richtete. So führten sie Verhandlungen, in deren Verlauf sich die königliche Position als die stärkere erwies. Godwin und seine Söhne sollten sich am 21. September in London in einem Gerichtsverfahren verantworten. Die Übergabe von Wulfnoth, einem Sohn Godwins, und Hakon, einem Sohn Sweyns, als Geiseln an Eduard wurde wahrscheinlich ebenfalls in diesen Verhandlungen festgesetzt. Die Geiseln sollten die Einhaltung der Abmachungen seitens Godwins und seiner Söhne garantieren.[42] In der Folge entwickelte sich die militärische Situation eindeutig zugunsten Eduards. Der König rief aus ganz England seine Armee in London zusammen. Manch ein Thegn, der bislang Godwin gefolgt war, schloss sich in dieser Situation dem König an.[43] Als sich König und Earl, Schwiegersohn und Schwiegervater, schließlich in London wieder trafen, waren die Kräfteverhältnisse klar. Eduard bestimmte den Gang der Ereignisse. Er lud Godwin vor Gericht. Als der Earl sicheres Geleit und die Überstellung von Geiseln als Garantien verlangte, konterte Eduard mit der Forderung, die Gefolgschaft aller noch auf Seiten Godwins und seiner Söhne stehenden Thegns auf ihn zu übertragen. Eduard erhielt, was er wollte, Godwin nicht. Stattdessen erreichte ihn und seine Söhne eine weitere Vorladung des Königs. Mit zwölf Mann Begleitung sollten sie vor Gericht erscheinen. Wieder verlangte Godwin sicheres Geleit und Geiseln. Er wusste um die feindliche Stimmung am Hof und fürchtete, dass sie ohne solche Garantien keine Aussichten auf einen fairen Prozess haben würden. Doch Eduard ließ sich auf Godwins Forderungen nicht ein.[44] Angeblich ließ er Godwin sogar mitteilen, dass er, Godwin, Vergebung und Frieden erhalten würde, wenn er ihm Alfred und dessen Männer wiederbringen könne. Bischof Stigand von Winchester, der als Vermittler zwischen König und Earl fungierte, soll bei diesen Worten in Tränen ausgebrochen sein.[45] Godwin verstand die Botschaft wohl. Es gab keine Hoffnung auf einen fairen Prozess. Erzbischof Robert von Jumièges und seine Anhänger hatten gewonnen. Godwin und seiner Familie blieb nur die Flucht. Zusammen mit seiner Frau Gytha und seinen Söhnen Sweyn und Tostig entkamen sie nach Flandern. Dort fanden sie Aufnahme bei Graf Balduin, dem

Halbbruder von Tostigs Frau Judith. Harold und Leofwin enteilten ihrerseits nach Irland.[46]

Als sie an ihren jeweiligen Rückzugsorten angekommen waren, hatte sie Eduard bereits geächtet. Ihre Earldoms wurden neu verteilt, und auch Königin Edith konnte nichts mehr für sie tun. Eduard entfernte sie vom Hof und ließ sie in die Abtei von Wilton verbringen. Es wurde gar erwogen, dass der König sich von ihr scheiden lassen solle.[47] In der Tat war Edith gar nicht mehr in der Position, für ihre Familie Einfluss auszuüben. Statt die Rolle einer mächtigen Vermittlerin spielen zu können, war sie wohl selbst bereits zu einem Teil des Problems zwischen dem König und dem Earl geworden. Eduard und Edith waren auch sechs Jahre nach ihrer Heirat immer noch kinderlos. Die Sicherung der Dynastie war aber von höchster Bedeutung, und in aller Regel wurde die Frau dafür verantwortlich gemacht, wenn der Nachwuchs ausblieb. Scheidung und Wiederverheiratung waren in solch einem Fall die logische Konsequenz. Eduard dürfte die Frage nach einem Thronfolger zunehmend beschäftigt haben, und möglichweise waren die Trennung von Edith und eine anschließende Neuvermählung Überlegungen, die er bereits vor der Flucht Godwins und seiner Söhne angestellt hatte. Die Verstoßung Ediths vom königlichen Hof hätte einen ganz erheblichen, nicht hinzunehmenden Ehrverlust für Godwin bedeutet und damit maßgeblich zur Eskalation der Krise beigetragen.[48]

Wie dem auch gewesen sein mag: Godwin und seine Söhne hatten im Herbst 1051 ihren vornehmen Rang vorerst verloren. Nie zuvor war der englische Königsthron für Harold in so weite Ferne gerückt wie in diesem Moment. Noch sorgten die über Tostigs Vermählung geschaffenen Bindungen mit dem flandrischen Grafenhaus für einen gewissen Rückhalt und hielten ihren Fall ins Bodenlose auf. Doch die Zeit spielte gegen Godwin und seine Familie. Um Frieden bitten und darauf hoffen, dass Eduard ihnen gegenüber Milde walten lassen würde, war eine mögliche Strategie, um ihre vormaligen Positionen zurückzuerlangen. Glaubt man der *Vita Ædwardi*, so hatte Godwin diesen Weg beschritten, als er Eduard um Frieden und Gnade sowie um einen fairen Prozess bat. Der Graf von Flandern und der König von Frankreich sollen gar für ihn interveniert haben.[49] Aber es hatte nichts gefruchtet. In der Tat war angesichts der Schärfe, mit der die Auseinandersetzungen geführt worden waren, und vor dem Hintergrund, dass Erzbischof Robert alles unternommen hätte, um ihre Rückkehr zu verhindern, die Wiedererlangung der königlichen Huld auf absehbare Zeit nicht zu erwarten. Wenn sie nach England zurückkehren und Aussicht auf Wiedergewinnung ihres Rangs haben wollten, dann mussten sie selbst Eduard unter Druck setzen. Dies hatte aber nur dann Aussicht auf Erfolg, wenn sie über zahlreiche bewaffnete Männer und vor allem über Unterstützung in England selbst verfügten. Rasches Handeln war deshalb geboten, ehe sich ihre über Jahre aufgebauten Gefolgschaftsnetze auflösen und sich die darin eingewobenen mächtigen Persönlichkeiten gänzlich auf die neuen Herren ausrichten würden. Godwin und seine Söhne mussten die durch ihre Ächtung entstandene Unsicherheit nutzen, ehe sich die neue Ordnung etabliert hatte. Auch mit Hilfe der Silberschätze, die sie auf ihrer Flucht zu Schiff aus England hatten mitnehmen können,[50] begannen sie, in Irland wie in Flandern für ihre Sache zu werben und ebenso abenteuerlustige wie beutehungrige Kämpfer anzuheuern. Gleich den Wikingerflotten vergangener Jahre wollten sie sich in England ihr Recht verschaffen.

Einem der Protagonisten der letzten Jahre aber, Sweyn Godwinson, war diesmal keine Rolle als Kämpfer mit dem Schwert zugedacht. Sweyn bemühte sich an anderer Stelle um Beistand. Barfuß begab er sich auf Pilgerreise ins Heilige Land,[51] das seit dem ausgehenden 10. Jahrhundert zunehmend Ziel von Pilgerströmen geworden war. Wallfahrten auf bloßen Füßen bezeugten eine besondere Form der Bußgesinnung und waren Mitte des 11. Jahrhunderts auch für Magnaten und Könige nichts Ungewöhnliches.[52] Knut der Große war barfuß zum Grab des heiligen Cuthbert in Durham gepilgert,[53] und es mag sein, dass Sweyn selbst von diesem Bußakt Kenntnis erlangt hatte. Sweyn könnte den Entschluss zur Pilgerschaft aus eigenem Antrieb gefällt haben, möglicherweise spielte aber auch seine Familie bei der Entscheidungsfindung eine Rolle. Als reuiger Sünder, vielleicht nicht nur der eigenen Taten, sondern auch jener seiner Familie, erhoffte Sweyn Vergebung. Göttlichen Segen konnten er und seine Familie in dieser Lage mehr denn je gebrauchen. Darüber hinaus sandte er mit seiner Reise auch jenen ein positives Signal, die sich vielleicht wegen Sweyns düsterer Vergangenheit bislang unentschlossen gezeigt hatten, Godwin zu unterstützen. Es war ein Zeichen der Demut, der Einsicht, ja, der Umkehr von Pfaden, die in die Irre geführt hatten. Dies mag auch das Vertrauen in die Ziele Godwins erhöht haben. Und selbst wenn manche nicht an die Aufrichtigkeit von Sweyns Reue geglaubt haben sollten, betrachteten sie es wahrscheinlich als vorteilhaft, dass er durch seine Reise für einige Zeit von der politischen Bühne verschwand; so konnte er wenigstens keinen Ärger machen. Harold selbst, der schon 1049 eine Rückkehr Sweyns nach England hatte verhindern wollen, mag der gleichen Ansicht gewesen sein. Für Sweyn sollte es jedenfalls die letzte Reise auf Erden sein. Er starb Ende September 1051 auf dem Rückweg in der heutigen Türkei.[54] Zu diesem Zeitpunkt hatten sein Vater und seine Brüder ihre vormaligen Positionen in England bereits wieder erlangt. Ob Sweyn davon noch Kunde erlangte, wissen wir nicht.

Es ist bezeichnend für das Selbstverständnis Godwins, dass für ihn eine barfuß vollzogene Demutsgeste, also die demonstrative Unterwerfung eines rebellischen Gefolgsmanns unter seinen Herrn, keine Option war. Sicher, diese Form der Konfliktlösung gehörte nicht zum alltäglichen Repertoire politischen Handelns in England.[55] Auf dem Kontinent aber, nicht zuletzt in der Normandie, war es ein gebräuchliches Mittel.[56] So bat zum Beispiel der normannische Adlige Wilhelm von Bellême barfüßig und mit einem Sattel auf dem Rücken Herzog Robert (1027–1035) um Vergebung.[57] Nur allzu vertraut mit den Verhältnissen in der Normandie, hätte Eduard eine entsprechende Geste Godwins verstanden. Aber Godwin hatte nicht vor, als reuiger Büßer nach England zurückzukehren. Er war bereit, sich einem Prozess zu stellen, nicht aber von vornherein eine Schuld einzugestehen. Nachdem Eduard diesen Weg aber nicht wieder öffnen wollte, blieb Godwin und seinen Söhnen nur noch Waffengewalt, um die Wiedereinsetzung in ihren vorigen Rang zu fordern. Als sie 1052 von Flandern und Irland nach England aufbrachen, kamen sie nicht als Bittsteller.

Harold und Leofwin hatten in Irland eine Mannschaft von neun Schiffen zusammengestellt und begannen die Kampagne von Westen her. Als sie in Porlock in Somerset anlandeten, um sich mit Proviant zu versorgen, kam es zu ersten schweren Kämpfen mit einem Aufgebot Earl Oddas, dem Eduard aus Godwins vormaligem Earldom die südwestlichen Grafschaften Cornwall, Devon, Dorset und Somerset überantwortet hatte.[58] Über 30 Thegns sollen Harold und seine Männer dabei getötet haben, ehe sie sich zurückziehen mussten und ihre Fahrt gen Osten in den Kanal fortsetzten.[59] Im Südosten des Kanals stach Godwin seinerseits in See. Ihm gelang es, in Dungeness in Kent zu landen, wo er herzlich willkommen geheißen wurde. Doch Godwins Rückkehr war kein Spaziergang. Earl Odda und Earl Ralph, denen Eduard die Verteidigung anvertraut hatte, zwangen Godwin, sich nach Pevensey in Ostsussex zurückzuziehen, bevor ein heftiger Sturm der Kampagne ein Ende setzte. Godwin kehrte nach Brügge zurück, Ralph und Odda fuhren zuerst nach Sandwich, dann nach London. Dort löste sich ihre Flotte auf.[60] Für Godwin war das eine gute Nachricht, und erneut stach er in See. Ziel war nun zunächst die Zusammenkunft mit Harold und Leofwin. Bei Portland (Dorset) vereinigten sie schließlich ihre Kräfte und zogen dann gemeinsam Richtung Osten den Kanal an der englischen Südküste entlang. Teils freiwillig, teils unter Zwang traten die Küstenstädte auf ihre Seite, und so konnten sie eine große Flotte zusammenstellen, mit der sie die Themse flussaufwärts segelten.[61] Als Eduard davon Kunde erreichte, rief er seine Truppen nach London zusammen, unbedingt sollte die bedeutendste Stadt seines Königreichs gehalten werden. Doch Godwin konnte auf Unterstützung zumindest eines Gutteils der Londoner zählen. Sie garantierten ihm sicheres Geleit, so dass er mit seinen Schiffen am Südufer der Themse entlang in den Stadtbezirk segeln und direkt gegenüber den königlichen Schiffen vor Anker gehen konnte.[62]

Wie ein Jahr zuvor standen sich Eduard und Godwin neuerlich in London gegenüber. Dieses Mal aber waren die Kräfteverhältnisse nicht so eindeutig. Vor allem die Earls Leofric und Siward schienen kein Interesse an einer militärischen Auseinandersetzung gehabt zu haben. Abgesehen von den Risiken des Kampfs, mochten sie auch Eduards Härte gegenüber Godwin reserviert betrachtet haben.[63] Eduard war jedenfalls nicht in der Position, Godwin seinen Willen aufzuzwingen. Dennoch verweigerte er zunächst die von Godwin und Harold geforderte Wiedereinsetzung in ihre vormaligen Positionen. Die Situation spitzte sich zu, zumal Godwins Flotte begann, die königlichen Schiffe einzukreisen. Und obwohl die Luft vor Spannung knisterte, obwohl alle Beteiligten damit rechneten, dass jederzeit ein Gemetzel beginnen würde, war die Bereitschaft zum Kampf gering. Die Vorstellung, «gegen Männer des eigenen Volks» kämpfen zu müssen, sei erschreckend gewesen, so die Chronistik.[64] Vor allem auf Seiten Eduards herrschte nur geringe Kampfeslust.

So hatte sich die Waage zugunsten Godwins geneigt. Statt zu kämpfen, musste verhandelt werden, und Godwin würde dabei eine starke Position haben. Zunächst wurden Geiseln zur wechselseitigen Absicherung ausgetauscht. In den Verhandlungen ging es für Godwin darum, sein Ansehen wiederherzustellen, wohingegen Eduard bestrebt sein musste, sein Gesicht zu wahren. Man einigte sich schließlich auf eine große, öffentliche Inszenierung der Wiederaufnahme Godwins und Harolds in die politisch-soziale Ordnung Englands. Am 15. September kamen der König, Godwin, Harold und die englischen Großen außerhalb Londons, möglicherweise bei der königlichen Pfalz Westminster, unter freiem Himmel zusammen. Die politische Öffentlichkeit des angelsächsischen Reichs hatte sich eingefunden. Sie war der Rahmen, in dem eine umfängliche Wiederherstellung des Rangs von Godwin und seiner Familie erreicht werden konnte. Die königliche Würde Eduards blieb ebenfalls gewahrt: Er war der Herr der Versammlung und bestimmte ihren Verlauf. Wenn Godwin ihn zu dieser Zusammenkunft gezwungen haben mag, so wies die Choreographie der Versammlung Eduard die Rolle des Akteurs zu. Zumindest dem Anschein nach wurde auf diese Weise das Ordnungsgefüge mit dem König an der Spitze respektiert. Zunächst erhielt Godwin die Möglichkeit, sich und seine Familie zu exkulpieren. Wahrscheinlich leistete er einen entsprechenden Eid. Dann hob der König ihre Ächtung auf und gab Godwin den Friedenskuss. Die Versöhnung wurde begleitet durch die Wiedereinsetzung in ihren vormaligen Rang: Godwin als Earl von Wessex und Harold als Earl von Ostanglien. Edith, die verstoßene Ehefrau, Tochter Godwins und Schwester Harolds, war ebenfalls Teil der Übereinkunft. Sie kehrte an die Seite Eduards zurück und wurde mit allen Ehren in ihrer Position als Königin bestätigt.[65]

Erleichtert wurde diese für beide Seiten ehrenhafte Versöhnung zwischen Godwin und Eduard nicht zuletzt dadurch, dass sie die Frage, wer an ihrem Konflikt Schuld trug, ausgelagert hatten. Die Versammlung machte diejenigen, die gegen Godwin und Harold die falschen Anschuldigungen vorgebracht hatten, also vor allem Erzbischof Robert Champart und dessen Anhänger, für den Streit verantwortlich und ächtete sie. Der Machtkampf am Hof wurde so zugunsten Godwins entschieden. Erzbischof Robert erkannte den Ernst der Lage sofort und ergriff die Flucht. Auf einem Pferd preschte er aus London und entkam mit den ebenfalls aus der Normandie stammenden Bischöfen Ulf von Dorchester und Wilhelm von London über den Kanal.[66] Von Ulf hören wir anschließend nichts mehr, aber Wilhelm wurde bald darauf in Frieden nach England zurückgerufen.[67] Nicht alle hatten so polarisiert wie der Erzbischof. Robert zog zunächst weiter nach Rom, um dort für die Wiedereinsetzung in sein Erzbistum zu streiten. Seine Bemühungen blieben allerdings erfolglos. Er starb schließlich im normannischen Jumièges.[68]

Godwin und seine Familie waren ein Jahr, nachdem sie in einen Abgrund sozialer Bedeutungslosigkeit geblickt hatten, wieder da, wo sie nach ihrem Selbstverständnis hingehörten: an der Spitze des angelsächsischen Adels, verwandtschaftlich verbunden mit dem König und im Zentrum der politischen Macht. Die Familienkonstellation war allerdings eine andere als vor der Krise. Die Nachricht von Sweyns Tod auf der Rückkehr seiner Pilgerreise erreichte Godwin nicht lange nach den Ereignissen von London. Sweyns Earldom blieb zunächst verloren. Sein Tod war nicht der einzige Verlust Godwins. Seinen Sohn Wulfnoth und seinen Enkel Hakon, den Sohn Sweyns, sollte er ebenfalls nie wieder sehen. Die beiden Geiseln Eduards waren inzwischen an den Hof des normannischen Herzogs Wilhelm gebracht worden und blieben dort außerhalb der Reichweite Godwins. Ihr Schicksal belastete zweifelsohne die Beziehungen zwischen Godwin und Eduard. Eine Lösung fand sich zu Lebzeiten Godwins nicht mehr. An Ostern 1053 suchten er und seine Söhne Harold, Tostig und Gyrth den königlichen Hof bei Winchester auf. Am Montag, den 12. April, aßen sie gemeinsam mit Eduard zu Abend, als Godwin einen Schlaganfall erlitt. Er wurde in die Kammer des Königs getragen, wo er drei Tage später, am Donnerstag, verstarb.[69] Beerdigt wurde er in Winchester, dort wo auch sein Förderer König Knut und dessen Ehefrau Königin Emma bestattet lagen,[70] und so bewahrte sich Godwin noch im Tod seine Nähe zum Königtum.

Earl Harold

Eduard ernannte erwartungsgemäß Harold zum Nachfolger Godwins als Earl von Wessex.[71] 1053 war Harold etwa 30 Jahre alt. Wohl 1022/23 geboren, hatte er bereits reiche Erfahrungen in der angelsächsischen Politik gesammelt. Er wusste um die heftige Konkurrenz bei Hof, ferner um die hervorragende Position, die seine Familie nicht zuletzt wegen seiner Schwester, der Königin, dort innehatte, aber er wusste auch, dass dies keine Garantie auf Gehör und Unterstützung des Königs war. Besser als jeder andere wusste er, wie nahe Aufstieg und Fall beieinanderliegen konnten. Harold hatte aber auch die Erfahrung gemacht, dass man selbst einen König in die Knie zwingen konnte. Dazu war schnelles und entschiedenes Handeln nötig, vor allem aber eine große, loyale Gefolgschaft. Schon als junger Earl von Ostanglien hatte er im Aufbau eines tragfähigen Netzes von Gefolgsleuten wichtige Erfahrungen sammeln können. Von einiger Bedeutung dürfte in diesem Zusammenhang seine Partnerschaft mit Edith Schwanenhals gewesen sein. Edith kann wahrscheinlich mit Eadgifu der Schönen bzw. der Reichen identifiziert werden, die aus einer der führenden Familien der Region stammte und über beträchtlichen Besitz verfügte.[72] Harolds Bestellung zum Earl von Wessex erweiterte nun seine Handlungsspielräume noch einmal erheblich. Er konnte die von seinem Vater geknüpften, ebenso umfangreichen wie engmaschigen Gefolgschaftsbande übernehmen. Zusammen mit seinen zuvor in Ostanglien gewebten Verbindungen verfügte er nun über eine mächtige Basis, von der aus er seine Ziele verfolgen konnte. Dass er Handlungsmacht entschlossen und energisch nutzen würde, war den Zeitgenossen spätestens seit 1049 klar, als er seinem Bruder Sweyn die Rückgabe von Besitzungen verweigert und damit einen Ausgleich verhindert hatte. 1053 war Harold also kein Newcomer auf der politischen Bühne Englands, sondern ein seines hohen Rangs bewusster und in den Konflikten der vergangenen Jahre gehärteter Hauptakteur Englands. Er würde seine Interessen zu vertreten wissen.

Harolds Nachfolge in das väterliche Earldom zeigt, dass der Tod Godwins nicht den 1052 gefundenen Ausgleich zwischen dem Verstorbenen und Eduard grundsätzlich in Frage stellte. Der König nutzte die

Gelegenheit jedoch, das Machtgefüge etwas zu verändern. Harold durfte zwar Earl von Wessex werden, er konnte aber sein Earldom Ostanglien nicht behalten. Eduard vergab es an Ælfgar, Sohn des Earls von Mercien, Leofric.[73] Damit machte Eduard eine der Rochaden wieder rückgängig, die durch die Übereinkunft mit Godwin von 1052 notwendig geworden waren. Nach der Ächtung Harolds hatte Eduard nämlich Ostanglien an Ælfgar übertragen.[74] Durch die Restituierung Ostangliens an Harold war Ælfgar einer der großen Verlierer von 1052 gewesen. Ein Jahr später hoffte Eduard den Rangverlust Ælfgars wiedergutzumachen und gleichzeitig eine ausgewogenere Machtbalance unter den Earls zu schaffen.

Eduard scheint die neu gewonnenen Handlungsspielräume auch genutzt zu haben, die Frage der Thronfolge neu zu bedenken. An Kinder mit Edith glaubte er wohl kaum noch. Stattdessen wurde 1054 die Idee geboren, den in Ungarn im Exil lebenden Sohn des 1016 verstorbenen Königs Edmund Eisenseite, Eduard ‹den Exilierten›, nach England zu holen. Als ein Aetheling, also als Sohn eines angelsächsischen Königs und zudem als Verwandter des regierenden Königs, brachte er prinzipiell gute Voraussetzungen mit, vom englischen Adel als Nachfolger Eduards anerkannt zu werden. Ob König Eduard allerdings bereits offiziell seinen Halbneffen zum Nachfolger bestimmt hatte, wie Johann von Worcester berichtet, bleibt fraglich.[75] Wahrscheinlicher ist, dass Eduard in England erst zum Nachfolger aufgebaut werden sollte. Wie dem auch gewesen sein mag: Das Vorhaben stand von Beginn an unter keinem guten Stern. Der mit der Mission beauftragte Bischof von Worcester, Ealdred, reiste nach Köln, um dort Kaiser Heinrich III. zu bitten, Boten nach Ungarn zu schicken, die Eduard holen sollten. Doch Ealdred wartete vergeblich. Als er auch nach Ablauf eines Jahres weder Eduard selbst in Empfang nehmen konnte noch Nachrichten von ihm erhalten hatte, kehrte er von Köln aus nach England zurück.[76] Die englischen Bemühungen wurden dennoch fortgesetzt und waren schließlich erfolgreich: Eduard kam 1057 nach England. Begleitet wurde er dabei wahrscheinlich von seiner Frau und seinen drei Kindern, unter ihnen sein Sohn Edgar.[77] Was auch immer ihn 1054/55 dazu bewogen hatte, Ungarn nicht zu verlassen, spielte nun offensichtlich keine entscheidende Rolle mehr. Möglichweise hatte Earl Harold dabei seine Finger mit im Spiel. Jedenfalls wissen wir, dass er sich im November 1056 in St. Omer (im heutigen nordfranzösischen Département Pas-de-Calais) bei seinem Schwager Graf Balduin von Flandern aufhielt, und man hat darüber spekuliert, dass der Aufenthalt des Earls auf dem Kontinent auch mit der Rückkehr des Aethelings zu tun hatte.[78] Doch England brachte dem heimkehrenden Eduard kein Glück. Kurz nach seiner Ankunft starb er.[79] Damit waren alle auf ihn ausgerichteten Nachfolgepläne hinfällig. Mit Eduards jungem, 1057 wohl höchstens fünf Jahre alten Sohn Edgar[80] gab es zwar einen weiteren potentiellen Kandidaten, aber es blieb abzuwarten, wie sich dessen Aussichten entwickeln würden.[81]

In seinem Bericht über die Rückkehr und den Tod Eduards bemerkte der Autor der Angelsächsischen Chronik D kryptisch, dass er nicht wisse, warum Eduard nach seiner Ankunft nicht die Möglichkeit erhielt, das Gesicht seines Verwandten, des Königs, zu sehen.[82] Angesichts der intensiven Bemühungen des Königs um die Rückkehr seines Neffen scheint dies in der Tat höchst merkwürdig. Waren politische Gründe dafür verantwortlich? Verhinderten diejenigen Kräfte am Hof ein Zusammentreffen, die kein Interesse an der Nachfolge Eduards des Exilierten hatten? Versuchten die Godwinsons, allen voran Harold, weiterhin mit allen Mitteln ihre Position, insbesondere die ihrer Schwester, der Königin Edith, zu verteidigen? Leider gibt es darauf keine verbindlichen Antworten. Wir wissen es nicht besser als der Autor der Angelsächsischen Chronik D. Klar ist aber, dass die Godwinsons 1057 in einer deutlich stärkeren Position waren als noch 1054. Maßgeblich dafür waren die Ereignisse des Jahres 1055.

Anfang des Jahres 1055 war der Earl von Northumbrien, Siward, an der Ruhr gestorben. Da sein Sohn Osbjörn ein Jahr zuvor bei einer Kampagne gegen den schottischen König Macbeth ums Leben gekommen war und Osbjörns Bruder Waltheof noch immer ein Knabe war, hatte Eduard verhältnismäßig freie Wahl bei der Bestimmung von Siwards Nachfolger. Im Frühjahr 1055 rief er die Großen des Reichs nach London zusammen, um mit ihnen über die Nachfolge zu beraten. Das Treffen verlief allerdings alles andere als harmonisch. Verschiedene Vorstellungen prallten hart aufeinander. Königin Edith und Earl Harold arbeiteten für die Promotion ihres Bruders Tostig zum Earl von Northumbrien.[83] Für Tostig als Kandidaten sprach vieles. Als Sohn und Bruder mächtiger

Earls, als Schwager des Königs und Schwiegersohn des Grafen von Flandern konnte Tostig nicht nur hoffen, sondern zu einem gewissen Grad auch erwarten, baldmöglichst Earl zu werden. Dagegen standen allerdings die Ambitionen von Earl Ælfgar. Dieser wünschte, Northumbrien selbst zu übernehmen. Darüber hinaus mag er an einer weiteren Machtkonzentration in den Händen der Godwinsons kein Interesse gehabt haben. Wenn König Eduard vorgehabt hatte, den Konflikt einvernehmlich zu lösen, dann scheiterte er. Die Versammlung erreichte keine gütliche Lösung. Im Gegenteil, sie entwickelte sich zu einer drastischen Machtdemonstration der Godwinsons. Tostig wurde zum Earl von Northumbrien erhoben, Ælfgar hingegen wegen Hochverrats geächtet. Darüber hinaus ist es möglich, dass Gyrth, ein jüngerer Brüder Harolds und Tostigs, bereits zu diesem Zeitpunkt eine Grafschaft Ostangliens, Norfolk, erhielt. Die *Vita Ædwardi* berichtet im Kontext der Vergabe von Wessex an Harold und Northumbrien an Tostig, dass «der König es nicht ertrug, den jüngeren Bruder Gyrth [...] ohne Ehren zu sehen und gab ihm eine Grafschaft ganz im Osten Englands und versprach ihm [...] dies zu mehren, wenn er ein Mann geworden sei».[84] Sollte diese Übertragung schon vor der Versammlung ein Thema gewesen sein, dann dürfte dies ein weiteres starkes Motiv für Ælfgars Unzufriedenheit gewesen sein. Seine Ächtung werteten die Zeitgenossen kontrovers. Der Autor der den Godwinsons gegenüber zurückhaltend verfassten Version C der Angelsächsischen Chronik hielt Ælfgar jedenfalls für unschuldig.[85]

Der Triumph der Godwinsons veränderte deutlich die politische Tektonik. Die von Eduard noch 1053 angestrebte Balance zwischen den Earls war nun eindeutig zugunsten der Godwinsons verschoben. Waren sie sich einig, würden sie die königliche Politik maßgeblich mitbestimmen. Gegen sie würde kaum etwas durchzusetzen sein. Ob und wie lange diese Situation bestehen bleiben würde, war durchaus offen. Denn das Ergebnis der Londoner Versammlung bedeutete nicht nur eine Verschiebung der Machtbalance, sondern auch Unfrieden. Die nächsten Jahre waren geprägt durch Auseinandersetzungen zwischen Ælfgar, seinem walisischen Verbündeten Gruffydd ap Llewelyn und Harold, der sich in diesen Konflikten nicht nur als Heerführer und Verhandlungsführer beweisen musste, sondern auch seine ersten Erfahrungen mit der Familie des norwegischen Königs Harald Hardrada machte – seines nachmalig ersten großen Gegners des Jahres 1066. Es lohnt sich deshalb, diese Ereignisse etwas genauer zu betrachten.

Nach seiner Exilierung 1055 floh Ælfgar zunächst nach Irland. Dort gewann er die Unterstützung der Besatzung von achtzehn Schiffen mit dem Versprechen, sie nach erfolgreicher Kampagne zu entlohnen.[86] Im Herbst segelten sie nach Wales, wo Ælfgar sich mit Gruffydd ap Llewelyn verbündete, der sich im selben Jahr zum König von ganz Wales aufgeschwungen hatte und offensichtlich noch weitergehende Ambitionen hegte.[87] Zusammen bildeten sie eine für Eduard gefährliche Allianz. Gruffydd und Ælfgar zogen zunächst gegen die unweit der walisisch-englischen Grenze gelegene Stadt Hereford. Dort trafen sie am 24. Oktober auf ein Aufgebot von Earl Ralph, der ihren Vormarsch stoppen sollte. Doch, so bemerken die Chronisten abfällig, seien Ralph und seine Männer auf dem Rücken ihrer Pferde geflohen, noch bevor der Kampf überhaupt begonnen habe. Die Stadt selbst konnte sich nicht lange erfolgreich wehren. Sie wurde geplündert und die neu erbaute Kathedrale in Brand gesteckt.[88] In dieser Situation übergab Eduard Harold das Kommando über eine eilig aus den umliegenden Regionen Englands zusammengestellte Armee.[89] Was genau ihm aufgetragen wurde, ist nicht überliefert, aber es scheint, dass der König den Ausgleich mit Ælfgar suchte, nicht seine endgültige Vernichtung. Harold marschierte mit seinen Truppen nach Wales, wo sich Ælfgar der Konfrontation entzog. Schließlich nahmen die beiden Protagonisten Gespräche auf, mit deren Ergebnis der Geächtete zufrieden sein konnte: Er wurde nicht nur wieder in Frieden aufgenommen, sondern erhielt auch das Earldom Ostanglien zurück.[90] Harold profitierte ebenfalls von den Ereignissen. Er übernahm Herefordshire von Earl Ralph und damit ein Gebiet, das einst seinem Bruder Sweyn unterstanden hatte.[91] Sein Einfluss zeigte sich sogleich bei der Besetzung des vakant gewordenen Bistums von Hereford. König Eduard ernannte Leofgar, der vormalig zum Haushalt Harolds gehört hatte.[92] Leofgar füllte seine neue Position allerdings nur kurze Zeit aus. Gerade einmal elf Wochen nach seinem Amtsantritt verlor er sein Leben in einer militärischen Auseinandersetzung mit Gruffydd,[93] der sich keineswegs durch den Friedensschluss zwischen Ælfgar und Harold gebunden sah. Erst als Harold, Earl Leofric von Mercien und Ealdred, Bischof von Worcester, der nun auch zum Bischof von Hereford ernannt worden war, gemeinsam den Widerstand organisierten, gelang es ihnen, mit Gruffydd einen Frieden zu vereinbaren. Der walisische König schwor Eduard ein loyaler und treuer Unterkönig zu sein.[94]

In den folgenden Monaten geriet die Spitze der politisch-sozialen Ordnung Englands neuerlich in erhebliche Bewegung. Drei Earls starben innerhalb nur eines Jahres: Earl Odda im August 1056, Earl Leofric im September 1057 und Earl Ralph im Dezember 1057.[95] Die wichtigste Personalie war die Nachfolge in Leofrics bedeutendem Earldom Mercien in Westmittelengland. An seinem Sohn Ælfgar führte zunächst kein Weg vorbei. Eduard machte ihn zum neuen Earl von Mercien. Doch die Godwinsons hielten sich schadlos. Ælfgar musste Ostanglien aufgeben. Es ging an Gyrth, der sich nun gleichfalls zum Kreis der Earls zählen durfte.[96] Das Nämliche galt alsbald auch für einen weiteren Bruder Harolds, Leofwin, der in seinem neuen Earldom in den Ostmidlands wohl die Nachfolge Earl Ralphs antrat.[97] Doch die Neuordnung verlief alles andere als reibungslos. Kurz nach seiner Einsetzung in Mercien wurde Ælfgar wiederum geächtet. Erneut wurde ihm Verrat vorgeworfen.[98] Vielleicht stand die Ehe seiner Schwester mit dem walisischen König Gruffydd damit im Zusammenhang,[99] aber die Quellen lassen uns über die Hintergründe dieser wiederholten Eskalation der Konkurrenzkämpfe am Hof Eduards im Unklaren. Doch wie schon zwei Jahre zuvor, hatte auch dieses Mal Ælfgar keinesfalls vor, das Urteil zu akzeptieren, und erneut gelang es ihm, Eduard zur Versöhnung und Rückgabe seines Earldoms zu zwingen. Die Einzelheiten dieser Ereignisse sind nicht bekannt, schon die Zeitgenossen fanden sie nicht berichtenswert: Es sei ermüdend, so der Autor der Angelsächsischen Chronik D, ausführlich darzulegen, wie sich die Dinge entwickelten.[100] Jedenfalls fand Ælfgar in seinen Unternehmungen wieder Rückhalt in Wales bei seinem Schwager Gruffydd. Darüber hinaus gelang es ihm, eine Wikingerflotte für seine Zwecke zu gewinnen, die sich zu dieser Zeit in der Irischen See befand und auf Beute aus war. Sie stand unter dem Kommando von Magnus, dem Sohn des norwegischen Königs Harald Hardrada, und machte auf die Zeitgenossen einen solchen Eindruck, dass zumindest ein irischer Annalist glaubte, sie sei gekommen, um das Königreich England zu erobern.[101] Jedenfalls erinnerte Magnus die englischen Großen nachdrücklich daran, dass Angriffe skandinavischer

Schiffsverbände jederzeit möglich waren. Gemeinsam übten Ælfgar und seine Verbündeten auf Eduard so viel Druck aus, dass er sich genötigt sah, den verbannten Earl wieder in sein Earldom einzusetzen.[102] In der Folge hören wir von weiteren Verwerfungen zwischen den beiden nichts mehr. Ælfgars wikingische Helfer entschwanden ihrerseits, wahrscheinlich gut entlohnt, fürs Erste am Horizont. Gut möglich, dass manch einer von ihnen acht Jahre später wieder nach England zog, dann freilich unter dem Kommando von König Harald.

Vier Jahre später, 1062, verstarb der streitbare Ælfgar. In Mercien folgte ihm sein noch jugendlicher Sohn Edwin nach. Harold und seine Geschwister dominierten nun unangefochten die politische Bühne in England. Die Unterwerfung, ja die Vernichtung Gruffydds stand nun ganz oben auf der Agenda. Harold und Tostig spielten dabei eine entscheidende Rolle. Konnte sich Gruffydd im Herbst 1062 einem ersten Zugriff Harolds gerade noch durch Flucht entziehen,[103] so war sein Schicksal im darauf folgenden Frühjahr besiegelt, als er zum Ziel einer groß angelegten Offensive wurde. Während Harold zur See die walisische Küste brandschatzte und Gruffydd den Fluchtweg übers Meer abschnitt, rückte Tostig zu Land ein. Die walisischen Großen hatten ihnen nichts entgegenzusetzen. Sie unterwarfen sich und sagten sich von ihrem König los. Nun war Gruffydd verloren. Er mochte Harold und Tostig immer wieder aufs Neue entkommen sein, doch vor seinen eigenen Leuten gab es kein Verstecken. In der Hoffnung, die Angreifer von der Ernsthaftigkeit ihrer Absichten zu überzeugen, erschlugen sie 1063 Gruffydd und schickten Harold seinen Kopf. Harold überbrachte ihn gemeinsam mit der Galionsfigur von Gruffydds Schiff König Eduard.[104] Deutlicher konnten die Zeichen von Harolds Sieg nicht sein. Mit Gruffydds Tod war auch sein Königreich am Ende. Es zerfiel wieder in einzelne Fürstentümer, und zumindest für die neuen Herren von Nordwales, Gruffydds Halbbrüder Bleddynn und Rhiwallon, ist bekannt, dass sie Eduard als Herrn anerkannten, ihm Treue schworen und Heerfolge sowie die Zahlung von Abgaben zusicherten.[105] Insgesamt verschob sich die englisch-walisische Grenze deutlich nach Westen.[106] Harold konnte mit dem Ausgang der Kampagne mehr als zufrieden sein. Er hatte unübersehbar bewiesen, wozu er in Zusammenarbeit mit seinem Bruder fähig war. Gruffydds Untergang war Harolds Triumph.

Überall dort, so lesen wir bei Gerald von Wales Ende des 12. Jahrhunderts, wo er in Wales triumphiert hatte, wurden Steine nach alter Sitte errichtet, auf denen eingemeißelt zu lesen stand: *Hic fuit victor Haroldus* (Hier war der Sieger Harold).[107]

Nach der Neuordnung von Wales war die dominierende Position der Godwinsons am englischen Hof unumstritten. Harold, der Senior der Familie, war der mächtigste Mann nach dem König. Als *subregulus*, als Unterkönig, bezeichnete ihn später gar Johann von Worcester.[108] Ein anderer Begriff schien ihm nicht angemessen, um Harolds Vorrang unter den Earls adäquat auszudrücken. Ein Blick auf die Ressourcen Harolds und seiner Familie verdeutlicht, dass diese Wortschöpfung kaum übertrieben war. So schwierig eine exakte Wertberechnung der Güter anhand der im Domesday Book zusammengetragenen Daten auch ist, so sprechen die Einträge doch eine deutliche Sprache. Stephen Baxter[109] hat für die Besitzungen der Godwinsons Mitte der 1060er Jahre einen Wert von etwa 6600 Pfund ermittelt.[110] Unter den Godwinsons selbst gab es keinen Zweifel über die führende Stellung Harolds. Der Wert seiner Besitzungen mit knapp 3000 Pfund war der mit Abstand höchste, Tostig folgte mit etwas mehr als 1500 Pfund.[111] Harolds Besitzungen übertrafen sogar den Wert sämtlicher Güter des nach den Godwinsons bedeutendsten angelsächsischen Familienverbands, den sogenannten Leofwinsons, benannt nach dem um 1023 verstorbenen Ealdorman Leofwin, dem Vater Earl Leofrics von Mercien. Die wichtigsten Vertreter der Leofwinsons waren Mitte der 1060er Jahre die Söhne Ælfgars, Edwin, Earl von Mercien, und Morkar, der spätere Earl von Northumbrien. Sie und weitere Mitglieder ihrer Familie kamen auf Besitzungen im Wert von etwa 1800 Pfund.[112] Nur der König selbst verfügte über noch größere Ressourcen als die Godwinsons; ihr Wert betrug etwas über 8000 Pfund. Dazu kamen noch die mit etwa 1500 Pfund kalkulierten Besitzungen Königin Ediths, die im Hinblick auf ihre Verfügungsgewalt eher dem König als den Godwinsons zuzurechnen waren.[113]

Die Besitzungen der Earls erreichten ihre größte Konzentration in den Grafschaften ihrer jeweiligen Earldoms. Gleichwohl waren ihre Güter nicht nur auf diese Grafschaften beschränkt. Die Godwinsons hielten 1066 Güter in insgesamt 32 Grafschaften, auch in dieser Hinsicht kamen ihnen nur annähernd die Leofwinsons mit Ländereien in 21 Graf-

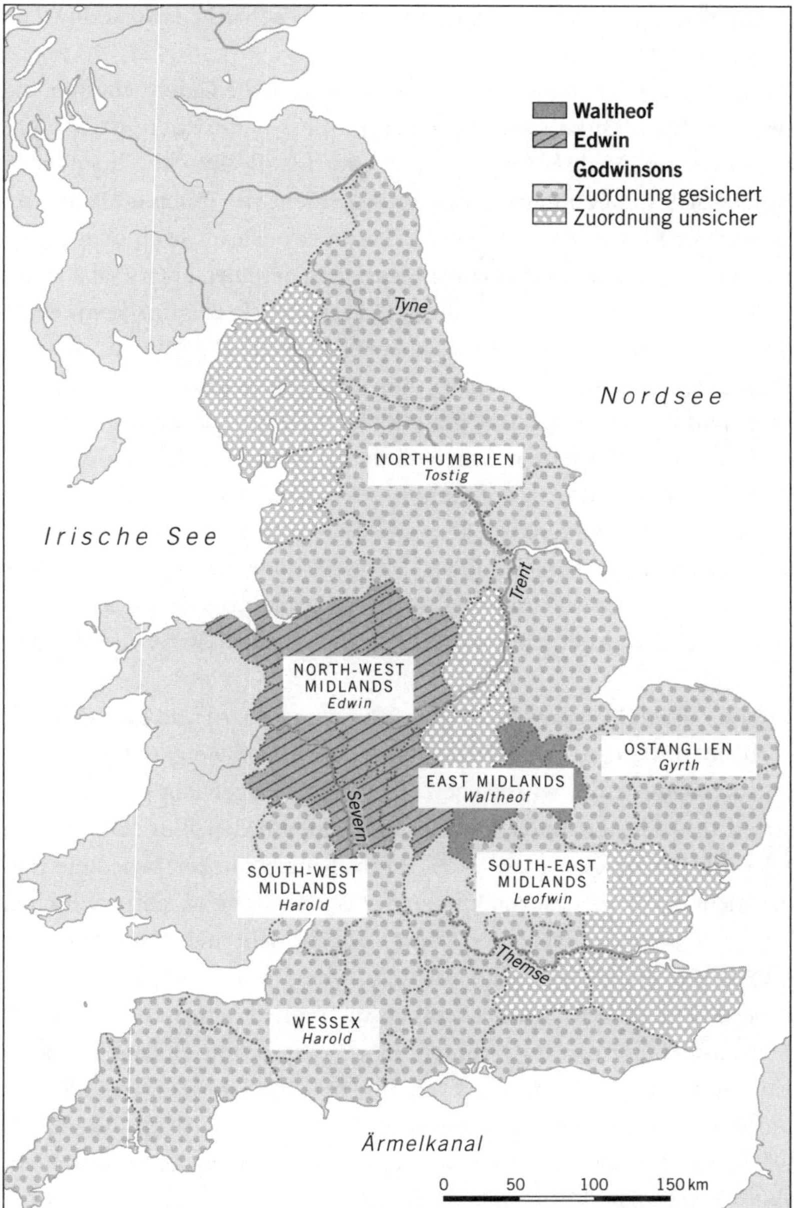

Karte 4 *Die Verteilung der Earldoms zwischen circa 1062 und Oktober 1065, nach* Baxter, *Edward the Confessor and the Succession Question, Karte 11*

schaften gleich.[114] Sie erreichten mithin eine bemerkenswerte Präsenz im gesamten Königreich.

Das wichtigste politische Pfund aber waren die Gefolgschaften, die sie über ihre Besitzungen und ihren Einfluss beim König hatten aufbauen können. Viele Männer, darunter auch einflussreiche Thegns, verbanden sich mit den Earls, sei es, weil sie Land von ihnen erhielten, sei es, weil sie sich ihnen kommendierten, oder beides. Gleich dem König dienten auch in ihren Haushalten Hauskarle, deren Hauptaufgabe in der militärischen Unterstützung ihrer Herren lag. Insgesamt konnte auf diese Weise eine auch im europäischen Vergleich sehr hohe Anzahl von Gefolgsleuten gewonnen werden. Vor dem Hintergrund, dass sich fast 1000 Mann einem vergleichsweise kleinen Herrn wie Eadric von Laxfield kommendiert hatten, schätzt Stephen Baxter die Gefolgschaft der Earls Edwin und Morkar auf mehrere Tausend.[115] Harold und seine Brüder konnten mindestens auf genauso viele, wahrscheinlich sogar noch auf deutlich mehr Männer zählen.[116] Diese Zahlen machen deutlich, was Johann von Worcester meinte, wenn er Harold als *subregulus* bezeichnete: Mitte der 1060er Jahre war Harold nach Eduard der zweite Mann in England.

Zu diesem Zeitpunkt war auch klar, dass Eduard und Edith kinderlos bleiben würden. Der Nachfolger musste anderswo gesucht werden, und die Godwinsons würden bei dieser Suche ein gewichtiges Wort mitreden. Ihre Familie, und allen voran Harold, würden alles daransetzen, selbst die Thronfolge anzutreten. Ediths Kinderlosigkeit bedeutete mithin nicht das Ende der Ambitionen der Godwinsons auf den englischen Thron. Noch aber lebte der König, und so sehr die Thronfolge ein Thema am Hof gewesen sein dürfte, so wenig war sie offiziell entschieden, als Harold sehr wahrscheinlich im Frühsommer 1064[117] zu einer Reise in die Normandie aufbrach. Dort sollte er mit Herzog Wilhelm einen Mann treffen, der in den vergangenen drei Jahrzehnten nach sehr unsicheren Anfängen eine kraftvolle Herrschaft aufgebaut und sich als bedeutendster Herrn in Nordwestfrankreich etabliert hatte. Vor allem aber traf er einen Verwandten Eduards, der selbst Ambitionen auf die englische Thronfolge hegte. Harolds Reise sollte später eine zentrale Rolle in der normannischen Legitimationsnarrative der Eroberung spielen und war für Wilhelms Biographie wahrscheinlich von größerer

Bedeutung als für diejenige Harolds. Die Verflechtung der Lebenswege dieser beiden Protagonisten im Kampf um den englischen Thron wird deshalb in einem eigenen Kapitel behandelt werden. Zuvor aber ist ein eingehender Blick auf die Karriere Herzog Wilhelms notwendig. Nur vor diesem Hintergrund wird deutlich, was für einen Gegner Harold im Wettstreit um den englischen Thron vor sich hatte.

4
WILHELM DER EROBERER

Als Wilhelm 1066 aufbrach, England zu erobern, lagen bewegte Jahrzehnte als Herzog der Normandie hinter ihm. Aus dem sieben- oder achtjährigen Kind, das 1035 die Nachfolge seines verstorbenen Vaters Robert angetreten hatte und unter sehr unsicheren, ja lebensbedrohlichen Bedingungen die ersten Jahre verbracht hatte, war ein bedeutender Herrscher Nordwestfrankreichs geworden, der es wagen konnte, den Kampf um die englische Krone aufzunehmen. Wenn im Folgenden ausführlicher auf diese Jahrzehnte eingegangen wird, dann nicht nur deshalb, weil sie eine ‹gute Geschichte› bieten, sondern aus ganz besonderen Gründen. Es gilt, die verschiedenen Einflüsse zu erfassen, die Wilhelms Handeln als Herzog und vor allem als Krieger prägten. Welches Milieu formte seine Einstellung zum Herrschen und Kämpfen? Wie führte Wilhelm Krieg, und welches waren die politischen Voraussetzungen für den Feldzug von 1066? Und schließlich verlangt die normannische Legitimationsnarrative der Eroberung Englands eine eingehende Beschäftigung mit der normannischen Geschichte in den Jahrzehnten vor 1066 – führt sie doch Wilhelms Ansprüche unter anderem auf das Exil König Eduards am normannischen Hof zurück. Wie bereits bei Harold Godwinson und wie noch bei Harald Hardrada, ist auch bei Wilhelm der ‹lange Anlauf› nötig, um sein Handeln im Jahr 1066 verstehen zu können.

Wilhelm – der Bastard

Wilhelm wurde 1027/28 im westnormannischen Falaise geboren und war damit nur wenige Jahre jünger als Harold. Er entstammte einer Liaison des normannischen Herzogs Robert I. mit Herleva aus Falaise, deren Vater seinen Lebensunterhalt wohl als Leichenbestatter verdiente.[1] Die sozialen Unterschiede zwischen Robert und Herleva waren zu groß, als dass an ein offizielles Ehebündnis gedacht werden konnte. Immerhin gelang es Robert, Herleva nicht lange nach Wilhelms Geburt mit dem Vizegrafen von Conteville, Herluin, zu verheiraten, während ihr Vater herzoglicher Kämmerer wurde. Aus der Ehe zwischen Herleva und Herluin gingen Wilhelms Halbbrüder Odo, der spätere Bischof von Bayeux und Earl von Kent, sowie Robert, der spätere Graf von Mortain, hervor, zwei Männer, deren Lebenswege eng mit dem Wilhelms verbunden bleiben sollten.[2]

Wilhelms außereheliche Geburt schloss ihn nicht zwangsläufig von der Nachfolge im Herzogtum aus. Die Vorstellung der christlichen Ehe als exklusive monogame Verbindung dominierte im 10. und frühen 11. Jahrhundert nicht die Lebenspraxis. Außereheliche Beziehungen waren nichts Ungewöhnliches oder gar Skandalöses. Gerade in der Normandie war die kirchlich sanktionierte Ehe zu dieser Zeit nicht die einzige praktizierte Form einer Lebensgemeinschaft von Mann und Frau. Die das Christentum erst allmählich annehmenden skandinavischen Übersiedler des 10. Jahrhunderts hielten noch eine Weile an ihren traditionellen, nicht kirchlich geschlossenen Partnerschaften fest. Da diese von der Kirche nicht anerkannt wurden, gesellschaftlich aber noch nicht tabuisiert waren, konnten sie auch neben einer kirchlich geschlossenen Ehe bestehen. Vor diesem Hintergrund war es nur konsequent, dass Kinder aus solchen Verbindungen genauso zum Familienverband zählten wie ihre aus dem Ehebund stammenden Halbgeschwister. Im Hinblick auf die Herrschaftsnachfolge waren sie zwar nicht gleichberechtigt – die Kinder aus der kirchlich geschlossenen Ehe besaßen dabei den Vorrang –, aber sie waren weder rechtelos noch von der Nachfolge qua Geburt ausgeschlossen. Wilhelms Urgroßvater Wilhelm Langschwert war in christlicher Ehe mit Luitgard, Tochter des Grafen Herbert von

Vermandois, verheiratet. Sein Nachfolger Robert I. aber entstammte einer Beziehung Langschwerts mit einer adligen, möglicherweise aus der Bretagne stammenden Frau namens Sprota.[3] Richard I. selbst hatte ebenfalls Kinder aus außerehelichen Beziehungen.[4] Sie alle waren als Mitglieder der Herrscherfamilie anerkannt und erlangten herausragende Positionen. Als Richards Sohn und Nachfolger Richard II. eine Reihe neuer Grafen erhob, waren darunter nicht nur seine leiblichen Brüder, sondern auch seine Halbbrüder Gottfried (von Brionne) und Wilhelm (von Eu).[5] Erst im Verlauf des 11. und 12. Jahrhunderts veränderten sich im Zuge der Kirchenreform die Wertevorstellungen und damit die Position außerehelicher Kinder. Der von den Reformern geführte Kampf gegen die Priesterehe, den Nikolaitismus, führte auch zu Bestrebungen, das Verhalten der Laien in andere Bahnen zu lenken. Ausgehend vom Ideal der sexuellen Enthaltsamkeit, sollte die Ehe den einzigen Rahmen bieten, in dem Geschlechtsverkehr vollzogen wurde, und zwar nicht des Lustgewinns wegen, sondern ausschließlich zur Zeugung von Nachkommenschaft. In diesem Denkmodell gab es für außereheliche Kinder keinen Platz mehr im Familienverbund. Die ehelichen Kinder erhielten eine exklusive Legitimität im Vergleich zu den nun illegitimen, da außerehelich geborenen Söhnen und Töchtern.[6] Nun wurden in der Normandie Begrifflichkeiten wie *de more danico*, «nach dänischer Sitte», geprägt, um nicht kirchlich sanktionierte Partnerschaften von Ehen mit kirchlichem Segen zu unterscheiden.[7] Erst in dieser Zeit, in den ausgehenden 1070er Jahren, wurde Wilhelm in der Chronistik zum Bastard.[8] Dieses neue Bild der Ehe und der ehelich gezeugten Kinder führte allerdings nicht zu einem grundsätzlich anderen Verhalten. Könige und Fürsten zeugten weiterhin außereheliche Kinder und kümmerten sich um deren angemessenes Auskommen, auch wenn ihre Aussichten auf die Herrschaftsnachfolge fortan stark eingeschränkt waren. Gerade weil ihre prominente Abstammung Anerkennung erfuhr, weil sie eben nicht wie illegitime, besser zu vergessende Makel behandelt wurden, wissen wir heute verhältnismäßig viel über diese Kinder.[9]

Um 1030 aber steckten die Bemühungen der Kirchenreformer noch in den Anfängen. Wilhelms außereheliche Geburt war kein grundsätzliches Hindernis, die Nachfolge seines Vaters anzutreten. Fraglich war vielmehr, ob Robert I. heiraten und Söhne zeugen würde. In diesem Fall würden Wilhelms Aussichten erheblich sinken. Doch Robert ließ sich mit dem Heiraten Zeit, und als er sich 1035 entschied, dem gerade in der Normandie populären Trend zu folgen und eine Pilgerreise ins Heilige Land anzutreten, war er immer noch Junggeselle. Der lange und risikoreiche Weg verlangte von Robert, vor seiner Abreise Vorkehrungen für den Fall seines Todes zu treffen. Er versammelte die normannischen Großen, die von seinen Plänen wenig begeistert waren. Sie fürchteten, so Wilhelm von Jumièges, dass seine Abwesenheit im Herzogtum für Unruhe sorgen würde. Doch Robert präsentierte ihnen seinen Sohn Wilhelm und bat sie, ihn an seiner statt als ihren Herrn zu wählen und folglich als Heerführer anzuerkennen. Trotz der noch jungen Jahre Wilhelms fand dieser Vorschlag breite Zustimmung; die Magnaten nahmen Wilhelm als ihren Fürsten und Herrn an und schworen ihm unverbrüchliche Treue.[10] Wilhelms Nachfolge in die Herrschaft, so die Botschaft des Chronisten, beruhte auf einem breiten Konsens der Magnaten. Sie hatten ihn anerkannt und sich ihm verpflichtet. Sollte Robert von seiner Reise nicht zurückkehren, konnte es an Wilhelms Herrschaft und seiner Autorität keine berechtigten Zweifel geben. Die Tragfähigkeit dieses Arrangements sollte bald dem Praxistest unterzogen werden. Herzog Robert zog mit seinem Gefolge gen Osten, um nie wieder zurückzukehren. Nachdem er das Heilige Land erreicht hatte, ereilte ihn, ähnlich wie fünfzehn Jahre später Sweyn Godwinson, auf der Rückreise in Kleinasien der Tod.[11] Der sieben- oder achtjährige Wilhelm war nun Herrscher der Normandie.

Die normannischen Vorfahren

Die Normandie gehörte, genauso wie ihr östlicher Nachbar, die mächtige Grafschaft Flandern, zu der sogenannten ersten Generation von Fürstentümern, die sich im 9. und frühen 10. Jahrhundert im westfränkischen Reich herausgebildet hatten und die die Oberhoheit des Königs allenfalls noch theoretisch anerkannten.[12] Wilhelm war ein Ururenkel des inzwischen halblegendären Wikingeranführers Rollo (Rolf), dem um 911 der fränkische König Karl der Einfältige einen Teil der späteren Normandie übertragen hatte. Wilhelms Normandie hatte allerdings nur noch wenig mit derjenigen Rollos gemein. In den gut 120 Jahren zwischen der Etablierung wikingischer Herrschaft und Herzog Roberts Tod hatten bedeutende Transformationsprozesse stattgefunden. So war das Herrschaftsgebiet erheblich erweitert worden. Von dem an der Seine gelegenen Kerngebiet gelang es Wilhelms Vorfahren, ihren Einfluss im Norden in die Picardie bis an den Ärmelkanal und nach Westen zur Bretagne hin auszudehnen. Dort markierte die von Wilhelms Urgroßvater Richard I. 966 wieder gegründete Abtei auf dem Mont-St.-Michel den Grenzraum.[13] Richards lange, bis 996 andauernde Regierungszeit stabilisierte die normannische Herrschaft und kam schließlich um 1000 in der Begriffsbildung ‹Normandie› für das von ihm und seinem Sohn Richard II. beherrschte oder zumindest stark beeinflusste Gebiet zum Ausdruck. Unter Richard II. erschien die *Normannia* / Normandie dann zum ersten Mal in der herrscherlichen Titulatur.[14] Gleichwohl darf man sich dieses Gebiet nicht als ein geschlossenes, überall in gleicher Weise der Autorität der normannischen Herrscher unterworfenes Territorium vorstellen, sondern muss es vielmehr als eines vor allem in den großen Grenzräumen offenes Gebiet von Zonen vorstellen, die unterschiedlich stark von herrscherlicher Amtsgewalt durchdrungen waren. Die Normandie war auch um 1000 noch in ihrer Formierung begriffen.

Die neuen skandinavischen Herren orientierten sich rasch am Herrschaftsgebaren ihrer fränkischen Nachbarn. Wilhelms Vorfahren nahmen den Grafentitel an, um ihren Vorrang und Herrschaftsanspruch zum Ausdruck zu bringen. Sie fügten sich damit bewusst in die fränkische Nomenklatur der politisch-sozialen Ordnung ein. Der Grafentitel alleine entsprach allerdings schon bald nicht mehr ihren Ambitionen und ihrem Selbstverständnis. Sie begannen daneben mit anderen Titeln zu experimentieren. In der Urkunde für Mont-St.-Michel von 966 wurde Richard I. zum ersten Mal *marchio*, Markgraf, genannt.[15] Der Titel eines Herzogs gelangte spätestens unter seinem Sohn Richard II. in die Nomenklatur der normannischen Herrscher. Sie versuchten, sich auf diese Weise in der ersten Reihe der fränkischen Magnaten zu platzieren.[16] Richards Ansprüche wurden allerdings nicht überall akzeptiert, und für manche seiner Nachbarn blieb er ein Graf.[17] In der Tat vollzog sich auch

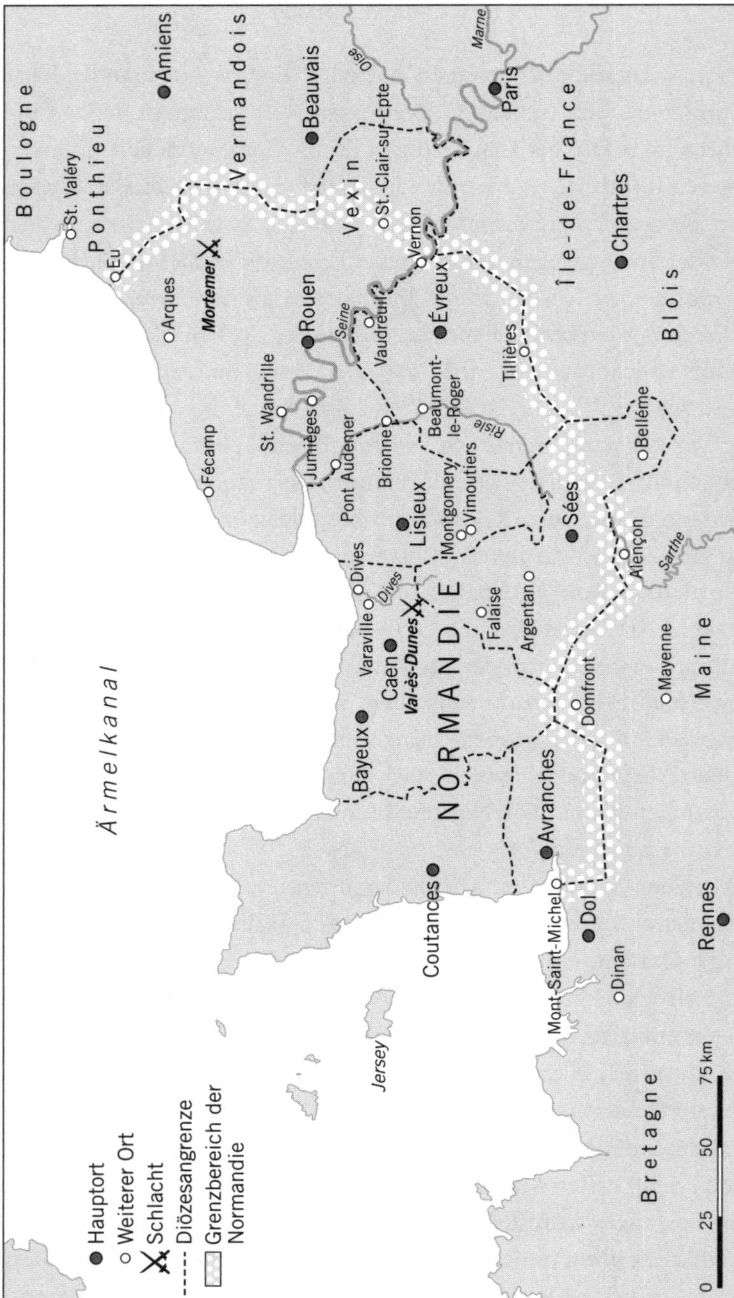

Karte 5 *Die Normandie*

bei den normannischen Herrschern selbst der Wechsel in der Bezeichnung von Graf zu Herzog erst sehr allmählich und keineswegs geradlinig. Richard II., Robert I. und auch Wilhelm führten noch oft den Grafentitel, sei es alleine oder in Kombination mit dem Herzogstitel. Erst unter Wilhelm gewann die alleinige Bezeichnung als Herzog an Bedeutung,[18] insofern entspricht es nicht ganz dem historischen Befund, wenn im Folgenden der Einfachheit halber die normannischen Herrscher von Richard II. an konsequent als Herzöge bezeichnet werden.

Auch auf dem Gebiet der Kirchenpolitik begannen die normannischen Herrscher bald, sich wie fränkische Große zu gerieren und Bistümer und Abteien als Aufgabenfelder zu betrachten, die ihrer Verantwortung und ihrem Zugriff unterstanden. Wilhelm Langschwert und Richard I. gründeten mit Jumièges (Wilhelm), Mont-St.-Michel, St. Wandrille und Fécamp (alle Richard I.) Klöster neu, die im Zuge der wikingischen Überfälle des späten 9. und frühen 10. Jahrhunderts verlassen worden waren. Zu diesem Zweck holten sie auch Mönche von außerhalb der Normandie.[19] Die Bischöfe der Kirchenprovinz Rouen traten Ende des 10. Jahrhunderts ebenfalls wieder in Erscheinung. Anlässlich der Wiedereinrichtung des Klosters von Fécamp durch Richard I. im Jahr 990 versammelten sich neben dem Erzbischof von Rouen auch die Bischöfe der anderen Diözesen der Kirchenprovinz von Rouen, Bayeux, Evreux, Lisieux, Sées, Avranches und Coutances.[20] Abgeschlossen war dieser Prozess der Wiedereinrichtung der Bistümer 1025, als der Bischof von Coutances, dessen Vorgänger sich vor den Wikingern nach Rouen geflüchtet hatten, in seine westnormannische Bischofstadt zurückkehrte.[21]

Als Konsequenz dieses auf mehreren Ebenen verlaufenden Akkulturationsprozesses skandinavischer Kriegsherren zählten die Normandie und ihre Herrscher um 1000 zu den festen Größen im westfränkischen Königreich. Sie unterschieden sich nicht wesentlich von den umliegenden Herrschaften und ihren Herren, deren Etablierung nicht auf wikingische Raubzüge zurückging. Doch gerade als die Erinnerung an die wikingischen Ursprünge der Normandie zu verblassen schien, wurde um das Jahr 1000 durch neuerliche, vor allem gegen England gerichtete wikingische Angriffe die Verbindung mit den Nordmännern aufgefrischt. Diese nutzten nämlich die Normandie als Rückzugsraum, um von dort aus

Angriffe zu starten oder dort auch ihre Beute zu versetzen. Zum Beutegut gehörten auch Menschen, wie – bei aller literarischen Freiheit – die Satire Warnerius' von Rouen über das Leben des Iren Moriuht zu Beginn des 11. Jahrhunderts eindrücklich vor Augen führt. Wikinger verschleppten Moriuhts Frau Glicerium und verkauften sie in der Normandie. Auf Moriuhts Suche nach ihr wurde er zweimal ebenfalls von Wikingern gefangen genommen und jeweils nach England verkauft. Beide Male aber erlangte er seine Freiheit wieder und konnte so seine Suche fortsetzen. Schließlich gelang es ihm, durch Magie den Aufenthaltsort seiner Frau in einem Hafen in der Nähe von Rouen zu lokalisieren, der «sehr häufig von den Dänen mit Waren des Reichtums [eben auch Menschen] randvoll aufgefüllt wurde». Nach zähen Verhandlungen gelang es Moriuht, Glicerium von ihrer Herrin freizukaufen. Gemeinsam ließen sie sich schließlich in Rouen nieder.[22] Der Sklavenhandel war eine Alltäglichkeit in der Nordseewelt um 1000, und die Normandie partizipierte daran.

In der Tat unternahmen die normannischen Herrscher nichts gegen die Kriegsherren aus dem Norden. Ihre Passivität mag zum Teil der Sorge geschuldet gewesen sein, selbst Opfer von Attacken zu werden, doch trägt diese Erklärung nur zum Teil. Herzog Richard II. war nur allzu bereit, sich selbst wikingischer Scharen zu bedienen, wenn es seinen politischen Ambitionen nutzte. 1013/14 engagierte er die Mannschaften Olafs (des späteren norwegischen Königs) und Lacmans, möglicherweise König der Hebriden, in seinen Auseinandersetzungen mit dem Grafen von Blois, Odo II.[23] Dieses ambivalente Verhalten der normannischen Herrscher blieb nicht unkommentiert. Der englische König Æthelred beschwerte sich 990 sehr wahrscheinlich darüber beim Papst,[24] und nur wenige Jahre später schrieb der Mönch Richer von Reims mit Blick auf Richard I. abfällig vom *pyratarum dux*, vom Piratenherzog.[25] Diese Sichtweise dürfte dem Empfinden so mancher Nachbarn der Normannen um 1000 entsprochen haben.

Herzog Richard II. hatte aber ein gänzlich anderes Selbstverständnis. Er wollte sich und seine Vorfahren als gute Herrscher in fränkisch-christlicher Tradition verstanden wissen, Herrscher, die sich allenfalls durch ihre Tüchtigkeit gegenüber den anderen westfränkischen Großen auszeichneten, aber keinesfalls durch eine grundsätzliche heidnische Andersartigkeit. Er beauftragte den Kanoniker Dudo von St. Quentin, eine entsprechende Geschichte der normannischen Herrscher zu verfassen. Dudo ging mit seiner Aufgabe offensiv um. Er schrieb keine Geschichte der Entschuldigung, sondern der göttlichen Vorsehung. Er leugnete die skandinavische, sprich heidnische Abstammung der Vorfahren Richards II. gar nicht erst, sondern sah ihre Konversion zum Christentum als Teil eines göttlichen Plans und in letzter Konsequenz die ‹Normannen›, die Bewohner dieser neuen Herrschaft, als ein auserwähltes Volk.[26] So konnte Dudo die auf Rollo folgenden normannischen Herrscher und ihr Wirken in guter christlich-fränkischer Tradition porträtieren und gleichzeitig den Normannen eine eigene, besondere Identität verschaffen. Aus den heidnischen Wikingern, so lautet seine Botschaft, waren christliche Normannen geworden – ein Begriffswechsel, der im Lateinischen wie im Deutschen aufgrund der Synonymität von *Normanni* / Normanne als Bezeichnung der Wikinger wie der Bewohner der Normandie erst auf den zweiten Blick deutlich wird.

Dudo leistete aber noch mehr. Er verankerte den territorialen Herrschaftsanspruch Richards II. fest in der Vergangenheit und wies dem normannischen Herrscher einen Rang zu, der sich nur ganz unwesentlich von dem des Königs unterschied. Ihm verdanken die Herzöge (und wir) die berühmte Geschichte von der Schenkung der Normandie an Rollo durch Karl den Einfältigen bei St.-Clair-sur-Epte im Jahr 911. Der König habe daselbst Rollo das Land vom Fluss Epte im Süden bis zum Meer im Norden auf ewig gegeben, und zwar als Allod, als eigenes Gut. Im Westen reichte dieses Gebiet bis an die Bretagne, in der Rollo das Recht erhielt, sich nach Belieben zu versorgen. König und fränkische Magnaten schworen, dass Rollo dieses Gebiet seinen Erben übertragen könne, so wie er es selbst gehalten und besessen habe, und dass das Geschlecht seiner Söhne und Enkel es für alle Zeiten so besitzen und beherrschen solle.[27] Die Normandie in den Grenzen um 1000 war also Eigentum des normannischen Herzogs. Sie konnte ihm von niemandem rechtens genommen werden, auch nicht vom König, so die Botschaft.[28] Im Hinblick auf die Bretagne bestanden zumindest Anrechte, denn sie war rechtmäßiges Expansionsgebiet des normannischen Herzogs. Dudo führte weiter aus, dass Rollo aufgefordert wurde, Karl als Zeichen der Ehrerbietung den Fußkuss zu leisten. Doch der habe nur geantwortet: «Ich werde meine Knie niemals vor den Knien eines anderen Mannes beugen, noch werde ich irgendjemandes Fuß küssen.» Als er aber inständig darum gebeten wurde, schickte er einen seiner Gefolgsleute vor, diesen Akt zu vollbringen. Doch dieser beugte sich nicht etwa zum Fuß des Königs hinab, sondern riss ihn nach oben zu sich an den Mund. So küsste er stehend den Fuß des Königs, der nun rücklings auf dem Boden lag. Rollos Männer brüllten vor Lachen, Karls Gefolge vor Wut.[29] Die Asymmetrie des Rangs, die der Akt des Fußkusses zwischen Karl und Rollo eigentlich schaffen wollte, wurde so aufgelöst und durch die drastische Umkehrung des Akts ins Lächerliche gezogen. Dudo ging nun zwar nicht so weit, eine direkte Ranggleichheit zwischen dem normannischen Herzog und dem König zu konstatieren, vermied aber auch eine explizite Unterordnung. So entzog er im Wortsinne dem König den Boden, auf dem sich ein Abhängigkeitsverhältnis Rollos hätte konstruieren lassen. Rollo, und darin schließt sich der Kreis, sei letztlich durch Gott und nicht durch den westfränkischen König zum Herrscher der Normandie geworden. Ersterem, nicht letzterem sei er Rechenschaft schuldig.

Dudos im zweiten Jahrzehnt des 11. Jahrhunderts fertig gestelltes Werk wurde reichlich mit Bildern versehen. Der Inhalt sollte sich nicht nur jenen erschließen, die des Lateinischen mächtig waren. Sein Bestimmungsort war keine entlegene Stiftsbibliothek, sondern der normannische Hof. Dudos Werk war ein Schaustück, das herumgezeigt und aus dem bei festlichen Angelegenheiten vorgelesen wurde.[30] Es sollte jeder von Bedeutung hören und sehen können, wer die Normannen und ihre Herzöge wirklich waren. Es ist diese Geschichte, es ist das Bild einer von Gott bestimmten, besonders tugendhaften Herrscherdynastie und ihres Herzogtums, mit dem der junge Wilhelm aufwuchs und das zweifellos sein Selbstverständnis prägte. Er war Normanne, kein Wikinger, und die Normandie war sein Eigentum – und niemandes sonst.

Aufstieg in einer kriegerischen Welt

Wilhelms Erziehung lag in den Händen von drei Männern, Turold, Ralph dem Mönch (trotz seines Beinamens ein Laie) und Wilhelm.[31] Ihre Aufgabe war es, Wilhelm zu einem guten Herrscher heranzubilden, und das bedeutete vor allem, ihn zu einem guten Krieger zu machen. Noch stärker als im angelsächsischen England definierte sich in Frankreich der Adel über das Kämpfen. Den Kriegern wurde eine gesellschaftstragende Rolle zugewiesen. Der 1031 verstorbene Bischof von Laon, Adalbero, unterteilte die Gesellschaft in drei Gruppen: die Beter (*oratores*), die Kämpfer (*pugnatores*) und die Arbeiter (*laboratores*). Gemeinsam und untrennbar formten und stützten sie die gesellschaftliche Ordnung.[32] Ähnlich formulierte es der zwanzig Jahre später verstorbene Bischof von Cambrai, Gerhard, als er die Gesellschaft in Beter (*oratores*), Bauern (*agricultores*) und Kämpfer (*pugnatores*) untergliederte. Diese Gruppen sollten sich gegenseitig zur Rechten und zur Linken stützen.[33] In diesem dreifunktionalen Gesellschaftsmodell kam den Kämpfern die Aufgabe zu, die anderen beiden Gruppen bei ihren Tätigkeiten zu schützen. Im Gegenzug wurde für sie gebetet und gearbeitet. Dieser Legitimationsdiskurs der Gewaltausübung machte aus dem Kämpfen eine Lebensaufgabe, und zwar nicht nur im Sinne des lebenslangen Einsatzes, sondern auch des Lebenszwecks. Ritter sein wurde zu einer Lebensform, die zwar erst im Verlauf des 12. und frühen 13. Jahrhunderts ihre volle Blüte erreichte,[34] im 11. Jahrhundert aber bereits im Entstehen begriffen war. Ein guter Krieger jedoch war vor allem anderen ein erfolgreicher Krieger. Im Kampf machte man sich einen Namen, erwarb Ansehen und Geltung. Führungsfähigkeit und Führungskraft definierten sich ganz wesentlich über die persönlichen militärischen Fähigkeiten. Der Adaption dieser Wertevorstellungen wurde durch Erzählungen von den glorreichen Taten der Vorfahren in einem jeden jungen Adligen der Boden bereitet. Damit schuf man Vorbilder und weckte Lust und Ehrgeiz auf eigene Ruhmestaten. Physisch aber erfuhr er eine intensive Schulung im Umgang mit Waffen (Schwert, Lanze, Speer) und Pferden; gehörte doch der Kampf zu Pferd zum Standardrepertoire französischer Kriegsführung. Am Ende der Ausbildung stand das Ritual der Schwertleite. Über den Ablauf dieses Rituals im 11. Jahrhundert ist wenig bekannt, sicher ist jedoch seine große Bedeutung im Leben junger französischer Adliger: Die feierliche Übergabe der Waffen bedeutete die Mannwerdung, der Moment, von dem an selbstständig Herrschaft ausgeübt wurde, und der Moment der Aufnahme in den Kreis der Krieger, der Ritter.[35] Für Wilhelm kam dieser Augenblick in den 1040er Jahren. Möglicherweise war es kein Geringerer als der französische König Heinrich I., der Wilhelm die Waffen übergab und ihn damit zum vollwertigen Mann, Krieger und Herrscher machte.[36] Wilhelm von Poitiers berichtet schwärmerisch darüber: «Gallien hatte noch keinen gehabt, der gerühmt wurde, ein solcher Ritter zu sein. Es war ein sowohl erquicklicher wie furchterregender Anblick, ihn die Zügel haltend zu sehen, ehrenvoll geziert durch das Schwert, leuchtend durch den Schild und drohend mit Helm und Speer. Denn so wie er an Schönheit hervorstach, wenn er die Kleidung eines Fürsten in Friedenszeiten trug, so zierte ihn in einzigartiger Weise die Rüstung, die er gegen den Feind anlegte. Von diesem Zeitpunkt an leuchtete in ihm Geistes- und Tugendkraft in herausragender Helligkeit.»[37] Die dunklen Tage seiner Jugend verschwieg der Chronist geflissentlich. Denn bis zu dem großen Moment seiner Schwertleite hatte Wilhelm längst erfahren müssen, was es bedeutete, in einer solch kriegerischen, das Recht des Stärkeren gutheißenden Gesellschaft zu leben. Von klein auf war er konfrontiert gewesen mit Kämpfen auf Leben und Tod. Seine Jugend verlebte er nicht auf idyllisch gelegenen Trainingsplätzen, sondern inmitten der mit äußerster Härte geführten Kämpfe um Vorrang und Vorherrschaft in Nordwestfrankreich. Der Krieg war Wilhelms Schule, eher er selbst einer seiner gefürchtetsten Meister wurde.

Die Kämpfe gingen von großen und kleinen Herren aus, die sich im steten Wettstreit um Ansehen sowie herrschaftlichen und politischen Einfluss befanden und die bewaffnete Auseinandersetzung als ein selbstverständliches Mittel ansahen, die Durchsetzung ihrer Ambitionen zu verfolgen. Als die bedeutendsten Herren im nordwestfranzösischen Raum etablierten sich in den Jahren um 1000 neben dem französischen König, dem Grafen von Flandern und dem Herzog der Normandie die Grafen von Anjou und die Grafen von Blois-Champagne. Ihre Herrschaften zählt die Forschung zu den Fürstentümern der zweiten Generation. Auch sie regierten de facto unabhängig vom französischen König. Etwas später, zwischen 1051 und 1066, wurde im Westen der Normandie die Bretagne ebenfalls zu einem wichtigen Akteur, als sich die drei bis dahin rivalisierenden Grafschaften von Nantes, Rennes und Cornouaille zu einer Herrschaft vereinigten.[38] Solche Herrschaftsbildungsprozesse fanden aber nicht nur auf der Ebene der Fürstentümer statt, sondern waren ein grundsätzliches Phänomen adligen Handelns dieser Zeit.[39] Im Süden der Normandie, im Grenzraum zwischen der normannischen und angevinischen Einflusszone gelang es zum Beispiel den Herren von Bellême, sich als eine wesentliche Kraft zu etablieren.[40] Diese Herrschaften darf man sich nicht als blockartige, mit klaren Grenzen versehene und herrschaftlich gleichmäßig stark durchdrungene Territorien vorstellen, sondern vielmehr als Einflusszonen, in denen von verschiedenen Zentren aus herrschaftliche Rechte ausgeübt wurden. In ihrer Reichweite variierten diese Zonen entsprechend dem politischen und militärischen Geschick ihrer Herren. Die politische Landkarte war damit beständig im Wandel begriffen und wurde so zum Ausweis herrscherlicher Dynamik.

Eine zentrale Rolle in diesen Herrschaftsbildungsprozessen spielten Burgen. Der einfachste und am schnellsten angelegte Typ war die sogenannte Motte. Sie bestand aus einem hölzernen Turm, der auf einem aufgeschütteten Erdhügel errichtet und mit einer Palisade umgeben wurde. Solche Bauten konnten ad hoc auf Feldzügen hochgezogen werden, sei es, um als Stützpunkte zu dienen oder längere Belagerungen durchzuführen. Sehr viel höheren Aufwand erforderten die mächtigen, zunächst gegen Ende des 10. Jahrhunderts von den Grafen von Anjou errichteten steinernen Donjons. Diese großen, weithin sichtbaren Turmbauten markierten den beherrschten Raum in einer bis dahin unbekannten Eindrücklichkeit. Die Burgen dienten ihren Herren als politische, administrative und kulturelle Zentren der Herrschaft, und sie waren die Ausgangspunkte kriegerischer Unternehmungen.

Die Normandie war von diesen Entwicklungen nicht nur an ihren Grenzen betroffen, sondern auch im Herzogtum selbst. Adlige Konkurrenzkämpfe fanden dort ebenfalls statt und wurden zum Teil durch die herzogliche Familie selbst befördert. Richard II. machte seine Brüder und Halbbrüder zu Grafen und dürfte damit ihren Ranganspruchen Genüge getan haben.[41] Er hob sie damit zum einen deutlich von den übrigen normannischen Herren ab und markierte die herzogliche Familie auf diese Weise als klar erkennbare Spitzengruppe. Zum anderen machte er sie zu aktiven Teilhabern an der Herrschaft der Normandie, denn die gräflichen Aufgaben umfassten die Verteidigung des Herzogtums, in der Regel von einer Stadt oder einer Burg im Grenzgebiet aus.

Abb. 5 *Der Donjon von Loches (Département Indre-et-Loire)*

Dort waren sie für die Wahrung herzoglicher Rechte, insbesondere die Erhebung der Einkünfte verantwortlich, von denen sie einen Gutteil behalten durften.[42] So mit Titel, Autorität und materiellen Ressourcen ausgestattet, konnten sie wahrlich «ehrenhaft» (*honorifice*) leben, wie es Dudo von St. Quentin Richard I. hatte verfügen lassen.[43] Das waren aber auch gute Bedingungen für eigene Herrschaftsbildung. Während die Position eines Grafen unter Richard II. noch weitgehend den Charakter eines widerrufbaren, noch nicht an eine bestimmte Region gebundenen Amts besaß, zeigten sich in der Folgezeit verstärkt Tendenzen zur Erblichkeit und fester herrschaftlicher Verankerung vor Ort.[44] Als Wilhelm Herzog wurde, waren die Grafen die mächtigsten normannischen Herren.

Herrschaftsbildungsprozesse fanden aber beileibe nicht nur auf der Ebene der herzoglichen Familie statt. Ein Beispiel mag zur Illustration genügen. Humfred (von Vieilles), der wahrscheinlich von wikingischen Übersiedlern abstammte, begegnet uns in den Quellen in den 1020er Jahren als Herr in Pont Audemer, im Tal der Risle unweit der Seine-

Mündung. Er agierte in der Umgebung Richards II. und Roberts I. und nutzte seine guten Verbindungen, um in dieser Zeit zahlreiche weitere Besitzungen in verschiedenen Regionen des Herzogtums zu erwerben, darunter auch den späteren Stammsitz Beaumont-le-Roger weiter flussaufwärts an der Risle. Er und seine Nachfahren etablierten so eine der bedeutendsten normannischen Adelsherrschaften.[45]

Aus der Perspektive des Herzogs waren diese Entwicklungen nicht per se nachteilig. Die Herren der Normandie waren ihm durch einen Treueid verpflichtet,[46] und solange sie seine Autorität anerkannten, konnte er auf ihre Unterstützung zählen und über sie auf ihre Ressourcen zurückgreifen. Da sie aber ihre Mittel nicht nur auf Geheiß des Herzogs einsetzten, sondern vor allem um ihre eigenen Ambitionen voranzutreiben, legten sie eine bisweilen zerstörerische politische Dynamik an den Tag. Meistens war die Stoßrichtung ihrer Aktivitäten gegen ihre Nachbarn gerichtet, sie konnten sich aber auch gegen den Herzog wenden. Auch Wilhelm sollte dies schmerzlich erfahren.

Die Sorgen der Magnaten, dass Herzog Roberts Pilgerfahrt allerlei Unruhe im Herzogtum hervorbringen würde, waren keineswegs unbegründet. Nach dem Tod Richards II. 1026 hatten sich die adligen Konkurrenzkämpfe im Herzogtum merklich verschärft, angeheizt durch die kriegerischen Auseinandersetzungen zwischen den Söhnen Richards, Richard III. und Robert I., um die Nachfolge im Herzogtum. Richard setzte sich zwar durch, verstarb aber bereits ein Jahr später. Robert folgte ihm nach, schien aber in Konflikten des normannischen Adels eher moderierend denn unterbindend tätig geworden zu sein.[47] Während der Minderjährigkeit Wilhelms brachen sich die Auseinandersetzungen im normannischen Adel dann ungezügelt Bahn. Es ist bezeichnend für diesen Wandel der Verhältnisse, für diese im Vergleich zu Richards II. Regierung ungleich höhere Intensität der Rivalitäten, dass sich das Erzählmuster der Chronisten wandelte. Anders als noch bei Dudo von St. Quentin zeigte sich bei Wilhelm von Jumièges und Wilhelm von Poitiers die Stärke des Herzogs nicht mehr darin, dass er Herr der Lage war und deshalb vergleichsweise friedliche Verhältnisse herrschten, sondern dass er sich allmählich in den Kämpfen durchsetzte und auf diese Weise sein Herzogtum ordnete. Die beiden Chronisten mögen dabei manches überzeichnet haben, an der Heftigkeit der Kämpfe gibt es allerdings keinen Zweifel. Wilhelms herzogliche Autorität entwickelte im ersten Jahrzehnt seiner Herrschaft eine nur sehr begrenzte Reichweite. Es ging ihm zunächst einmal darum, sein (politisches) Überleben zu sichern.

Der scheidende Herzog Robert hatte die Regentschaft des Herzogtums in die Hände einer Gruppe von herzoglichen Verwandten gelegt. Angeführt wurde sie von Wilhelms Großonkel Robert, dem Erzbischof von Rouen, der mit der ganzen Autorität seines Amts und seines Alters Wilhelm stützen sollte. Zu diesem Kreis zählten weiterhin Osbern fitz Herfast, der als Truchsess Roberts Hof dirigiert hatte und ebenfalls mit ihm verwandt war, sowie Alan III. von der Bretagne, ein Vetter Roberts. Zu einem etwas späteren Zeitpunkt kam mit Graf Gilbert von Brionne ein weiterer Cousin Roberts hinzu.[48] Der französische König Heinrich I. signalisierte, Wilhelms Herrschaft anzuerkennen,[49] und so war die Gefahr, dass der Kapetinger die Gelegenheit nutzen würde, in die Normandie einzufallen, erst einmal gebannt. Doch die Ruhe war trügerisch. Mit dem Tod Erzbischof Roberts 1037 begannen Jahre härtester Kämpfe im Herzogtum. Der Knabe Wilhelm konnte nichts weiter tun als zuschauen, wie um ihn herum gekämpft und getötet wurde. Sein Schicksal lag weiterhin in den Händen einer Gruppe älterer Verwandter. Neu in die Gruppe kamen die Brüder Mauger und Wilhelm, Kinder Richards II. aus dessen zweiter Ehe mit Papia und damit Halbbrüder Roberts I. Mauger trat die Nachfolge Roberts auf dem erzbischöflichen Stuhl von Rouen an, während Wilhelm zum Grafen von Arques erhoben wurde.[50] Sehr lange hatte diese Konstellation allerdings nicht Bestand. Die Kämpfe forderten erste prominente Opfer. Am 1. Oktober 1040 kam Graf Alan in Vimoutiers (im heutigen Département Orne) ums Leben, als er gegen den rebellischen Roger von Montgomery vorging.[51] Graf Gilbert segnete das Zeitliche im Frühjahr 1041, als er bei einem Ausritt mit Begleitern nichtsahnend überfallen und niedergemacht wurde. Ralph von Gacé, ein Sohn Erzbischof Roberts, steckte, so Orderic Vitalis, hinter diesem Verbrechen.[52] Nicht viel später folgte ihm Wilhelms Mentor Turold ins Grab, als er von «Verrätern» (Orderic Vitalis) umgebracht wurde.[53] Die Einschläge kamen immer näher. Selbst die herzogliche Kammer war kein sicherer Ort mehr. Als Wilhelm mit Osbern fitz Herfast in Vaudreuil weilte, drang nächtens Wilhelm von Montgomery, dessen Vater Roger kurz zuvor von Osbern und Graf Gilbert exiliert worden war, in ihre Schlafkammer ein und schlitzte dem Seneschall den Hals auf.[54] Die Rache folgte postwendend: Bjarni von Glos, ein Mann aus Osberns Gefolge, versammelte eine Handvoll Krieger und zahlte es Wilhelm von Montgomery und seinen Begleitern mit gleicher Münze heim. Sie drangen in Wilhelms Bleibe ein und erschlugen ihn und seine Männer im Schlaf.[55] Das waren keine auf die herzogliche Umgebung beschränkte Einzelfälle, sondern Symptome des allgemeinen Zustands der Normandie, eines Zustands großer Verwirrung, wie Wilhelm von Jumièges bemerkte.[56]

Wohin man auch blickte, endeten die Konkurrenzkämpfe in Mord und Totschlag.[57] Der Herzog als moderierende, disziplinierende Kraft war ausgefallen, es herrschte das Recht des Stärkeren. Nimmt man die Ermordung Osberns als Maßstab, dann reichte Wilhelms herzogliche Autorität gerade noch aus, sein eigenes Leben zu schützen, zu mehr aber auch nicht. Es sollte ein langer, gefährlicher und in seinem Ausgang keineswegs gewisser Weg werden, bis das herzogliche Wort wieder etwas galt. Die Brutalität, die Wilhelm auf diesem Weg gelegentlich an den Tag legte, mag in den blutigen Wirren dieser Jahre ihre Wurzeln gehabt haben.

Die Fragilität von Wilhelms Herrschaft, aber auch der Wille der Regentschaft, die nun in den Händen von Erzbischof Mauger und Graf Wilhelm von Arques lag, die herzoglichen Ansprüche zu wahren, lässt sich in aller Deutlichkeit an einer Kette von Ereignissen der Jahre 1041/42 aufzeigen. Wilhelm sammelte in diesem Zusammenhang vielleicht seine ersten Kampferfahrungen. Der auslösende Konflikt wurde diesmal in die Normandie hineingetragen. Der französische König Heinrich I. befand sich in heftigen Auseinandersetzungen mit einer Gruppe von Magnaten der Île-de-France,[58] darunter auch Waleran, Graf von Meulan, dessen Herrschaftsgebiet in den südöstlichen Grenzraum der Normandie ragte. Da Waleran Unterstützung von einigen Herren aus diesem Raum erhielt, führte Heinrich I. 1041 einen Heerzug gegen den Grafen bis in die Normandie. Dabei gelang ihm die Einnahme und Zerstörung der wichtigen Grenzfeste von Tillières(-sur-Avre). In der Folge gewann Heinrich die Unterstützung einiger normannischer Magnaten, darunter vor allem die des Vizegrafen des Hiémois, Thorsten

Goz. Mit der Deckung Thorstens begann Heinrich 1042 das Hiémois, insbesondere den herzoglichen Ort Argentan, zu verwüsten. Das war ein heftiger Angriff auf die Autorität Wilhelms und seiner Regenten. Insbesondere Thorstens Verhalten war eine schwerwiegende Provokation. Dieser hatte nicht nur nichts gegen Heinrich unternommen, er hatte auch die Burg von Falaise gegen den Herzog befestigt und mit Kriegern Heinrichs besetzt. Dies verlangte eine deutliche Reaktion, wollte die herzogliche Autorität nicht gänzlich der Lächerlichkeit preisgegeben werden, denn, so Wilhelm von Jumièges, es war die Schwäche Wilhelms, die Thorsten zu diesem Verhalten verleitet hatte.[59] Ralph von Gacé, der Mann, der die Verantwortung für die Ermordung Graf Gilberts trug, sollte es nun für Wilhelm richten. An der Spitze der herzoglichen Truppen zog er gegen Thorsten in Falaise. Vielleicht hatte sich die Rivalität zwischen den beiden herzoglichen Verwandten Ralph und Gilbert nicht nur aus herrschaftlichen Konflikten gespeist, sondern auch aus dem Streben nach Prominenz in der Regierung des Herzogtums. In seiner neuen Rolle jedenfalls erwies sich Ralph als eine feste Stütze Wilhelms. Er belagerte erfolgreich Falaise und zwang Thorsten ins Exil. König Heinrich zog sich in die Île-de-France zurück, nicht aber ohne die Festung von Tillières wieder aufzubauen und mit eigenen Leuten zu bemannen.[60] Aus seiner Perspektive hatte sich das normannische Engagement sicherlich gelohnt, hatte er doch seine Autorität in der Grenzregion sichtbar gefestigt. Aber auch Wilhelm und seine Regenten konnten zufrieden sein. Ralphs Sieg über Thorsten war ein wichtiges Signal für die ungebrochene herzogliche Handlungsfähigkeit. Wilhelm selbst dürfte in der Organisation des Heerzugs zwar kaum die zentrale Rolle gespielt haben, die ihm Wilhelm von Jumièges zuschrieb,[61] aber es ist gut möglich, dass er mitritt. Er sollte die Verteidigung seiner Interessen nun zunehmend selbst in die Hand nehmen.

Seine erste große Bewährungsprobe folgte 1047. Wilhelm sah sich einer mächtigen Opposition gegenüber. Angeführt wurde sie von Wilhelms Vetter Guido von Burgund. Guido war der zweitgeborene Sohn von Adeliza, einer Schwester Herzogs Roberts I., aus ihrer Ehe mit Graf Reginald I. von Burgund. Er kam in den 1040er Jahren zu seinen normannischen Verwandten in der Hoffnung, sich dort eine Zukunft aufbauen zu können. Nach einiger Zeit in der Umgebung Wilhelms erhielt

Guido die Burgen von Vernon und Brionne. Damit waren seine Ambitionen aber keinesfalls befriedigt. Der Enkel Richards II. beanspruchte für sich einen vorrangigen Platz unter den normannischen Magnaten, mindestens auf gleicher Augenhöhe mit den Onkeln Wilhelms, Erzbischof Mauger und Graf Wilhelm von Arques. Die normannische Chronistik spricht gar davon, dass er die herzogliche Position selbst anstrebte.[62] Jedenfalls richteten sich seine Attacken gegen das Regime. Dabei erhielt er weitreichende Unterstützung aus dem Westen des Herzogtums, unter anderem durch die Vizegrafen des Bessin und des Cotentin.[63] Möglicherweise schloss sich ihnen auch ein weiterer enttäuschter Vetter des Herzogs, Wilhelm Busac, Graf von Eu, an.[64] So bedrohlich wurde die Situation für Wilhelm, dass er sich nicht mehr in der Lage sah, sie mit den ihm noch verbliebenen Getreuen zu meistern. In seiner Not wandte er sich an König Heinrich und bat ihn um Hilfe.[65] Heinrich, dem sich so die Möglichkeit bot, seine Autorität im Herzogtum zu stärken und Wilhelm an sich zu binden, sagte zu und führte ein beachtliches Kontingent in die Normandie. Gemeinsam zogen König und Herzog dann gegen Guido und dessen Verbündete. Beide Parteien suchten keine Verhandlungen, sondern die Entscheidung in der Schlacht. Bei Val-ès-Dunes, einige Kilometer östlich von Caen, trafen die beiden Heere aufeinander. Der Tag endete gut für Wilhelm und Heinrich. Sie errangen einen eindeutigen Sieg: «Oh, glückliche Schlacht, welche an einem Tag so viele Festungen von Verbrechern und Häuser von Missetätern zerstörte!», jubilierte Wilhelm von Jumièges.[66] Guido gelang allerdings die Flucht in seine steinerne, über dem Fluss Risle gelegene Feste nach Brionne. Dort wurde er nach langer Belagerung (Orderic Vitalis spricht gar von einer Dauer von drei Jahren) zur Aufgabe gezwungen. Geschlagen verließ Guido die Normandie in Richtung Burgund.[67] Wilhelm Busac erlitt ein ähnliches Schicksal. Er musste Eu aufgeben und ins Exil gehen. Auch er kehrte nie wieder in die Normandie zurück.[68]

Guidos Flucht konnte niemanden über die Bedeutung des Sieges bei Val-ès-Dunes hinwegtäuschen. An der Seite des französischen Königs hatte Wilhelm seinen ersten großen Schlachtensieg gefeiert. Er hatte sich als fähiger Streiter und Heerführer erwiesen und seiner Mitwelt gezeigt, dass er in der Lage war, als Herzog erfolgreich zu agieren. Val-ès-Dunes war sein Ritterschlag auf dem Feld und etablierte ihn als vollwertigen Akteur auf der politischen Bühne Nordwestfrankreichs. Aus der Rückschau betrachtet, veränderte sich von diesem Moment an die Dynamik seiner Herrschaft. Bis 1047 war die herzogliche Autorität immer stärker unter Druck geraten, ja kulminierte in der Wendung Guidos gegen den Herzog selbst. Val-ès-Dunes veränderte zwar nicht auf einen Schlag die hochvolatilen Verhältnisse, und es sollte noch einige Zeit dauern, bis sich die adligen Konkurrenzkämpfe etwas beruhigt hatten und Wilhelms Herrschaft gänzlich etabliert war, aber das Momentum änderte sich zugunsten Wilhelms. Wenn Wilhelm von Jumièges schrieb, dass die Besiegten Wilhelm Geiseln als Sicherheiten stellten und «ihre starren Nacken vor ihm als ihrem Herrn beugten»,[69] dann brachte er damit die neugewonnene Autorität Wilhelms auf den Punkt. Mit dem Herzog war fortan zu rechnen. Der Sieg auf dem Schlachtfeld eröffnete ihm die Chance, sich auch als Herzog in der Regierung zu beweisen.

Möglicherweise gehörte die Synode von Caen, zu der Erzbischof Mauger die wichtigsten Kirchenleute der Provinz von Rouen einlud, zu den unmittelbar nach dem Sieg von Val-ès-Dunes durchgeführten Maßnahmen. Das Datum der Synode ist allerdings nicht gesichert. Neben der Datierung in den Oktober 1047 ist 1042/43 oder gar das Abhalten mehrerer solcher Synoden in den 1040er Jahren vorgeschlagen worden.[70] Im vorliegenden Kontext muss diese Frage nicht abschließend geklärt werden. Es macht zwar im Hinblick auf die persönliche Rolle Wilhelms einen Unterschied, ob die Synode 1042/43 oder 1047 anzusetzen ist, in der Aussage über die dem Herzog durch die Synode(n) zugeschriebene Rolle in der Wahrung der Ordnung aber ist das Datum nebensächlich. Vor dem Hintergrund der schier permanenten, intensiven kriegerischen Auseinandersetzungen suchte man in den 1040er Jahren auch gerade auf Seiten des Herzogs die herrschaftliche Lage zu stabilisieren. Dabei griff Erzbischof Mauger auf ein Instrument zurück, das im ausgehenden 10. Jahrhundert in Südfrankreich entwickelt worden war und dann in regional sehr unterschiedlich verlaufenden Wellen allmählich auch im Norden Verbreitung fand – den Gottesfrieden.[71] Der Gottesfrieden hatte zum Ziel, gewalttätigen Auseinandersetzungen zumindest zeitweise Einhalt zu gebieten. Unter Androhung von Strafen sollte in bestimmten Perioden der Friede gewahrt bleiben. Die Synode von Caen erklärte, dass Kriegsführung von Mittwochabend bis Montagmorgen untersagt sei sowie während der Adventszeit, Lent (den 40 Tagen zwischen Aschermittwoch und Ostern), Ostern und Pfingsten. Sollte jemand gegen diese Regelungen verstoßen, würde er dem Kirchenbann verfallen. Bezeichnenderweise wurden der König und der Herzog explizit von diesen Vorschriften ausgenommen. Sie sollten im Interesse der Wahrung der öffentlichen Ordnung in der Lage sein, immer zu den Waffen greifen zu dürfen. Als Herrscher waren sie die Garanten des Friedens und waren deshalb in der Ausübung bewaffneter Gewalt anders legitimiert als die übrigen Herren.[72] König und Herzog wurde auf diese Weise eine eindeutig übergeordnete Rolle in der politisch-sozialen Ordnung zugewiesen. Die Erklärung der Synode wurde so zu einem klaren Signal des Herrschaftsanspruchs des Herzogs, und Wilhelm erfuhr bei dieser Gelegenheit, wie nützlich eine enge Zusammenarbeit mit führenden Kirchenmännern für seine eigenen Ziele sein konnte.

Wilhelms Nachbarn nahmen ihn zunehmend als gleichrangigen Akteur wahr, und 1049 gelang ihm ein wichtiger, diesmal nicht im Krieg, sondern auf dem diplomatischen Parkett errungener Erfolg. Der bis dahin unverheiratete Wilhelm verabredete mit Graf Balduin V. von Flandern die Ehe mit dessen Tochter Matilda. Dies war in zweifacher Hinsicht von einiger Bedeutung. Zum einen gewann er so einen mächtigen Verbündeten im Osten des Herzogtums. Zum anderen verband Matilda Wilhelm gleich mit zwei Königshäusern: über ihren Vater mit den Karolingern, über ihre Mutter, einer Tochter König Roberts des Frommen, mit dem kapetingischen Königshaus. Die normannischen Chronisten waren entsprechend begeistert von Wilhelms Coup.[73] Gleichwohl verlief die Realisierung der Heiratspläne nicht ohne Komplikationen. Sie wurden Gegenstand von Beratungen des für 1049 von Papst Leo IX. nach Reims einberufenen Konzils und von diesem aus uns heute unbekannten Gründen verworfen.[74] Doch scheint es den Protagonisten recht rasch gelungen zu sein, die Widerstände auszuräumen, denn nicht viel später wurde die Ehe an der ostnormannischen Grenze in Eu geschlossen.[75] Seit 1051 erscheint Matilda als Gräfin in den Urkunden Wilhelms.[76]

Das Reimser Konzil dürfte für Wilhelms Verhältnis zum Papsttum eine prägende Rolle gespielt haben. Die in der Normandie eingeübte Kooperation zwischen Herzog und Kirche sollte auch im Verhältnis zum Papst handlungsleitend sein. Anders als König Heinrich hielt Wilhelm die normannischen Bischöfe nicht an, das Konzil zu boykottieren.[77] Der Verlauf des Konzils lehrte ihn dann anhand der Verhandlung seiner Heiratspläne, wie der Papst seine kirchenreformerischen Ideale auch nördlich der Alpen umzusetzen suchte und damit zwangsläufig eine wichtige politische Rolle einnahm. Das galt auch im Hinblick auf die Besetzung kirchlicher Ämter, bei der es den Ämterkauf, die Simonie, zu bekämpfen galt. Manch ein französischer Bischof wurde in Reims mit der Absetzung bedroht, was einem Affront gegenüber dem König gleichkam, der traditionell die Bischofsstühle besetzte.[78] Diese Demonstration päpstlicher Autorität machte Wilhelm klar, dass der Papst als politischer Faktor zukünftig mitzudenken war. In der Frage, ob er besser mit oder gegen ihn seine Politik betreiben sollte, entschied sich Wilhelm für Kooperation statt Konfrontation. Wilhelm scheint sehr schnell begriffen zu haben, dass ein gutes Verhältnis zum Papst nicht notwendigerweise eine Einschränkung seiner kirchenpolitischen Handlungsmöglichkeiten vor Ort bedeuten musste. Im Gegenteil, mit päpstlicher Billigung würde er mehr erreichen können als gegen Rom. Dieses Verhaltensmuster sollte in der Vorbereitung seines Kampfes um den englischen Thron noch eine wichtige Rolle spielen.

Während Wilhelm im Osten seines Herzogtums mit Balduin einen mächtigen Verbündeten gewonnen hatte, entwickelte sich die Situation im Südwesten der Normandie zu seinem Nachteil. Der Graf des Anjou, Gottfried Martel (der Hammer), hatte in den vergangenen Jahren seine Einflusszone in fast alle Himmelsrichtungen ausgedehnt. 1044 war es ihm gar gelungen, die östlich gelegene Grafschaft von Touraine zu erlangen. Auch nach Norden hin, in die zwischen dem Anjou und der Normandie gelegene Grafschaft Maine, griff er erfolgreich aus. Nach dem Tod Graf Hugos IV. 1051 erlangte er endgültig die Kontrolle über Maine, und Hugos noch junger Sohn Herbert II. kam in seinen Gewahrsam.[79] Gottfried war nun auf breitem Territorium zum unmittelbaren Nachbarn Wilhelms geworden. Es war eine mehr als nur unwillkommene Nachbarschaft, zumal sich Ivo, Bischof des normannischen Bistums von Sées und Senior des Hauses von Bellême, entschieden hatte, Gottfried zu unterstützen. Im Lauf der vergangenen Jahrzehnte hatten die Herren von Bellême eine ansehnliche Herrschaft im Grenzraum zwischen der Normandie und Maine aufgebaut und hielten unter anderem die Burgen von Alençon und Domfront, zwei zentrale Stützpunkte der Region, von denen zumindest Alençon von den normannischen Herzögen abhängig war.[80] Diese standen nun dem Hammer zur Verfügung, der von ihnen weidlich Gebrauch machte, seine aggressive Politik in die Normandie hineinzutragen.[81] Wilhelm war gezwungen zu reagieren. Schon einmal, 1048 / 49, war er erfolgreich im Gefolge König Heinrichs gegen Gottfried geritten,[82] nun aber setzte er sich zum ersten Mal alleine an der Spitze einer Kampagne in den normannischen Grenzraum in Bewegung.[83] Einige typische Verhaltensweisen des Heerführers Wilhelm lassen sich bereits bei dieser Gelegenheit beobachten.

Sein erstes Ziel war Domfront, eine mächtige Festung, die nicht leicht im Sturm zu nehmen war. Wilhelm entschloss sich zur Belagerung. Um Domfront herum ließ er vier Motten errichten, von denen, Nadelstichen gleich, ständig kleinere Angriffe gestartet werden konnten, die vor allem dem Ziel dienten, den Nachschub zu unterbinden und eventuelle Schwachstellen in der Verteidigung des Gegners aufzudecken.[84] Als Gottfried sich mit einem Kontingent auf den Weg nach Domfront machte, um den Belagerten zur Hilfe zu kommen, ließ Wilhelm eine kleine Besatzung zurück und wandte sich gegen den Grafen. Wilhelm fitz Osbern und Roger II. von Montgomery (ein Bruder des Mörders von Wilhelm fitz Osberns Vater)[85] wurden ausgesandt, die Bewegungen des Kontrahenten auszukundschaften und mit Gottfried selbst in Kontakt zu treten. In großer Geste habe Gottfried, so Wilhelm von Poitiers, den beiden mitgeteilt, dass er am nächsten Morgengrauen mit einem Trompetenstoß Wilhelm zum Kampf bei Domfront fordern würde. Er beschrieb ihnen weiterhin das Pferd, das er reiten werde, sowie seinen Schild und seine Rüstung. Wilhelm sollte wissen, wer da gegen ihn ritt. Die herzoglichen Gesandten wollten bei dieser Parade ritterlichen Verhaltens in nichts nachstehen und verkündeten ebenfalls das Aussehen des Pferdes, des Schilds und der Rüstung Wilhelms. Sie fügten hinzu, dass sich Gottfried nicht die Mühe machen müsse, die ganze Strecke bis nach Domfront zu reiten, denn Wilhelm habe sich schon auf den Weg gemacht. Gottfried, so implizierten sie, könne die Trompete stecken lassen, es war der Herzog, der die Agenda setzte. Während die Nachrichten von diesem verbalen Schlagabtausch Wilhelms Kampfbereitschaft nur noch weiter anheizte, wurde Gottfried von Furcht erfasst und zog sich zurück.[86] Wilhelms von Poitiers Darstellung verrät uns einiges über seine ritterlichen Idealvorstellungen, hinsichtlich Gottfrieds plötzlicher Angst aber führt sie wohl in die Irre. Der Rückzug des Grafen mag rein taktischer Natur gewesen sein. Grundsätzlich versuchte man nämlich, die entscheidende, offene Feldschlacht nach Möglichkeit zu vermeiden. Zu hoch war das damit verbundene Risiko für das eigene Schicksal. Typisch für die Kriegsführung der Zeit war vielmehr die Taktik der verbrannten Erde, bei der die Ländereien des Gegners verwüstet wurden und er im Erfolgsfall zur Aufgabe gezwungen wurde.[87] Bei einer Belagerung im Feindesland aber konnte diese Vorgehensweise für den Belagerer zum Problem werden. Je länger eine Belagerung andauerte, desto schwieriger wurde es, sie aufrechtzuhalten. Das wusste Gottfried, und indem er die Schlacht verweigerte, gewann er Zeit. Er hoffte wohl, dass die Besatzung in Domfront lange genug ausharren würde, bis den Belagerern selbst die Nahrungsmittel ausgingen und sie zum Abzug gezwungen waren. Doch Wilhelm blieb nicht untätig. Sein Warten vor Domfront war kein passives Herumsitzen, sondern aktives Suchen nach sich bietenden Gelegenheiten. Eines Tages berichteten ihm Kundschafter, die für Wilhelms Kriegsführung eine ganz zentrale Rolle spielten, dass Alençon sehr viel einfacher einzunehmen sei als Domfront. Das war die Chance, auf die Wilhelm gehofft hatte. Er ließ die Motten mit minimaler Besatzung zurück und machte sich sogleich nächtens mit seinen Männern auf den Weg. Im Morgengrauen traf er auf die Feste, die das auf der anderen Seite des Flusses Sarthe gelegene Alençon schützte. Weit davon entfernt, sich dem Angreifer zu ergeben, verspottete die Besatzung Wilhelm wegen seiner Herkunft. In Anspielung auf die Tätigkeit der Eltern seiner Mutter als Leichenbestatter (lat. *pollinctor*), schlugen sie auf Tierhäute und hießen Wilhelm einen Gerber (lat. *pelliciarius*).[88] Das hätten sie besser unterlassen, denn solchermaßen bei der Ehre gepackt, überrannte Wilhelm die Festung, steckte sie in Flammen und nahm die Besatzung gefangen. Dann ließ der Herzog vor den Augen der Bewohner Alençons den Gefangenen Hände und Füße abhacken. Sie würden keine Felle mehr schlagen können. Durch dieses brutale Vorgehen in Angst und Schrecken versetzt, öffneten die Bewohner von Alençon ihre Tore und ergaben sich Wilhelm. Dieser ließ die Stadt besetzen und kehrte sogleich nach Domfront zurück, wo die Nachricht von seinem grausamen Vorgehen bald erreichte, was zuvor mit der zähen Belagerung lange vergebens versucht worden war: Voller Furcht öffnete ihm die Besatzung die Tore und stellte Geiseln als Sicherheiten.[89] Wilhelm hatte seine Ansprüche in dieser sensiblen Grenzregion deutlich zur Geltung gebracht. Voller Zufriedenheit legte Wilhelm von Poitiers die berühmten Worte Caesars in Wilhelms Mund: *Veni, vidi, vici*: Ich kam, sah und siegte.[90] Die Gegner des normannischen Caesars kannten nun mehr als die Farbe seines Pferds, seiner Rüstung und seines Schilds. Sie hatten Erfahrung mit einem Heerführer gemacht, der gründlich Informationen sammelte, bevor er schnell und entschlossen zuschlug, und der wusste, dass Hunger und Schrecken, die er durch die Verwüstung der Landschaft und die Verstümmelung der Gegner erzeugte, mindestens genauso zielführend waren wie Bravado in der Schlacht.[91] Wilhelm begann, sich einen Namen zu machen.

Die Kampagne im Südosten war ohne Frage ein bedeutender Erfolg, aber dennoch nicht ganz so strahlend, wie es uns die normannischen Chronisten glauben machen wollen. Denn am Horizont braute sich großes Ungemach für Wilhelm zusammen. Während der Belagerung von Domfront hatte Wilhelms Onkel Graf Wilhelm von Arques das Lager im Unfrieden verlassen und sich in seine Feste Arques im Osten der Normandie zurückgezogen. Dies bedeutete einen radikalen Bruch mit seinem Neffen. In der jüngeren Vergangenheit hatte sich der Herzog zunehmend von seinen Onkeln Wilhelm und Erzbischof Mauger emanzipiert. Wilhelms Ehe mit Matilda hatte eine neue familiäre Konstellation geschaffen.[92] Unmittelbar nach der Heirat kam ihr Sohn Robert Kurzhose zur Welt, zwei oder drei Jahre später wurde dessen Bruder Richard geboren, weitere Geschwister sollten folgen.[93] Sie bildeten fortan den Kern der herzoglichen Familie; die Onkel wurden hingegen in die zweite Reihe gedrängt. Erzbischof Mauger soll sich wegen eines zu engen Verwandtschaftsverhältnisses der Brautleute gegen die Ehe mit Matilda ausgesprochen haben, so berichtet es im frühen 12. Jahrhundert Wilhelm von Malmesbury.[94] Das mag erfunden gewesen sein, ging aber bei der Suche nach dem Motiv für die Entzweiung von Onkel und Neffe nicht weit am Ziel vorbei. Die Heirat mit Matilda und die baldige Geburt eines Nachfolgers beendete die dominierende Stellung der

Onkel. Darüber hinaus umgab sich der Herzog nun mit Männern seiner Generation – Männern, denen er vertraute und denen er Gehör schenkte. Darunter befanden sich die schon genannten Wilhelm fitz Osbern und Roger II. von Montgomery, aber auch Roger von Beaumont, dessen Bruder Robert sowie Walter Giffard.[95] Es ist sehr wahrscheinlich, dass Wilhelm von Arques das Lager vor Domfront verließ, weil er und Wilhelm uneins waren, er also nicht länger Gehör beim Herzog fand. Wilhelm selbst tat offensichtlich wenig, die neue Situation für seine Onkel zu moderieren und erträglicher zu gestalten. Das aber war das mindeste, was ein Mann vom Selbstverständnis Wilhelms von Arques erwartete: Er zählte zu den Nachkommen der normannischen Herzöge, er war, wie Wilhelm von Poitiers es ausdrückte, der Bruder des dritten Richard, der Sohn des zweiten und der Enkel des ersten.[96]

So eskalierte dieser Rangkonflikt im offenen Widerstand Graf Wilhelms. 1053 begann er durch militärische Aktionen in der Gegend um Arques die Autorität des Herzogs herauszufordern.[97] Dieser reagierte sofort und eilte aus dem Westen der Normandie mit einer Truppe in Richtung Arques; nur sechs ihrer Pferde überlebten den Gewaltritt quer durch das Herzogtum.[98] Diese Dringlichkeit war auch geboten, denn die für sich schon schwer genug wiegende Tatsache, dass einer der mächtigsten Männer der Normandie offen gegen ihn opponierte, gewann noch größere Brisanz durch eine dramatische Veränderung der Bündnispolitik in Nordwestfrankreich. Herzog Wilhelm und Heinrich I. hatten in den zurückliegenden Jahren ein gutes Verhältnis gepflegt. Doch so wie sich Wilhelm von Erzbischof Mauger und Wilhelm von Arques emanzipierte, schien er auch gegenüber Heinrich eine selbstständigere Politik zu betreiben, jedenfalls folgte er nicht immer dem kapetingischen Beispiel, so war Wilhelm 1049 Heinrichs Boykott des Konzils von Reims nicht gefolgt. Der König mag ebenfalls die normannisch-flandrische Verbindung, Wilhelms Erfolge im Kampf um Domfront und Alençon sowie seine 1051 intensivierten englischen Verbindungen kritisch beäugt haben.[99] Jedenfalls sah er in Wilhelm keinen Verbündeten mehr, der auf seine Hilfe angewiesen war, sondern einen Konkurrenten, den man besser in Schach hielt. Verknüpft mit Heinrichs Positionswechsel gegenüber Wilhelm war die 1052 erfolgte Beilegung seines Dauerkonflikts mit Graf Gottfried Martel.[100] Die beiden Männer kämpften von nun an nicht mehr gegen-, sondern miteinander, und die Normandie war ein nahe liegendes Ziel. Die Landkarte der politischen Bündnisse hatte sich innerhalb kurzer Zeit zu Ungunsten Wilhelms verändert. Vor diesem Hintergrund bedeutete der Aufstand des gerade im Osten der Normandie gut vernetzten Wilhelm von Arques für den Herzog eine existentiell bedrohliche Krise. Indem er in den Osten hastete, versuchte er, die Flammen des Aufruhrs im Keim zu ersticken, bevor sie das ganze Herzogtum in Brand stecken konnten. Doch so leicht war sein Ziel nicht zu erreichen. Der Graf ließ sich nicht überraschen und verschanzte sich in seiner Burg. Wilhelm musste Ausdauer beweisen und setzte auf seine bewährte Strategie der Belagerung, wobei er schnell eine Motte am Fuß des Hügels errichtete, auf dem die Burg von Arques lag.[101] Er selbst zog sich dann vom Geschehen zurück und überließ die Belagerung seinen Männern.

In der Zwischenzeit aber hatte sich unter der Führung von König Heinrich eine ansehnliche Streitmacht auf den Weg nach Arques gemacht, darunter auch der Schwager Graf Wilhelms, Graf Enguerrand von Ponthieu. Die Belagerer wichen einer offenen Schlacht aus und versuchten stattdessen aus dem Hinterhalt heraus, ihre Gegner zu dezimieren, wenn diese, um sich mit Nahrungsmitteln zu versorgen, sich vom Hauptzug entfernten. In diesem Zusammenhang notierte Wilhelm von Jumièges eine taktische Variante, die später in Hastings Berühmtheit erlangen sollte: die vorgetäuschte Flucht. In Sichtweite des Gegners wandten sich die herzoglichen Truppen zur Flucht, um sich dann plötzlich gegen die in der Verfolgung ohne jegliche Ordnung anstürmenden Feinde zu wenden. Auf diese Art und Weise besiegten sie ein von Graf Enguerrand angeführtes Kontingent. Enguerrand kam dabei ums Leben, andere wurden gefangen genommen, doch Heinrich ließ sich davon nicht aufhalten und erreichte schließlich Arques, wo er Graf Wilhelm mit dem dringend benötigten Nachschub an Männern und Proviant versorgte. Angesichts der erlittenen Verluste zog er sich dann aber rasch und, wie die normannischen Chronisten in all ihrer Parteilichkeit betonen, ohne Ruhm erlangt zu haben, in die Île-de-France zurück – vielleicht in der Hoffnung, dass Arques lange genug aushalten würde, bis er einen erneuten Feldzug organisiert hätte. Diese Hoffnung war allerdings vergebens, denn kaum war Heinrich abgezogen, nahmen die herzoglichen Truppen die Belagerung wieder auf und hungerten Graf Wilhelm und seine Männer schließlich aus. «Was für ein trauriges Spektakel, was für ein trauriges Ende!», schrieb Wilhelm von Poitiers anlässlich des Auszugs der Ritter. «Die französischen Ritter, die kurz zuvor noch so berühmt gewesen waren, kamen nun zusammen mit den Normannen heraus, so schnell es ihnen ihre schwindenden Kräfte erlaubten, mit gesenkten Häuptern nicht weniger der Schmach als des Hungers wegen. Manche hingen auf ausgehungerten Pferden, deren Tritte kaum widerhallten noch Staub aufwirbelten; manche, in ungewohnter Begleitung voranrückend,[102] trugen Beinschienen und Sporen und viele von ihnen schulterten ihre Sattel auf den gebeugten und ausgezehrten Rücken, manche stolpernd und kaum in der Lage, sich auf den Beinen zu halten. Es war ebenso erbärmlich, das armselige und vielfältige Elend der Leichtbewaffneten zu sehen, als sie auszogen.»[103] Wilhelm von Arques wurde exiliert und erhielt so die typische Strafe für Widerstand gegen die herzogliche Autorität. Er fand mit seiner Gemahlin Aufnahme am Hof des Grafen Eustachius von Boulogne, wo er bis zu seinem Lebensende blieb.[104]

Damit war das Problem mit Wilhelm von Arques gelöst, die Krise aber noch keineswegs beendet. Für Heinrich bedeutete sein nur sehr bedingt geglückter Feldzug und Graf Wilhelms folgende Niederlage einen beträchtlichen Ehrverlust, den er wettzumachen suchte. Es galt, jegliche Zweifel an der Rangfolge zwischen ihm und Wilhelm auszuräumen, der Herzog musste in die Schranken verwiesen werden.[105] So musterte der König ein mächtiges Aufgebot, darunter befanden sich Wilhelms alter Widersacher Graf Gottfried von Anjou und Graf Guido von Ponthieu, der seinem erschlagenen Bruder Enguerrand nachgefolgt war. In den ersten Wochen des Jahres 1054 setzten sie sich in Richtung Normandie in Bewegung. Heinrich teilte seine Streitmacht auf. In den Osten der Normandie rückte unter Führung seines Bruders Odo der Teil der Männer vor, die zwischen Seine und Rhein beheimatet waren, südlich der Seine setzte der König sich selbst an die Spitze der Krieger aus den Ländereien zwischen Seine und Garonne. Wilhelm reagierte entsprechend und teilte seine Kräfte ebenfalls in zwei Gruppen ein. Während er selbst gegen Heinrich ritt, sandte er Odo ein zweites Kontingent unter der Führung seines Verwandten Graf Robert von Eu entgegen.

Die Entscheidung fiel auf Roberts Seite, als er bei Mortemer(-en-Bray) Odos Truppe bei der Brandschatzung der Umgebung überraschte. In Kämpfen, die vom Morgengrauen bis zum Mittag andauerten, behielten die Normannen schließlich die Oberhand. Während Odo fliehen konnte, wurden Graf Guido von Ponthieu und andere gefangen genommen. Wilhelm ließ sich diese Gelegenheit nicht nehmen, seinen Gegner zu demoralisieren. Angeblich ließ er einen Boten nächtens die Nachricht von Odos Niederlage von einem Baum aus in das Lager Heinrichs hineinrufen. Wie auch immer Heinrich von der Niederlage seines Bruders erfuhr, die Kunde nahm ihm die Hoffnung auf einen Sieg. Er zog sich sofort aus der Normandie zurück.

Nun war es an der Zeit, Erzbischof Mauger, der seinen Bruder Wilhelm von Arques sehr wahrscheinlich unterstützt hatte, die Rechnung zu präsentieren. Aber anstelle kruder Gewalt bediente sich der Herzog in dieser Situation kirchlicher Strukturen, um seinen Onkel zu neutralisieren. Nicht er selbst zwang Mauger zur Aufgabe, sondern eine wohl 1054 in Lisieux abgehaltene Synode. Dort verkündete der päpstliche Legat Ermenfried, Bischof von Sion, im Einvernehmen mit Wilhelm die Absetzung Maugers als Erzbischof von Rouen.[106] Mauger zog sich auf die Kanalinsel Guernsey zurück und sollte keine Rolle mehr in der großen normannischen Politik spielen.[107]

Wilhelm war aus der Krise der Jahre 1052 bis 1054 als Sieger hervorgegangen. Die Rivalitäten und Konkurrenzen zwischen normannischen Adligen verschwanden damit nicht gänzlich – es wäre deren Selbstverständnis auch zuwidergelaufen, nicht selbst ihre Ansprüche vorantreiben zu können –, aber die brutalen Kämpfe der Zeit zwischen 1025 und 1050, die manchen das Leben gekostet und andere in die Ferne, nach Süditalien und anderswohin getrieben hatten, wurden weniger. Graf Wilhelms Aufstand war letztlich noch einmal ein wildes Aufflackern dieser Dynamik in den Positions- und Rangkämpfen gewesen. Herzog Wilhelm hatte sie gemeistert.

Das Verhältnis zu König Heinrich und Graf Gottfried blieb allerdings schwierig. Mortemer bedeutete keinesfalls das Ende ihrer Rivalitäten, und drei Jahre später kam es erneut zu einem Feldzug der beiden gegen Wilhelm. Der König, so Wilhelm von Jumièges, brannte darauf, das ihm zugefügte Unrecht zu rächen. Die erlittene Schmach musste wieder gutgemacht werden.[108] Doch auch diesmal sollte ihr Unterfangen nicht von Erfolg gekrönt werden. Sie waren bei ihrem zweiten Versuch weiter westlich über das Hiémois in die Normandie eingedrungen und stießen tief in nördlicher Richtung in das Herzogtum vor. Wilhelm vermied die sofortige Konfrontation und begleitete sie mit etwas Abstand, wobei ihn Kundschafter genau über die feindlichen Bewegungen unterrichteten. So gelangten König und Graf plündernd und brandschatzend fast bis an die Kanalküste. Dort entschieden sie sich, nach Osten Richtung Rouen zu ziehen. Dazu galt es aber zunächst, den Fluss Dives zu überqueren. Dies versuchten sie bei Varaville unweit der Küste. An dieser Stelle aber, auf dem letzten Teilstück Richtung Meer, mäanderte der Fluss stark, und seine Breite wie Tiefe änderten sich mit dem Tidenhub. Mit ein paar Galoppsprüngen war die Dives nicht zu überqueren, bei Hochwasser wurde sie gar unpassierbar. Heinrich und Gottfried unterschätzten diese natürlichen Gegebenheiten offensichtlich, denn es gelang nur einem Teil ihres Heeres, den Fluss zu überqueren, ehe die Flut den Übrigen den Weg versperrte. Auf diese Gelegenheit hatte Wilhelm gewartet. Mit all seiner Macht attackierte er den zurückgebliebenen Teil, während Heinrich und Gottfried auf der anderen Seite zum Zuschauen verurteilt waren, ohne selbst eingreifen zu können. Wilhelm siegte, und seine Gegner zogen sich aus der Normandie zurück. König Heinrich «wagte es danach niemals wieder, in die Normandie einzumarschieren».[109]

In der Tat wurde die Normandie zu Wilhelms Lebzeiten nie mehr Ziel einer Invasion. Wilhelm kämpfte fortan immer außerhalb der Grenzen seines Herzogtums. Künftig übernahm er die Initiative, war er der Aggressor. In den Grenzregionen wurde er im weiteren mehr und mehr zum dominanten Akteur. Bischof Ivo von Sées, der nichts gegen den Durchmarsch Heinrichs und seines alten Verbündeten Gottfried durch das Hiémois unternommen hatte, richtete sehr wahrscheinlich nach der Schlacht von Varaville seine Allianzen grundsätzlich neu aus. Er brach mit Gottfried und suchte stattdessen die Nähe Wilhelms. Ivo traf eine Übereinkunft mit Roger von Montgomery, Wilhelms treuem Gefolgsmann, der mit Mabel, einer Verwandten des Bischofs verheiratet war. Ihre Abmachung sah vor, dass Roger Ivos Nachfolge in der Herrschaft von Bellême antreten würde. Mit Ivos Seitenwechsel war diese wichtige Grenzherrschaft zu Maine und damit zur Einflusszone des angevinischen Grafen wieder im Orbit Wilhelms.[110] Auch im normannisch-kapetingischen Grenzgebiet konnte Wilhelm zumindest einen kleinen Erfolg verbuchen: 1058 gewann er die Grenzfeste Tillières wieder zurück, die der König seit den frühen 1040er Jahren gehalten hatte.[111]

Entscheidende Bewegung kam in das normannisch-angevinisch-kapetingische Machtgefüge aber erst im Jahr 1060, als Heinrich und Gottfried starben.[112] Keine Entscheidungsschlacht, sondern der Tod machte Wilhelm zum starken Mann Nordwestfrankreichs. Heinrichs Nachfolge trat sein noch minderjähriger Sohn Philipp an, zu dessen Regenten Heinrich noch vor seinem Tod seinen Schwager Graf Balduin V. von Flandern bestimmt hatte.[113] Damit aber hatte er auch die Weichen für ein friedliches Verhältnis zu Wilhelm, dem Schwiegersohn Balduins, gestellt, und so wurde 1060 das Jahr, in dem, wie es in einer Urkunde des Abts des Klosters von St. Père in Chartres heißt, «der Bürgerkrieg (*intestinum bellum*), der zwischen König Heinrich und Graf Wilhelm lange Zeit geherrscht hatte, beendet wurde».[114] Noch vor dem Aufbruch nach England 1066 erkannte Philipp Wilhelms Sohn Robert als dessen Nachfolger in der Normandie an.[115] Die Wiederherstellung des Friedens mit dem Kapetinger war eine zentrale Voraussetzung für die englische Kampagne. Zuvor hatte Wilhelm aber noch andere Ziele, und diese lagen nicht im Norden, sondern im Südwesten des Herzogtums.

Die Eroberung Maines

Im Anjou folgte auf Gottfried, der söhnelos verstorben war, zunächst sein Neffe Gottfried der Bärtige, dem alsbald jedoch sein Bruder Fulko die Herrschaft streitig machte.[116] Mit sich selbst beschäftigt, entwickelten die Brüder bei weitem keine solch expansive Dynamik wie ihr Onkel. Nun zeigte sich, dass Wilhelm sein militärisches Handeln nicht darauf reduzierte, sein Herzogtum zu verteidigen, sondern dass er nicht zögerte, selbst auf Eroberungszüge zu gehen, wenn er eine günstige Gelegenheit sah. Die Grafschaft Maine wurde seine erste große Eroberung.

Maine stand seit langem im Fokus der Interessen Wilhelms. Er hatte erleben müssen, wie Graf Gottfried die Grafschaft besetzt und von dort aus immer wieder das normannische Herzogtum bedroht hatte. Würde aber er selbst die Hoheit in der Grafschaft besitzen, so wäre die Situation umgekehrt. Sie würde einen Sicherheitspuffer bilden und seinen Aktionsradius erheblich erweitern. Von dort aus wäre er selbst in der Lage, gegebenenfalls Angriffe in das Anjou zu reiten. Über solche strategischen Überlegungen hinaus würde eine erfolgreiche Kampagne aber vor allem sein Ansehen weiter stärken. Bei Maine, so Wilhelm von Poitiers, handelte es sich schließlich nicht um irgendeine Herrschaft, sondern um ein *principatus*, ein Fürstentum. Die Aussicht, seinem Namen neben der Normandie ein weiteres Fürstentum hinzuzufügen, war Anreiz genug.[117]

Der Sohn Graf Hugos IV., Herbert II., hatte sich in den späten 1050er Jahren, vielleicht nach der Schlacht von Varaville, von Gottfried zu Wilhelm abgesetzt, wo er willkommene Aufnahme fand.[118] Gerade nach dem Tod Gottfrieds ließen sich in Herberts Namen Ansprüche gut geltend machen. Die Unterwerfung Maines ist im Zusammenhang mit 1066 nicht nur deshalb interessant, weil es sich dabei um Wilhelms erste namhafte Eroberung außerhalb der Normandie handelte, sondern weil sich in diesem Kontext bei Wilhelm von Poitiers Legitimationsstrategien finden, die in ganz ähnlicher Weise im Fall von England wieder angeführt werden sollten. In der Tat zog Wilhelm von Poitiers selbst diese Parallele, indem er einleitend zu seiner Darstellung der Eroberung Maines ausführte, dass der Herzog «das Fürstentum Maine, so wie das englische Königreich, nicht nur wegen seiner Stärke, sondern auch wegen der Gesetze des Rechts besitzen werden müsse».[119] Der Chronist entwickelte dann mehrere Argumentationsstränge, die Herzog Wilhelms Ansprüche auf Maine rechtfertigen sollten. Herbert habe Wilhelm den Treueid geschworen und habe dann von Wilhelm all seine (dem Herzog zuvor aufgelassenen) Güter wie ein Ritter von seinem Herrn wieder zurückerhalten. Dann habe er Wilhelm zu seinem Erben eingesetzt für den Fall, dass er selbst keine zeugen sollte. Um das Band noch enger zu knüpfen, hätten beide weiterhin vereinbart, dass Herbert eine Tochter Wilhelms heiraten würde. Dazu sei es wegen des frühen Tods Herberts – er verstarb 1062 – zwar nicht gekommen, aber noch auf dem

Totenbett habe er seine Männer gedrängt, niemand anderen als ihren Herrn anzunehmen als denjenigen, den er als seinen Erben bestimmt habe.[120] Die Ähnlichkeit der Darlegungen Wilhelms zur Rechtfertigung der Eroberung Englands ist frappierend: Auch im englischen Kontext bildet, wie wir noch sehen werden, die Übertragung der Herrschaft an Wilhelm durch den Herrscher das Kernstück der Argumentation Wilhelms von Poitiers. Im Hinblick auf Maine konnte er diese Linie sogar noch mit den angeblichen Worten Herberts auf dem Totenbett bekräftigen. Anders als im Fall König Eduards musste er diesmal nicht die Wertigkeit der *verba novissima* kunstvoll herabsetzen, sondern konnte sie in seinem Sinne instrumentalisieren. Es scheint geradezu, als habe Wilhelm von Poitiers an diesem Erklärungsmuster für Herzog Wilhelms Eroberungen Gefallen gefunden. Was einmal taugte, würde auch ein zweites Mal taugen, mag er sich gedacht haben, als er seine Geschichte der Taten Wilhelms von der Eroberung Englands her entwickelte. Es fällt jedenfalls schwer, seinen Worten allzu große Verlässlichkeit im Hinblick auf die historischen Fakten beizumessen. Dies gilt vor allem angesichts der Tatsache, dass der andere normannische Chronist, Wilhelm von Jumièges, keines dieser Argumente vorbrachte. Ihm waren die darin strapazierten Sachverhalte offenbar unbekannt: kein Treueid, kein Heiratsabkommen, keine Totenbettverfügung. Er beschrieb die Auseinandersetzungen um Maine so, wie man sie wohl zu begreifen hat – als langen, zähen Kampf um die Herrschaft.[121] Denn die Magnaten Maines warteten nach dem Tod Herberts nicht freudig auf ihren angeblichen neuen Herrn Wilhelm. Selbst wenn Herbert dem Herzog irgendwelche Zusagen gemacht haben sollte, so besaßen diese in ihren Augen keine Relevanz. Sie hatten ganz andere Pläne und bestimmten Walter III. von Mantes, Graf des Vexin, zu ihrem neuen Grafen, der mit Biota, einer Schwester Graf Hugos IV., verheiratet war.[122] Die Folge waren Kämpfe, in denen Wilhelm die übliche Strategie der verbrannten Erde verfolgte, ohne eine Entscheidungsschlacht zu suchen. Seine Gegner hofften in diesem zähen Ringen auf die Unterstützung durch Graf Gottfried den Bärtigen, doch als dessen Hilfe ausblieb, konnten sie dem Druck Wilhelms nicht mehr widerstehen und ergaben sich dem Herzog. Im Triumph zog er 1063 in die mächtige, mit ihren noch aus römischer Zeit stammenden Mauern eindrucksvoll die Landschaft dominierende Stadt von Le Mans ein, den alten Hauptort der Region. Dort, so Wilhelm von Poitiers, empfingen ihn die, die gegen ihn so lange Widerstand geleistet hatten, «als Bittsteller und mit den allergrößten Ehren: Männer von höchstem, mittlerem und niedrigstem Rang bemühten sich darum, seine Wut zu besänftigen. Sie kamen, um ihn zu treffen, nannten ihn ihren Herren, warfen sich zu Boden und beugten sich vor seiner Würde; sie setzen fröhliche Gesichter auf und jubelten, um ihn zu beglückwünschen.»[123] Graf Walter und seine Frau Biota bekamen allerdings keine zweite Chance. Sie wurden als Gefangene nach Falaise verbracht, wo sie spätestens 1064 zu Tode kamen. Knapp zwei Generationen später berichtet Orderic Vitalis von Gerüchten, nach denen sie von ihren Feinden vergiftet worden seien. Manche behaupteten gar, Wilhelm selbst habe den Mord zu verantworten.[124] Walters und Biotas gemeinsamer Tod in Wilhelms Gefangenschaft musste solche Spekulationen fördern, und Gift war ein beliebtes erzählerisches Motiv, um das Mysteriöse zu erklären.[125] Aber ganz aus der Luft gegriffen waren diese Vorwürfe nicht, denn zum einen waren beide tatsächlich in Wilhelms Gewahrsam verstorben und zum anderen dürfte sich Wilhelms Trauer über ihr Hinscheiden in Grenzen gehalten haben. Mit Walter starb nämlich nicht nur ein Konkurrent um die Grafschaft Maine, sondern auch ein möglicher Mitbewerber um den englischen Thron. Walter war der Sohn Drogos, des Grafen des Vexin und dessen Ehefrau Godgifu, der Schwester König Eduards, und damit ein Neffe des Königs.[126] Sollte man unter Eduards Verwandten Umschau nach einem potentiellen Nachfolger halten, so hatte Walter mit Sicherheit nicht den schlechtesten Anspruch. Nach 1064 aber musste sich um ihn niemand mehr Gedanken machen.

Wilhelm komplettierte die Eroberung Maines schließlich mit der Unterwerfung Gottfrieds von Mayenne, dessen mächtige, als uneinnehmbar geltende Burg Mayenne die Route zwischen Domfront und Le Mans kontrollierte. Auf einem Felsen über dem Fluss Mayenne gelegen und auf der Landseite durch mächtige, steinerne Befestigungen geschützt, konnte die Burg, so Wilhelm von Poitiers, weder mit «Gewalt noch List noch sonst irgendeiner Kunstfertigkeit» genommen werden. Keine Belagerungsinstrumente, keine Schwerter, keine Speere, keine Wurfgeschosse konnten gegen diese Feste etwas ausrichten. Als einzige Hoffnung blieb, so Wilhelm, dass die Belagerten nach einem Jahr oder mehr ausgehungert sein würden. Doch wieder kam seinem Helden, der sich weder von der mächtigen Burg noch von der zunehmenden Hoffnungslosigkeit seiner Männer hatte entmutigen lassen, die im Wortsinne zündende Idee: Er ließ Feuer in der Burg legen, wahrscheinlich, indem er brennende Pfeile und Wurfgeschosse darauf schießen ließ. Dagegen wussten die Verteidiger kein Mittel und gaben wenig später auf.[127] Das Fürstentum Maine war nun Wilhelms.

Wilhelm setzte in der Sicherung der Eroberung nicht nur auf die Stärke seines Schwertarms, sondern auch auf traditionelle Mittel personaler Bindung. Er sah die Heirat zwischen seinem ältesten Sohn Robert und Margarete, der Schwester Herberts II., vor.[128] Da Robert wegen seiner Jugend noch nicht heiratsfähig war, ließ der Herzog Margarete in sichere Hände geben; sie sollte auf jeden Fall unter seiner Kontrolle bleiben. Margarete starb aber noch, bevor es zur Eheschließung kam.[129] Fünfzig Jahre später erzählte Orderic Vitalis, dass Wilhelm darüber hinaus eine weitere Form personaler Bindung suchte, um die Region zu befrieden. In Alençon habe Graf Gottfried der Bärtige in Gegenwart Wilhelms dessen Sohn Robert Maine und die Tochter Herberts zugestanden und dafür von Robert den Mannschafts- und Treueid empfangen.[130] Möglicherweise erfand Orderic diesen Akt lediglich, um die normannischen Ansprüche auf Maine mit rechtlicher Legitimität auszustatten, und ließ sich dabei von der Geschichte Wilhelms von Poitiers über Herberts II. Eid inspirieren. Sollte dieser Akt aber tatsächlich stattgefunden haben, so war Wilhelms Position in Maine nicht ganz so stark, wie es Wilhelm von Poitiers glauben machen will. Dann diente dieser Akt sowohl der formalen Sicherung Maines als auch dem Ausgleich mit Gottfried dem Bärtigen, dem so die Möglichkeit gegeben war, sein Gesicht zu wahren.[131] Auf diese Art und Weise konnte Wilhelm hoffen, das Konfliktpotential im Südwesten der Normandie zu reduzieren.[132]

Die Eroberung Maines war ein deutliches Zeichen der sich wandelnden politischen Dynamik in Nordwestfrankreich. Von einem politischen Akteur unter anderen entwickelte sich Wilhelm zunehmend zum zentralen Spieler, an dem sich die umliegenden Magnaten auszurichten begannen. Vom Spielball der Großen, der er in seiner Minderjährigkeit sowohl innerhalb wie außerhalb seines Herzogtums gewesen war, wurde er zum Gravitationszentrum der politisch-sozialen Ordnung des französischen Nordwestens. Im Osten seines Herzogtums hatte sich nach der Niederlage bei Mortemer 1054 Guido von Ponthieu die Freilassung aus der normannischen Gefangenschaft mit dem Versprechen erkauft, Wilhelm künftig militärische Hilfe zu leisten, wo immer dieser sie benötigte.[133] In der Folgezeit wurde Graf Eustachius von Boulogne, der noch Wilhelm von Arques Zuflucht geboten hatte, ein Verbündeter genauso wie Ralph, Graf von Amiens und Valois, der zu Wilhelms hartnäckigsten Widersachern gehört hatte. Ralphs Gesinnungswandel erfolgte wahrscheinlich, nachdem er seinem unglücklichen, in der Gefangenschaft Wilhelms ums Leben gekommenen Vetter Walter III. von Mantes in die Grafschaft des Vexin nachgefolgt war (1063/64).[134] Ganz im Westen sorgte Wilhelm 1064 für klarere Verhältnisse, als er Streifzüge Graf Conans II. von der Bretagne im normanno-bretonischen Grenzgebiet mit harter Hand vergalt. An der Spitze eines Heeres zog er über Dol und Rennes nach Dinan, wo Conan schließlich aufgab. Geschlagen übergab er dem Herzog die Schlüssel zu seiner Feste, so skizziert der Teppich von Bayeux diese Szene, die Wilhelms Vorherrschaft auch westlich seines Herzogtums manifestierte.[135] Auf diesem Feldzug begleitete Wilhelm auch Earl Harold – und damit ist es an der Zeit, sich Wilhelms englischen Ambitionen zuzuwenden.

Wilhelm und England

Wir haben bereits verschiedene Faktoren kennen gelernt, die Wilhelm in seiner Kindheit und Jugend prägten: die Geschichten Dudos von St. Quentin über die großen Taten seiner Vorfahren und den Status der Normannen als auserwähltes Volk, sodann der Kampf zu Ross mit Lanze und Schwert als notwendiges und ehrenhaftes Handwerk des adligen Ritters und schließlich die gnadenlose, brutale Härte im inneradligen Konkurrenzkampf. Ein weiterer wichtiger Faktor war England, präziser die englische Krone. England war ein benachbartes Königreich, das nicht erst allmählich am Horizont des jungen Herzogs als politisches Gebilde Gestalt annahm, sondern von klein auf in Wilhelms Bewusstsein präsent war. Dafür sorgte das normannische Exil der Kinder

König Æthelreds. Die Geschwister Eduard, Alfred und Godgifu hatten am normannischen Hof nicht nur beiläufige Aufnahme gefunden, sondern waren entsprechend ihrer königlichen Geburt versorgt worden. Die zwischen 1053 und 1055 im normannischen Kloster St. Wandrille verfasste *Inventio et Miracula Sancti Vulfranni* spricht sogar davon, dass Richard II. sie wie seine eigenen Kinder behandelt habe.[136] Das waren keine leeren Worte: Godgifu erhielt 1026 mit Drogo, dem Grafen des Vexin, einen Ehemann, dessen soziale Stellung nichts zu wünschen übrig ließ, und Richard sorgte für eine entsprechende Mitgift.[137] Eduards Ansprüche auf den englischen Thron wurden von Robert I. anerkannt und befördert. 1033 wollte Robert wohl sogar mit einer Flotte nach England übersetzen, um Eduards Rückkehr zu erzwingen, doch widrige Winde hatten eine erfolgreiche Überfahrt verhindert.[138] Als König bezeugte Eduard eine im Original überlieferte Urkunde Herzog Roberts aus den frühen 1030er Jahren, und als König der Engländer erscheint er in einer in seinem Namen ausgestellten Urkunde für das Kloster von Mont-St.-Michel. Die darin bezeugten englischen Schenkungen erscheinen als hoffnungsfroher Wechsel auf die Zukunft.[139] Erzählungen über den gescheiterten Versuch Eduards und Alfreds, in England 1036 Fuß zu fassen, dürften mit zu den ersten Ereignissen zählen, die Wilhelm im Hinblick auf Eduards Thronansprüche bewusst wahrnahm. Gerade vor dem Hintergrund des grausamen Endes Alfreds wird sich die Erfahrung, dass seine älteren Verwandten bereit waren, ihr Leben für den englischen Thron zu riskieren, in Wilhelms Bewusstsein eingebrannt haben. Dass Eduard schließlich sein Ziel erreichte, dürfte für Wilhelm beispielgebend für seinen eigenen Überlebenskampf in der Normandie gewesen sein. Das Denken in Rangkategorien, das Verteidigen, ja, wenn möglich Verbessern des eigenen Rangs als zeitgenössisches Grundmuster adligen Handelns erlangte durch Eduard und das Ringen um die englische Königswürde für Wilhelm ganz besondere Intensität und Anschaulichkeit. Daraus ableiten zu wollen, dass der englische Thron ein Sehnsuchtsort Wilhelms seit seiner frühesten Jugend war, ginge sicherlich zu weit. Wilhelm wuchs nicht mit dem Vorhaben auf, eines Tages englischer König zu werden. Aber die Position des englischen Königs dürfte in seinem Bewusstsein einen besonderen Platz eingenommen haben. Es war ein herausragendes Amt, das seinen Inhaber auf eine

Ebene mit den wenigen anderen gesalbten Herrschern erhob, und es war ein Amt, mit dessen Geschichte sich Wilhelm verbunden gefühlt haben mag.

Die sich in der Normandie recht rasch verbreitende Auffassung, dass die normannischen Herrscher ihren Anteil an Eduards Erfolg hatten, spiegelt sich später auch in der Erzählung Wilhelms von Poitiers wieder – unter anderem mit der Dankbarkeit Eduards gegenüber dem Herzog erklärt Wilhelm von Poitiers die Einsetzung Wilhelms als Erben. Er führt aus, dass in den Diskussionen um die Nachfolge Hardaknuts die Engländer den Argumenten Wilhelms folgten, weil sie die besten gewesen seien, und weil sie Angst davor gehabt hätten, von Wilhelm, von dessen großer Kriegsfertigkeit sie schon einiges gehört hätten, unterworfen zu werden.[140] Das ist allerdings ganz und gar abwegig. Der dreizehn- oder vierzehnjährige Wilhelm war 1041 noch nicht einmal in der Lage, die Ermordung von Osbern fitz Herfast in seiner eigenen Kammer zu verhindern. Er wäre der Letzte gewesen, den die englischen Großen um Rat gebeten oder gar gefürchtet hätten. Wenn es eine Textstelle gibt, die Wilhelm von Poitiers als des Herzogs Panegyriker entlarvt, so ist es diese. Gleichwohl mag Eduard die Normandie 1041 mit dankbaren Gefühlen verlassen haben, schließlich hatte er dort Schutz und Unterstützung erfahren. Für konkrete normannische Erwartungen und spezifische Zusagen Eduards aber finden sich keinerlei Hinweise.

Der Herrschaftsantritt Eduards sorgte nicht zuletzt durch die ihn begleitenden Normannen für eine Kräftigung der normannisch-englischen Verbindungen, und in der Folgezeit gestalteten sich die Beziehungen zwischen dem Königreich und dem Herzogtum friedlich, wenngleich eine ausgesprochen enge Bündnispolitik nicht festzustellen ist. Eine vor allem aus normannischer Sicht qualitative Änderung des Verhältnisses brachten dann die Jahre 1051–52. Allerdings können wir wieder nur schemenhaft erkennen, was damals geschehen ist, denn die Eindeutigkeit, mit der Wilhelm von Poitiers die Dinge entwickelte, schwindet rasch bei näherer Betrachtung. Wilhelm handelte die Ereignisse von 1051–52 nicht in einem kohärenten Block in seiner Erzählung ab, sondern flocht sie an zwei sehr unterschiedlichen Stellen in seine Narration ein. Den ersten Kontext bildet die Thronbesteigung Eduards: Aus Dankbarkeit gegenüber Wilhelm für all die großzügige Unterstützung, einzigartige Ehre und Zuneigung, die er von ihm erfahren habe und durch die er mit ihm genauso wie über ihre Blutsverwandtschaft verbunden sei, sowie schließlich wegen seiner Hilfe bei der Erlangung des englischen Throns habe Eduard gewünscht, den normannischen Herzog angemessen zu belohnen. Er habe ihn durch eine gültige Schenkung zu seinem Erben bestimmt und habe mit Zustimmung seiner Magnaten über den als Vermittler agierenden Erzbischof Robert Champart Wilhelm Geiseln von edelster Abstammung, nämlich einen Sohn und einen Enkel Earl Godwins, gesandt.[141] Den zweiten Kontext bildet die Schlacht von Hastings, als Wilhelm von Poitiers im Vorfeld der Schlacht noch einmal sämtliche Argumente für Wilhelms Ansprüche ins Feld führte, darunter auch diejenigen, die auf die Jahre 1051–52 rekurrierten: Eduard habe Wilhelm aufgrund der großen Ehren und Wohltaten, die der Herzog und seine Vorfahren ihm und seinen Männern haben zukommen lassen, aber auch weil er von seinen Verwandten der Geeignetste sei, ihm zu Lebzeiten zu Hilfe zu kommen oder ihm nach seinem Tod nachzufolgen, zu seinem Erben gemacht. Das habe er nicht ohne die Zustimmung seiner Magnaten getan, sondern mit dem Rat von Erzbischof Stigand, Earl Godwin, Earl Leofric und Earl Siward, die einen Eid darauf geleistet hätten, dass sie Wilhelm nach dem Tod Eduards als ihren Herrn empfangen und zu ihren Lebzeiten nichts unternehmen würden, ihn um sein Königreich zu bringen. Als Geiseln habe ihm Eduard einen Sohn und Enkel Earl Godwins gestellt.[142]

Wilhelms von Poitiers Konstruktion ist mehr Schein als Sein. Er insinuiert damit ein asymmetrisches Verhältnis zwischen Eduard und Wilhelm, in dem der König seine Schenkung auch noch über eine Geiselstellung abgesichert haben soll. Für die Phasen vor dem Ausbruch der Krise zwischen Eduard und Earl Godwin 1051 sowie nach Godwins triumphaler Rückkehr 1052 gibt es aber gar keinen Grund, von einer solchen Asymmetrie auszugehen. Wilhelm war keinesfalls in der Lage, Eduard und seinen Magnaten Bedingungen zu diktieren. Und selbst wenn dies der Fall gewesen wäre, dann hätte es wenig Sinn gemacht, nur von einem, wenn auch dem mächtigsten Earl Geiseln zu verlangen.[143] Godwin seinerseits dürfte wenig Veranlassung gesehen haben, seinen Sohn und Enkel freiwillig als Sicherheit für eine Schenkung zu stellen, die eine ungeheure Zurücksetzung seiner Familie bedeutet hätte. Die Geiselstellung und deren Verbringung in die Normandie waren deshalb mit Sicherheit kein Ergebnis etwaiger Zusagen Eduards zugunsten Wilhelms, sondern die Folgen der Krise zwischen dem König und Earl Godwin. Erst im Zuge ihrer Auseinandersetzungen gelangten sie als Sicherheiten für Godwins Zusagen in die Hände des Königs. In der Folge wurden sie an den normannischen Hof überstellt. Dies geschah wahrscheinlich noch im Jahr 1051 und diente wohl ihrer sichereren Verwahrung. Dass sie zu diesem Zeitpunkt keinesfalls als Garantien einer etwaigen Schenkung Eduards fungieren konnten, ist offensichtlich, denn wen hätten sie während des Exils von Godwin und seinen Söhnen binden sollen?

Wilhelms Erzählung vom Eid der Magnaten auf Eduards angebliches Versprechen ist ebenfalls eine Konstruktion des Chronisten, denn der Treueid der Großen zu Lebzeiten des Herrschers auf den designierten Erben entsprach normannischer, nicht englischer Praxis. Wilhelm von Poitiers schilderte damit einen Vorgang, der für normannische Augen und Ohren vollkommen plausibel, ja sogar notwendig erscheinen musste, den englischen Verhältnissen aber nicht entsprach.[144] Der mögliche Einwand, dass der Herzog genau auf solch einem, den normannischen Usancen entsprechenden Akt insistiert haben könnte, wird durch die Erzählung selbst konterkariert. Erzbischof Stigand und die Earls Godwin, Leofric und Siward hätten in dieser Konstellation nur zwischen September 1052 (Stigands Ernennung zum Erzbischof) und April 1053 (Tod Godwins) tagen können. Es ist aber völlig unwahrscheinlich, dass Godwin in den Monaten nach seiner Rückkehr zu einem solchen Schritt hätte bewegt werden können. Die unerklärliche Abwesenheit Harolds von dieser Gruppe unterstreicht nur die Inkonsistenz dieser Geschichte.[145]

Schließlich ist auch die Kernaussage einer «gültigen Schenkung» in dieser Form nicht haltbar. Die englischen Quellen wissen nichts davon, aber auch die nicht lange nach den Ereignissen von 1051–52 verfasste normannische *Inventio* erwähnt mit keinem Wort dieses oder ein ähnlich gelagertes Versprechen Eduards. Bei all ihrer Zurückhaltung in der Kommentierung aktueller politischer Geschehnisse hätte sich ein Hinweis darauf im Zusammenhang mit den darin geschilderten Wohltaten, die Eduard und seine Geschwister in der Normandie erfahren hatten, angeboten.[146] Grundsätzlich wurden Schenkungen in dieser Zeit durch die öffentliche, das heißt in Gegenwart von Zeugen vorgenommene Übergabe von Objekten wie Messer, Ring, Stab etc. durch den Schenker an den Beschenkten symbolisiert.[147] Von einem solchen Akt finden sich in der Überlieferung jedoch keine Spuren. Auf den wichtigsten Punkt aber hat Stephen Baxter hingewiesen, indem er aufzeigte, dass *post obitum*-Verfügungen (Nachlassverfügungen) in England und der Normandie unterschiedlichen Rechtsvorstellungen unterlagen. In England bedeuteten sie den sofortigen Übergang des Objekts vom Schenker auf den Beschenkten. Der Schenker behielt lediglich den Nießbrauch bis zu seinem Tod. Die Nießbrauchnutzung eines königlichen Amts war aber kaum vorstellbar. Am nächsten wäre dem noch die Investitur Wilhelms zum Mitkönig gekommen, was aber 1051–52 definitiv nicht geschah. In der Normandie hingegen wechselte bei *post obitum*-Verfügungen das Objekt erst nach dem Tod des Schenkers den Besitzer. Nach dieser Praxis wäre es also durchaus möglich gewesen, zu Lebzeiten ein Königreich zu verschenken. Wieder also beschrieb Wilhelm von Poitiers eine Praxis, die für normannische Augen und Ohren ganz schlüssig war, englischen Verhältnissen aber nicht entsprach. In den Augen englischer Magnaten konnte Eduard eine solche Schenkung unmöglich vorgenommen haben.[148]

All diese Zweifel an Wilhelms von Poitiers Darstellung bedeuten aber nicht, dass es 1051–52 nicht zu intensiven Gesprächen zwischen Wilhelm und Eduard gekommen sein wird. Der Hinweis auf Erzbischof Robert Champart als Vermittler zwischen den beiden ist durchaus plausibel. Er brach 1051 von England nach Rom auf, um das Pallium, das Zeichen seiner erzbischöflichen Würde, vom Papst zu erlangen.[149] Die Angelsächsische Chronik D spricht gar davon, dass nach der Exilierung Godwins Wilhelm mit großem Gefolge nach England gekommen und von Eduard empfangen worden sei – allerdings wird diese Nachricht in der Forschung kontrovers diskutiert.[150] In jedem Fall aber konnten beide ein Bündnis gut gebrauchen, und gerade Eduard wird nach dem Ausbruch der Krise und der Exilierung Godwins und seiner Söhne den Schulterschluss mit Wilhelm gesucht haben, um zu verhindern, dass Godwin mit Wilhelm paktierte – Earl und Herzog waren schließlich eng mit dem flandrischen Grafenhaus verbunden. Während der Krise hatte Wilhelm also eine relativ gute Verhandlungsposition. Möglicherweise machte Eduard in diesen Gesprächen Wilhelm bestimmte Zusagen im Hinblick auf England, vielleicht diskutierten sie gar die Frage der Nachfolge in einer Art und Weise, die Wilhelm und seine Anhänger glauben lassen konnten, eines Tages Ansprüche auf den englischen Thron stellen zu können. Wenn die Verhandlungen nicht persönlich, sondern nur über Mittelsmänner geführt wurden, so mochten diese in der Normandie mehr in Aussicht gestellt haben, als es Eduard jemals intendiert hatte. Vielleicht verbreitete sogar Robert Champart nach seiner Flucht aus England 1052 diese Version in der Normandie. Wir wissen es nicht. Wir können lediglich sagen, dass die Verhandlungen konkret genug waren, um die Geschichte von der Schenkung Englands entwickeln zu können, und gleichzeitig so obskur, dass sie, wie wir noch sehen werden, alleine nicht genügte, die Ansprüche Wilhelms zu rechtfertigen. Für Eduard jedenfalls blieben etwaige Überlegungen über die Nachfolge Wilhelms Episode. Als er sich 1054 dieser Frage zuwandte, stand nicht Herzog Wilhelm im Fokus, sondern Eduard der Exilierte.[151]

Auch von Wilhelm hören wir in den nächsten Jahren nichts hinsichtlich etwaiger englischer Ambitionen. Gleichwohl hatten ihm die Jahre 1051–52 mit dem Sohn Godwins, Wulfnoth, und dessen Enkel, Hakon, zwei Geiseln beschert, die dafür Sorge trugen, dass der Herzog die Entwicklungen in England mit hoher Aufmerksamkeit verfolgte. Spätestens mit der erfolgreichen Rückkehr Godwins und seiner Söhne nach England wandelte sich die Bedeutung der Geiseln für Wilhelm. Die Übereinkunft zwischen Eduard und Godwin in London 1052 wäre die natürliche Gelegenheit gewesen, die Geiseln auszulösen. Wilhelm sandte sie aber nicht nach England zurück. Warum? Eine mögliche Antwort erschließt sich bei einem Blick auf das komplexe Geflecht von Bündnissen und Konflikten, in das die Anrainer des Ärmelkanals in diesen Jahren eingewoben waren. Wilhelm und Eduard waren Partner, Wilhelm und Balduin von Flandern waren Partner, Eduard und Balduin waren zumindest während des Exils Godwins Gegner, denn Godwin und Balduin waren Partner. Eduard und sein Schwager Eustachius von Boulogne, der zweite Ehemann Godgifus, waren Partner, während das Verhältnis zwischen Wilhelm und Eustachius, der 1053 Wilhelm von Arques Asyl bieten sollte, in diesen Jahren eher distanziert war und sich erst allmählich besserte. Vor diesem Hintergrund erscheinen die Geiseln als eine Rückversicherung Wilhelms gegenüber der machtvollen Position Godwins und seiner Söhne. Sie kontrollierten Wessex und Kent und damit alle englischen Häfen des Ärmelkanals. Godwin und sein Nachfolger Harold waren seine unmittelbaren Nachbarn, und während der Krise von 1051–52 hatte Wilhelm erfahren können, welche Kräfte sie sogar von außerhalb Englands mobilisieren konnten. Wieviel größer musste ihre Schlagkraft erst sein, wenn sie von England aus operieren konnten. Ihnen gegenüber etwas in der Hand zu haben, sie daran erinnern zu können, dass es auch in ihrem Interesse lag, das Verhältnis zwischen England und der Normandie weiterhin friedlich zu gestalten, war ganz im Sinne Wilhelms. Die Geiseln erhielten so ihre sekundäre Bedeutung als Sicherheiten Wilhelms gegenüber Godwin und seinen Söhnen. Mit zunehmendem Alter des kinderlosen Königs und der sich abzeichnenden Favoritenrolle der Godwinsons auf die Nachfolge erhöhte sich ihr Wert für Wilhelm. Es gab keinen Grund für ihn, sie ohne Gegenleistung wieder nach England zu senden. England blieb also in den Jahren nach 1051–52 im Gesichtskreis Wilhelms, ohne allerdings seine politische Agenda zu bestimmen. Der Herzog verfolgte keinen seit den frühen 1050er Jahren ausgeheckten Masterplan zur Erlangung des englischen Throns. Aber er beobachtete die Entwicklungen auf der anderen Seite des Kanals aufmerksam, und je stärker seine Position auf dem Kontinent wurde, desto freier konnte er auch in Richtung England Politik betreiben. Anders als noch bei Eduards Überfahrt 1041 war der Herzog Mitte der 1060er Jahre ein politisches Schwergewicht, der sich in die Diskussion um die Nachfolge seines Verwandten auf dem englischen Thron einbringen würde. Dynamik in die Frage etwaiger englischer Ambitionen Wilhelms und des Schicksals der Geiseln kam schließlich im Jahr 1064 durch die Normandiereise von Earl Harold. Betrachten wir diese für die normannische Rechtfertigungsstrategie der Eroberung Englands so wichtige Episode etwas genauer.

5
HAROLDS NORMANDIEREISE

Die Quellenlage zu Harolds Normandiereise ist symptomatisch für viele Aspekte der normannischen Eroberung Englands, ja sie weist ein noch größeres Ungleichgewicht zwischen der normannischen und der angelsächsischen Überlieferung aus. Die zeitgenössischen angelsächsischen Quellen – die Angelsächsischen Chroniken oder die *Vita Ædwardi* – wissen gar nichts von dieser Reise, und erst nach der Eroberung wurde diese Geschichte, eingewoben in den Teppich von Bayeux, zum ersten Mal in England festgehalten. Es sind die nordfranzösischen Gewährsmänner, Guido von Amiens, Wilhelm von Jumièges und Wilhelm von Poitiers, die von Harolds Reise berichten und ihren Verlauf gestalten. Erst gegen Ende des 11. Jahrhunderts entwickelt der Mönch Eadmer in Canterbury in seiner «Geschichte der Neuigkeiten in England» eine alternative Narration zu Harolds Reise. Es ist zu Recht darauf hingewiesen worden, dass Eadmer in seiner Darstellung mit der normannischen Erzählung spielt und sie dabei zum Teil satirisch verformt;[1] aber man würde zu weit gehen, seine Version deshalb in der Betrachtung der Reise außen vor zu lassen. Eadmers Perspektive bietet Einblicke in Deutungsweisen, die vielleicht mit der normannischen Überlieferung konkurrierten; dies gilt umso mehr, als Eadmer mit Anselm, dem Erzbischof von Canterbury, in dessen nächster Umgebung er sich aufhielt und der zur Zeit von Harolds Reise Prior der normannischen Abtei von Bec war, über seine eigene Quelle zu den von ihm beschriebenen Ereignissen verfügte.[2]

Im Folgenden kann es nicht um den Versuch einer faktengetreuen Rekonstruktion des Reisegeschehens gehen. Ganz abgesehen von der

Unmöglichkeit eines solches Unterfangens, ist es für die Geschichte der normannischen Eroberung nicht so wichtig, was 1064 genau geschah, sondern wie es von den Beteiligten aufgefasst wurde. Wilhelms Wahrnehmung war nicht identisch mit jener Harolds, und die Möglichkeit, das Geschehen ganz unterschiedlich zu interpretieren, zieht sich bis in die moderne Forschung. Dabei handelte es sich aber nicht einfach um zwei unterschiedliche Sichtweisen auf eine klar zu identifizierende Wahrheit, denn die Vieldeutigkeit war gerade in den Akten selbst angelegt. Sie waren nämlich allesamt Akte öffentlicher, symbolischer Kommunikation, die eine Bandbreite von Deutungsweisen zuließen – mit anderen Worten: Eine einzige Wahrheit hat es nie gegeben. Die Öffentlichkeit dieser Akte ist es schließlich auch, die die normannische Erzählung nicht als reine Fiktion erscheinen lassen kann. Die auf die Legitimation von Wilhelms Ansprüchen abzielende Narrative musste glaubhaft sein, wenn sie Wirkung erzielen wollte. Für Adressaten der Propaganda außerhalb der Normandie mag ihre innere Schlüssigkeit ausreichend gewesen sein, für die Normannen selbst aber musste sie Bezüge zu Ereignissen der jüngsten Vergangenheit aufweisen. Deshalb war weder Harolds Reise selbst eine Erfindung normannischer Propaganda, noch ist es wahrscheinlich, dass die zentralen, öffentlichen Ereignisse während Harolds Aufenthalt jeglicher Historizität entbehrten. Was die einzelnen Autoren dann daraus jeweils machten, ist eine ganz andere, gesondert zu betrachtende Frage.

Schiffbruch, Eid und Schwertleite: der Earl in der Schuld des Herzogs

Über die Gründe, weshalb Harold die Reise überhaupt antrat, kann nur spekuliert werden. Die Aussage der Herzog Wilhelm nahestehenden Gewährsmänner, dass König Eduard ihn geschickt habe, um gegenüber Wilhelm sein früher gegebenes Versprechen der Thronfolge zu bekräftigen, besitzt keine Plausibilität. Die starke Position Harolds am englischen Hof und seine eigenen Ambitionen auf die Thronfolge machen es ganz und gar unwahrscheinlich, dass Eduard, selbst wenn er es vorgehabt hätte, ihn zu einem solchen Schritt hätte bewegen können. Ein sehr viel wahrscheinlicheres Motiv findet sich hingegen bei Eadmer: Harold wollte die Geiseln auslösen.[3] In der Tat befanden sich Wulfnoth und Hakon nun seit knapp fünfzehn Jahren am normannischen Hof, und Harold hatte als *Senior* der Familie eine besondere Verantwortung für sie. 1064 waren die Godwinsons so mächtig wie nie zuvor, der Zeitpunkt, die Geiseln wieder nach England zu holen, schien deshalb günstig. Vielleicht ließ sich der Herzog zur Herausgabe Wulfnoths und Hakons bewegen. Denkbar ist weiterhin, dass sie über eine Eheverbindung ihrer beiden Familien sprechen wollten, auch das legt die Erzählung Eadmers nahe und hätte den Handlungsmustern der Zeit durchaus entsprochen. Schließlich dürften beide davon ausgegangen sein, dass sie auch über das naheliegende Thema der englischen Thronfolge sprechen würden, in welcher Form aber und in welchen Zusammenhängen war gänzlich offen.

Harold und Wilhelm waren zwei in etwa ranggleiche Magnaten aus unterschiedlichen politischen Ordnungen. Für keinen der beiden war es ein leichtes Unterfangen, den anderen zu etwas zu verpflichten, und es war schwer vorhersehbar, welche Dynamik ihr Treffen entwickeln würde. Diese Ausgangssituation änderte sich jedoch radikal, als Harolds Flotte an die Küste des Grafen Guido von Ponthieu gespült wurde. Der Graf setzte Harold und seine Gefolgschaft gefangen.[4] Als Wilhelm Kunde davon erhielt, erfasste er sofort die Gunst der Stunde. Harolds Gefangenschaft eröffnete ihm bis dahin ungeahnte Handlungsmöglichkeiten. Die Auslösung Harolds beim Grafen von Ponthieu gab ihm, Wilhelm, die Chance, sich den Earl in besonderer Weise zu verpflichten und für den weiteren Verlauf ihrer Begegnung die Initiative zu übernehmen. Er würde es sein, der die Agenda des Treffens bestimmte. Der Herzog, so Wilhelm von Poitiers, gratulierte sich selbst herzlich, einen so bedeutenden Gast zu haben, den Gesandten eines ihm besonders teuren Verwandten und Freundes. Er hoffte in Harold einen getreuen Mittelsmann zwischen sich und den Engländern zu finden, bei denen Harold der zweite Mann nach dem König war (*a rege secundus*). Wilhelms Freude über Harolds Besuch mag ob der nun günstigen Umstände echt gewesen sein – ganz so unschuldig, wie es Wilhelm von Poitiers glauben machen will, war sie sicherlich nicht.

Nachdem Wilhelm den Earl beim Grafen von Ponthieu durch eine

Abb. 6 *Teppich von Bayeux: Gefangennahme Harolds durch den Grafen Guido von Ponthieu*

Mischung von sanftem Druck und reichlicher Bezahlung freibekommen hatte, machte sich der Herzog sogleich daran, über Akte wirkmächtiger symbolischer Kommunikation ein asymmetrisches Verhältnis zwischen ihm und Harold herzustellen. Er erwies dem Gast alle Ehren, aber nicht von Ehrfurcht getrieben, sondern aus der Position, aus der ein Stärkerer Großzügigkeit walten lässt. Den Auftakt machte der gemeinsame, festliche Einritt in Rouen, dem Hauptort der Normandie. Er gereichte nicht nur Harold zur Ehre,[5] sondern war auch eine Demonstration der Autorität Wilhelms. Die Menge grüßte nicht nur den Earl, sondern auch und vor allem seinen Befreier, den Herrscher der Normandie. Spätestens von dem Moment an wusste Harold, bei wem er zu Gast war. Auf den Einritt folgten in den kommenden Wochen weitere Akte, die Harold Wilhelm gegenüber verpflichten sollten. Die größte Bedeutung kam dabei einem Eid zu, den Harold Wilhelm leistete, denn der Eid war die stärkste Form, mit der man einer persönlichen Bindung Ausdruck verlieh.[6]

Abb. 7 *Teppich von Bayeux: Harold schwört Wilhelm einen Eid*

Über den Ort der Eidleistung herrscht Unklarheit. Bonneville, Rouen und Bayeux finden sich in den Quellen, ohne dass definitiv zu klären wäre, wo er tatsächlich geleistet wurde.[7] Auch über den Zeitpunkt liegen unterschiedliche Angaben vor: vor dem Feldzug Wilhelms und Harolds in die Bretagne, wie es Wilhelm von Poitiers darlegt, oder im Anschluss daran direkt vor Harolds Abreise nach England, wie auf dem Teppich von Bayeux dargestellt. Andere wie Wilhelm von Jumièges oder Guido von Amiens äußern sich weder zu Ort noch Zeit des Eids. Beides war auch von nachrangiger Bedeutung. Was zählte, war die Eidleistung selbst. Darin sind sich alle Quellen einig. Die Darstellung auf dem Teppich lässt Harold gleich auf zwei Reliquienschreine seinen Eid leisten, von denen einer wohl extra herbeigeschafft wurde. Mit seiner Linken und seiner Rechten zugleich berührte er sie beim Schwur. Die Präsenz und die Einbeziehung der Heiligen sollten sein Versprechen gegenüber dem Herzog garantieren und damit bekräftigen.[8] Er würde sich vor allem Gott gegenüber versündigen, sollte er sein Wort brechen.

Was genau er Wilhelm beeidete, wissen wir nicht. Die Quellen erlauben in dieser Hinsicht keine belastbaren Schlüsse. Doch so wichtig der Wortlaut auch war, wichtiger war die Tatsache der Eidleistung an sich. Denen, die den Inhalt der Bildfolge des Teppichs von Bayeux vorgaben, genügte die Überschrift: «Wo Harold Herzog Wilhelm den Eid leistet». Harold verpflichtete sich Wilhelm in aller Öffentlichkeit. Ein jeder konnte daraus zumindest ersehen, dass der, der den Schwur leistete, verpflichtet war, sich künftig solidarisch gegenüber dem Mann und dessen Interessen zu verhalten, dem er sich auf diese Weise verband. Da Harolds vorrangiges Aktionsfeld das englische Königreich war, musste sein Eid deshalb gar keine spezifischen Aussagen zum englischen Thron enthalten, um es dennoch Wilhelm und dessen Anhängern zu erlauben, seine, Harolds, spätere Thronbesteigung als Eidbruch auslegen zu können. Hatte er doch damit Wilhelms Interessen verletzt und somit seinen Eid gebrochen. Wie bedeutsam die Symbolkraft des Eids war, zeigt sich an der Darstellung Wilhelms von Poitiers, der in gewohnt forscher Art eine maximale Sichtweise zugunsten Herzog Wilhelms propagierte. Er schuf gleich zwei unterschiedliche Eidleistungen. Im ersten Akt ließ er Harold dem Herzog den Treueid schwören. Wilhelm habe ihn zunächst durch seine Hände als seinen Vasallen (*satellitus*) empfangen; dann habe er dem Earl auf dessen Bitten hin dessen englische Güter bestätigt, denn es habe nur noch wenig Hoffnung gegeben, dass der schon kranke Eduard noch viel länger am Leben bleiben werde. Anschließend habe Harold in einem zweiten Akt durch weitere Eide mit klarer Stimme und aus freien Stücken beschworen, dass er, so lange er lebe, als Wilhelms Vikar am Hof Eduards agieren und alles dafür tun werde, Wilhelms Nachfolge auf den Thron zu sichern. In der Zwischenzeit werde er die Burg von Dover auf seine Kosten für die Ritter Wilhelms befestigen sowie andere von Wilhelm zu bestimmende Festungen mit Männern und Proviant versorgen.[9] Wilhelm von Poitiers definiert an dieser Stelle also mit einiger Präzision die Selbstverpflichtungen Harolds und betont dabei die Freiwilligkeit, mit der der Earl seine Versprechen gab. Herzog Wilhelm, so die Botschaft, übte keinerlei Zwang auf Harold aus. Der Chronist sendet noch eine weitere bemerkenswerte Botschaft: Herzog Wilhelm bestätigt Harold dessen englische Güter. Wilhelm agiert damit als de facto König, ein Umstand, den Wilhelm von Poitiers mit dem

Hinweis auf den kränkelnden Eduard unmissverständlich betont. Es scheint gerade so, als ob Wilhelm von Poitiers damit die Schwäche seiner Argumentation hinsichtlich der angeblichen Schenkung 1051–52 beseitigen will. Es konnte nun selbst für einen englischen Beobachter keinen Zweifel mehr daran geben, dass Eduard zu seinen Lebzeiten Wilhelm das Königtum übertragen hatte. Eine ganz ähnliche Erzählstrategie verfolgte in diesem Zusammenhang Guido von Amiens. Er schrieb, dass Eduard dem Earl Ring und Schwert für Wilhelm mitgegeben hatte, um die Verfügung des Königreichs zu garantieren.[10] Das war sicherlich erfunden, denn selbst die normannischen Geschichtsschreiber erwähnen davon nichts, obgleich es ihre Argumentation nur gestärkt hätte. Aber um die Faktizität seiner Ausführungen ging es Guido nicht. Er präsentiert damit die dinglichen Zeichen, die typisch waren, um Schenkungen zu symbolisieren. Mehr noch: Bei Schwert und Ring handelte es sich um Zeichen, die bei der Investitur des englischen Königs verwendet wurden. Wilhelm, so die Botschaft Guidos, wurde auf diese Weise quasi zum Mitkönig gemacht. So wurden für normannische wie englische Augen jegliche Bedenken an der Qualität der *post-obitum*-Verfügung Eduards ausgeräumt. Gleich Wilhelm von Poitiers ging es für Guido darum, deutlich zu machen, dass die Eroberung des englischen Königreichs durch Herzog Wilhelm nicht etwa dazu diente, ein neues Königreich zu gewinnen, sondern ein längst erhaltenes aus den Händen eines Usurpators und Eidbrechers zu befreien und zu sichern.

Harold selbst dürfte eine ganz andere Sicht auf die Dinge gehabt haben. Seitdem er seine Freiheit Wilhelm verdankte, waren seine Handlungsspielräume gegenüber dem Herzog gering geworden. In diesem nun asymmetrischen Verhältnis zwischen den beiden Magnaten konnte Harold nicht fordern, sondern musste auf das reagieren, was Wilhelm ihm vorgab. Aus dieser Perspektive war der Eid keineswegs so freiwillig, wie es Wilhelm von Poitiers schilderte, sondern eine Leistung, zu der Harold angehalten wurde und zu der es keine wirkliche Alternative gab. Harolds Blickwinkel auf die Situation mag sich im Kern gar nicht so sehr von dem unterschieden haben, was Eadmer einige Jahre später in seiner Version der Ereignisse entwarf. Danach habe Wilhelm dem Earl erklärt, dass es ganz von ihm, Harold, abhinge, ob sein Vorhaben, die Geiseln zurückzuholen, gelänge oder nicht. Wenn Harold ihn, Wilhelm, bei seinen englischen Plänen unterstützen und Dover für ihn vorbereiten würde sowie zu gegebener Zeit seine Schwester ihm zur Verheiratung mit einem normannischen Großen übersenden und selbst Wilhelms Tochter heiraten würde, dann könne er seinen Neffen sofort mit nach England nehmen. Seinen Bruder bekäme Harold dann ausgeliefert, wenn er, Wilhelm, nach England komme, um dort König zu werden. Wenn er dann schließlich König geworden sei, würde er Harold jeden Wunsch erfüllen. Daraufhin habe Wilhelm den Earl diese Abmachung auf die Reliquien der Heiligen beschwören lassen.[11] Eadmer entwickelte in dieser Darstellung das Szenario einer Klemme, in der Harold gar nicht anders konnte, als den Eid zu leisten, wenn er seine eigenen Ziele nicht gänzlich aufgeben wollte. 1064 mag sich Harold tatsächlich in einer solchen Zwangslage gesehen, sich gewissermaßen als Opfer der misslichen Umstände betrachtet haben, sicherlich aber wird er dies später im Zusammenhang mit dieser Eidleistung propagiert haben.

Herzog Wilhelm seinerseits dürfte mit Harolds Eid 1064 noch nicht so weitreichende Gedankenspiele verknüpft haben wie Wilhelm von Poitiers – noch hatte er es nicht nötig, einen Angriff auf England zu rechtfertigen. Wichtig war für ihn zunächst einmal, eine starke personale Bindung zwischen ihm und dem Earl zu schaffen, mit der sich Harold ihm gegenüber verpflichtete. Der Stiftung einer engen personalen Bindung diente auch ein weiterer symbolträchtiger Akt zwischen Wilhelm und Harold: die Schwertleite. Bevor der Herzog den Earl wieder nach England entließ, führte er ihn und seine Männer mit auf seinen Feldzug gegen Graf Conan von der Bretagne. Wilhelms Motivationen mögen vielfältig gewesen sein. Vielleicht wollte er den Earl mit seiner militärischen Schlagkraft beeindrucken, vielleicht ging er auch ganz bewusst das Risiko ein, dass Harold etwas zustoßen könnte, vor allem aber war es ein Schaulaufen zweier Alphatiere. Nur führte Wilhelm Regie. Nach Wilhelm von Poitiers stattete er Harold und seine Männer vor dem Feldzug mit ritterlichen Waffen und besten Schlachtrössern aus. Er behandelte den Gast und Gesandten, von dem er wusste, wie kampfesmutig und ruhmbegierig er war, wie einen Waffenbruder, um ihn durch diese Ehre noch stärker an sich zu binden.[12] Der Teppich von Bayeux, der sonst so viele Deutungsmöglichkeiten zulässt, ist eindeutiger: Nach dem Bretagne-Feldzug präsentiert er eine Szene unter der Überschrift «Hier übergibt Wilhelm Harold die Waffen» (*hic Willelmus dedit Haroldo arma*).[13] Was in dieser Szene geschah, war aus normannischer Sicht nicht lediglich die funktionale Ausstattung von Harold und seinen Männern. Die Übergabe von Waffen war der Akt der Schwertleite. Die Durchführung dieses auf dem Kontinent verbreiteten Rituals, die Aufnahme in den Kreis der Ritter als ‹Waffenbruder›, war zuvorderst eine Ehrerweisung gegenüber Harold, denn dessen bestehende Waffenfähigkeit stand ja außer Frage. Dies alleine schuf zukünftige Erwartungen an Harold und steigerte nochmals dessen Verpflichtung gegenüber dem Herzog. Aber das Ritual besaß noch weitere, von Harold selbst vielleicht in ihrer Tragweite gar nicht verstandene Konnotationen. Der Akt der Schwertleite setzte zwar *grundsätzlich* kein hierarchisches Gefälle zwischen Gebendem und Nehmendem voraus, noch stiftete er ein Abhängigkeitsverhältnis zwischen den Akteuren.[14] In der *Praxis* aber bestand sehr häufig ein hierarchisch strukturiertes Abhängigkeitsverhältnis zwischen Gebendem und Empfangendem, zum Beispiel wenn der Herr ein Mitglied aus seinem Haushalt zum Ritter machte oder wenn der Herzog einem Lehnsmann die Waffen übergab.[15] Vor diesem Hintergrund konnten Dritte, in nordwestfranzösischen Gewohnheiten geschulte Augen, den Akt leicht mit einer Bedeutung aufladen, die Harold als Wilhelms Mann erscheinen ließ. In Verbindung mit seiner Eidleistung musste sich später ein solcher Eindruck geradezu aufdrängen.

Harolds Heimkehr oder die Grenzen symbolischer Kommunikation

Schließlich entließ Wilhelm den Earl reich beschenkt nach England. Er wusste, er hatte alles getan, um Harold an sich zu binden. Er hatte sämtliche Register symbolischer Kommunikation gezogen, um den Earl in der normannischen Öffentlichkeit auf sich zu verpflichten, ihn in eine Position zu bringen, in der er legitimerweise nur für die Interessen Wilhelms, keinesfalls aber gegen sie agieren können würde. Doch Wilhelm wusste nur zu gut, dass mit jedem Meter, den Harolds Boote über den Ärmelkanal segelten, die Wirkkraft dieser Akte nachließ, sie wie hinter

Abb. 8 *Teppich von Bayeux: Die Schwertleite Harolds durch Wilhelm*

einer Nebelwand verschwanden. Der Herzog konnte die normannische Öffentlichkeit gestalten, aber nicht die englische. Harold würde dort ungehindert seine Version der Normandiereise erzählen können. In der Tat ist es eines der wichtigsten, bislang aber kaum beachteten Argumente gegen die durch Harold auf Befehl Eduards auszuführende Designation Wilhelms als Thronfolger, dass Wilhelm den Earl nicht nach England begleitete, um dort, in der politischen Öffentlichkeit Englands, als dessen künftiger Nachfolger eingeführt zu werden. Wenn Wilhelm von Poitiers nach der Schilderung von Harolds Abreise rhetorisch anklagend fragte, warum Harold es kurz darauf gewagt habe, Wilhelm seines Erbes zu berauben, wenn er doch selbst mit seiner Stimme und Hand geschworen hatte, sich und sein Volk Wilhelm zu unterwerfen,[16] dann lautet die Antwort: Was auch immer in der Normandie geschehen war, musste in England keine Wirkung entfalten. Es war eben gar nichts klar, als Harold abreiste. Die Godwinsons, allen voran Harold, blieben die Favoriten auf die Thronfolge, und war Harold erst einmal wieder in England, gab es für Wilhelm wenig, was er gegen den Earl würde unternehmen können. Deshalb händigte der Herzog Harold mit dessen

Neffen Hakon auch nur eine der beiden Geiseln aus, behielt aber Harolds Bruder Wulfnoth zurück. Es war das einzige Druckmittel, das ihm blieb, und beileibe kein starkes. Harold war zwar für das Schicksal seines jüngeren Bruders verantwortlich, aber Wulfnoth war nicht von zentraler Bedeutung für den Earl. Er hatte weit über eine Dekade in der Normandie verbracht, ohne dass sich die Godwinsons bemüßigt gefühlt hätten, ihn um jeden Preis auszulösen. Das Schicksal Wulfnoths würde auch fürderhin nicht die Entscheidungen Harolds maßgeblich beeinflussen. Als Herzog Wilhelm die Segel von Harolds Schiff am Horizont entschwinden sah, dürfte es ihm recht klar vor Augen gestanden haben, dass er, wollte er die Nachfolge Eduards auf dem englischen Thron antreten, sich kaum auf Harold, dafür aber umso mehr auf seinen Schwertarm würde verlassen müssen. Die englische Krone würde ihm nicht kampflos aufgesetzt werden. Dennoch dürfte Wilhelm mit dem Verlauf des Aufenthalts von Harold sehr zufrieden gewesen sein. Er hatte dem Earl seinen Vorrang in Nordwestfrankreich machtvoll demonstriert, hatte ihn öffentlichkeitswirksam in ein Schuldverhältnis gesetzt und sich verpflichtet. Selbst wenn sich Harold dadurch wenig beeindrucken lassen mochte, so hatte Wilhelm mit Sicherheit in der Normandie gepunktet. Seinem Ansehen unter den Normannen war es nur förderlich, wie er den «an Reichtümern, Ehre und Macht Größten seines Reichs»[17] subtil, aber unmissverständlich dominierte. Das waren Ergebnisse, mit denen Wilhelm vor der Ankunft Harolds kaum hatte rechnen dürfen, und vielleicht ließ sich ja eines Tages aus Harolds Eid doch noch Kapital schlagen. Nun aber hieß es abzuwarten, wie sich die Dinge in England entwickeln würden.

Für Harold hingegen war es eine Reise zum Vergessen. Statt die Auslösung beider Geiseln zu erreichen, kehrte er nur mit einer heim. Statt Verhandlungen mit dem normannischen Herzog auf gleicher Augenhöhe zu führen, war er durch die schmähliche Gefangennahme durch den Grafen von Ponthieu dessen Bittsteller geworden. Statt die eigene vornehme Position zur Geltung bringen zu können, hatte man ihn zum Objekt der Inszenierung herzoglichen Vorrangs gemacht. Das waren keine Heldentaten, die Harold in England gerne verbreitet wissen wollte. Man ließ sie besser auf der anderen Seite des Kanals zurück und breitete darüber den Mantel des Schweigens. Es mag sehr gut sein, dass die den Godwinsons nahestehende *Vita Ædwardi* die Normandiereise Harolds absichtlich nicht erwähnte, sie gewissermaßen aktiv vergaß.

Nach seiner Rückkehr sah sich Harold in keiner Weise Wilhelm gegenüber gebunden, weder was das englische Königreich noch was seine eigene Person anging. Sein Eid war für ihn ohne jegliche Konsequenz. Harold mag grundsätzlich eine vergleichsweise lockere Einstellung zu Eiden gehabt haben. Die *Vita Ædwardi* beklagte einmal seinen allzu leichtfertigen Umgang mit Eiden und bezog sich damit möglicherweise indirekt auch auf den normannischen Eid.[18] Aber in diesem speziellen Fall dürfte Harold die Ansicht vertreten haben, dass ihm der Eid abgepresst worden war, also gar keine Gültigkeit haben konnte. Wie auch immer: In dem Moment, in dem Harold wieder die Segel setzte und gen England in See stach, gab es für ihn nur noch den Blick nach vorne, nicht mehr zurück. Es war, als ob es diese Reise niemals gegeben hatte.

6
HAROLD, TOSTIG UND DER ENGLISCHE THRON

Nach seiner Rückkehr widmete sich Harold wieder den Geschicken des Königreichs und seines Earldoms. Bislang konnte er sich dabei auf die Unterstützung seiner Geschwister verlassen. Das Verhältnis unter den Kindern Godwins war, soweit man das beurteilen kann, gut, zumindest beeinträchtigten sie einander nicht. Solche familiäre Solidarität entsprach zwar zeitgenössischen Wertvorstellungen, war aber kein garantierter Dauerzustand. Rivalitäten innerhalb einer Familie, insbesondere unter Brüdern, bargen immer das Risiko einer nachhaltigen Entzweiung. Paradigmatisch führte die biblische Geschichte von Kain und Abel Harold und seinen Zeitgenossen die fatalen Konsequenzen geschwisterlicher Rivalität vor Augen, die schlimmstenfalls gar im Brudermord ihren katastrophalen Höhepunkt finden konnte. Ihre jüngste eigene Familiengeschichte hatte mit dem Schicksal Earl Sweyns genügend Anschauungsunterricht geboten, so dass Harold und seine Geschwister wussten, wie nahe die biblische Geschichte ihrer eigenen Realität kommen konnte. Doch allein das Wissen um das Risiko solcher Konflikte feite sie nicht davor. 1065 kam es zur Entsolidarisierung zwischen Harold und Tostig, die im folgenden Jahr zu Tostigs Tod im Kampf gegen Harold auf dem Schlachtfeld von Stamford Bridge führte. Als Kain, der seinen Bruder erschlug, figurierte Harold wenig später in dem «Lied über die Schlacht von Hastings».[1] Die Entzweiung der Brüder war unmittelbar mit den Ereignissen von 1066 verknüpft.

Der Bruderzwist

Die tragische Geschichte von Harold und Tostig faszinierte bereits die Zeitgenossen. Möglicherweise noch vor ihrem Aufeinandertreffen in der Schlacht von Stamford Bridge[2] beschrieb der Autor der *Vita Ædwardi* die beiden Brüder ausführlich, «um die Nachwelt über das Leben, den Charakter und die Taten der beiden Brüder zu informieren».

> «Beide verfügten über einen sehr schönen und ansehnlichen Körper, und, wie wir glauben, über ähnliche Kräfte, und beide waren gleichermaßen mutig. Aber der ältere, Harold, war größer, gestählt durch unendliche Mühen, schlaflose Nächte und Hunger; auch besaß er ein großes Herz und die schnellere Auffassungsgabe. Er konnte Widerspruch gut aushalten und, so glaube ich, leichtfertig übte er weder Verrat oder Rache an einem Landsmann. Jeden, den er für loyal hielt, konnte er gelegentlich in seine Pläne mit einbeziehen, manchmal gar so lange darüber debattieren, dass es, wenn man es so sagen darf, kaum zu seinem Vorteil war. In der Tat kann man weder ihm noch Tostig oder irgendeinem Sohn Godwins oder sonst jemandem, der unter Godwin groß geworden war, Übereiltheit oder Leichtfertigkeit zum Vorwurf machen. Auch Earl Tostig war mit großer und weiser Selbstbeherrschung ausgestattet – obgleich er manchmal etwas übereifrig im Kampf gegen das Böse war – sowie mit der tapferen und unbeugsamen Standhaftigkeit des Geistes. Er würde zunächst seine Pläne lange für sich in seinem Herzen bewegen und, wenn er dann zu einem Entschluss gekommen war, sie der Reihe nach ordnen; dies würde er nicht mit irgendjemandem leichtfertig teilen. Manchmal war er dabei so vorsichtig, dass sein Handeln seinem Planen voranzugehen schien, und oft genug wirkte sich dies in dem Theater der Welt für ihn vorteilhaft aus. Wenn er schenkte, dann schüttete er großzügige Gaben aus, und, auf Betreiben seiner religiösen Frau, geschah dies häufiger zu Ehren Christi als um die unbeständigen Gefallen von Menschen zu erlangen. In seinen Aussagen, seinen Taten und seinen Versprechen zeichnete er sich durch eine stahlharte Zuverlässigkeit aus. Mit Ausnahme seiner Frau aus königlichem Blut entsagte er dem Verlangen nach Frauen, und

> lenkte enthaltsam den Gebrauch seines Körpers und seiner Zunge gemäßigter und weise. Beide beharrten ständig auf dem, was sie begonnen hatten; Tostig allerdings kräftig; Harold weise; ersterer zielte auf Erfolg, letzterer auch auf Zufriedenheit. Manchmal verbargen beide so gut ihre Vorhaben, dass einer, der sie nicht kannte, nicht wusste, was er glauben sollte. Und um ihre Eigenschaften für den Leser zusammen zu fassen: kein Zeitalter, keine Gegend hat jemals zwei Sterbliche von solchem Wert zur selben Zeit hervorgebracht.»[3]

Beide hatten sie die Erfahrung des Exils und der triumphalen Rückkehr 1051–52 erlebt, beide hatten nach ihres Vaters Tod die englische Politik mitbestimmt und beide besaßen einen persönlichen Horizont, der über das englische Königreich hinausreichte. Sowohl Harold als auch Tostig pilgerten nach Rom. Von Tostig wird berichtet, dass er die Reise 1061 gemeinsam mit seiner Frau Judith von Flandern und seinem jüngeren Bruder Gyrth unternahm und dabei durch Sachsen und das Oberrheintal reiste. Sehr wahrscheinlich nahmen sie dabei auch den neuen prächtigen Dombau zu Speyer in Augenschein, mit dem die salischen Herrscher Gott und ihrem Herrschaftsverständnis ein Denkmal setzten, das seinesgleichen suchte.[4] In Rom wurde er dann von Papst Nikolaus II. mit allen Ehren empfangen und nahm an der Ostersynode 1061 teil. Angeblich wies ihm der Papst dabei sogar den Ehrenplatz an seiner Seite zu.[5] Über seine Frau Judith, die 1071 den bayerischen Herzog Welf I. heiraten sollte, war Tostig mit dem mächtigen flandrischen Grafenhaus verbunden. Mehr als nur politischen Rückhalt und exzellente Kontakte auf dem Kontinent brachte ihm diese Ehe auch hohes soziales Kapital. Judith war, wie der Autor der *Vita Ædwardi* formulierte, von königlicher Abstammung (*regia stirps*),[6] führte sich ihre Familie doch auf die Karolinger zurück. Wenn sein Bruder Harold Mitte der 1060er Jahre als *subregulus* bezeichnet werden konnte, so stand ihm Tostig kaum nach. Entsprechend formulierte die *Vita Ædwardi*: «Diese beiden großen Brüder […], zwei Herkules, die heiligen Eichen des Königreichs, überragen, wenn in Frieden vereint, alle Engländer.» Wie «Atlas und Hermes das Gewicht des Himmels schulterten», so würden sie mit vereinten Kräften die englischen Grenzen bewachen. Wieso, so fragt sie weiter, konnte das Schicksal sie bloß entzweien, konnte die Welt wieder zurück ins Chaos stürzen?[7] Vielleicht lag ein wesentlicher Grund genau in dieser prominenten Position der Brüder. Sie mag das Konkurrenzdenken unter ihnen befördert haben, das sich negativ auf die brüderliche Eintracht auswirkte. So erklärte es zumindest später Heinrich von Huntingdon, wenn er schrieb, dass Tostig seinem Bruder dessen höhere Stellung beim König geneidet habe, um eine reißerische wie blutige Geschichte als Beleg hinterherzuschicken. Als Harold in Hereford für König Eduard ein Festmahl vorbereiten ließ, sei Tostig in seiner Eifersucht vor seinem Bruder und dem König nach Hereford geeilt, habe dort Harolds Bedienstete zerstückelt und ihre Gliedmaßen in die zubereiteten Speisen gelegt. Dafür habe ihn der König geächtet und exiliert.[8] Auch ohne Heinrichs haarsträubender Geschichte Glauben zu schenken, erscheint es nicht weit hergeholt, dass das Verhältnis der beiden Brüder nach der erfolgreichen walisischen Kampagne von 1063 mehr und mehr von Konkurrenzdenken bestimmt war. Tostig mag tatsächlich den brüderlichen Vorrang immer weniger akzeptiert haben, vielleicht hatte er auch begonnen, eigene Ambitionen im Hinblick auf den Thron zu entwickeln; möglicherweise sahen in ihm manche gar eine Alternative zu Harold. Harold seinerseits mag sich bemüht haben, den jüngeren Bruder auf Distanz zu halten und seine eigenen Interessen nicht durch Tostig gefährden zu lassen. Es ist gut möglich, dass sich die Brüder gegenseitig zunehmend argwöhnisch beobachteten und sich für die Zeit nach Eduards Tod in Stellung zu bringen suchten. Der Belastungstest für das Verhältnis zwischen Harold und Tostig kam 1065, als die Großen Northumbriens gegen Tostig rebellierten.

Als Earl agierte Tostig in Northumbrien mit harter Hand.[9] Gemeinsam mit seinem Stellvertreter, dem Thegn Copsig,[10] und gestützt auf zahlreiche Hauskarle, nahm er mit Nachdruck die fiskalische und gerichtliche Autorität seines Amts wahr. Vielleicht versuchte Tostig gar, in Northumbrien die Rechtsordnung zu verändern und westsächsisches Recht einzuführen. Jedenfalls war die Erneuerung der Gesetze König Knuts des Großen eine wesentliche Konzession, die König Eduard den northumbrischen Magnaten infolge ihres Aufstands machte.[11] Die zeitgenössische Wahrnehmung von Tostigs Handlungen fiel uneinheitlich aus. Die Angelsächsische Chronik C berichtet, dass Tostig und seine Männer Unrecht befördert hätten, dass sie zunächst Gott beraubt, das heißt Kirchengut an sich genommen, und dann Leben und Land aller derjenigen genommen hätten, über die sie die Macht hatten.[12] Anders hingegen beurteilt die Tostig gegenüber freundlich eingestellte *Vita Ædwardi* seine Amtsführung: Er habe in seiner Zeit die Region von den Räubern befreit, die dort so zahlreich gewesen seien, dass selbst große Reisegruppen von zwanzig oder dreißig Personen ihres Lebens nicht sicher waren.[13] Aber selbst die *Vita* übergeht die Klagen nicht, welche die northumbrischen Großen gegen Tostig bei Eduard vorbrachten: Er sei zu grausam gewesen und habe die Gesetzesbrecher weniger aus Liebe zum Recht verfolgt als aus Begierde nach ihrem Besitz.[14]

Die Darstellung der *Vita* lässt an mehreren Stellen erkennen, wie es zu solchen Urteilen kommen konnte und was ein wesentlicher Grund für den Aufstand gegen Tostig war: Er nahm keine Rücksicht auf die Interessen der örtlichen Großen und ging gegebenenfalls unnachgiebig gegen sie vor. Räuber, so die *Vita*, wurden, wenn auf frischer Tat ertappt, verstümmelt oder getötet, ohne Ausnahme, ganz egal wie adlig sie waren.[15] Es waren Adlige, «die Tostig aufgrund ihrer Untaten mit dem schweren Joch seiner Herrschaft unterdrückt hatte», die sich gegen ihn verbanden.[16] Tatsächlich ging Tostig mit aller Härte gegen Angehörige des eingesessenen Adels vor. 1063 wurden die beiden northumbrischen Adligen Gamel Ormson und Ulf Dolfinson in seinen Räumen in York ermordet, obwohl ihnen sicheres Geleit zugesagt worden war.[17] Tostigs Versuch aber, nicht mit den örtlichen Großen, sondern gegen sie die bestehende Ordnung zu verändern, scheiterte. Seine Eigenschaft, Dinge ohne den Rat anderer zu erwägen und zu entscheiden, die sich laut *Vita* oftmals positiv für ihn auswirkte, erwies sich in dieser Hinsicht als fatal. Die northumbrischen Großen waren nicht gewillt, Tostig das Feld kampflos zu überlassen und wie Räuber behandelt zu werden. Ein dritter Mord an einem northumbrischen Magnaten brachte schließlich das Fass zum Überlaufen. Als anlässlich des Weihnachtsfests 1064 alle Großen des Reichs am Hof König Eduards versammelt waren, wurde am vierten Tag der northumbrische Thegn Gospatrick ermordet. Dies geschah angeblich auf Betreiben von Königin Edith, die damit ihrem Bruder Tostig helfen wollte.[18] Gospatrick war nicht irgendwer. Er war aller Wahrscheinlichkeit nach der jüngste Sohn des 1016 verstorbenen Earls von Bamburgh Uhtred, dessen Familie seit dem 10. Jahrhundert Northumbrien weitgehend autonom beherrscht hatte.[19] Gospatrick wäre ein Kandidat für das Earldom gewesen, jedenfalls repräsentierte er prominent die alte politische Ordnung des Nordostens und dürfte eine wichtige Anlaufstelle für alle gewesen sein, die mit Tostigs Herrschaft unzufrieden waren. Pauline Stafford hat darüber hinaus noch auf eine weitere Dimension dieses Mords hingewiesen: Gospatrick hatte einen Halbneffen, der ebenfalls auf den Namen Gospatrick hörte. Der jüngere Gospatrick war der Enkel Uhtreds aus dessen dritter Ehe mit Ælfgifu, einer Tochter König Æthelreds.[20] Er war also ein Verwandter König Eduards, eine Tatsache, die am königlichen Hof bekannt war.[21] Auch er hätte Ansprüche auf den Thron anmelden können und dies mag ein zusätzlicher Grund gewesen sein, warum Edith und Tostig die Nachfahren Uhtreds sehr genau im Blick hatten. Bemerkenswert ist in diesem Zusammenhang eine Episode aus der *Vita Ædwardi*. Auf seiner Romreise 1061 wurde Tostig von Gospatrick dem Jüngeren begleitet. Kurz nachdem sie Rom wieder verlassen hatten, wurde ihre Gruppe von Räubern überfallen. Da Gospatrick gemäß seinem adligen Rang entsprechend auffällige Kleidung trug, fragten die Räuber ihn, wer unter ihnen Earl Tostig sei. Gospatrick erfasste die Situation rasch und gab sich für seinen Herrn aus, während er Tostig Zeichen machte zu verschwinden. Erst als der Earl außer Sichtweite war, gab er seine wahre Identität den Räubern zu erkennen. Diese, um ihren Preis gebracht, wollten ihn im ersten Zorn umbringen, besannen sich dann aber in Anerkennung seines Verhaltens eines Besseren und händigten ihm nicht nur seine Habe aus, sondern begleiteten ihn auch noch zurück in Frieden.[22] Unzweideutig handelt es sich bei dieser Geschichte um den Versuch, das Verhältnis zwischen Tostig und Gospatrick dem Jüngeren und damit wohl implizit auch zu dessen Verwandtschaft als unproblematisch zu skizzieren – ein Verhältnis, das von gegenseitigem Vertrauen und der Anerkennung Tostigs als Earl geprägt war. Eine solche Darstellung war umso wichtiger, als nach der Ermordung des älteren Gospatrick manch einer die Gefangenschaft seines Halbneffen auf der Romreise in einem anderen Licht gesehen und Tostig dafür verantwortlich gemacht haben wird. Diese Episode in die *Vita* einzuflechten zeigt jedenfalls, wie sehr Edith nach der Ermordung des älteren Gospatrick unter Druck stand.[23]

Die Entmachtung Tostigs

Der heimtückische Mord am Hof heizte den Unmut unter den northumbrischen Großen weiter an. Am 3. Oktober 1065 brach dann die Rebellion los. Dies geschah möglicherweise in Absprache mit Edwin, Earl von Mercien, und dessen jüngerem Bruder Morkar, die die Chance witterten, die Vormachtstellung der Godwinsons zumindest etwas einzudämmen. Vor allem ihr Verhältnis zu Tostig war belastet. Eine lang zurückreichende Rivalität, so die *Vita Ædwardi*, vergiftete die Atmosphäre zwischen den Dreien.[24] Möglicherweise hatte sie ihren Ursprung in der Vergabe des Earldoms zehn Jahre zuvor, als ihr Vater Ælfgar gegenüber Tostig das Nachsehen hatte. Jedenfalls brach nun ein regelrechter Sturm über Tostigs Männer herein. Sie bezahlten fürchterlich für ihre in der Vergangenheit gezeigte Härte. Während der Earl am Hof beim König weilte, überrannten die Rebellen unter Anführung von Gamelbearn, Dunstan Æthelnothson und Glonieorn Heardwulfson Tostigs Residenz in York und ermordeten alle, die nicht rechtzeitig fliehen konnten. 200 Mann sollen damals den Tod gefunden haben, zwei von ihnen sind uns namentlich bekannt: die Hauskarle Amund und Reavenswart.[25] Die Aufständischen zerstörten damit nicht nur Tostigs Kerntruppe in Northumbrien, sondern bekamen auch noch seine angehäuften Schätze, seine Waffen und sein Geld, in ihre Hände. Kurz darauf versammelten sie sich und wählten Morkar zu ihrem Earl.[26] Dann marschierten sie unter Führung Morkars gen Süden bis Northampton, wo sich ihnen Earl Edwin mit seinen Männern anschloss. Gemeinsam verwüsteten sie die Landschaft, um den Druck auf Eduard zu erhöhen, ihren Forderungen nachzukommen.[27] Dabei kamen sie gar bis Oxford. Eduard verhandelte zunächst in Northampton durch Earl Harold mit den Aufständischen, dann erneut über Gesandte in Oxford.[28] In der Zwischenzeit soll er der *Vita Ædwardi* zufolge versucht zu haben, Truppen im übrigen England auszuheben, um mit ihrer Hilfe die Aufständischen niederzuwerfen. Doch angeblich machten es ihm wechselhaftes Wetter und vor allem der Unwillen der Männer, in einen Bürgerkrieg verwickelt zu werden, schwer, eine schlagkräftige Armee zu sammeln.[29] Vielleicht aber war Eduard selbst gar nicht so sehr daran interessiert. Möglicherweise kamen ihm diese Neuordnung des Nordens und damit eine zumindest teilweise Beschneidung des Einflusses der Godwinsons nicht ungelegen. Zudem mag der kränkelnde Herrscher gespürt haben, dass er selbst nicht mehr die Kraft aufbrachte, mit aller Gewalt einen Feldzug zu erzwingen. Wie dem auch gewesen sein mag: Der König akzeptierte schließlich die Forderung der Rebellen nach Absetzung Tostigs und Einsetzung Morkars als Earl von Northumbrien. Wie schon erwähnt, kam er auch ihrer Forderung nach, die Gültigkeit der Gesetze Knuts für ihre Region zu bestätigen.[30] Tostig war bitter enttäuscht. Die Totalität seiner Niederlage musste ihn überraschen; nicht einmal einen Kompromiss hatte Eduard für ihn erreicht. Noch enttäuschender mag für ihn das Verhalten Harolds gewesen sein. Bei allem Konkurrenzdenken, das sich bis zu diesem Zeitpunkt ja noch nie in schwerwiegenden Konflikten manifestiert hatte, hatte er sich wohl mehr Unterstützung seitens seines Bruders gewünscht. In der Tat bleibt Harolds Rolle als Vermittler reichlich unklar – genauso wie die Frage, wie sehr er sich tatsächlich in der Aushebung von Truppen zur Niederschlagung der Rebellen engagiert hatte. So kamen bald Gerüchte auf, Harold habe bei der Rebellion seine Finger mit im Spiel gehabt und die northumbrischen Großen dazu überredet, gegen Tostig vorzugehen. Tostig scheint nur allzu bereit gewesen, solchen Einflüsterungen zu glauben. Laut der *Vita Ædwardi* beschuldigte er Harold öffentlich vor dem König und den am Hof Anwesenden, die Rebellion angezettelt zu haben. Harold reinigte sich von diesem Vorwurf durch Eide. Es ist in diesem Zusammenhang, dass ihm der Autor der *Vita* vorwarf, doch allzu leichtfertig mit seinen Eiden umzugehen.[31] Das Tischtuch zwischen den beiden Brüdern war nun zerschnitten. Tostig zog sich mit seiner Familie und «all jenen, die wollten, was er wollte», nach Flandern zu Graf Balduin zurück.[32] Dort erhielt er Haus und Besitzungen in St. Omer. Von dort aus, «dem ersten Ort, den die Reisenden antrafen, die über den Britischen Ozean gekommen waren»,[33] begann er seine Rückkehr nach England zu planen. Das nächste Mal, dass sich die Brüder sahen, war auf dem Schlachtfeld von Stamford Bridge. Es sollte ihre letzte Begegnung sein.

Harolds zunehmende Konkurrenz im Verhältnis zu Tostig war sicherlich ein Grund, warum er nicht stärker für seinen Bruder Partei ergriff. Darüber hinaus aber wird er vor allem ein Interesse gehabt haben, seine eigene Position am Hof zu schützen. Dort nämlich waren die Kinder Godwins nach der Ermordung des älteren Gospatrick stark unter Druck geraten. Nicht trotz ihrer Macht, sondern gerade wegen deren so schamloser, geradezu arroganter Demonstration, wie sie in der Ermordung eines Konkurrenten am königlichen Hof selbst zum Ausdruck kam, drohte die Stimmung zu ihren Ungunsten zu kippen. Harold mag sich deshalb zu einer gewissen Zurückhaltung gezwungen gesehen haben. In den Abwärtsstrudel, in den sich Tostig manövriert hatte, wollte er nicht mit hineingezogen werden. Wie sein Verhalten gegenüber Sweyn sechzehn Jahre zuvor beweist, hatte Harold keine Schwierigkeiten damit, auf Kosten eines Bruders seine eigenen Interessen zu verfolgen. Dennoch war der Ausgang der northumbrischen Rebellion auch für ihn problematisch. Mit Tostig war nun zwar ein ernstzunehmender Konkurrent im Wettbewerb um die Nachfolge Eduards erst einmal ausgeschaltet, aber auch seine eigene Position hatte Schaden genommen. Die öffentlichen Anschuldigungen Tostigs waren seiner Reputation wenig zuträglich, und Tostig selbst war zu einer unberechenbaren Gefahrenquelle geworden. Dass er versuchen würde zurückzukehren, war gewiss – nur wann und wie, das wusste keiner. Darüber hinaus schien der Norden für die Godwinsons verloren. Ihn kontrollierten fortan die Söhne Ælfgars. In dieser Situation gelang Harold ein bemerkenswerter Coup, indem er ein dauerhaftes Bündnis mit Edwin und Morkar schmiedete. Wohl noch vor dem Tod Eduards wurde vereinbart, dass er ihre Schwester Ealdgyth, die Witwe des walisischen Königs Gruffydd heiraten sollte.[34] Harolds Partnerschaft mit Edith Schwanenhals hatte nie einen kirchlichen Segen erfahren und stellte deshalb für die Eheschließung mit Ealdgyth kein Hindernis dar. Die Ehe brachte sowohl Harold als auch Edwin und Morkar Vorteile. Mit der Unterstützung Edwins und Morkars hatte Harold keine englische Konkurrenz in der Besetzung des englischen Throns zu fürchten. Für Edwin und Morkar war das Bündnis mit Harold eine Rückversicherung gegen Tostigs Ansprüche auf Northumbrien. Darüber hinaus eröffnete sich ihnen die Aussicht, im Falle der Thronfolge Harolds jene Position einzunehmen, die Harold über viele Jahre zu seinem Vorteil genutzt hatte: Bruder der Königin und Schwager des Königs sowie Onkel möglicher Thronfolger. So hatte Harold in kürzester Zeit eine eigentlich ungünstige Situation zu seinem Vorteil gewendet. Kein Wunder, dass ihm manche Komplizenschaft bei der Rebellion gegen Tostig vorwarfen.

Der Earl von Wessex war nun der offensichtliche Kandidat für die Nachfolge des siechen Königs. Edgar, der höchstens vierzehnjährige Sohn des 1057 verstorbenen Thronanwärters Eduard, konnte gegen Harold nicht auf maßgebliche Unterstützung unter den englischen Großen zählen. Solange ihn Eduard nicht explizit als seinen Nachfolger designierte, war er kein ernsthafter Rivale. Doch dazu kam es erst gar nicht. Der König entschied sich für Harold. An Weihnachten 1065 versammelten sich die Großen Englands noch einmal um den König. Sie kamen nicht wie üblich in Gloucester zusammen, sondern in Westminster. Dort war die neue Abteikirche zu weihen, die Eduard zu seiner Grablege bestimmt und deren Errichtung er mit reichen Zuwendungen gefördert hatte.[35] An Heiligabend, einem Samstag, erlitt Eduard wahrscheinlich einen Schlaganfall. Er mühte sich noch durch die Festlichkeiten, doch am 26. Dezember musste er sich in seine Kammer zurückziehen. Die Weihe der Abteikirche fand ohne ihn statt. In den folgenden Tagen schwebte er, kaum ansprechbar, zwischen Leben und Tod. In einem klaren Moment aber, so die *Vita*, ließ er seinen Haushalt zusammenrufen. In Anwesenheit von Königin Edith, Stigand, Erzbischof von Canterbury, Earl Harold und seinem Verwandten Robert fitz Wimarc, der eine zentrale Rolle im königlichen Haushalt spielte, verkündete er seinen letzten Willen. Im Hinblick auf das Königreich sind die Worte der *Vita* nicht frei von Doppeldeutigkeit: Eduard ernannte Harold nicht mit klaren Worten zu seinem Nachfolger, sondern kommendierte ihm Königin Edith und sein Königreich zum Schutz. Er solle Edith, seiner Herrin und Schwester, für den Rest ihres Lebens treu dienen, sie ehren sowie ihr die Güter lassen, die Eduard ihr übertragen hatte. Dann kommendierte der König dem Earl alle seine Gefolgsleute, die seinetwegen ihre Geburtsländer verlassen hatten und ihm bis jetzt treu gedient hatten. Er solle von ihnen den Treueid nehmen, wenn sie dies so wünschten, wenn aber nicht, dann solle er sie unter sicherem Geleit und mit all ihrem, im Dienst Eduards erworbenen Gut über den Kanal in ihre Heimat entlassen.[36] Im Zentrum dieser Schilderung steht vor allem die Sorge um die Personen, für deren Wohl Eduard persönlich verantwortlich war und für die sein Tod eine drastische Veränderung ihrer Stellung

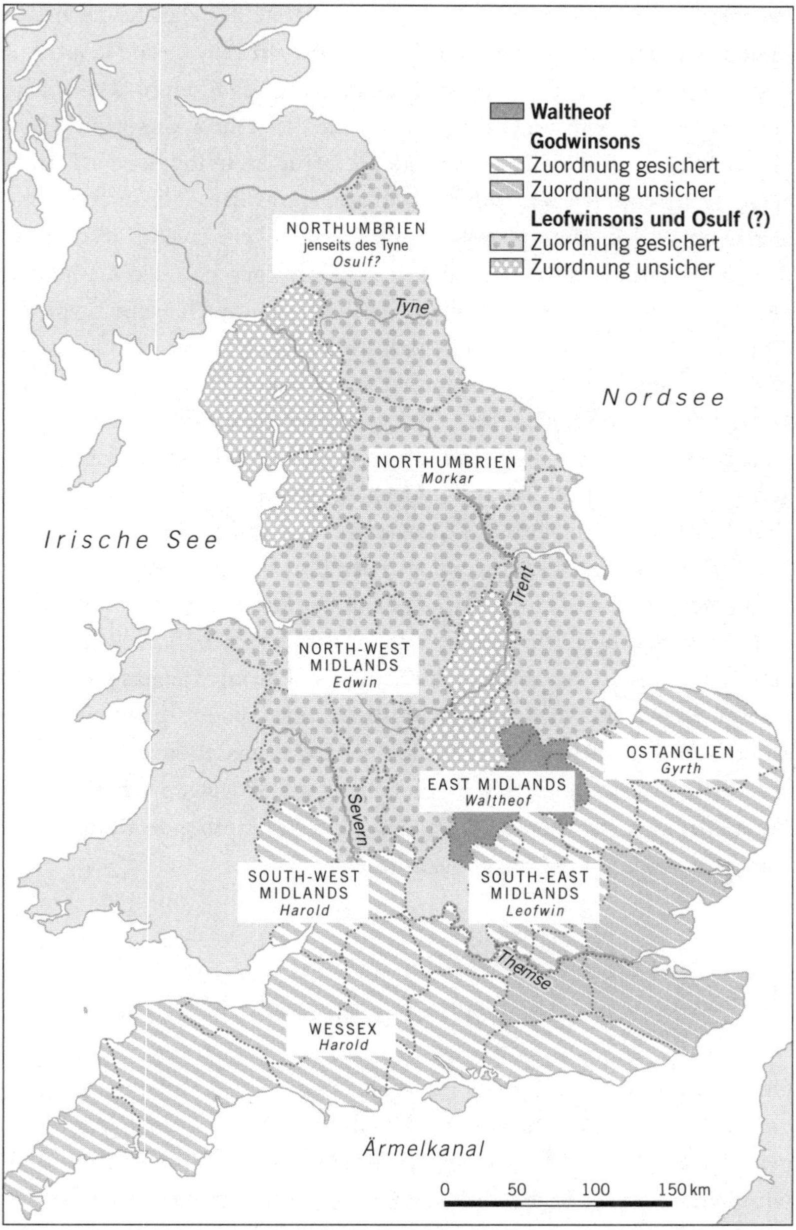

Karte 6 *Die Verteilung der Earldoms zwischen Oktober 1065 und Januar 1066, nach* Baxter, *Edward the Confessor and the Succession Question, Karte 12*

bedeutete, gar eine bedrohliche Situation darstellte. Dies betraf neben seinen engsten Gefolgsleuten vor allem Königin Edith, die Hauptfigur der *Vita*, die nun ihren hervorragenden Rang als Ehefrau des Königs verlieren würde. Um die Wahrung ihrer Ehre und ihrer Versorgung geht es in dieser Quellenstelle insbesondere. Dafür hatte ihr Bruder Harold zu sorgen. Seine Designation als Nachfolger auf dem Thron tritt demgegenüber in den Hintergrund; dennoch besteht kein Zweifel, dass genau dies in den letzten wachen Momenten Eduards geschah. Ein Gedicht in den angelsächsischen Chroniken C und D spricht noch ähnlich wie die *Vita* in der zurückhaltenderen Begrifflichkeit der Kommendation davon, dass der «weise Mann das Königreich einem hervorragenden Mann anvertraute, Harold selbst, einem Earl aus edlem Geschlecht».[37] Die Angelsächsische Chronik E hingegen ist expliziter und hielt fest, dass Harold gemäß der ihm durch Eduard gemachten Schenkung die Nachfolge im Königreich antrat.[38] Der beste Kronzeuge aber ist Wilhelm von Poitiers selbst. Für ihn stand fest, dass Eduard den Earl auf dem Totenbett zu seinem Nachfolger bestimmt hatte. Er nutzte diesen Umstand zwar, um Harolds vermeintlichen Eidbruch in drastische Formulierungen fassen zu können, aber dazu hätte auch alleine die Thronbesteigung des Earls genügt. Es gab keinen Grund für Wilhelm von Poitiers, die Designation zu erfinden. Auch wenn nur ein kleiner Kreis wissen konnte, was am Totenbett Eduards tatsächlich geschehen war, so gewann diese Lesart unter den Zeitgenossen bald an Gewicht: Der sterbende König hatte Harold zu seinem Nachfolger bestimmt.[39]

Harold besteigt den Thron

Ob diese Form der Designation Harolds Legitimation erhöhte, ob Eduards letzte Worte, die *verba novissima*, alle vorangegangenen Verfügungen, die *post-obitum*-Verfügungen, in derselben Sache außer Kraft setzten, wird in der Forschung viel diskutiert.[40] Der Grund dafür ist eine Passage bei Wilhelm von Poitiers. Am Vorabend der Schlacht von Hastings lässt der Chronist den Boten Harolds Herzog Wilhelm nicht nur mitteilen, dass Eduard dem Earl auf seinem Totenbett das Königreich übergeben habe, sondern auch hinzufügen, dass es in England von alters her Sitte sei, dass das, was auf dem Totenbett verfügt würde, Gültigkeit habe.[41] Wenn diese Aussagen den Tatsachen entsprachen, dann hatte Harold gegenüber Wilhelm auf jeden Fall die besseren Ansprüche. Allerdings ist Wilhelm von Poitiers die einzige Quelle, die diesen angeblichen englischen Brauch so explizit formuliert. Für den Chronisten war die Frage von der relativen Wertigkeit der Verfügung *post obitum* und der *verba novissima* von einiger Bedeutung, baute doch seine Legitimationsstrategie der Ansprüche Herzog Wilhelms auf den angeblichen Thronversprechen Eduards gegenüber Wilhelm auf. Da die Designation Harolds auf dem Totenbett durch Eduard nicht in Abrede zu stellen war, musste Wilhelm von Poitiers eine Wertung der beiden Verfügungsarten vornehmen. Die höherwertige Darstellung des Totenbettversprechens seitens Harolds gibt Wilhelm von Poitiers später in seiner Erzählung die Möglichkeit, das Gottesurteil des Schlachtenausgangs auch zu einem Urteil in der Frage der Wertigkeit der beiden Versprechen werden zu lassen: «Dein [Harolds] Ende beweist durch welches Recht du durch das Totenbettgeschenk Eduards erhoben wurdest», so heißt es dort.[42] Vor diesem Hintergrund könnte man argumentieren, dass Wilhelms von Poitiers Verweis auf die Höherwertigkeit der *verba novissima* reine Rhetorik ohne jeglichen Realitätsbezug war. So weit muss man aber nicht gehen. Wilhelm von Poitiers hätte auch ohne diesen Verweis die Schlacht von Hastings als Gottesurteil über die Wertigkeit der beiden Verfügungsarten darstellen können. Seine Narration zwang ihn nicht dazu, die *verba novissima* im Vergleich als höherwertig darzustellen, auch wenn so natürlich die Fallhöhe Harolds nochmals erhöht wurde. Es ist also durchaus möglich, dass ihnen tatsächlich besondere Wirkkraft zukam. Wenn dem so war, dann kann dies der Legitimation Harolds nur zuträglich gewesen sein. Aber, und das ist entscheidend, es finden sich keinerlei Hinweise darauf, dass solche Fragen Anfang Januar in Westminster überhaupt eine Rolle spielten. Etwaige Ansprüche Wilhelms wurden damals, so scheint es zumindest, gar nicht erörtert; sie waren kein Thema. Harolds Nachfolge stand für alle Beteiligten außer Frage. Mit anderen Worten: Es handelte sich bei der Frage relativer Wertigkeiten königlicher Verfügungen um ein Problem Herzog Wilhelms und seines Chronisten Wilhelm von Poitiers, nicht aber um ein Problem Harolds.[43]

Abb. 9 *Teppich von Bayeux: Harolds Krönung*

Eduard starb am 4. oder 5. Januar 1066. Am 6. Januar wurde er in der soeben geweihten, prachtvollen Abteikirche von Westminster beigesetzt. Harold selbst ließ keine Zeit verstreichen. Noch am selben Tag wurde er in derselben Kirche von Ealdred, Erzbischof von York, zum neuen König gekrönt.[44] Es war das erste Mal, dass ein englischer König in Westminster in sein Amt eingeführt wurde. Vor allem aber war die Eile ungewöhnlich, mit der Harold seine Krönung suchte. In der Vergangenheit war es für angelsächsische Könige durchaus normal gewesen, einige Zeit zwischen ihrem Amtsantritt und der Krönung verstreichen zu lassen,[45] und Ostern hatte sich als bevorzugter Termin für die Krönung etabliert.[46] Doch selbst die wenigen Monate bis zum Osterfest 1066 waren Harold eine zu lange Zeitspanne, zumal der 6. Januar, der Tag der Heiligen Drei Könige, enge Bezüge zum Königtum aufwies. Harold wollte schnell Tatsachen schaffen, keinen Raum zum Nachdenken über und für mögliche andere Kandidaten lassen. Der Tod eines Königs bedeutete immer einen Moment der Unsicherheit; selbst wenn

Kinder vorhanden waren, war eine geordnete Nachfolge nicht notwendigerweise gegeben. Man musste nur an die Auseinandersetzungen zwischen Harold und Hardaknut um die Herrschaft in England nach dem Tod Knuts 1035 zurückdenken, um ein eindrückliches Beispiel für die durch den Tod des Herrschers hervorgerufenen Wirrnisse vor Augen zu haben. Und Harold war noch nicht einmal ein Verwandter des Königs. Dank seiner Schwester hatte er zwar im weiteren Sinne zur königlichen Familie gezählt, doch ein Aetheling war er nicht. All dies war zwar schon vor Eduards Tod bekannt und hatte nichts an Harolds Favoritenstellung für die Thronfolge geändert, aber in der allgemeinen Unsicherheit unmittelbar nach dem Tod des Königs konnte daraus ein Risiko für Harolds Ansprüche erwachsen, denn für die Nachfolge eines mit dem König nicht verwandten Earls gab es keine lang etablierte Tradition. Harold betrat damit Neuland. Durch schnelles, entschiedenes Handeln konnte er hoffen, Fakten zu schaffen und unmittelbare Kontinuität zur Herrschaft Eduards zu demonstrieren. Der Garant der guten Herrschaft Eduards, so lautete seine Botschaft, sorgte nun selbst für deren Fortsetzung. Doch Harolds Königtum stand unter keinem guten Stern. Als im April 1066 der Halleysche Komet an der Erde vorbeiraste, wurde er von den Zeitgenossen aufmerksam registriert. Der ungewöhnliche Himmelskörper konnte leicht als Vorbote bevorstehender, einschneidender Ereignisse gedeutet werden. In der Rückschau war die Verbindung zwischen ihm und dem Sturz Harolds offensichtlich, so jedenfalls deuteten es jene, die das Bildprogramm des Teppichs von Bayeux bestimmten. Dort zeigen Menschen staunend auf den Stern (*stella*) und seinen Schweif. In der nächsten Szene scheint sich Harold die Bedeutung dieses Vorkommnisses erklären zu lassen. Dabei beugt sich sein bekröntes Haupt zum Redner, aus der Sicht des Betrachters gerät die Krone so in Schieflage, ein Eindruck, der intendiert gewesen sein mochte. Darunter finden sich im Randstreifen des Teppichs unbemannte Boote abgebildet – vielleicht als Zeichen der durch den Kometen angekündigten Invasion?[47] Die Angelsächsischen Chroniken sind zurückhaltender in der Bewertung des Kometen als schlechtes Omen für Harolds Königtum; die Rezensionen C und D vermerken stattdessen, dass Harold während seiner Amtszeit «wenig Ruhe erfuhr».[48] Er bekam keine Zeit, über die Bedeutung des Kometen oder seinen bemer-

Abb. 10 *Teppich von Bayeux: Der Halleysche Komet und König Harold*

kenswerten Aufstieg vom Earl zum König lange nachzudenken. Diese Position, auf die er gerade in jüngster Zeit so zielstrebig hingearbeitet hatte, zu erlangen, war eine Sache, sie zu behalten und Kontinuität zu entwickeln, eine ganz andere. Im Gegensatz zu Eduard und Edith hatten Harold und Ealdgyth zwar sehr rasch Nachwuchs gezeugt – im Herbst 1066 brachte Ealdgyth ihren Sohn Harold Haroldson auf die Welt.[49] Doch das Versprechen auf dynastische Kontinuität alleine genügte nicht, um Harold eine friedvolle Amtszeit zu bescheren. In England fand seine Thronbesteigung recht schnell breite Akzeptanz, aber außerhalb Englands sah dies mancher in der eng vernetzten Welt der Nordsee mit ganz anderen Augen. Kaum dass sich die Nachricht von Eduards Tod über England hinaus verbreitete, begannen auf den anderen Seiten der See Harolds Konkurrenten, ihre Schwerter zu wetzen: an allererster Stelle der Herzog der Normandie, Wilhelm.

7
WILHELMS AUFBRUCH

Die Nachricht von Eduards Tod und Harolds Thronbesteigung erreichte Wilhelm gleichzeitig. Er sah sich vor vollendete Tatsachen gestellt. Hatte er die Hoffnung gehegt, die Zeit der Thronvakanz nützen zu können, um sich als Nachfolgekandidaten ins Spiel zu bringen, so waren diese Aussichten mit einem Schlag zunichte gemacht worden. Es blieb nur noch der Weg über den Kampf. Für den Krieger Wilhelm war dies an sich nichts Ungewöhnliches. Ungewöhnlich aber war die Größenordnung des Unterfangens. Eine Kampagne zur Eroberung der englischen Krone überstieg bei weitem alle seine bisherigen Unternehmungen. Als er das Vorhaben mit den normannischen Magnaten diskutierte, äußerten sie große Zweifel: Es sei zu gewagt und würde bei weitem die Mittel des Herzogtums übersteigen.[1] Sollte es Aussichten auf Erfolg haben, musste es in der Tat sehr gut vorbereitet werden. Absoluter Rückhalt in der Normandie musste dafür genauso gegeben sein, wie die Unterstützung oder zumindest die Billigung der Nachbarn bzw. mächtiger politischer Akteure in dieser Region. Im Idealfall würde auch der Papst dem Unternehmen seinen Segen erteilen.

Propaganda

Vor diesem Hintergrund begann man im Umfeld Wilhelms, eine Geschichte auszuspinnen, die seine Ansprüche auf den englischen Thron plausibel machte. Sehr wahrscheinlich unter der Leitung von Lanfrank, einem hochgebildeten Mann aus Pavia, der 1042 dem Kloster von Le Bec beigetreten war und seit 1063 dem von Wilhelm gegründeten Kloster St. Stephan in Caen als Abt vorstand, wurden die Argumente formuliert, mit denen man Wilhelms Angriff rechtfertigen wollte.[2] Wilhelm, so das Ziel des Plädoyers, tat nichts anderes, als sein Recht zu verfolgen. Lanfrank und seine Mitstreiter flochten zu diesem Zweck die verschiedenen Stränge der Geschichte normannisch-englischer Beziehungen aus den vergangenen Jahrzehnten zu einem kräftigen Beweisstrang zusammen. Sie begannen mit Eduards Aufenthalt in der Normandie, schritten weiter zur Stellung der Geiseln und den Verhandlungen von 1051–52 bis zu Harolds Normandiereise – bis sie ein mehr oder minder kohärentes Bild eines lang etablierten Anspruchs Wilhelms glaubhaft machen konnten.

Die Minimalversion ihrer Argumentation dürfte in etwa dem entsprochen haben, was sich bei Wilhelm von Jumièges findet: Eduard habe zunächst Erzbischof Robert von Canterbury zu Wilhelm geschickt, um ihn zum Erben des englischen Königreichs zu bestimmen. Dann habe der König später Harold, den Ranghöchsten seiner Earls gesandt, um Wilhelm Treueide zu leisten, welche den nachmaligen Übergang der Krone an ihn betrafen.[3] Die Maximalversion lieferte Wilhelm von Poitiers in seinem bis 1077 fertig gestellten Werk, dessen zentrale Punkte sind: Eduards Dankbarkeit, Wilhelms Verwandtschaft mit Eduard und seine besondere Eignung, sodann die «gültige Schenkung» durch Eduard an Wilhelm, der Eid der englischen Magnaten und die Geiselstellung als Sicherheit, schließlich Harolds Reise im Auftrag Eduards, um Wilhelm gegenüber die Schenkung zu bekräftigen, der Lehnseid des Earls gegenüber Wilhelm als de facto König von England, sein Schwur, Wilhelms Interessen in England im Hinblick auf die Thronfolge wahrzunehmen, sowie ihr gemeinsamer Feldzug in die Bretagne, der Harold noch stärker Wilhelm verpflichtete.

Aus dieser Perspektive stellte sich die Thronergreifung Harolds fraglos als Eidbruch dar – gleichgültig ob man Wilhelm von Jumièges oder Wilhelm von Poitiers folgte, gleichgültig ob man sich auf die Minimal- oder Maximalversion stützte. Das Wilhelm widerfahrene Unrecht vergrößerten die normannischen Propagandisten noch durch die These, dass Erzbischof Stigand von Canterbury Harold gekrönt habe, obgleich jener vom Papst gebannt worden sei.[4] Harolds Krönung und sein Königtum konnten mithin nicht rechtens sein. Mit dieser Botschaft zogen Wilhelm und seine Männer in die Welt und warben um Verständnis und Unterstützung. Es ging wie bei jedem Werben nicht in erster Linie darum, den Gegner zu überzeugen, sondern darum, in den eigenen Reihen Geschlossenheit zu erzeugen und unbeteiligte Dritte für sich einzunehmen. Dies galt im unmittelbaren Vorfeld der Eroberung genauso wie in den ersten Jahren danach. Für die Legitimierung der Eroberung musste über einen längeren Zeitraum hinweg gearbeitet werden.

Bemühungen um päpstlichen Segen

Wilhelms Strategie trug Früchte. Der dänische König Sven soll sein Einverständnis gegeben haben, möglicherweise wurde sogar die Verbindung zu Kaiser Heinrich IV. gesucht und erfolgreich gestaltet.[5] Besonders attraktiv im Kampf um die innersten Überzeugungen potentieller Unterstützer war der päpstliche Segen für das Unternehmen – man schloss sich doch viel leichter einer Sache an, wenn verbürgt war, dass man damit keine Schuld auf sich lud und sein Seelenheil nicht gefährdete. Wilhelm hatte sicherlich erfahren, dass 1063 Papst Alexander II. dem normannischen Heerführer Roger I. das päpstliche Banner hatte schicken lassen, nachdem jener bei Cerami auf Sizilien dessen muslimischen Gegner besiegt hatte. Damit mochte Alexander zwar auch die päpstlichen Ansprüche auf die Lehnshoheit über Sizilien dokumentiert haben; er stärkte aber durch diese symbolträchtige Handlung die Autorität Rogers, zumal der Papst den Siegern die Vergebung ihrer Sünden versprach.[6] Geschart um das päpstliche Banner, so Wilhelm von Poitiers, könne man die Feinde mit umso größerem Selbstvertrauen und höherer innerer Gewissheit angreifen.[7] Gott, so die Implikation, sei dann ganz sicher auf ihrer Seite. So konnte das päpstliche Banner nicht nur ein ungemein nützlicher Baustein in der rechtlichen Konstruktion eines legitimen Angriffs, sondern sogar zu einer scharfen Waffe im Kampf selbst werden. Darüber hinaus würde der päpstliche Segen Wilhelm vor dem Vorwurf schützen, aus reiner Gier das Reich eines anderen christlichen Königs anzugreifen und ohne Not das Blut vieler Christen zu vergießen. Dies der Welt und dem Himmel zu klagen, konnte ein Weg sein, den Harold und seine Anhänger beschreiten mochten, um ihrerseits Wilhelm zu delegitimieren, ja ihn als gottesfeindlichen Schurken darzustellen. Wilhelm wollte sich diese Blöße nicht geben. So wie er 1059 die explizite Anerkennung seiner Ehe mit Matilda durch Papst Nikolaus II. erhielt[8] und damit jegliches Risiko im Hinblick auf die Legitimität seiner Kinder ausschloss, suchte er nun die Gefahr zu minimieren, dass sich Rom gegen seine Ziele stellte und damit ein wichtiger Verbündeter seiner Gegner würde. Widerstand gegen Wilhelms Ansprüche vor der Schlacht bzw. nach einem eventuellen Sieg sollte sich erst gar nicht um einen rechtlichen, vom Papst anerkannten Kristallisationskern bilden können. Die Bitte an Rom war somit eine wichtige, mit Nachdruck betriebene Präventivmaßnahme Wilhelms. Sie war aber keine *conditio sine qua non*. Wilhelm suchte die Kooperation mit den kirchlichen Autoritäten, machte seine Entscheidungen aber nicht von ihnen abhängig. Der Angriff würde erfolgen, ganz gleich wie die päpstliche Antwort ausfiel.

In der Tat scheint Wilhelm mit seinem Anliegen in Rom keine explizite Unterstützung erlangt zu haben. Wilhelm von Poitiers berichtet zwar, dass Alexander II. Wilhelm das Banner und seinen Segen habe zukommen lassen,[9] doch ist er der einzige Gewährsmann für diese Überlieferung. Es bestehen erhebliche Zweifel daran, dass der herzogliche Gesandte Gilbert, Erzdiakon von Lisieux,[10] tatsächlich Alexander II. für eine klare Parteinahme zugunsten Wilhelms hat gewinnen können. Gilbert mag trotz seiner vielfältigen Bemühungen und der Fürsprache Hildebrands, des nachmaligen Papstes Gregor VII., letztlich mit leeren Händen heimgekehrt sein.[11] Das stärkste Indiz dafür, dass Wilhelm England ohne päpstlichen Segen angriff, stammt aus den Jahren unmittelbar nach der Eroberung. Wahrscheinlich im Jahr 1067, spätestens aber 1070 und damit noch zu Lebzeiten Alexanders II., veröffentlichte der päpstliche Legat Ermenfried von Sion die Bußstrafen, die den Teilnehmern an Wilhelms Feldzug auferlegt wurden. Es lohnt sich, sie näher in Augenschein zu nehmen, da sie auch einen aufschlussreichen Blick auf die Kriegspraxis erlauben und erkennen lassen, dass nicht nur Ritter, sondern auch Kleriker, ja wohl auch Mönche an der Schlacht teilnahmen.

Die Männer, die ihrer Gefolgschaftspflicht gegenüber Wilhelm Genüge leisteten, mussten je nach Tat unterschiedliche Bußen leisten: Für jeden getöteten Mann musste ein Jahr gebüßt werden; für jeden Verletzten (wenn er sich an die Anzahl erinnern konnte und nicht wusste, ob sie an den Verletzungen starben) jeweils vierzig Tage. Jeder, der sich nicht mehr daran erinnerte, wie viele er getötet oder verletzt hatte, sollte nach Maßgabe des zuständigen Bischofs entweder für den Rest seines Lebens an einem Tag pro Woche Buße tun oder, wenn es ihm seine Mittel erlaubten, eine Kirche stiften bzw. eine Kirche beschenken. Alle Kleriker, die kämpften oder für den Kampf gerüstet waren, sollten gemäß dem kanonischen Recht Buße leisten, so als ob sie in ihrer Heimat gesündigt hätten, war es ihnen doch grundsätzlich untersagt zu kämpfen. Die Bußen der Mönche waren gemäß ihrer Orden und nach dem Urteil ihrer Äbte zu leisten. Diejenigen Kämpfer aber, die lediglich aus Gewinnstreben an der Schlacht teilgenommen hatten, hätten eigentlich wegen Mordes büßen müssen. Da sie aber in einem «öffentlichen Krieg» (*publicum bellum*) gekämpft hatten, wurde ihnen gnadenhalber eine Buße von nur drei Jahren auferlegt. Die Bogenschützen, die nicht wissen konnten, ob sie jemanden getötet oder ohne Todesfolge verletzt hatten, mussten als Buße die vierzig Tage der Fastenzeit verdreifachen. Wenn irgendjemand vor der Krönung des Königs bei der Nahrungssuche einen Feind getötet hatte, sollte er für jeden Einzelnen ein Jahr büßen. Hatte er aber mit der Absicht zu plündern die Lande durchstreift und dabei getötet, so lautete die Pönitenz drei Jahre pro Person. Wenn irgendjemand nach der Krönung getötet hatte, dann war dies als Mord zu betrachten, es sei denn der Getötete hatte die Waffen gegen den König erhoben. Dann griffen die zuvor genannten Regelungen. Diejenigen, die sich des Ehebruchs, der Vergewaltigung oder der Unzucht schuldig gemacht hatten, mussten so büßen, als ob sie diese Sünden in ihrer Heimat begangen hätten. Das galt ebenso für die Schändung von Kirchen. Geraubtes Kirchengut sollte den betroffenen Kirchen erstattet werden; wenn dies nicht möglich war, sollten sie es anderen Kirchen geben. Wenn sie auch dies nicht täten, dann waren wenigstens der Ver- und Ankauf solcher Güter untersagt.[12] Dieser Bußkatalog, der in geradezu lakonischer Kürze die zu allen Zeiten gleiche Grausamkeit des Kriegs abhandelte, wäre schwerlich verkündet worden, wenn Wilhelm und seine Männer mit dem expliziten Segen Papst Alexanders II. unter dessen Banner in die Schlacht gezogen wären.

Gefolgschaften und Truppenstärken

Während also Erzdiakon Gilbert in Rom verhandelte, liefen in der Normandie die Vorbereitungen für den Waffengang auf Hochtouren. Wenn Wilhelm überhaupt eine Chance haben wollte, dann musste er mit einer großen Streitmacht übersetzen – einer größeren, als die Normandie sie bislang je gesehen hatte. Eine bloß aggressive Politik, bei der man immer wieder Nadelstiche setzte und kleine, gezielte Kampagnen führte, in deren Verlauf es hier und da zu ein paar Verwüstungen käme, würde diesmal nicht greifen. Für diese klassische Zermürbungstaktik taugte das Ziel nicht. Der Ärmelkanal war zwar alles andere als ein unüberwindbares Hindernis, aber die Versorgung mit Nachschub war wegen der unvorhersehbaren Wetter- und Windverhältnisse kaum zuverlässig zu planen und zu gewährleisten. Wilhelm mag vielleicht gar nicht intendiert haben, das gesamte Königreich gleich mit dem ersten Heerzug zu erobern, das heißt sofort seine Herrschaft auf der Fläche von Winchester im Süden bis Durham im Norden durchzusetzen. Sein Augenmerk lag vor allem auf der Königswürde, dem königlichen Vorrang. Territorial musste sein Hauptinteresse auf Wessex liegen, der Nachbarregion der Normandie und der Kernlandschaft der Godwinsons; und es war ja auch noch gar nicht lange her, dass man eine Teilung des englischen Königreichs erwogen hatte (Harold I. und Hardaknut). Im Jahr 1066 stand es zunächst einmal in den Sternen, ob es Wilhelm gelingen würde, nach seinem Heerzug die Einheit des englischen Königreichs zu bewahren. Sein Ziel musste es jedenfalls sein, König Harold so rasch wie möglich in eine Entscheidungsschlacht zu zwingen und ihn vernichtend zu schlagen. Dazu musste er mit einer großen Streitmacht übersetzen, die mit Pferden und Waffen gut ausgerüstet war und deren Proviant zumindest fürs Erste ausreichte. Dies war eine logistische Aufgabe, deren Bewältigung herkulische Kräfte verlangte. Die normannischen Magnaten hatten ganz zu Recht darauf hingewiesen, dass dies die Möglichkeiten der Normandie überstieg. Nicht einmal dem Kaiser, so mahnten sie an, stünden solche Ressourcen zu Gebote.[13] Doch der knapp 40-jährige Herzog strotzte nur so vor Selbstvertrauen. Er hatte die Krisen der vergangenen Jahrzehnte gemeistert und war nun der bedeutendste Herr in Nordwestfrankreich, wichtiger als der französische König. Er traute sich zu, mit den normannischen Magnaten diese Aufgabe schultern zu können. Dafür aber bedurfte er ihrer bedingungslosen Unterstützung. Sie mussten all ihre militärischen Ressourcen zur Verfügung stellen und sich gleich ihm gänzlich in dieses Unternehmen einbringen. Dies war nicht nur im Hinblick auf die Truppenstärke von Bedeutung, sondern auch wegen der Lage in der Normandie selbst. Einen zweiten Wilhelm von Arques durfte es während seiner Expedition nach England nicht geben. Niemand sollte in der Lage sein, Wilhelms englische Ambitionen für eine Veränderung der normannischen Verhältnisse nutzen zu können. Alle Magnaten mussten mit ihren Männern für das Unternehmen gewonnen werden. Doch konnte sich Wilhelm auf keine bereits bestehenden, festen Regelungen zur Heerfolge berufen. Klar war lediglich, dass die Magnaten ihm Heerfolge schuldeten, aber nicht, mit wie vielen Männern und wie lange sie ihm zu dienen hatten. Wilhelm würde mit ihnen verhandeln und sie überzeugen müssen.[14]

Die Voraussetzungen dafür waren verhältnismäßig gut. Die normannischen Magnaten seiner Generation und deren Söhne hatten Wilhelm als militärischen Anführer mit hohem Können und Durchsetzungsvermögen erlebt. Er war der Prototyp eines erfolgreichen Ritters, der seine Gefolgschaft zu inspirieren verstand. Wilhelm besaß die Aura eines Siegers. Abgesehen davon flößte die Größe des englischen Königreichs natürlich nicht nur Furcht ein, sie war auch verlockend. Die Eroberung eines ganzen Königreichs versprach ungeahnte Möglichkeiten, den eigenen Rang zu mehren, Positionen wie die eines Earls einzunehmen und damit als gleich einem Herzog betrachtet zu werden. Für Männer, die sich vor allem über den Kampf und weniger über die Administration ihrer Ländereien definierten, war ein Abenteuer von solcher Größenordnung eine einmalige Gelegenheit, einen unvergänglichen Platz im Bewusstsein der Zeitgenossen und im Gedächtnis kommender Generationen einzunehmen.

Die Verhandlungen Wilhelms mit seinen Magnaten verliefen nach seinen Wünschen. Die Großen unterstützten das Unternehmen auf der ganzen Linie. In der Tat scheinen diese Gespräche maßgeblich dazu beigetragen zu haben, ihre militärischen Verpflichtungen gegenüber dem Herzog präziser zu definieren. Die später in der Normandie praktizierten Quotenregelungen, das heißt die Festlegung auf eine bestimmte Anzahl der zu stellenden Kämpfer, scheinen in dieser historischen Situation ihren Ursprung zu haben. Den ersten Hinweis auf die Verbindung einer festen Anzahl von zu musternden Kämpfern mit einem Lehen finden wir in einer 1066 oder kurz danach ausgestellten Urkunde Herzog Wilhelms für die bischöfliche Kirche von Avranches. Mit dem der Kirche übertragenen Gut von St. Philbert war als Gegenleistung der Dienst von fünf berittenen Kriegern – die die kleinste taktische Reitereinheit bildeten – verknüpft. 1172 war der Bischof von Avranches jedenfalls verpflichtet, diese fünf Kämpfer dem normannischen Herzog zu stellen, und es liegt nahe, dass dies bereits 1066 der Fall war. Mithin trugen der Heerzug zur Eroberung Englands und der Druck, dafür möglichst viele Kämpfer zu rekrutieren, zur Systematisierung des normannischen Militärwesens und der Gefolgschaftspflichten der Magnaten gegenüber dem Herzog bei.[15]

Wilhelms Strahlkraft reichte aber weit über die Grenzen der Normandie hinaus. Zahlreiche junge Männer aus Nordwestfrankreich schlossen sich seinem Heerzug an. Angezogen von seiner Freigebigkeit und überzeugt von der Rechtmäßigkeit seiner Ansprüche, so Wilhelm von Poitiers, kamen sie in die Normandie.[16] Es dürfte aber wohl, gewichtet man ihre Motive, weniger ihr Gerechtigkeitssinn gewesen sein, der sie antrieb, als ihre Sehnsucht und die Hoffnung, im Windschatten Wilhelms Ruhm und Reichtum – *premium* wie es missbilligend im Bußkatalog Ermenfrieds hieß[17] – zu erlangen. Aus der Bretagne, aus Maine, aus dem Poitou, aus der Île-de-France, aus Boulogne, Ponthieu und Flandern strömten sie herbei, um sich nun in England zu schlagen.[18] Die Herkunftsregionen der Krieger spiegeln sehr schön die Einflusszonen Wilhelms. Er war ein mächtiger Kriegsherr geworden.

Wie viele Kämpfer sich genau um den Herzog scharten, ist ungewiss. Guido von Amiens spricht von 150 000, Wilhelm von Poitiers zunächst von 50 000, dann 60 000 Mann; Wilhelm von Jumièges bietet keine Truppenzahlen, erwähnt dafür aber 3000 Schiffe, auf denen man den Ärmelkanal überquerte.[19] Die Chronisten waren gar nicht daran interessiert, präzise die Anzahl der Kämpfer zu überliefern. Ihnen ging es vielmehr darum, mit ihren Angaben die schiere Größe des Unterfangens vor Augen zu führen. Im Lied Guidos von Amiens tritt ein Bote auf, der König Harold nach der Ankunft Wilhelms berichtet, dass niemand sagen könne, wie viele Tausend Männer Wilhelm begleiteten. Er verfüge über so viele Ritter, wie es Fische im Meer gebe. «Und so wie du die Sterne nicht zählen kannst, kannst du seine Männer nicht zählen.»[20] Die Männer Wilhelms waren eben unzählbar – und genau das war der entscheidende Punkt.

Die modernen Historiker haben es dennoch versucht. Sie sind dabei zu unterschiedlichen Ergebnissen gelangt; immer aber sind ihre Zahlen deutlich geringer als diejenigen der Chronisten. Die Angaben reichen von einer Truppenstärke von etwa 5000 bis 6000 (Stephen Morillo), über 7000 (R. Allen Brown) und bis zu 10 000 Mann (Bernard Bachrach). Nach ihrer Überzeugung befanden sich darunter etwa 2000 bis 3000 berittene Krieger, während die Übrigen zu Fuß kämpften, einige von ihnen auch als Bogenschützen.[21] Ganz gleich, für welche Zahl man sich entscheidet, es war jedenfalls ein mächtiges Aufgebot, das der Herzog an der Mündung der Dives in Calvados versammelte.

Die meisten Kampfer waren Laien, aber wie der Bußkatalog des Legaten Ermenfried zu verstehen gibt, nahmen auch Kleriker und sogar der eine oder andere Mönch am Feldzug aktiv teil. Der Halbbruder Herzog Wilhelms, Odo, Bischof von Bayeux, und Gottfried von Montbray, Bischof von Coutances, waren die prominentesten Kleriker auf dem Schlachtfeld. Wilhelm von Poitiers erklärte zwar, dass die beiden Bischöfe, die Kleriker und Mönche lediglich die Krieger mit ihren Gebeten für die Schlacht vorbereiteten,[22] also nichts getan hätten, was ihrem geistlichen Stand widersprochen hätte, aber Odo und Gottfried kämpften nicht nur mit Worten. Wenn der Teppich von Bayeux Odo zeigt, wie er während der Schlacht von Hastings auf seinem Pferd reitet, eine Keule hält und angetan mit einem Kettenhemd die Reihen der Normannen anfeuert,[23] dann hat dieser Versuch, den klerikalen Anschein zu wahren, etwas Clintonesques: Ich kämpfte in der Schlacht, vergoss aber kein Blut. Orderic Vitalis war ehrlicher, als er später über Bischof Gottfried schrieb, dass jener «stärker in militärischen als in klerikalen Angelegenheiten war und folglich geeigneter war, gerüstete Ritter für den Kampf auszubilden als in ihre Kirchengewänder gekleidete Kleriker für das Singen der Psalmen».[24] Odos und Gottfrieds Teilnahme am Feldzug war nichts Ungewöhnliches. Theoretisch war ihnen zwar das Blutvergießen untersagt, in der Praxis jedoch war die Teilnahme von Bischöfen an Feldzügen durchaus üblich. Selbst oft dem kriegerischen Milieu des Adels entstammend, gehörte zwar nicht für alle, aber doch für manche das Kämpfen wie selbstverständlich zur eigenen Lebensführung. Mochten auch die Kirchenreformer dies kritisch beäugen, in der Lebenswelt des 11. Jahrhunderts hatten die Kriegerbischöfe jedenfalls ihren festen Platz.[25] Für Mönche war der Schritt vom Kloster auf das Schlachtfeld zweifellos ungewöhnlicher. Sie unterstanden der Disziplinargewalt ihres Abts und bewegten sich gemäß des Prinzips der *stabilitas loci* gewöhnlich im engeren Umfeld ihres Klosters. Solche, die in Hastings zugegen waren, dürften demnach im Auftrag ihrer Äbte gehandelt haben. Im 12. Jahrhundert berichtet Gerald von Wales, dass Remigius, Mönch der normannischen Abtei von Fécamp, das ritterliche Kontingent der Abtei nach England geführt habe.[26] Dies war nicht frei erfunden: Remigius stellte in der Tat im Auftrag seines Abts dem Herzog ein Schiff mit zwanzig Rittern zur Verfügung.[27]

Das Lager am Meer

Einen Monat verbrachten Wilhelms Truppen in Dives. Verschiedene Gründe dürften für diesen vergleichsweise langen Aufenthalt verantwortlich gewesen sein. Es wird einige Zeit in Anspruch genommen haben, bis Wilhelm alles für die Einschiffung vorbereitet und die bunte Truppe so weit trainiert hatte, dass sie in der Lage war, gemeinsam zu kämpfen und den dafür erforderlichen taktischen Notwendigkeiten zu genügen. Nicht nur ihre schiere Anzahl stellte Wilhelm in dieser Hinsicht vor neue Herausforderungen, sondern auch ihre heterogene Zusammensetzung. Die Ritter waren normalerweise in Einheiten von fünf oder zehn Mann organisiert. Sie bildeten einen *conroi*. Die meisten Ritter in Wilhelms Armee werden bereits in solchen *conrois* organisiert gewesen sein; manche aber dürfte man auch vor Ort erst neu gebildet haben, und viele der *conrois* mussten ihrerseits wieder aufeinander abgestimmt werden, sollte ein Reiterangriff nicht im Chaos enden. Im Lager in Dives dürften zumindest ein paar grundsätzliche taktische Verhaltensweisen exerziert worden sein. Doch sollte man die dafür aufgewandte Zeit nicht zu groß veranschlagen. Die Männer, die sich in Dives versammelten, waren Profis, sie verstanden sich auf ihr blutiges Handwerk und benötigten nicht lange, um sich in neuen Formationen zurechtzufinden. Ein dritter Grund für den langen Aufenthalt mag der Vorfeldaufklärung geschuldet gewesen sein: Gut informiert über die englischen Flottenbewegungen im Ärmelkanal, dürfte Wilhelm auf einen günstigen Moment zur Überfahrt gewartet haben. So war es vermutlich kein Zufall, dass sich Wilhelm vier Tage nach der Auflösung von Harolds Flotte einschiffte.[28] Doch neben all diesen logistisch-taktischen Gründen dürfte auch das Wetter dazu beigetragen haben, den Aufenthalt in Dives zu verlängern. Nach Wilhelm von Poitiers verhinderten zunächst ungünstige Winde die Überfahrt.[29]

Diese Begründung ist ernst zu nehmen, denn Wilhelm konnte kein Interesse daran haben, länger als irgend nötig in Dives im Lager zu verbringen. Die Versorgung von so vielen Menschen und Tieren auf engem Raum war eine immense logistische Herausforderung. Im Idealfall besaß ein Ritter drei Pferde: sein Schlachtross, sein Marschpferd und sein Packpferd.[30] Da aber nicht alle Krieger so komfortabel ausgestattet gewesen sein dürften und manch ein Glücksritter wohl nur auf einem einzigen Pferd seine Chance zu ergreifen suchte, dürfte die Gesamtzahl der Pferde zwischen 3000 und höchstens 6000 gelegen haben. Sie und ihre Reiter sowie die zahlreichen Infanteristen mussten mit Nahrung versorgt werden. Gleichzeitig musste für minimale Hygienestandards gesorgt werden, damit die Ausscheidungen von so vielen Menschen und Tieren nicht zum Ausbruch von Seuchen im Lager führten – eine der seit den Schilderungen im ersten Gesang der *Ilias* bekanntermaßen gravierendsten Gefahren für große militärische Unternehmungen überhaupt.[31] Längere Aufenthalte an einem Ort bargen zudem das Risiko, dass in den eigenen Reihen die Disziplin nachließ. Junge Männer unter Waffen, die darauf brannten, ihre Kampfkraft unter Beweis zu stellen, und die es gewohnt waren, sich zu nehmen, was sie brauchten, mussten unter Kontrolle gehalten werden. Wilhelm konnte nicht zulassen, dass sie sich und ihre Pferde nach eigenem Gutdünken aus der Umgebung von Dives versorgten oder im Lager untereinander Händel begannen. Es ist bezeichnend für das üblicherweise an den Tag gelegte Verhalten solcher Gruppen, wenn Wilhelm von Poitiers die organisatorischen Fähigkeiten des Herzogs mit den Worten lobt, dass «das Vieh und die Herden der Menschen der Region sicher grasen konnten, sei es auf den Feldern oder der Steppe. Das Getreide harrte unverletzt der Sichel des Bauers und wurde weder durch die stolze Ausgelassenheit der Ritter niedergetrampelt noch durch den Furier [der für die Versorgung zuständig war] abgeschnitten. Ein schwacher oder unbewaffneter Mann konnte auf seinem Pferde singend reiten, wo auch immer er es wünschte, ohne beim Anblick von Rittern zittern zu müssen.»[32] Der Panegyriker des Herzogs lag übrigens in diesem Punkt mit seinem Lob tatsächlich einmal richtig: Die Organisation dieses Heerlagers war eine Meisterleistung.

Es war eine Sache, die Männer, ihre Pferde und ihre Ausrüstung in Dives zusammenzuführen, eine andere aber, sie über den Kanal zu bringen, denn Wilhelm verfügte nicht über die dafür notwendige Anzahl von Schiffen. Einen Teil davon ließ er neu bauen. Der Teppich von Bayeux zeigt sehr anschaulich, wie auf seinen Befehl hin Bäume gefällt und entastet, wie aus den Stämmen Planken gefertigt und diese zusammengefügt und wie schließlich die fertigen Schiffe zu Wasser gelassen wurden, indem man sie an Seilen über das Ufer ins Meer zog.[33] Doch wie hart die normannischen Schiffsbauer auch arbeiteten, wie sehr die Luft vom Widerhall ihrer Äxte auch erfüllt gewesen sein mag, sie alleine hätten die notwendige Anzahl von Schiffen nicht liefern können, zumal frisch geschlagenes Holz sich nur bedingt dafür eignete.[34] Wilhelm musste mit seinen Magnaten nicht nur über die Bereitstellung von Männern, sondern auch von Schiffen verhandeln. Eine zwischen Dezember 1067 und circa 1072 in der Normandie, wahrscheinlich im Kloster von Fécamp, erstellte Liste erhellt, wie erfolgreich diese Gespräche verliefen: Wilhelms Seneschall Wilhelm fitz Osbern, der späteren Quellen zufolge der herzogliche Verhandlungsführer war,[35] führt sie mit 60 Schiffen an. Ebenfalls 60 Schiffe stellten Hugo von Avranches, später Earl von Ches-

Abb. 11 *Teppich von Bayeux: Wilhelm lässt Schiffe für die Überfahrt bauen*

ter, Robert, Graf von Eu, Roger von Montgomery und Roger von Beaumont. Hugo von Montfort stellte 50 Schiffe, Fulko von Aunou und Gerold, Herr von Roumare, jeweils 40, Walter Giffard 30, Nicholas, der Abt von St. Ouen fünfzehn und Remigius, Mönch der Abtei Fécamp, später Bischof von Dorchester und Lincoln, ein einziges Schiff. Die größten Kontingente aber stellten Herzog Wilhelms Halbbrüder, Robert, Graf von Mortain, mit 120 und Odo, Bischof von Bayeux, mit 100 Schiffen. An dritter Stelle kam der Graf von Evreux, Richard, vertreten durch seinen Sohn Wilhelm, mit 80 Schiffen. Insgesamt wurden so 776 Schiffe gemustert; der Autor der Liste kommt allerdings bei seiner Addition bemerkenswerterweise auf 1000 Schiffe. Auch diese Schiffe mussten zum Teil wohl noch gebaut werden, was in den Küsten- bzw. Flusshäfen der Magnaten geschah.[36]

Dieser Liste entnehmen wir auch, dass Wilhelms schwangere Ehefrau Matilda ihrem Mann ein Flaggschiff namens Mora bauen ließ. Am Bug dieses Schiffes wurde die goldene Figur eines kleinen Kindes angebracht, das mit dem Zeigefinger seiner Rechten nach England deutete

Abb. 12 *Teppich von Bayeux: Wilhelms Schiff ‹Mora› mit Galionsfigur*

und mit seiner linken Hand ein Horn aus Elfenbein an seine Lippen drückte, gleichsam zum Aufbruch blasend.[37] Vielleicht, so Elisabeth van Houts, verwies Mora auf das griechische Wort Moira, den Begriff für die Göttin des Schicksals, und das goldene Kind auf das ungeborene herzogliche Kind sowie die neue Zukunft Englands.[38] Matilda wusste, auf welches Abenteuer sich ihr Mann einließ. Der Steuermann der Mora war Stephan fitz Airard, der bis zu Wilhelms Tod in dessen Diensten verblieb. Auch sein Sohn Thomas fitz Stephan wurde Steuermann. Während aber der Name seines Vaters mit Wilhelms Triumph verbunden blieb, so sollte der Name seines Sohns mit einer der größten Tragödien der anglo-normannischen Geschichte verwoben werden: Im November 1120 stand er am Ruder, als von Barfleur aus das Weiße Schiff Kurs auf England nahm. An Bord befanden sich der gleichnamige Enkel Wilhelms, der Sohn und Thronfolger König Heinrichs I., sowie eine ganze Reihe weiterer anglo-normannischer Adliger. Kurz nach dem Auslaufen lief das Schiff auf einen Felsen und sank. Thomas, der Thronfolger Wilhelms und dessen Begleiter ertranken.[39] So spielten Vater und Sohn als Steuermänner von Großvater und Enkel entscheidende, wenn auch sehr unterschiedliche Rollen in der Geschichte des anglo-normannischen Reichs.

Was die Gesamtanzahl der Schiffe angeht, so dürfen die Angaben der Schiffsliste als recht zuverlässig gelten. Im 12. Jahrhundert berichtet der Autor Wace, dass 696 Schiffe von dem an der Mündung der Somme gelegenen St. Valéry aus nach England aufgebrochen seien – nach St. Valéry war die herzogliche Flotte von Dives aus zunächst gesegelt. Der Gewährsmann bezog sich damit auf die Angaben seines Vaters, eines Zeitzeugen. Auf dem Weg von Dives nach St. Valéry hatte die herzogliche Flotte durch schlechtes Wetter aber bereits einige Schiffe verloren, so dass diese Angaben sich nicht wesentlich von der Zahl der Schiffsliste unterscheiden.[40] Die Schiffe hatten unterschiedliche Größen und Ladeflächen. Auch kleine Ruderboote waren darunter.[41] Der Teppich von Bayeux zeigt neben Wilhelms Schiff, dem klassischen Kriegsschiff der Nordseewelt, das ausschließlich mit Kämpfern bemannt war, auch solche, in denen sich Krieger und Pferde den Platz teilten, oder Schiffe, auf denen überwiegend Pferde zu sehen sind.[42] Viele der kleineren Boote dienten dazu, die Ausrüstung und den Proviant zu transportieren. Auch in diesem Fall sind wieder die Bilder des Teppichs von Bayeux besonders instruktiv. Helme, Speere, Lanzen und Fässer mit Wein wurden auf Karren an Bord geschafft, ebenso wurden in großer Zahl Rüstungen und Schwerter zu den Schiffen getragen.[43] Es ging in den Krieg, da durfte es an «Waffen, Männern, Proviant und anderen kriegsnotwendigen Dingen», um mit Wilhelm von Poitiers zu sprechen,[44] nicht mangeln.

Rüstungen

Zur Standardausrüstung eines normannischen Kriegers gehörte ein knielanges Kettenhemd mit Ärmeln und Haube.[45] Auf das Aussehen der Kettenhemden sind wir bereits im Zusammenhang mit der angelsächsischen Ausrüstung eingegangen. Im Hinblick auf den Schnitt der Kettenhemden von der Hüfte abwärts gilt für die normannischen Reiter, dass das Kettenhemd vorne und hinten geöffnet war, so dass die Innenseite der Oberschenkel unbedeckt blieb. So hinderte es nicht beim Reiten. Die Unterschenkel waren durch Beinschienen geschützt. Weitere wichtige Defensivelemente der Ausrüstung waren Helm und Schild. Die Helme

Abb. 13 *Teppich von Bayeux: Die Beladung der Schiffe*

wurden über der Haube des Kettenhemds getragen und unterschieden sich in ihrer Machart, soweit wir wissen, nicht von denen der Angelsachsen. Der mandel- oder drachenförmige ‹Normannenschild› war länglicher und wurde nach unten schmaler, während er oben eine abgerundete Kante hatte. Manche Exemplare erreichten fast Körperlänge und waren nach außen leicht gewölbt. So bot er fast der gesamten Flanke eines Reiters Schutz. Waren die Reiter abgesessen, so konnten die Schilde zum Beispiel zur Bildung eines Schildwalls eingesetzt werden. Ähnlich wie die Rundschilde bestanden auch diese Langschilde aller Wahrscheinlichkeit nach aus Holz, waren mit Leder bezogen und am Rand durch ein Metallband eingefasst. Neben dem Griff auf der Innenseite war noch ein längerer Riemen angebracht, der es ermöglichte, den Schild beim Reiten zu schultern und so beide Arme frei zu haben. Die Außenseite des Schildes konnte einen Schildbuckel aufweisen und Bildelemente tragen.[46] Wappen waren diese Zeichen aber noch nicht.[47]

Abb. 14 *Teppich von Bayeux: Der Einsatz von Lanzen, Schwertern und Keulen durch normannische Reiter*

Die Waffen des Reiters waren Lanze und Schwert. Die Lanzen bestanden aus einem Schaft, der in der Regel aus dem harten und flexiblen Eschen- oder Apfelbaumholz geschnitten wurde, und einer metallenen, blattförmigen Spitze von unterschiedlicher Länge. Die Lanzen konnten im Kampf auf verschiedene Weise eingesetzt werden. Der Teppich von Bayeux zeigt uns die gesamte Bandbreite der Einsatzmöglichkeiten einer Lanze als Stich-, Wurf- und Stoßwaffe.[48] Ihre größte Wucht entfaltete die Lanze, wenn sie eingelegt war. Bei dieser Technik wurde sie fest unter den Oberarm geklemmt und mit der Hand knapp hinter dem Schwerpunkt gehalten und dann im vollen Galopp gegen den Feind geführt. Hochgezogene Sattelenden und die Steigbügel verhinderten, dass der Angreifer durch den Rückstoß beim Aufprall auf den Gegner aus dem Sattel gehoben wurde.[49] Die Nahkampfwaffe par excellence aber war das Schwert. In seiner Erscheinungsform unterschieden sich normannische und angelsächsische Schwerter nicht voneinander. Auch sie wurden einhändig geführt und besaßen eine gerade, am Ende spitz zulaufende, zweischneidige Klinge.[50] In seiner symbolischen Bedeutung scheint das Schwert auf dem Kontinent einen noch höheren Rang als in

Abb. 15 *Teppich von Bayeux: Der Einsatz von Lanzen durch normannische Reiter*

England erlangt zu haben. Es wurde zum Zeichen des Ritters schlechthin und stand für seine gesellschaftliche Rolle. Ein Ritter ohne Schwert war nicht vorstellbar.

Schwerter wurden auch von den Infanteristen eingesetzt. Oftmals aber kämpften diese mit Pfeil und Bogen oder Speeren. Der aus mittlerer Distanz eingesetzte Pfeilhagel sollte den Gegner in seiner Angriffsbewegung hemmen und Breschen in seine Reihen schlagen.[51] Im Gegensatz zu den Angelsachsen verfügten die Franzosen auch bereits über die Armbrust, deren Nachteil zwar in einer im Vergleich mit dem herkömmlichen Bogen geringeren Schussfrequenz lag, die dafür aber eine höhere Durchschlagskraft erreichte. Auch diese Waffe kam in Hastings auf Seiten Wilhelms zum Einsatz.[52] Speere konnten sowohl im Fern- wie im Nahkampf eingesetzt werden. Folgt man den Darstellungen des Teppichs von Bayeux, dann war die Rüstung der Fußsoldaten nicht einheitlich. Unter den Bogenschützen trug einer, vielleicht ihr Kommandeur, Helm und Kettenhemd. Die anderen zogen ohne schwere Rüstung in den Kampf.[53]

Abb. 16 *Teppich von Bayeux: Normannische Bogenschützen*

Die riskante Überfahrt

Nach vier Wochen harten Exerzierens, fleißigen Verladens und zähen Wartens stachen Wilhelm und seine Männer von Dives aus endlich in See. Voll nervöser Spannung dürften sie auf ihre voll beladenen Schiffe und die vor ihnen liegende See geblickt haben. Was würde sie drüben erwarten? Doch viel Zeit zum Sinnieren blieb ihnen nicht. Ungünstige Winde machten bei einer solch großen Flotte das Navigieren noch schwieriger als sonst. Statt einer geordneten Überfahrt kam es zum Chaos, und Panik brach aus. Einige Boote erlitten gar Schiffbruch, andere drehten ab und flohen, noch bevor ihre Besatzung den ersten Schwertstreich geführt hatte.[54] Die Heerfahrt drohte zu scheitern, ehe sie richtig begonnen hatte. Nur mit Mühe erreichte die Flotte den weiter ostwärts in der Somme-Mündung gelegenen Hafen unterhalb des Orts St. Valéry. Dort sammelte Wilhelm erneut seine Truppen, sprach ihnen Mut zu, ließ notwendige Reparaturen durchführen und betete zusammen mit seinen Mannen um besseres Wetter. Angeblich ließ der Herzog sogar die Überreste des heiligen Valerius aus der Kirche holen, um mit dessen Fürsprache günstigeres Reisewetter zu erlangen.[55] Ein Zeichen göttlichen Beistands konnte Wilhelm nach diesem um Haaresbreite desaströs verlaufenen Beginn seiner Kampagne gut gebrauchen. Schließlich besserte sich das Wetter, und am 27. September konnten die Normannen, nachdem sie ungeduldig zwei weitere Wochen gewartet hatten, in denen bei manch einem Teilnehmer der Heerfahrt Zweifel und Unsicherheiten wieder aufgestiegen sein werden, endlich aufbrechen.[56] Es war auch allerhöchste Zeit, die Unternehmung ins Werk zu setzen, bevor die Herbststürme die Kanalüberfahrt vollends zu einem Lotteriespiel machen würden. Rasch belud man erneut die Schiffe und setzte Segel. Guido von Amiens schildert den Aufbruch mit besonders eindrücklichen Worten: «Oh, was für ein großer Lärm bricht plötzlich an diesem Ort aus, als Seeleute ihre Ruder und Ritter ihre Waffen suchen. Dann erschallen tausend Trompeten, wieder und wieder, Pfeifen mit ihren Rohrblättern, Zithern mit ihren Seiten, Trommeln, die wie Stiere brüllen, und hell erklingende Zimbeln, die miteinstimmen. Die Erde bebt, der Himmel zittert, die See ist erstaunt; Vierbeiner fliehen, genauso Vögel und Fische, weil 150 000 verschiedene Stimmen ein so großes Getöse verursachen. Aber du [Wilhelm] suchst die Kirche des oben genannten Heiligen [St. Valerius] auf, und nachdem du einige Geschenke gegeben hast, eilst du auf dein Schiff. Mit einem Trompetenstoß befiehlst du allen Schiffen, den Hafen zu verlassen und sich auf offene See zu begeben.»[57] Solch ein Aufbruch bedeutete einen enormen Trubel, und er nahm letztlich zu viel Zeit in Anspruch, um England noch bei Tageslicht erreichen zu können. Wilhelm entschied sich, vor der Küste auf offener See zu ankern und zumindest einen Teil der Nacht dort zu verbringen, ehe er am Mast seines Schiffs eine Laterne aufziehen ließ und mit diesem Lichtzeichen und einem Trompetenstoß das Signal zum Aufbruch gab.[58] England wartete am Horizont.

Es war, als wollte das Meer zum Verbündeten der Angelsachsen werden und sich sträuben, die Invasoren auf die Insel zu lassen: Wieder erwiesen sich die Fluten als tückisch. Dem Flottenverband gelang es nicht, zusammenzubleiben. Manche verloren den Sichtkontakt, und Wilhelm war gezwungen, auf See zu warten, bis sich das Gros der Flotte wieder gesammelt hatte. Dann endlich segelten sie gemeinsam auf die

Küste zu, wo sie in Pevensey (Sussex) ungestört landen konnten. Dort ließ Wilhelm als Erstes in den Überresten eines alten römischen Kastells einen Erdwall ausheben, um dahinter seinen Männern ein wenig Schutz zu verschaffen.[59] Wie wichtig es war, gemeinsam zu landen, um gegen eventuelle Angreifer bestehen zu können, zeigt das Schicksal jener Männer, deren Boote nicht mehr den Weg zum Verband gefunden hatten und die östlich von Pevensey in Romney (Kent) an Land gegangen waren. Dort wurden sie auf der Stelle von den Einheimischen niedergemacht, wofür sich Wilhelm nach seinem Sieg bei Hastings rächen sollte.[60] Von Pevensey aus zogen die Invasoren nach kurzer Zeit weiter zu dem unweit östlich von Pevensey und ebenfalls an der Küste gelegenen Hastings, wo sie eine Motte errichteten.[61] Von diesem Stützpunkt aus wollte Wilhelm die englische Krone erlangen.

Noch war nicht klar, wer ihm als Widersacher entgegentreten würde, war doch Wilhelm nicht der einzige Herrscher, der versuchte, den englischen Thron nach dem Tod Eduards für sich zu gewinnen. Bereits vor ihm war im Nordosten der Nordsee der norwegische König Harald Hardrada an der Spitze einer starken Flotte aufgebrochen, um Harold herauszufordern, und hatte die englische Küste wenige Wochen vor Wilhelm erreicht. Die erste Entscheidungsschlacht um England im Jahr 1066 wurde nicht im Süden Englands zwischen Harold und Wilhelm, sondern sehr viel weiter nördlich in der Nähe der alten skandinavischen Hochburg York zwischen Harold und Harald geschlagen. Der Sieger aus dieser Schlacht würde es dann mit Wilhelm zu tun haben. Es war wahrlich kein leichter Weg zum englischen Thron. Nehmen wir deshalb nun den dritten großen Protagonisten des Jahres 1066, König Harald Hardrada, in den Blick – den gefürchtetsten Kriegsherrn, den der Nordseeraum damals kannte.

8
HARALD HARDRADA

König Harald von Norwegen gehört zu den schillerndsten Figuren des 11. Jahrhunderts. Sein Lebensweg führte ihn von Norwegen über Kiew nach Byzanz, ehe er die norwegische Krone erlangte und schließlich 1066 bei Stamford Bridge im Kampf um den englischen Thron seinen Tod fand. Sein Leben war vom Kampf geprägt und reich an Abenteuern; so überrascht es nicht, dass er bald zu einem Helden skandinavischer Geschichtserzählung und Geschichtsschreibung aufstieg. Dies verklärt mitunter den Blick auf den historischen Harald. Dennoch lassen sich die wichtigsten Stationen seines Lebens mit einiger Sicherheit nachzeichnen.

Werdegang eines Kriegers

Als der englische Thron vakant wurde, zählte Harald zu den erfahrensten und gefürchtetsten Heerführern seiner Zeit. Mit ihm trat ein formidabler Prätendent auf den Plan. Dabei hatte sein Wirken auf historischer Bühne begonnen, wie es enden sollte: mit einer Niederlage auf dem Schlachtfeld. In den Auseinandersetzungen um den norwegischen Thron zwischen Knut dem Großen, Herrscher über Dänemark und England, und Olaf (dem Heiligen) unterstützte Harald seinen Halbbruder Olaf. Die Entscheidung fiel 1030 in der Schlacht von Stiklestad. Olaf fiel und Knut gewann die Schlacht.[1] Der etwa fünfzehnjährige Harald kam schwer verletzt mit dem Leben davon und konnte mit Hilfe des Earls von Orkney, Rognvald Brusason, vom Schlachtfeld fliehen. Ein

Karte 7 *Stationen Haralds*

angeblich von Harald selbst verfasstes Gedicht beschreibt diese Situation mit folgenden Worten:

> «Nun krieche ich von Wald
> zu Wald mit wenig Ehre.
> Wer weiß, mein Name mag später dennoch
> weiten Ruhm erlangen.»[2]

Ganz gleich, ob Harald diese Zeilen selbst verfasste oder ob sie ihm in den Mund gelegt wurden – sie lassen klar das Motiv erkennen, das Männer wie ihn antrieb: Es ging um Ruhm, um Ehre und damit um ihren Rang in der sie umfangenden gesellschaftlichen Ordnung. Nach der Niederlage von Stiklestad war Harald an einem Tiefpunkt angelangt. Sein Leben war ihm geblieben, aber in der politisch-sozialen Ordnung des norwegischen Königreichs war kein Platz mehr für ihn. Er musste seinen Rang neu erwerben. Dies konnte fürs Erste nur fernab von Norwegen geschehen. So floh er zunächst nach Schweden, wo er andere Überlebende der Schlacht von Stiklestad traf. Dort zeigte sich, dass Harald nicht alles Ansehen eingebüßt hatte. Viele waren bereit, sich ihm anzuschließen. Für Harald und seine Begleiter bot sich nur eine Möglichkeit, wieder einen Namen zu erlangen, und zwar indem sie sich als Söldner verdingten. Das war keineswegs ein ungewöhnlicher Schritt. Skandinavische Kämpfer für Kriegsdienste zu verpflichten hatte zu diesem Zeitpunkt bereits einige Tradition. Ende des 10. Jahrhunderts formten die byzantinischen Kaiser ein Truppenkontingent vorwiegend aus Skandinaviern, die so genannte Waräger-Garde – Waräger war der slawische Begriff für die aus Schweden kommenden Wikinger. Ein Bedarf an Nachschub solcher Kämpfer war immer gegeben, und der Dienst für den oströmischen Kaiser versprach reiche Entlohnung.[3] Auch anderswo im Mittelmeerraum eröffneten sich Möglichkeiten für Krieger. So zog in etwa zur gleichen Zeit wie Harald eine Reihe von Kriegern aus Nordfrankreich, insbesondere der Normandie, nach Süditalien, um dort im Dienst fremder Herren ihr Glück zu suchen und eine neue Existenz aufzubauen.[4]

Harald ging nicht nach Süditalien. Er folgte der alten Route der Waräger und zog über die Ostsee nach Kiew an den Hof von Jaroslav,

Fürst der Rus. Enge persönliche Kontakte waren für diese Entscheidung ausschlaggebend. Schon Haralds Halbbruder Olaf hatte bei Jaroslav und dessen Frau Ingigerd, Tochter des schwedischen Königs Olaf, Aufnahme gefunden, nachdem dieser 1028 aus Norwegen vertrieben worden war. Als Olaf von Jaroslav aufbrach, um den norwegischen Thron zurückzuerobern, ließ er seinen jungen Sohn Magnus beim Fürsten zurück.[5] 1031 traf Harald bei Jaroslav also auf seinen Neffen. Jaroslav selbst begrüßte die kriegserfahrenen Männer herzlich als willkommene Stärkung seiner eigenen Schlagkraft. In den folgenden Jahren kämpften Harald und seine Gefährten für den Fürsten, ehe sie höchstwahrscheinlich 1034 den Hof Jaroslavs verließen und nach Byzanz zogen.[6] Auch Magnus verließ in diesem Jahr sein Exil. Norwegische Magnaten, die mit der dänischen Regierung unzufrieden waren, holten ihn nach Norwegen zurück, wo sie ihn zum König machten.[7]

Ob es einen konkreten Anlass gab, der Harald bewegte weiterzuziehen, und ob es in irgendeiner Weise mit Magnus' Rückkehr nach Norwegen zusammenhing, ist unbekannt. Jedenfalls scheint Harald am Hof Jaroslavs keine Zukunft für seine Ambitionen gesehen zu haben. Die Reichtümer von Byzanz versprachen in dieser Hinsicht andere Möglichkeiten. Mit Jaroslav blieb er freundschaftlich verbunden. Vielleicht besaß er sogar das Versprechen des Fürsten, eines Tages dessen Tochter Ellisif (Elisabeth) heiraten zu können.[8]

In Diensten des Kaisers

In Byzanz stellten sich Harald und sein Gefolge in den Dienst des oströmischen Kaisers und bildeten eine Kerneinheit der Warägergarde. Zu Haralds Zeiten wurde sie noch überall im weiten byzantinischen Reich eingesetzt. Erst später entwickelte sich daraus die kaiserliche Leibwache. In den folgenden Jahren kämpfte Harald gegen Piraten im östlichen Mittelmeer, versuchte vergeblich, Sizilien für Byzanz zurückzuerobern, und half, den Widerstand der Bulgaren gegen die byzantinische Herrschaft zu brechen.[9] Schon bald rankten sich Erzählungen um Haralds Fähigkeiten als Heerführer, die nicht nur seine Kampfkraft rühmten, sondern auch seine Listigkeit und seinen Einfallsreichtum. Als er einmal eine Stadt auf Sizilien belagerte, ihre starken Mauern aber eine gewaltsame Einnahme unwahrscheinlich machten, ließ Harald Vögel fangen, die aus der Stadt gekommen waren, dort also wohl ihre Nester hatten. Auf dem Rücken dieser Vögel befestigten seine Männer kleine Brandsätze, mit denen die Vögel nach ihrer Rückkehr zunächst ihre Nester und dann die ganze Stadt in Brand setzten; den Stadtbewohnern blieb schließlich nichts übrig, als die Tore zu öffnen und sich Harald zu ergeben.[10] Ein anderes Mal befand er sich gemeinsam mit Georgios Maniakes, einem General der byzantinischen Streitkräfte, auf einer Kampagne, als die von Harald angeführte Waräger-Garde zuerst am Ort ihres Nachtlagers eintrafen und sich dort den komfortabelsten Platz aussuchten. Als Georgios diesen für sich beanspruchte, entspann sich ein heftiger Rangstreit zwischen den beiden, indem Harald darauf beharrte, dass die Waräger nur dem Kaiser und der Kaiserin Dienst leisteten, sonst aber niemandem untergeordnet wären. Da sie aber zuerst angekommen seien, hätten sie alles Recht, den Platz zu behalten, den sie sich ausgesucht hätten. Bevor ihr Streit eskalierte, wurde auf die Intervention und den Rat weiser Männer festgelegt, dass das Los entscheiden sollte, wer zukünftig zuerst reiten oder rudern würde, sich einen Platz im Hafen oder für das Nachtlager aussuchen sollte. Harald war damit einverstanden, wollte seinen Rang jedoch nicht vom Schicksal abhängig machen und fragte den General, wie er denn sein Los markieren würde. Harald, so versicherte er Maniakes, wolle sichergehen, dass er nicht das gleiche Zeichen benutze. Als der Losentscheid durch einen dritten Mann durchgeführt wurde und dieser das Gewinnerlos in den Händen hielt, schnappte es sich Harald, warf es in die See und rief, dass es das seinige gewesen sei. Der ungläubige Maniakes fragte ihn, woher er das wisse, woraufhin Harald ihn hieß, doch das zweite Los anzuschauen. Er werde dann sehen, dass es das Zeichen des Generals trage. Genauso kam es – Harald hatte sein eigenes Los mit dem gleichen Zeichen markiert wie Maniakes ...[11] In dieser Art finden sich noch einige Geschichten über den listenreichen Harald.[12] Ganz ähnlich wie bei bei den Erzählungen Wilhelms von Poitiers über die Taten Herzog Wilhelms zielten solche Episoden darauf ab, die umfassenden Fähigkeiten des Helden als Heerführer zu demonstrieren. Es spielte keine Rolle, ob sie sich wirklich so zugetragen hatten. Gerade weil Haralds Erfolge im Dienst des byzantinischen Kaisers unumstritten waren, hatten Legenden in seiner Lebensgeschichte ihren Platz. Harald gab den wandernden Geschichten über erfolgreiche Kriegslisten ein Gesicht.

Haralds Einsatz für Byzanz zahlte sich aus. Er wurde für seine Dienste reich honoriert und konnte damit sowohl seine Gefolgsleute belohnen als auch andere beeindrucken. Sein Geschick in der Schlacht, sei es als Kämpfer oder Stratege, erhöhte sein Ansehen und führte zu einer Institutionalisierung seines Rangs innerhalb der politisch-sozialen Ordnung von Byzanz. Laut den Angaben eines byzantinischen Zeitgenossen Haralds, der gemeinsam mit ihm in Bulgarien kämpfte, zeichnete ihn Kaiser Michael IV. nach seinen Taten in Sizilien mit dem Titel eines Manglabiten aus, einem der unteren Ränge im ausgeklügelten Ordnungsgefüge des byzantinischen Hofs. Nach dem Sieg über die Bulgaren wurde seine Position aufgewertet. Harald war fortan ein Spatharokandidat, führte mithin einen Titel mittleren Rangs.[13] Das waren zwar noch keine Spitzenränge, aber wenn Harald, so wie der Autor des Texts betont, nicht böse war, nur Manglabit und Spatharokandidat geworden zu sein,[14] dann vielleicht auch deshalb, weil es nicht üblich war, Nichtgriechen höhere Ränge zuzubilligen. Jedenfalls empfahl der Autor dem byzantinischen Kaiser, Fremde höchstens zum Spatharokandidat zu machen und die hohen Ehrenränge Griechen vorzubehalten. Nach dieser Logik hatte Harald also das ihm Mögliche erreicht.[15] Aus dem norwegischen Kriegsherrn war (auch) ein byzantinischer Würdenträger geworden.

Doch mit dem Tod Kaiser Michaels IV. im Dezember 1041 erfuhr Haralds Karriere in Byzanz ein abruptes Ende. Der neue Kaiser Michael V. vollzog einen radikalen Bruch mit dem bisherigen Regime. Er steckte Kaiserin Zoe, Ehefrau Michaels IV. und die eigentlich starke Frau in Byzanz, in ein Kloster. Die Maßnahmen des neuen Herrschers richteten sich auch gegen Harald. Das gute Verhältnis zu Michael IV. erwies sich mit einem Mal als schwerer Ballast. Harald wurde in der Hauptstadt gefangen gesetzt. Aber selbst im Gefängnis, so die spätere Legende, vollbrachte er Heldenhaftes. Unterstützt von seinen Begleitern Halldor Snorrason und Ulf Ospakson erlegte er eine riesige Schlange, die dort zwischen den verbleichenden Knochen einstiger Insassen hauste – ein beliebtes Motiv der Zeit.[16] Währenddessen tobte auf den Straßen von Byzanz der Kampf um die Macht. Michaels V. Maßnahmen stießen auf heftigen Widerstand. Im Zuge der Auseinandersetzungen kamen Harald, Halldor und Ulf frei und griffen sogleich auf Seiten Zoes in die Kämpfe ein. Im April 1042 fiel die Entscheidung zugunsten Zoes. Michael wurde geblendet und in ein Kloster verbannt. Man erzählte sich, dass Harald selbst die Blendung vorgenommen habe. Im Juni 1042 bestieg Zoe erneut den Thron, diesmal gemeinsam mit ihrer Schwester Theodora.[17] Harald jedoch erbat seinen Abschied. Als Zoe ihm diesen versagte, verließ er heimlich mit seinen Männern die Stadt.[18]

Sein Weg führte ihn wieder an den Hof von Fürst Jaroslav, wo er nun nicht mehr als Flüchtling, sondern als ein an Erfolgen und Schätzen reicher Heerführer Einzug hielt. Schon während seiner Zeit in Byzanz hatte Harald jene Reichtümer, die er im Dienst erworben hatte, an Jaroslav zur Aufbewahrung geschickt.[19] Noch mehr Kostbarkeiten aber führte er bei seiner Rückkehr mit sich. Sie waren mächtiges Versprechen und gewaltige Drohung zugleich: Diesen Mann hatte man besser zum Freund als zum Feind.

Harald nutzte die Lage, um eine herausragende gesellschaftliche Stellung im Reich Jaroslavs zu erlangen. Im Winter 1045/46 heiratete er dessen Tochter Ellisif.[20] Der Söldner wurde zum Schwiegersohn des Fürsten. Dann sah Harald die Zeit gekommen, nach Norwegen zurückzukehren. Sein Neffe Magnus hatte sich dort als König behauptet. Knut der Große war 1035 verstorben, und Magnus hatte inzwischen gar die Nachfolge von Knuts Sohn Hardaknut als König von Dänemark angetreten (1042) – ein Reich, das sich im Süden bis an die Eider erstreckte, im Osten das heute in Südschweden gelegene Halland und Schonen umfasste und im Norden seinen Einfluss bis in den Oslofjord geltend zu machen suchte.[21] Damit bestanden zwar grundsätzlich bessere Bedingungen für eine Rückkehr Haralds als in den frühen 1030er Jahren, doch Harald ging es nicht allein darum – er wollte zurückkehren, um König werden. Freiwillig aber würde Magnus kaum auf seinen Thron verzichten, und so verbündete sich Harald mit Sven Estrithson, einem Neffen Knuts des Großen. Sven hegte Ambitionen auf den dänischen Thron, hatte sich aber gegen Magnus nicht durchsetzen können.[22] Nun sah er in der Allianz mit Harald eine Chance, das Königreich doch noch für sich zu gewinnen.

Ein Doppelkönigtum

Als Magnus von ihrem Bündnis erfuhr, suchte er Verhandlungen mit seinem Onkel. Ohne dass Sven in die Gespräche miteinbezogen worden wäre, einigten sie sich folgendermaßen: Magnus teilte mit Harald sein Königreich, dafür teilte Harald mit Magnus seine Schätze. Was zunächst in geheimen Verhandlungen beschlossen wurde, erlangte wenig später in öffentlicher Inszenierung Gültigkeit. Zeitgenössische Berichte dazu fehlen freilich. Die erst viel später verfassten Sagas bieten folgendes Bild der Ereignisse. Nach der um 1230 niedergeschriebenen isländischen *Heimskringla* lud König Magnus zunächst Harald zu sich an die Tafel. Nachdem sie festlich geschmaust hatten und sich Harald in sein Zelt zurückgezogen hatte, kam Magnus zu Harald und verteilte Geschenke an Haralds Männer. Als er schließlich bei Harald angekommen war, hielt er ihm zwei Schilfrohre hin und fragte ihn, welches er haben wolle. Harald wählte das ihm am nächsten befindliche Schilfrohr, woraufhin ihm Magnus mit diesem halb Norwegen übertrug. Im Hinblick aber auf die bedeutende Frage, wer von den beiden Vorrang haben würde, ließ Magnus keinen Zweifel. Ihm gebührte der erste Rang, und zwar bei jeder Gelegenheit. Und dafür, dass er Harald in einen Rang erhoben habe, den er, Magnus, sich hatte nie vorstellen können zu vergeben, müsse Harald das nun gemeinsame Königreich stärken. Daraufhin stand Harald auf, dankte Magnus für die Ehre und den hohen Titel. Am nächsten Tag ließ Magnus die ganze Armee versammeln, um ihr die Ereignisse vom Vortag mitzuteilen. Dann wurde Harald der königliche Titel verliehen. Die in Stiklestad erlittene Schmach, so darf man ergänzen, war damit getilgt. Die *Heimskringla* lässt Magnus an dieser Stelle als (Gast)Geber auftreten, ohne dass Harald zum Bittsteller degradiert würde: Der König kam zu ihm ins Zelt und, gleich einer Krönung, erhielt Harald seine Investitur sitzend. Er bekam, was ihm gebührte.

Bei der darauf folgenden Schilderung der Teilung der Schätze Haralds kehrte sich die Situation um. Die bis dato von Magnus eingenommene Rolle übernahm nun Harald. Er lud Magnus in sein Lager. Dort hielten sie ein Festmahl ab, an dem beide Seite an Seite auf erhöhtem Sitz an der Tafel Platz nahmen. Die Gleichrangigkeit, nicht Magnus' Vorrang, wurde damit in Szene gesetzt. Anschließend stellte Harald seinen Reichtum zur Schau, zu dessen Teilhaber er in dieser Situation Magnus machte. Beide Könige, so die Saga, seien nun sehr glücklich gewesen. Doch der anschließende Dialog zwischen den beiden Königen lässt ein deutliches Gefälle zwischen dem reichen Harald und dem mittellosen Magnus entstehen. Beim Wühlen in den Schätzen fiel ihnen ein kopfgroßer Goldbarren entgegen. Harald fragte Magnus daraufhin, wo denn sein Gold sei, mit dem er diesen Barren aufwiegen könne. Magnus konnte lediglich einen goldenen Armreif vorweisen, den er Harald übergab. Seine Kriege hätten all seine Gold- und Silberressourcen aufgebraucht, erklärte er. Als ob die Kontrastierung von Haralds gewinnbringender und Magnus nur bedingt erfolgreicher Kriegsführung nicht genug gewesen wäre, lässt die Erzählung Harald noch am rechtmäßigen Besitz des Armreifs durch Magnus zweifeln. Als Magnus antwortete, dass ihm der Reif von seinem Vater, König Olaf, übergeben worden war, sagte Harald nur lachend, dass dies zwar stimme, doch habe Olaf davor den Reif seinem, Haralds, Vater abgenommen. Es seien, so schließt er, keine einfachen Zeiten für Kleinkönige [wie seinen Vater] in Norwegen unter Olaf gewesen.[23]

Der literarische Charakter der Erzählung ist evident, und selbstverständlich taugt sie nicht als Tatsachenbericht für die Ereignisse von 1046. Ihre Botschaften kreisen aber um Kerne, die schon im 11. Jahrhundert maßgebliche Bedeutung hatten. So ging es um Haralds Rang in der politisch-sozialen Ordnung Norwegens und damit auch um die Frage der Legitimität seiner Ansprüche auf den norwegischen Thron. Zwei Motive der Erzählung spielen dabei eine ganz wichtige Rolle: Haralds Reichtum und der goldene Armreif. Haralds geradezu überbordende Schätze und das zufällige Auffinden eines kopfgroßen Goldklumpens standen stellvertretend für sein Geschick und seinen Erfolg als Krieger und Heerführer: Da war jemand, dem man folgen konnte, jemand, der den Seinen Wohlstand versprach und wirklich verschaffte – kurzum, jemand, dessen Taten ihn für die Rolle des Königs qualifizierten. Und als ob das allein nicht genügt hätte, wurde Haralds Eignung auch noch durch seine Abstammung unterstrichen. Diese Herleitung erfolgte über die Geschichte mit dem goldenen Armreif. Der Armreif war nicht nur ein Schmuckstück, er hatte auch identitätsbestimmende Funktion. Im angelsächsischen England wies ein solcher Reif seinen Träger als ein Mitglied des höheren Adels aus,[24] und in Norwegen scheint ihm eine ganz ähnliche Bedeutung zugekommen zu sein. Er machte Haralds Vater als norwegischen Magnaten kenntlich. So wie Harald der Armreif zustand, kam ihm auch mindestens die Position seines Vaters zu. Harald, so die Botschaft der Erzählung, verfügte über keine grundsätzlich geringere Legitimierung für die Rolle des Königs als Magnus. Es war nur rechtens, dass sie fortan beide die Geschicke des Königreichs lenkten.

Dies führte aber zu einem anderen, vielleicht noch schwerwiegenderen Problem: Wie sollte so ein Doppelkönigtum in der Praxis funktionieren? Schon das Nebeneinander eines Königs und der Kleinkönige unter Olaf hatte sich als äußerst schwierig erwiesen. Fragen des Rangs und der daraus resultierenden Autoritätsverhältnisse ließen sich kaum konfliktfrei lösen – die Bemerkung, Kleinkönige hätten es unter Olaf nicht leicht gehabt, lässt kurz diesen ebenso komplexen wie heiklen Sachverhalt aufblitzen. Darüber hinaus hatte Harald in Byzanz eingehende Erfahrungen mit bis ins Detail ausgearbeiteten Rangordnungen des Hofs gemacht.[25] Er dürfte, wahrscheinlich noch mehr als alle anderen, gerade für diese Fragen sensibilisiert gewesen sein. Welche Antworten er und Magnus darauf fanden, wie sie ihr Doppelkönigtum lebten und gestalteten, verraten uns die Quellen leider nicht. In der Rückschau zeichnet sich ein eher pessimistisches Bild ab. Angeblich war ihr gemeinsames Königtum bald von Rangstreitigkeiten geprägt.[26] Sicher ist jedenfalls, dass es nur kurze Zeit währte: Magnus starb 1047 auf einem Feldzug gegen Sven Estrithson.

Der Tod von Magnus veränderte erneut die politische Lage in Skandinavien. In Dänemark nämlich gelang es Sven Estrithson, sich als Nachfolger durchzusetzen. Er erhielt nun das, was er sich bereits zwei Jahre zuvor von dem Bündnis mit Harald versprochen hatte. Harald seinerseits regierte Norwegen künftig alleine.[27]

Alleinherrscher

Was aber bedeutete es, Mitte des 11. Jahrhunderts norwegischer König zu sein? Das norwegische Königtum war noch nicht sehr alt. Erst in den letzten Jahrzehnten des 9. Jahrhunderts war der Königstitel mit Harald Schönhaar nach Norwegen gelangt. Doch noch bis tief in das 10. Jahrhundert war die politisch-soziale Ordnung Norwegens durch Gruppen geprägt worden, die unter ihren Häuptlingen mehr oder weniger unabhängig voneinander koexistierten. Erst allmählich institutionalisierte sich das Königtum, und so nahm auch das Königreich nur sehr langsam Formen an; die Schwerpunkte königlicher Herrschaft verschoben sich zunächst mit den Machtzentren der jeweiligen Herrscher. Von einem fest umrissenen norwegischen Königreich kann deshalb im 10. und 11. Jahrhundert nicht die Rede sein. Man sollte lieber von Einflusszonen sprechen, die sich von Süden nach Norden entlang der Westküste erstreckten und deren Ausweitung von Konflikten begleitet war.[28]

Harald selbst führte diese Politik fort. Er baute seine eigene Klientel auf. Manche seiner Gefolgsleute hatten schon König Olaf unterstützt, andere brachte er mit, wie etwa den Isländer Ulf Ospakson, der mit Harald bereits in Byzanz gekämpft hatte. Gegen seine Gegner ging Harald mit aller Härte vor. So ließ er den einflussreichen Magnaten Einar Tambarskjelve und dessen Sohn Eindride ermorden, als sie zu Verhandlungen bei ihm erschienen waren. Mit der gleichen Gnadenlosigkeit dehnte er auch das Königreich ins Landesinnere aus und gewann dadurch die Kontrolle über weite Gebiete fruchtbaren Ackerlands. Es war diese Herrschaftspraxis, die Harald seinen Beinamen Hardrada, der harte Herrscher, verschaffte.[29] Norwegischer König zu werden bedeutete für Harald also keine wesentliche Veränderung seines Handelns. Seine neue Würde verlangte von ihm nicht die Wandlung vom Krieger zum Verwalter. Im Gegenteil, sein Ruf als erfolgreicher Kriegsherr hatte ihn für dieses Amt geeignet erscheinen lassen. Als König wurde von ihm die Bestätigung dieses Rufs erwartet. Die Mechanismen hergebrachter skandinavischer Politik, durch erfolgreiche Kriegsführung die eigene Ehre zu erhöhen und die Gefolgschaft zu vermehren, galten auch noch für Haralds Königtum.

Was sich änderte, war das politische Beziehungsgefüge, in dem Harald als norwegischer König fortan agierte. Nicht mehr die Weiten der Kiewer Rus oder des byzantinischen Reichs zu Land und zu Wasser prägten im weiteren seine Handlungshorizonte, sondern die Welt der Nordsee. Dort spielte der dänische König eine zentrale Rolle. In der Tat ist die Geschichte Norwegens und Dänemarks im 10. und 11. Jahrhundert nur aus ihrer engen Verflechtung heraus zu verstehen. Bis in das frühe 11. Jahrhundert hinein bestimmten die dänischen Könige maßgeblich die politischen Verhältnisse in Norwegen.[30] Als der dänische König Knut der Große 1030 selbst den norwegischen Thron bestieg, war keinesfalls absehbar, dass diese Union nicht von mittel- oder gar langfristiger Dauer sein sollte. Auch führte das Scheitern seiner norwegischen Herrschaft 1034 keineswegs zur Aufgabe der Idee eines norwegisch-dänischen Doppelkönigtums. Folgt man der 1137/38 verfassten Chronik von Roskilde, schlossen König Magnus und Hardaknut, Knuts Sohn und Nachfolger in Dänemark, in den späten 1030er Jahren einen Vertrag, in dem sie sich gegenseitig zu Erben einsetzten, sollten sie kinderlos sterben.[31] Tatsächlich übernahm Magnus nach Hardaknuts Tod 1042 die dänische Krone.

Dänemark bestimmte auch für knapp zwei Jahrzehnte Haralds Handeln nach seiner Machtübernahme. Auch in diesem Königreich wollte er die Nachfolge von Magnus antreten und suchte deshalb, König Sven Estrithson zur Aufgabe zu zwingen, der seine seit einiger Zeit verfolgten Ansprüche auf den dänischen Thron nach Magnus' Tod durchgesetzt hatte. Fast jährlich griffen norwegische Schiffe die dänischen Küsten an, raubten, plünderten und verbreiteten Angst und Schrecken.[32] Diese traditionelle Art wikingischer Raubfahrten entsprach durchaus der Taktik der verbrannten Erde, wie sie Herzog Wilhelm so ausdauernd anwendete, nur dass man sie im Norden vom Schiff und nicht vom Pferd aus praktizierte. Aarhus, Schleswig und Hedeby wurden auf diese Weise geplündert und niedergebrannt.[33] Es war im Kontext dieser norwegischen Angriffe, dass 1047 Sven Estrithson bei König Eduard um Waffenhilfe nachsuchte; vergeblich, wie wir gesehen haben. Nur selten aber scheinen in diesen Jahren größere Flottenverbände von Harald und Sven aufeinandergetroffen zu sein. Das erste Zusammentreffen endete mit einem klaren Sieg für Harald, weil, so der dänische Autor Saxo Grammaticus, die Dänen aus Angst vor den norwegischen Schwertern lieber über Bord sprangen und den Tod durch Ertrinken vorzogen.[34] Ein anderes Mal aber scheint Sven das bessere Ende für sich gehabt zu haben; jedenfalls erzählen die Sagas, wie am Ende einer erfolgreichen Jagdsaison die Schiffe Haralds schwer beladen mit ihrer Beute gen Norden zogen, als am Horizont Sven mit einer großen Flotte auftauchte. Harald wandte sich mit seinen Schiffen zur Flucht, doch so sehr sich die Norweger auch in die Riemen legten, ihre Verfolger kamen ihren schweren, tief im Wasser liegenden Schiffen immer näher. Da befahl der König, ihr Gewicht zu verringern, indem sie geraubte Kleidung und Wertgegenstände auf Planken zu See ließen. Das half ihnen aber nur kurzfristig, denn nachdem die Dänen gestoppt hatten, um die Güter einzusammeln, nahmen sie die Verfolgung wieder auf. Schließlich war Harald gezwungen, alles über Bord zu werfen, um schneller zu werden: Malz, Weizen, Schinken und ihre Wasservorräte, schließlich die leeren Fässer, hölzerne Schutzvorrichtungen und die Gefangenen. Als die Dänen erneut anhielten, dieses Mal um ihre Landsleute zu retten, gewann Haralds Flotte einen ausreichenden Vorsprung, um sich in heimatliche Häfen zu retten. Eindrücklich zeigt diese Bestandsaufnahme der über Bord geworfenen Beute, wie sehr die Raubzüge darauf abzielten, die Lebensgrundlagen des Gegners zu vernichten und gleichzeitig die eigenen zu verbessern.[35]

Zu einer tatsächlichen Seeschlacht kam es zwischen den beiden Königen erst im Jahr 1062 an der Mündung des Flusses Nissan im heutigen Südschweden. Harald hatte sich angeblich dafür eigens ein neues, großes Schiff mit sehr viel Sorgfalt aus den besten Materialien zimmern lassen. Sie nannten es *Drache,* und das mit gutem Grund. Am Bug schmückte es ein Drachenkopf, dessen Nacken vergoldet war, während das Heck in Form eines Drachenschwanzes auslief.[36] Für die Schlacht selbst wurde das Gros der Schiffe aneinandergebunden, mit dem Drachen in der Mitte. König Sven organisierte seine Flotte in der gleichen Formation, dann ruderten sie aufeinander los. Pfeil und Bogen wurden auf mittlerer Distanz eingesetzt. Harald selbst soll sich als Bogenschütze hervorgetan haben, ein Handeln, das wir im Kontext von Schlachten für angelsächsische Könige und normannische Herzöge dieser Zeit vergeblich suchen.[37] Im Nahkampf auf den Schiffen kamen dann Äxte und

Schwerter zu blutigem Einsatz. Schließlich gelang es Harald und seinen Männern, Svens Schiff zu entern und dessen Männer niederzumachen. Der dänische König aber rettete sich durch einen Sprung in die See und gelangte, angeblich mit Hilfe von Norwegern, die ihn nicht erkannten, an Land.[38] Die Quellen lassen das Bild eines am Ende klaren Siegs für Harald entstehen – die angestrebte Eroberung des dänischen Throns erreichte er dennoch nicht. Svens Position als König konnte Harald nicht fundamental erschüttern. Der dänische König hätte in der Schlacht schon fallen müssen, damit Harald die Krone hätte erlangen können. Zwei Jahre später, 1064, kam es den Sagas zufolge zu einem anderweitig nicht belegten Friedensvertrag zwischen Harald und Sven.[39] Auf jeden Fall scheint Harald seine großen Kampagnen gegen Dänemark eingestellt zu haben. Er hatte seine Ambitionen auf die dänische Krone nicht realisieren können.

Ein altes Ziel und neue Ambitionen

Nach Dänemark bildete England für die Norweger traditionell eine wichtige Größe im politisch-militärischen und wirtschaftlichen Betätigungsfeld der Nordsee. Seit den ersten Wikingerzügen im ausgehenden 9. Jahrhundert war England ein attraktives Ziel für die Nordmänner mit ihren schnellen, hochseetauglichen Booten. Wir haben bereits gesehen, dass England, Norwegen und Dänemark unter Knut dem Großen sogar für kurze Zeit (1030–34) Teil desselben, die Nordsee umspannenden Großreichs waren. Glaubt man den Sagas, dann hätte dies auch unter Magnus der Fall sein können. Magnus nämlich habe sein Abkommen mit Hardaknut nicht auf Dänemark beschränkt gesehen, sondern sei von dessen grundsätzlicher Gültigkeit für alle zum Zeitpunkt des Tods gehaltenen Herrschaften ausgegangen. Damit hätte es auch England umfasst, das Hardaknut nach dem Tod seines Bruders Harold im Jahr 1040 erlangt hatte. Angeblich schickte Magnus sogar Boten zu König Eduard, um zu fragen, ob dieser freiwillig auf England verzichte oder ob er, Magnus, darum würde kämpfen müssen. Als er aber hörte, was für ein hartes Schicksal Eduard vor seiner Thronbesteigung gehabt habe und was für ein guter Mensch und Gottesfreund er sei, habe er seine Ambitionen auf das englische Königreich aufgegeben.[40]

Die zeitgenössischen Quellen lassen freilich keinerlei Ambitionen von Magnus im Hinblick auf England erkennen. Wir haben es, was die Geschichte betrifft, wohl mit einem deutlich später entwickelten Erzählstrang zu tun, dessen Erfinder vor allem beabsichtigte, Haralds Angriff auf England zu legitimieren. Denn Magnus' angeblicher Anspruch auf England spielte in den Sagas eine entscheidende Rolle, um Haralds Entscheidung für den Kriegszug zu erklären. Er würde nichts anderes als sein rechtmäßiges Erbe einfordern, so ihr Tenor. Verstärkt wurde diese Deutung seiner Rolle als eines rechtmäßig handelnden Königs noch durch einen besonderen Kniff: Harald habe ganz auf Einladung Tostigs gehandelt, des exilierten Bruders von König Harold. Tostig, der erst in Dänemark erfolglos um Unterstützung geworben habe, sei dann nach Norwegen gekommen und habe dort um Hilfe nachgesucht. Er habe Harald an die Abmachung zwischen Hardaknut und Magnus erinnert und ihm die Unterstützung vieler englischer Magnaten zugesichert. Harald, so die unmissverständliche Botschaft dieser kunstvollen Konstruktion historischer Vergangenheit, zog mithin nicht als Aggressor, sondern als Geladener gen England. Harald war kein Usurpator, sondern der rechtmäßige Erbe der englischen Krone.[41]

Wann genau in der nordischen Welt das Bedürfnis aufkam, Haralds Kriegszug auf diese Weise zu erklären, lässt sich leider nicht mit Gewissheit feststellen. Es ist aber unwahrscheinlich, dass solche Überlegungen schon zu Zeiten Haralds eine entscheidende Rolle gespielt haben. Es gibt keinerlei Hinweise darauf, dass es im Umfeld Haralds Bemühungen gab, den Heerzug zu begründen. Ganz anders als in der Normandie Herzog Wilhelms sah man in Norwegen um die Mitte des 11. Jahrhunderts keine Veranlassung, solche Unternehmungen rechtlich zu legitimieren. Es gibt keine Anzeichen für die Existenz normativer Vorstellungen, die zwischen Raubzügen auf einzelne Küstenstriche und Angriffen auf ganze Reiche einen qualitativen Unterschied gemacht hätten. Es galt das Recht des Stärkeren. Harald musste sich niemandem gegenüber rechtfertigen. Noch weniger sah er die Notwendigkeit, seine Unternehmung von dritter Seite approbieren zu lassen. Im Unterschied zu Herzog Wilhelm entsandte er niemanden nach Rom, um päpstlichen Segen für seinen Kriegszug zu erlangen. Seitdem Haralds Halbbruder, Olaf der Heilige, die Christianisierung mit Nachdruck vorangetrieben hatte, war Norwegen zwar Teil der christlichen Welt, aber Rom war weit. Während das Reformpapsttum auf dem Kontinent seine Autorität in diesen Jahrzehnten steigern konnte und zu einem ernstzunehmenden politischen Faktor wurde, agierte Norwegen weiterhin weitestgehend außerhalb des römischen Aktionskreises. Mit anderen Worten: Es spielte in Norwegen keine Rolle, was der Papst über die Aktivitäten Haralds dachte, und es war Harald egal, was andere darüber denken mochten – einschließlich des Papstes. Erst im 12. und 13. Jahrhundert sollte das päpstliche Wort in Norwegen an Autorität gewinnen.[42]

Nach England!

Solange Harald mit Sven Estrithson um die dänische Krone stritt, spielte England in seinen Plänen eher eine nachgeordnete Rolle. Doch aus dem Blick gerieten die englischen Verhältnisse nie. Haralds Sohn Magnus war in den 1050er Jahren in der Irischen See aktiv und engagierte sich dort 1057 in den Auseinandersetzungen zwischen dem exilierten Earl von Mercien, Ælfgar, und König Eduard.[43] Es dürften nicht die letzten norwegischen Schiffe gewesen sein, deren Mannschaften in diesen Gefilden nach Beute suchten, ehe Harald 1066 vom Tod König Eduards und dessen umstrittener Nachfolge erfuhr. Was für eine verlockende Situation für den alten Kämpen,[44] sich und seinen Leuten nach dem letztlich unbefriedigenden Ausgang der dänischen Kampagnen die eigene Tatkraft noch einmal unter Beweis zu stellen. Englands Schätze würden seine Gefolgschaft stärken, Englands Krone würde ihn zum Herrn der Nordsee machen.

Harald machte mobil. Die Sagas berichten in diesem Kontext von einer gewissen Unsicherheit, die Haralds Männer ob des Ausgangs der Expedition befiel. Sie wogen dabei Haralds große Taten auf der einen und den Bevölkerungsreichtum Englands auf der anderen Seite ab. Vor allem aber hatten sie Respekt vor den Hauskarlen, den professionellen Kämpfern der angelsächsischen Könige, von denen einer wertvoller ge-

Abb. 17 *Skuldelev 5*

wesen sein soll als zwei der besten Männer Haralds.[45] Auch wenn solche Zeilen im Wissen um die spätere Niederlage verfasst wurden und zweifellos der Ehrsteigerung der norwegischen Kämpfer dienten, so betonen sie doch einen Umstand, der auch den Normannen Sorgenfalten auf die Stirn trieb: Die Eroberung Englands war ganz gewiss kein leichtes Unterfangen.

In der Forschung herrscht keine einhellige Meinung über die Art und Weise, wie Harald seine Männer aushob und eine entsprechende Anzahl von Schiffen aufbot. Aber es ist gut möglich, dass Harald dabei einem ähnlichen Prinzip folgte, wie es wahrscheinlich Ende des 11. oder zu Beginn des 12. Jahrhunderts in den Beschlüssen des Gulating und Frostating (jeweils regionale Versammlungen) festgelegt wurde.[46] Demnach geschah die Musterung, der *leidang*, auf folgende Weise: Die Küstenregionen im Westen und Norden wurden in Bezirke (*skipreidar*) unterteilt, die jeweils ein Schiff mit Besatzung sowie Proviant für zwei Monate zu stellen hatten.[47] In Viken, der Gegend um den Oslofjord, beruhte der *leidang* auf der Anzahl von Hofstellen, die einen Mann auszu-

Abb. 18 *Bogen, Norddeutschland (Haithabu)*

Abb. 19 *Pfeilspitzen, 800–1050, Dänemark*

rüsten hatten. Insgesamt sollten gemäß der Rechtssatzungen für das gesamte Reich 308 Schiffe mit Besatzung mobilisiert werden können.[48] Die meisten dieser Schiffe hatten zwanzig Riemenpaare, diejenigen aus dem Geltungsbereich des Gulating, dem Gulatingslag, 25.[49]

Harald selbst ging aber auf einem deutlich größeren Schiff auf Fahrt. Sein *Drache* gehörte mit angeblich 35 Riemenpaaren[50] in die Kategorie der mächtigsten bis heute ausgegrabenen nordischen Kriegsschiffe. Das größte bekannte Schiff (Roskilde 6) wurde 1996–97 in Roskilde (Dänemark) entdeckt und ausgegraben. Die dendrochronologische Analyse der Planken – eine Methode zur Altersbestimmung von Hölzern – ergab ein Fälldatum der Bäume zwischen 1018 und 1032. Die verwendeten Eichen stammten aus der Gegend des Oslofjords. Das Schiff war 37,27 Meter lang und 3,99 Meter breit und besaß 39, vielleicht sogar 40 Riemenpaare. Damit ist von einer über 80 Mann starken Besatzung

Abb. 20 *Breitaxt mit Goldeinlagen, 1000–1050, Norwegen*

auszugehen.[51] Der Befund von Roskilde ist kein Einzelfall. In den 1960er Jahren wurden bei Grabungen in Skuldelev (Dänemark) insgesamt sechs Schiffe zu Tage gefördert, die dort in der zweiten Hälfte des 11. Jahrhunderts versenkt worden waren, um eine Fahrrinne zu blockieren. Darunter befanden sich auch zwei Kriegsschiffe: Skuldelev 2, wohl in den 1040er Jahren in der Gegend von Dublin gebaut, war ein großes Langschiff (30 Meter lang, 3,8 Meter breit). Mit 30 Riemenpaaren bot es Platz für 65 bis 70 Mann Besatzung.[52] Das zweite Kriegsschiff, Skuldelev 5, war hingegen sehr viel kleiner und entsprach wohl eher den Schiffen, die im Zuge des *leidang* bereitgestellt wurden. Skuldelev 5 war ein um 1030 in Dänemark gebautes kleines Langschiff (17,3 Meter lang, 2,5 Meter breit). Mit dreizehn Riemenpaaren führte es eine Besatzung von ca. 30 Mann.[53]

1066 gelang es Harald, eine beeindruckende Flotte zusammenzustellen. Von 200 bzw. 240 Schiffen und zudem einer Reihe von Versorgungsschiffen ist in der *Heimskringla* die Rede.[54] In den Angelsächsischen Chroniken D und E ist von 300 Booten die Rede.[55] Mit 500 Booten bietet Johann von Worcester den Spitzenwert, dessen Zuverlässigkeit allerdings zweifelhaft ist.[56] Unter den Schiffen dürften sich einige vom Typ Roskilde 6 oder Skuldelev 2, aber sicherlich in der Mehrzahl die kleine-

Abb. 21 *Waffen aus dem Grab eines berittenen Kriegers: Schwert, Schildbuckel, Axt, Lanzenspitzen, Sporen, Trense, Steigbügel und Specksteingefäß, 900–950, Norwegen*

ren Schiffe des *leidang* mit 20 bis 25 Riemenpaaren befunden haben. Es ist deshalb müßig, über die genaue Zahl der an Bord befindlichen Krieger zu spekulieren. Auf jeden Fall begleiteten Harald wohl deutlich mehr als 8000 Mann nach England.[57] Das war eine stattliche Streitmacht. Harald meinte es ernst. Kurz vor der Abfahrt ernannte er seinen Sohn Magnus zum Regenten von Norwegen. Er rechnete offenbar nicht damit, wenn überhaupt, bald wiederzukommen.[58]

Haralds Männer waren bis an die Zähne bewaffnet. Schwert, die mächtige Breitaxt, Speer, Messer und Pfeil und Bogen gehörten zum Arsenal der Angriffswaffen eines norwegischen Kriegers. Pferde wurden nicht mitgeführt. Anders als beispielsweise die Wikinger, die 892 von Boulogne aus England angriffen und auf ihren Schiffen Pferde mitgeführt hatten,[59] kämpfte Haralds Truppe zu Fuß. Mit Helm, Schild, gegebenenfalls Kettenhemd, aber auch mit unheilabwehrenden Amuletten wurde das eigene Leben geschützt.[60] In ihrer Darstellung der Schlacht von Stamford Bridge berichten die Sagas, wie am Morgen die Sonne so warm schien, dass die Norweger – nicht ahnend, dass König Harold sie später noch auf Leben und Tod fordern würde – ihre Kettenhemden zurückließen. Sie ergriffen aber ihre Schilde, Helme und Speere und gürteten sich mit ihren Schwertern. Manche waren auch mit Pfeil und Bogen

Abb. 22 *Rundschild (nur sehr selten erhalten), spätes 9. Jahrhundert, Norwegen*

bewaffnet.[61] Wie angesichts der traditionellen Verbindungen zwischen England und Skandinavien nicht weiter überraschend, unterschieden sich die Waffen der Norweger in ihrer Machart nicht wesentlich von denen der Engländer.[62] Das galt auch für die Defensivwaffen, mit denen sie ihre Körper schützten. Sie führten einen Rundschild von etwa einem Meter Durchmesser, dessen Rand von einem Metallband eingefasst war. Ein metallener Schildbuckel war außen im Zentrum des Schildes angebracht, und auf der dem Körper zugewandten Seite war der Griff befestigt.[63] Neben dem Schild trugen wohl auch die meisten Krieger einen Helm. Hörner sucht man daran allerdings vergebens.[64] Seltener waren schon Kettenhemden, die vom Nacken bis zu den Knien reichen konnten. Sie waren kostspieliger in der Herstellung und deshalb nicht für jeden Krieger erschwinglich. Harald, so die Sagatradition, trug eines, das ihm bis «zur Mitte seiner Beine reichte» und «so stark war, dass keine Waffe es verletzen konnte».[65]

Haralds Kettenhemd trug den Namen *Emma*. Es war durchaus üblich, hervorragendes Kriegswerkzeug mit eigenen Namen zu versehen. Gerade für Schwerter ist dieser Brauch überliefert.[66] Ein besonders sinnfälliges Beispiel dafür liefert die folgende Geschichte, die man über das Schwert von Haralds Halbbruder, dem heiligen König Olaf, erzählte.

Olaf hatte bereits zu seiner Geburt das Schwert *Hneitir* erhalten, das angeblich aus einem alten Königsgrab stammte. Olaf soll es bis zu seinem Tod in der Schlacht von Stiklestad 1030 getragen haben. Dort soll es ein schwedischer Kämpfer, dessen eigenes Schwert zerbrochen war, an sich genommen haben. Dieser wieder vererbte es seinem Sohn, und so sei es dann von Generation zu Generation weitergegeben worden. Jeder habe dem Nachfolger den Namen und die Geschichte von der Herkunft des Schwerts überliefert. Schließlich sei ein Nachfahre nach Byzanz gekommen und dort der Waräger-Garde beigetreten. Während eines Kriegszugs verschwand nachts wiederholt das unter seinem Kissen verwahrte Schwert, und erst in einiger Entfernung fand er es wieder. Als der Kaiser davon hörte und die Geschichte des Schwerts in Erfahrung gebracht hatte, kaufte er es für dessen zehnfachen Wert in Gold und ließ es über dem Altar der von den Warägern in Byzanz unterhaltenen Kirche des heiligen Olaf aufhängen.[67] Das Schwert, so gibt die Geschichte zu erkennen, hatte eine regelrechte eigene Identität, eine eigene Geschichte, ja es agierte sogar aus sich selbst heraus und wollte zurück zu seinem prominentesten Besitzer, dem heiligen Olaf. Krieger und Schwert waren mithin auf das Engste, ja, geradezu symbiotisch miteinander verbunden. Dementsprechend kostbar wurden manche Schwerter, aber auch Äxte und mitunter sogar Speere verziert.[68] Vor dem Auslaufen 1066 dürften sie alle nochmals auf Hochglanz gebracht und geschärft worden sein. Sie sollten sich und ihren Besitzern alle Ehre erweisen. Als Haralds Schiffe dann gen England in See stachen, dürfte sich dem Betrachter ein ähnliches Bild geboten haben, wie es in dem 1041/42 verfassten *Encomium Emmae Reginae* im Hinblick auf die dänische Flotte beschrieben wurde:

> «Hier sah man aus Gold gegossene Löwen auf den Schiffen, dort Vögel an den Mastspitzen, die anhand ihrer Bewegungen die Windrichtungen angaben, oder Drachen allerlei Art, die aus ihren Nüstern Feuer spien. [...] Aber warum sollte ich nun bei den Flanken der Schiffe verweilen, die nicht nur in bunten Farben geschmückt, sondern mit goldenen und silbernen Figuren bedeckt waren? Das königliche Schiff überragte die anderen an Schönheit genauso wie der König die Krieger an der Ehre seiner Würde überragte, über die ich

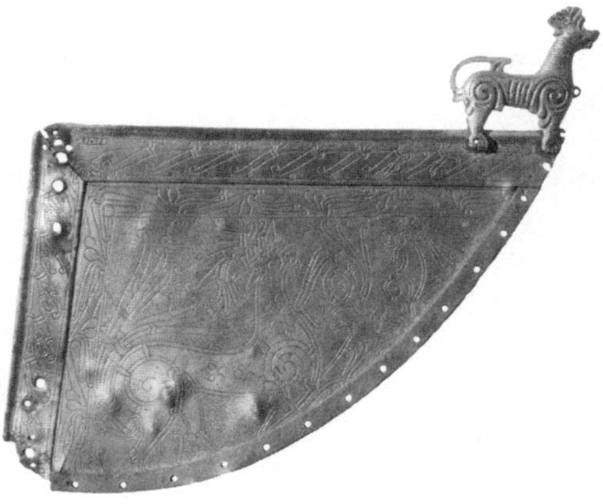

Abb. 23 *Wetterfahne, 1000–1050. Kirchturm von Heggen, Norwegen*

besser nichts sage, als über sie in unangemessener Weise zu reden. Ihr Vertrauen in eine solche Flotte setzend, und, so wie es ihnen befohlen worden war, platzierten sie sich Bug an Bug rund um das königliche Schiff, einige davor, einige dahinter. Hier konntest du sehen, wie das blaue Wasser, durchschnitten von vielen Rudern, weit und breit schäumt, und wie das Sonnenlicht, zurückgeworfen durch das metallene Leuchten, sich gleichsam mit doppelten Strahlen in der Luft verbreitete. Was mehr?»[69]

9
FULFORD GATE UND STAMFORD BRIDGE

Auch heute sind Norwegen und das Vereinigte Königreich unmittelbare Nachbarn. Doch während nun die Grenze inmitten der Nordsee verläuft, reichte im 11. Jahrhundert der norwegische Einfluss bis in das heutige Schottland hinein. Die Inseln der Shetlands, der Orkneys und der Hebriden, aber auch ganz im Nordosten Schottlands die den Orkneys gegenüberliegende Festlandregion von Caithness und im Westen möglicherweise Teile des den Inneren Hebriden am Festland gegenüberliegenden Argyll lagen im norwegischen Einflussgebiet. Die örtlichen Herren, die Earls von Orkney oder die Könige von Man und der Hebriden, erkannten, zumindest wenn sie daran erinnert wurden, die Oberhoheit des norwegischen Königs an.[1] Haralds Expeditionsverlauf folgte einer klassischen Route norwegischer Nordseefahrer und zeigt eindrücklich die Reichweite seiner Autorität. Er steuerte zunächst die Shetlands an, dann die Orkneys. Dort gewann Harald weitere Verstärkung seiner Flotte. Auf Orkney stockte er seinen Proviant auf und ließ dort seine Ehefrau und Töchter zurück, die ihn bis zu diesem Punkt begleitet hatten.[2] Nun begann die eigentliche Heerfahrt in Sichtweite der schottischen Küste – und er konnte leicht entlang der Küstenlinie zu den Landeplätzen in Nord- und Mittelengland segeln. Die Schiffe mit ihren flachen Kielen würden Harald gar das Befahren größerer Flüsse ermöglichen.

Ein Zweckbündnis – Harald und Tostig

Auf dem Weg nach Süden – vielleicht schon in Schottland, vielleicht erst in der Mündung des Tyne – vereinigte Harald seine Truppen mit den Flotteneinheiten von König Harolds Bruder Tostig. Tostig hatte die Kämpfe des Jahres 1066 eröffnet. Nach seiner Exilierung durch König Harold hatte er bei seinem Schwiegervater Balduin, Graf von Flandern, Aufnahme gefunden. Von dort begann er im Mai oder im frühen Juni 1066 die Attacke gegen seinen Bruder. Verstärkung erhielt er wohl durch Copsig, der ihn schon in Northumbrien unterstützt hatte und ebenfalls in die Verbannung geschickt worden war. Sein erstes Ziel war die Isle of Wight, dann zog er entlang der Küste plündernd nordostwärts bis Sandwich (Kent).[3] König Harold reagierte prompt auf diese Provokation und hob im Süden seines Reichs eine beachtliche Streitmacht für Aktionen zu Land und zu Wasser aus. Doch Tostig vermied die offene Konfrontation und zog stattdessen nordwärts weiter in Richtung Northumbrien, seinem ehemaligen Earldom. Als er in die Bucht des Humber, der die Earldoms von Northumbrien und Mercien trennte, einfuhr, setzte er an der Küste von Mercien seine *hit-and-run*-Taktik zunächst erfolgreich fort, ehe Edwin, Earl von Mercien, ihn wieder zurück auf die See treiben konnte. An der northumbrischen Küste verhinderte Edwins jüngerer Bruder Morkar, der neue Earl von Northumbrien, Tostigs Landung.[4] Von dort aus zog jener weiter nach Norden, wo er schließlich mit Harald zusammentraf.

Ob überhaupt und wenn ja, welche von Tostigs Handlungen Teil einer gemeinsam mit Harald entwickelten Strategie war, muss offenbleiben. Tostig versuchte aus dem flandrischen Exil heraus, seine Rückkehr nach England zu organisieren. Insofern ist es gut möglich, dass er mit den Großen der Nordseewelt, den Nachbarn Englands, in Verbindung trat – sei es persönlich oder über Mittelsmänner. Leute wie beispielsweise Copsig hätten solch eine Verbindung herstellen können. Laut der in den späten 1130er Jahren verfassten Reimchronik des Gaimar kam Copsig von den Orkneys aus mit seinen Schiffen Tostig zu Hilfe,[5] hielt sich also im norwegischen Herrschaftsbereich auf. Man wird sich zwar hüten, diesen lediglich bei Geimar zu findenden und in der Rückschau auf das Bündnis zwischen Harald und Tostig verfassten Reimen zu viel Glaubwürdigkeit beizumessen, aber diese Geschichte zeigt, wie solche Verbindungen in der für Kontakte aller Art durchlässigen Welt der Nordsee gestaltet gewesen sein können.

Laut Orderic Vitalis habe Tostig Herzog Wilhelm um Unterstützung gebeten.[6] In den Sagas heißt es, Tostig habe erst vergebens in Dänemark, dann erfolgreich in Norwegen um Hilfe gebeten. Wir haben aber bereits bei der Betrachtung der Sagatradition gesehen, dass Tostigs Bitten eher wie ein literarisches Element anmuten, um das Handeln Haralds zu legitimieren. Für den einzig bei Orderic überlieferten Besuch Tostigs in der Normandie darf man ähnliches vermuten. In Anbetracht der Tatsache, dass weder Wilhelm von Poitiers noch Wilhelm von Jumièges diesen Besuch erwähnen, kann man wohl sogar mit einiger Sicherheit von einer späteren Geschichtsklitterung ausgehen. Das ist kaum überraschend: Gerade weil Tostigs Schicksal bekannt war, gerade weil er, der von seinem Bruder König Harold exiliert worden war, alles daransetzte, wieder in England zu Ansehen zu kommen, wurde er für spätere Geschichtsschreiber zur idealen, weil glaubwürdigen Figur, dem Handeln Haralds und Wilhelms zusätzliche Legitimation zu verleihen.

Ganz gleich aber, ob Tostig seit Mai bzw. seit Anfang Juni die Küste Englands auf eigene Rechnung brandschatzte, um seinen Bruder Harold zu Verhandlungen zu bewegen, oder ob es Teil einer mit Harald ausgearbeiteten Strategie war, die Truppen Harolds an unterschiedlichen Orten des Reichs zu beschäftigen, und ob er sich je zuvor überhaupt mit Harald in irgendeiner Form abgesprochen hatte[7] – Tostig war nun auf die Unterstützung des norwegischen Königs angewiesen. Alleine konnte er nichts mehr ausrichten. Das Erscheinen von Haralds Flotte war seine letzte große Chance, seine Ambitionen in der Heimat zu verwirklichen. Tostig würde fortan an seiner Seite kämpfen. Für Harald wiederum bedeutete dies eine kleine, sicherlich aber willkommene Verstärkung seiner Heerschar, zumal Tostig über ausgezeichnete Ortskenntnis verfügte.

So steuerten sie gemeinsam Northumbrien mit seinem Hauptort York an. Dieses Ziel hatte für beide gleichsam eine natürliche Priorität. Für Tostig hätte ein militärischer Erfolg dort die Rückeroberung seines Earldoms bedeutet. Für Harald hingegen war York der natürliche Stützpunkt für weitere Eroberungskämpfe. York war nicht nur der Vorort Northumbriens, sondern ganz Nord- und Mittelenglands. Seit dem 9. Jahrhundert war York Anlaufstelle skandinavischer Siedler, Händler und Piraten gewesen. Skandinavische Herrschaftsbildungen nahmen von dort ihren Ausgang. York wurde ihre Stadt. Mochte in der zweiten Hälfte des 10. Jahrhunderts der skandinavische Einfluss etwas zurückgegangen sein, so hatte er sich mit der Eroberung Englands durch Knut den Großen wieder verstärkt. Er hatte den norwegischen Großen Erik Håkonson zum Earl von York erhoben. Dessen Nachfolger wurde spätestens 1033 Siward, der wahrscheinlich gleichfalls skandinavischer Abstammung war.[8] Er war der direkte Vorgänger Tostigs gewesen. Noch 1066 dürften starke Verbindungen nach Skandinavien bestanden haben. Hatte Harald erst einmal York und Umgebung unter seine Kontrolle gebracht, würde er von dort aus langfristig in England operieren können. Über die Route, die seine Flotte genommen hatte, also über die Shetlands und Orkneys, würde eine direkte und ungefährdete Seeverbindung nach Norwegen bestehen. Er wäre damit nicht gezwungen gewesen, Harold schnell und entscheidend schlagen zu müssen, sondern hätte auch eine längere Auseinandersetzung durchhalten können. Schlechtestenfalls dürfte für Harald auch eine Teilung des englischen Königreichs vorstellbar gewesen sein.

Das wusste auch Harold. Er musste unbedingt verhindern, dass sich Harald und Tostig in York etablierten. Mit der gleichen Entschlossenheit, mit der er bereits auf Tostigs Angriffe auf Südengland reagiert hatte, ging er nun gegen die Bedrohung im Norden vor. Dabei hatte bislang seine Aufmerksamkeit ganz der Südküste gegolten, um eine Invasion durch Herzog Wilhelm zu verhindern. Die Truppen, die er gegen Tostig mobilisiert hatte, beließ Harold an Ort und Stelle, auch nachdem Tostig schon lange weitergezogen war. Erst Anfang September löste er sie auf, weil ihre Versorgung zu schwierig wurde.[9] Kurz darauf muss ihn die Nachricht von Haralds Invasion erreicht haben. Der König zögerte keine Sekunde und versammelte erneut sein Heer. Anders als zuvor an der englischen Südküste ging es jetzt nicht darum, auf den Angriff zu einem noch unbestimmten Zeitpunkt zu warten oder, in der Tat, allein schon durch die schiere eigene Präsenz die lauernden Invasoren von einem solchen Angriff abzuhalten. Der Feind stand im Land. Was auch immer kurz zuvor für die Auflösung der Truppen gesprochen hatte, trat nun in den Hintergrund. Die Krone selbst stand nun auf dem Spiel. Im September 1066 lagen Harolds Hoffnungen aber zunächst auf seinen Schwägern Edwin und Morkar, den Earls von Mercien bzw. Northumbrien. Bei aller Eile würde er doch ein wenig Zeit benötigen, um gut gerüstet nach York zu kommen. Bis dahin mussten sie es mit Harald und Tostig aufnehmen.

Das waren keine geringen Hoffnungen. Edwin und Morkar hatten sich ja schon Tostigs – allerdings sehr viel kleinerer Truppe – erfolgreich erwehrt. Außerdem ging es für sie um alles. Eigene Verhandlungen mit Harald schienen für Morkar und Edwin angesichts dessen Bündnisses mit Tostig aussichtslos; von Tostig hatten sie keine Gnade zu erwarten. Die beiden Brüder würden mithin, davon konnte Harold ausgehen, alles tun, um die norwegische Armee aufzuhalten, im besten Falle sie sogar zurückzuschlagen. Dafür waren sie wohl gerüstet. Die Leofwinsons verfügten über nicht ganz so große Ressourcen wie die Godwinsons, aber auch ihnen stand eine stattliche Gefolgschaft zu Gebote. Mehrere tausend Mann, so ist vermutet worden, hatten sich ihnen kommendiert.[10] Auch sie verfügten über Hauskarle, die zu ihrem Haushalt zählten und ständig zum Waffendienst bereit waren. Es waren zwanzig solcher Männer, die schließlich Edwin bis zum letzten Streich verteidigen sollten, als er 1071 in einen normannischen Hinterhalt geriet und niedergemacht wurde.[11] Mit anderen Worten: Unter der Führung von Edwin und Morkar war ein beachtlicher Teil der angelsächsischen Krieger im Einsatz. Damals kämpfte kein kleines Kontingent, sondern ein für jeden Gegner ernstzunehmendes Aufgebot. In der Tat lag in dem Umstand, dass König Harold kaum rechtzeitig zu Edwin und Morkar stoßen würde, auch ein Vorteil: Sie würden sich Harald und Tostig mindestens zweimal als starker Gegner präsentieren können.

Vielleicht war es das Wissen um die Stärke der Leofwinsons, das Tostig und Harald zunächst davon Abstand nehmen ließ, direkt nach York zu ziehen. Folgt man den Sagas, so landeten sie wohl an der Südseite der Mündung des Tees in der northumbrischen Region Cleveland. Von dort aus marschierten sie südwärts zunächst nicht allzu weit von der Küste entfernt, während ihre Flotte sich ebenfalls auf den Weg nach Süden machte.[12] Vielleicht wollten sie zunächst durch die Taktik der verbrannten Erde den Rückhalt Earl Morkars schwächen, vielleicht galt es, unter den Kriegern durch leichte Erfolge Selbstvertrauen aufzubauen und Kampfesroutine wiederzuerlangen, bevor es gegen härtere Gegner gehen würde – vielleicht beides? Jedenfalls plünderten Tostig, Harald und ihre Männer, wo sich ihnen auf ihrem Weg nach Süden Gelegenheit bot. Scarborough, das Widerstand leistete, wurde verwüstet. Spätestens an der Mündung des Humber begaben sie sich dann wieder auf ihre Schiffe, fuhren landeinwärts und steuerten in die Ouse, die direkte Wasserstraße nach York. Ihre Flotte muss einem einzigen langen Band von Kielen, Masten, Segeln und unzähligen Rudern geglichen haben. Vielleicht bei Riccall, vierzehn Kilometer südlich von York, schlugen sie ihr Lager auf.[13]

Der Tag der Invasoren

Inzwischen versammelten die Brüder Morkar und Edwin so viele Kämpfer wie sie nur aufbieten konnten.[14] Wann genau Harold eintreffen würde, war nicht klar. Die Brüder entschieden sich, York lieber in einer Schlacht vor der Stadt zu verteidigen, als sich darin zu verschanzen. Der kürzlich errungene Sieg über Tostig mag für das notwendige Selbstvertrauen gesorgt haben, auch den nun deutlich größeren Streitkräften Haralds auf diese Art zu begegnen. Am 20. September kam es dann bei Fulford Gate unweit vor York zur ersten der drei Schlachten des Jahres 1066.

Der ausführlichste angelsächsische Bericht über die Schlacht verrät uns nicht mehr, als dass Edwin und Morkar eine große Schlacht schlugen, in der viele ihrer Männer getötet wurden oder ertranken oder in die Flucht getrieben wurden.[15] Die nordische Überlieferung schmückte den Verlauf der Schlacht noch etwas aus: Das Schlachtfeld befand sich entlang der Ouse und wurde auf der anderen Seite von einem Sumpfgebiet begrenzt. Harald bezog selbst mit dem Gros seiner Männer am Ufer des Flusses Stellung und richtete sein Banner «Landverwüster» auf. Die Seite des Sumpfs hingegen besetzte er schwächer und, wie es in den Sagas heißt, mit den weniger vertrauenswürdigen Männern, vielleicht den Männern Tostigs.[16] Auf der anderen Seite standen Edwins Leute

Harald gegenüber, und am Rand des Sumpfs erwartete Haralds schwächer besetzte Flanke Morkars Männer. Morkar eröffnete den Kampf und griff diese norwegische Flanke an. Mit viel Elan gelang es ihm, sie aufzubrechen. Doch anstatt das Signal zum Rückzug zu geben, ergriff nun Harald die Initiative und attackierte Edwins Männer. Wer von ihnen nicht niedergemacht wurde, floh. Manche der Angelsachsen versuchten gar, über den Sumpf zu entkommen, und versanken dabei für immer im Morast. Darin sollen so viele ihr Grab gefunden haben, dass die Norweger später trockenen Fußes über den Sumpf hätten gehen können, so jedenfalls fassten die Sagas das blutige Ereignis erinnerungswirksam zusammen. Angesichts der Überlegenheit Haralds ergriffen auch der zunächst so erfolgreich kämpfende Morkar und seine Männer die Flucht.[17] Harald und Tostig hatten die erste große Schlacht gewonnen. Der Weg nach York war frei.

Die Stadt verzichtete auf längeren Widerstand. Nur wenige Tage nach der Schlacht von Fulford Gate ergab sie sich Harald. Söhne der führenden Männer der Stadt wurden ihm als Geiseln versprochen. Sie dienten als Sicherheit für die geleistete Unterwerfung.[18] Die Sagas berichten, dass für den nächsten Morgen – Montag, den 25. September – eine Versammlung in der Stadt einberufen wurde, in der Harald erste Regierungshandlungen vollziehen sollte – darunter die Besetzung der führenden Positionen der Stadt. Dort sollte er auch die Geiseln in Empfang nehmen.[19] In der Angelsächsischen Chronik C hingegen heißt es, dass als Ort der Geiselübergabe Stamford Bridge vereinbart wurde, weil dort die Geiseln aus der gesamten Grafschaft zusammenkommen würden.[20] Letztere Angaben scheinen plausibler. Zum einen erklären sie, warum sich Harald und Tostig von der Ouse entfernten und nach Stamford Bridge zogen, etwa elf Kilometer östlich von York am Fluss Derwent gelegen. Zum anderen ergab es für Harald und Tostig sehr viel mehr Sinn, Geiseln der führenden Familien aus der gesamten Grafschaft zu verlangen und nicht nur aus York selbst; schließlich war Tostig ein Jahr zuvor durch einen Aufstand der Großen Northumbriens vertrieben worden.

Mit dem bis dato Erreichten konnten Harald und Tostig sehr zufrieden sein. Gutgelaunt kehrten sie in ihr Lager zurück. Nord- und Mittelengland schienen gewonnen. Nichts hat sie damals wohl ahnen lassen, dass König Harold bereits auf Schlagweite herangekommen war. Doch noch am selben Abend erreichte der aus London heranstürmende König Tadcaster, etwa fünfzehn Kilometer südöstlich von York gelegen.[21] Die Sagas entwickeln gar ein noch dramatischeres Bild der Ankunft Harolds: Am selben Abend noch sei Harold mit seiner großen Streitmacht von der Südseite her nach York gelangt. Die Stadt habe ihm die Tore geöffnet.[22] Alle Tore und Straßen seien daraufhin überwacht worden, so dass keine Information von Harolds Vormarsch zu Harald dringen konnte. Das bedeutete, dass Harald von York verraten worden war.

Der Tag der Verteidiger und Haralds Tod

Am nächsten Tag kam es zur Schlacht von Stamford Bridge. König Harold überraschte Harald und Tostig. Schwerter und Äxte, Speere und Pfeile verrichteten nun in den Händen der Krieger ihr grausames Geschäft. Das in die Waffen eingelegte Gold und Silber färbte sich rot von Blut. Kampf- und Wehgeschrei begleiteten das helle Klirren der Klingen und dumpfe Krachen gespaltener Knochen. Manchen brachten Hiebe gegen den Schädel einen schnellen Tod, andere am Körper Getroffene verbluteten elend. So wie Harald und Tostig im Verlauf der Kämpfe fielen, werden an diesem Tag bei Stamford Bridge Tausende auf beiden Seiten ihr Leben gelassen haben. Orderic Vitalis berichtet zu Beginn des 12. Jahrhunderts, dass Reisende den Ort der Schlacht nicht verfehlen könnten, denn ein großer Berg Knochen liege immer noch dort und bezeuge das auf beiden Seiten schreckliche Töten.[23] Von der einst so stolzen Flotte Haralds segelten angeblich nicht mehr als 24 Schiffe wieder Richtung Norwegen.[24]

So befremdlich die Schilderung solcher Grausamkeiten heute erscheinen mag: Weder die angelsächsischen Chroniken noch die Sagas nehmen daran in irgendeiner Form Anstoß. Solche Taten gehörten zum Alltag der Krieger und wurden zumindest in den nordischen Heldenliedern besungen.[25] Wir werden im Zusammenhang mit der Schlacht von Hastings noch sehen, dass diese Wahrnehmung auf dem Kontinent 1066 nicht mehr von allen Beobachtern geteilt wurde und dass sich dort allmählich Vorstellungen eines etwas gemäßigteren, ‹zivilisierteren› Umgangs wenigstens unter den adligen Kämpfern auf dem Schlachtfeld verbreiteten. Den Gegner gefangen zu nehmen und ihn gegen ein Lösegeld wieder freizugeben rückte gegenüber seiner physischen Vernichtung in den Vordergrund. In England war davon 1066 noch nichts zu spüren – die Verbreitung dieser neuen Einstellung sollte erst eine der Folgen der normannischen Eroberung sein –, doch in der nordischen Welt war man offensichtlich sogar noch zu Beginn des 13. Jahrhunderts so sehr den archaischen Denk- und Handlungsmustern des Kampfes verhaftet, dass deren Beschreibung auf dem Pergament dem Schreiber keine Schwierigkeiten bereitete.[26]

Unterschieden sich die Sagas und die Angelsächsischen Chroniken also nicht grundsätzlich in ihrer Darstellung von Gewalt auf dem Schlachtfeld – wobei die lakonische Kürze der Chroniken wenig Raum für blutrünstige Details gab –, so verarbeiteten sie die dramatischen Ereignisse von Stamford Bridge doch sehr unterschiedlich. Die englische Tradition hat eine ganz andere Geschichte erhalten als die nordische, und man ist gut beraten, beide Narrationen der Schlacht von Stamford Bridge nicht in ein Bild zu zwängen. Ein solches Unterfangen wäre zum Scheitern verurteilt, würde weder den Überlieferungen noch den Ereignissen selbst gerecht werden können.[27] Was genau am Montag, den 25. September, in Stamford Bridge geschah, wird für immer, um Johannes Fried zu zitieren, vom «Schleier der Erinnerung» verhüllt bleiben und höchstens in Ansätzen schemenhaft zu erahnen sein.[28] Gleichwohl lohnt sich ein Blick darauf, wie man sich in England und in Skandinavien die Schlacht erzählte.

Die Varianten der Angelsächsischen Chronik sind ihrem Stil entsprechend recht nüchtern und knapp: König Harold überraschte Harald und Tostig und schlug sie nach hartem Kampf.[29] Nicht viel später allerdings schmücken die anglo-normannischen Autoren die Erzählung mit einem heroischen Motiv, bemerkenswerterweise auf Seiten der Norweger. Der Übergang über die Brücke des Derwent sei den angelsächsischen Truppen lange Zeit durch einen einzigen hünenhaften Norweger versperrt gewesen – im Kampf Mann gegen Mann nicht zu besiegen. Wilhelm von Malmesbury zufolge gelang es schließlich einem Mitglied der königlichen Leibgarde, mit einem Speerwurf den aus Übermut seine

Deckung vernachlässigenden Norweger zu durchbohren.[30] Eine andere Tradition berichtete hingegen von einem eher listigen Vorgehen: Angelsachsen gelang es, unter der Brücke hindurchzufahren und dem Norweger von unten einen Speer zwischen die Beine in den Unterleib zu rammen.[31]

Die Sagas wissen davon überhaupt nichts. Sie erzählen eine ganz andere Geschichte – eine, in die sehr wahrscheinlich bis zu ihrer Niederschrift im frühen 13. Jahrhundert Berichte von anderen berühmten Schlachten eingewoben wurden. Hastings selbst mag Pate gestanden haben. Jedenfalls erinnert die Schilderung der Formierung eines Schildwalls durch Harald, das vergebliche Anrennen angelsächsischer Reiter, das Zerbrechen des norwegischen Verteidigungsrings durch eigene Angriffe gegen die Angelsachsen und die durch diese Exponierung eingeleitete Niederlage stark an die Berichte über den Verlauf der Schlacht bei Hastings.[32] Darüber hinaus werden in der Forschung die Schlachten von Jaffa zwischen dem englischen König Richard Löwenherz und Sultan Saladin (1192) und von Bouvines zwischen dem französischen König Philipp II. Augustus und Kaiser Otto IV. im Jahr 1214 als mögliche Vorbilder für die nordischen Erzählungen der Ereignisse bei Stamford Bridge in Betracht gezogen.[33] Es wäre also ganz und gar sinnlos, mit Hilfe der Sagas den Verlauf der Schlacht rekonstruieren zu wollen. Aber eine möglichst ablaufgetreue Darstellung zu bieten lag ja auch gar nicht in der Absicht der Autoren, denen es vielmehr um die fesselnde Erzählung eines Heldentods ging.

Die Sagas bauen die Erzählung der Schlacht um Harald auf und verbinden dabei Elemente, die zum einen die Niederlage des eigentlich Unbesiegbaren erklären und zum anderen dessen Heldenhaftigkeit unter Beweis stellen.[34] Es beginnt damit, dass Harald, Tostig und die sie nach Stamford Bridge begleitenden Männer wegen des warmen Sonnenscheins am Morgen ihres Schicksalstags darauf verzichteten, ihre Kettenhemden anzulegen – im Kern mag dies den Tatsachen entsprochen haben, denn schon der 1082/83 verstorbene Marianus Scottus berichtete davon, dass Harold seine Gegner gänzlich unvorbereitet, ohne ihre Kettenhemden und anderen Dinge, angetroffen hatte.[35] Harald und seine Mannen waren offensichtlich vollkommen arglos. Welche Gefahr sollte schon von der Bevölkerung in York für sie ausgehen? Als sie sich auf den

Weg machten, sahen sie, wie eine große Streitmacht auf sie zukam. Zunächst waren sie sich unsicher, ob es sich um Freund oder Feind handelte, aber bald war die Lage klar: Es war Harold selbst, und das sich in den Waffen spiegelnde Sonnenlicht ließ seine Armee wie «funkelndes Eis» erscheinen.

Tostig wollte zu den Schiffen fliehen, wo sie ihre Kettenhemden und ein Drittel ihrer Männer zurückgelassen hatten, und dort den Kampf annehmen, doch Rückzug kam für Harald nicht in Frage. Stattdessen schickte er drei Männer auf Pferden zurück zu den Schiffen, um Verstärkung zu holen. Dann ließ er sein Banner aufrichten und seine Männer einen großen Kreis bilden, Schild an Schild, ihre Lanzen fest in den Boden gerammt, so dass deren Spitzen auf den Brustbereich der heranstürmenden Pferde zielten. Er selbst stand mit seinen engsten Gefolgsleuten innerhalb des Kreises, auch Tostig bezog bei seinem Banner an einer anderen Stelle innerhalb des Kreises Stellung. Die beiden Protagonisten würden überall dort eingreifen, wo die Angreifer durchzubrechen drohten.

Die Autoren fügten dann ein retardierendes Element ein, welches das Drama des Bruderzwists aufgriff und Tostig als Ehrenmann zur Geltung brachte: Zwanzig Reiter näherten sich der norwegischen Armee und fragten nach Earl Tostig. Einer der Reiter übermittelte ihm ein Angebot von König Harold. Er würde ihm lieber ganz Northumbrien und ein Drittel seines Königreichs überlassen, als mit ihm zu kämpfen. Doch Tostig lehnte ab. Es sei nun zu spät für ein solches Angebot. Hätte er es früher erhalten – so verkündete er –, wäre das Leben vieler tapferer Männer gerettet worden und die Königsmacht in England stünde auf festen Füßen. Abgesehen davon, was könne er König Harald bieten? Sieben Fuß englischen Lands, hieß es von der Gegenseite, oder so viel es für Haralds Grab eben bräuchte, da er ja größer war als die anderen. Tostig hatte genug gehört. Für dieses Angebot stand er nicht zur Verfügung. Kein Norweger solle von ihm sagen können, dass er Harald verraten habe. Sie wollten lieber alle gemeinsam ehrenvoll sterben oder England und den Sieg gewinnen. Mit dieser Antwort kehrten die Reiter zu den angelsächsischen Truppen zurück. Als Harald Tostig fragte, wer denn für die Reiter das Wort geführt hatte, gab Tostig zurück, dass es König Harold selbst gewesen sei. Als Harald bedauerte, das nicht früher gewusst zu haben, denn so hätte Harold leicht getötet werden können, bemerkte Tostig, dass dies nicht in seinem Interesse gelegen habe. Harolds Angebot von Frieden und Macht wollte er nicht durch den Tod vergelten. Er würde lieber durch Harold sterben, als selbst seinen Bruder niedermachen. In dieser Situation des absoluten, letztlich unauflöslichen Loyalitätskonflikts zwischen dem Verbündeten und dem Bruder lassen die Sagas Tostig als Vertreter ritterlicher Tugenden erscheinen. Er hält seinem Verbündeten die Treue, ohne seinen Bruder zu verraten. Damit aber besiegelt er sein eigenes Schicksal: eine nordische Tragödie.

Deren letzter Akt begann mit dem Anreiten angelsächsischer Reiter gegen den Schildwall. Dieser hielt so gut, dass die Norweger ihrerseits zu Gegenangriffen übergingen. Die Auflösung ihrer Verteidigungsformation aber ermöglichte es dann der angelsächsischen Kavallerie, wirkungsvolle Angriffe vorzutragen. Als Harald dies bemerkte, griff er dort ein, wo die Kämpfe am heftigsten tobten. Viele Krieger fielen auf beiden Seiten, als Harald plötzlich wie von Sinnen vor die Schlachtlinie lief, um sich hieb und alles zerschmetterte, was sich ihm in den Weg stellte.[36] Damit rückte die Erzählung Harald in die Nähe der Berserker. Für diese mit übernatürlichen Kräften ausgestatteten und manchmal gar in ihrer Erscheinung zwischen Mensch und Tier changierenden Krieger der nordischen Epen war der Blutrausch im Kampf typisch.[37] Harald war kein Berserker, aber, so die Botschaft, ein außergewöhnlicher Kämpfer. Die Feinde in seiner Umgebung flohen, und fast hätte er im Alleingang die Schlacht für die Seinen entschieden, als ein Pfeil oder ein Speer seiner Raserei ein abruptes Ende setzte. In den Hals getroffen, sank der Hüne zu Boden.[38] Einer der gefürchtetsten und erfolgreichsten Kriegsherren seiner Zeit fand sein Ende dort, wo er zu Hause war: auf dem Schlachtfeld.

Tostigs Ende

Haralds Tod führte zu einer Kampfpause und hätte das Ende der Schlacht bedeuten können. Harold machte Tostig ein Angebot zur Aufgabe. Doch dem verweigerten sich die Norweger, und so fand das Gemetzel seine Fortsetzung. In der Zwischenzeit aber hatten sich die bei den Schiffen verbliebenen Truppen unter der Führung von Eystein Orri aufgemacht. Dabei schlugen sie unter ihren Kettenhemden ein solches Tempo an, dass sie bereits müde waren, als sie das Schlachtfeld erreichten. Dennoch veränderte ihre Ankunft die Balance. Die Schlacht begann ein drittes Mal. Die Intensität des Kampfes hatte bald auch die Neuankömmlinge aufgepeitscht. Taktiert wurde schon lange nicht mehr. In der Hitze des Gefechts legten manche gar ihre Kettenhemden ab und wurden so leichte Beute für die angelsächsischen Waffen; andere starben unverwundet durch Erschöpfung. Allmählich setzten sich Harold und die Seinen durch. Als der Abend kam, hatten sie den Tag gewonnen.

Die Sagas erzählen also eine dramatische Geschichte: Haralds Scheitern, der Tod des großen Kriegers und Kriegsherrn auf dem Schlachtfeld und Tostigs tragischer Bruderkampf waren ein guter Stoff, aus dem sich solch eine prächtige Legende weben ließ. Viele mögen in Stamford Bridge ihr Leben gelassen haben, doch keiner verlor seine Ehre. Geschichten wie diese trugen dazu bei, die Niederlage besser verkraften zu können – denn Stamford Bridge war eine schwere Niederlage. So kümmerlich waren die Reste der norwegischen Streitmacht, die dem großen Morden entrinnen konnten, dass Harold von weiteren Aktionen gegen sie absah. Er ließ sie unter der Führung von Haralds Sohn Olaf abziehen. Sie segelten zu den Orkneys, um dort zu überwintern.[39] Waren gerade noch über 200 Schiffe (bei knapper Schätzung) mit kampfesfrohen Männern nach England aufgebrochen, kehrten nun gerade einmal zwei Dutzend Boote mit geschlagener Besatzung heim. Das gewaltige Ausmaß dieses Desasters war unübersehbar.

Der Tod des Seekönigs, wie Harald in den Versen mitunter genannt wurde,[40] war aber nicht gleichbedeutend mit dem Ende skandinavischer Ambitionen auf den Britischen Inseln. Er verschob lediglich das Kräfteverhältnis unter den skandinavischen Anrainern der Nordsee etwas zu Gunsten Dänemarks: Der dänische König Sven entsandte in den nächsten Jahren zweimal eine Flotte nach England, 1085–86 bereitete sein Nachfolger Knut eine Invasion Englands vor, und gegen Ende des Jahrhunderts führte Haralds Enkel, König Magnus, norwegische Schiffe in die Irische See.[41] Im 12. Jahrhundert ebbten dann die von Skandinavien ausgehenden Angriffe auf die Britischen Inseln ab. In England aber verband man Norwegen weiterhin mit der Vorstellung von Schiffen. Noch im späten 13. Jahrhundert wählte das englische Schatzamt als Kennzeichen für den Aufbewahrungsort von Dokumenten, die Norwegen betrafen, ein Schiff.[42]

Gleichwohl kam niemand mehr der Bildung eines Nordseereichs so nahe wie Harald im Jahr 1066. Dieser Umstand, sein schon zu Lebzeiten geradezu legendärer Ruf als Krieger und sein dramatisches Ende lassen leicht nachvollziehen, warum die Literatur in ihm den «letzten Wikinger» gesehen hat.[43] Der sich infolge der Ereignisse von 1066 allmählich vollziehende Wandel der politischen Ordnung des Nordseeraums war aber nicht das Ergebnis von Haralds Niederlage bei Stamford Bridge, sondern des Siegs von Herzog Wilhelm bei Hastings knapp drei Wochen später.

10
DIE SCHLACHT VON HASTINGS

Zu anderen Zeiten wäre für Harold nun die Stunde gekommen, seinen Triumph von Stamford Bridge zu feiern, sich erster Heldenlieder zu erfreuen, in denen man seine und die Taten seiner Männer gerühmt hätte, und die vielen gefallenen Gefährten zu betrauern. Doch daran war nicht zu denken. Noch in York erreichte ihn die Nachricht von Wilhelms Landung in Sussex. Sofort brach er mit allen noch kampffähigen Männern nach Süden auf. Wieder preschten sie die 300 Kilometer von York nach London, wo sich Harold nur kurz aufhielt, um seine dezimierte Streitmacht mit frischen Kriegern zu verstärken.[1] Dann unternahmen er und seine Armee einen weiteren Gewaltmarsch über knapp 90 Kilometer nach Hastings, um Wilhelm zu stellen.[2] Harold hatte mit seinem Aufbruch nicht gewartet, bis der Fyrd in allen Landesteilen ausgehoben war und die Kämpfer nach London gekommen waren. In der Tat scheinen in Hastings keine oder nur eine sehr geringe Anzahl von Bogenschützen auf Harolds Seite gekämpft zu haben. Die Chroniken erwähnen sie nicht und der Teppich von Bayeux zeigt lediglich einen einzigen Bogenschützen auf Seiten Harolds.[3] Dass dieser im Vergleich zu den ihn umgebenden, mit Schwertern, Breitäxten und Speeren kämpfenden Hauskarlen deutlich kleiner und ohne Rüstung dargestellt wird, mag darüber hinaus auf sein geringeres Ansehen unter den angelsächsischen Kämpfern verweisen. In jedem Fall spielten Bogenschützen in der Verteidigung von Harolds Königtum keine signifikante Rolle. Im Hinblick auf die Schlagkraft von Harolds Armee kommentierte Johann von Worcester, dass Harold in die Schlacht ging, obgleich er gewusst hatte, dass einige der tapfersten Männer in den Schlachten von Fulford Gate und Stamford

Bridge gefallen waren und dass die Hälfte seiner Streitkräfte noch nicht eingetroffen war.[4] Das war wahrscheinlich übertrieben, aber auch die Angelsächsische Chronik E hält fest, dass Harold aufbrach, bevor seine gesamte Streitkraft versammelt war. Von den Earls begleiteten Harold seine Brüder Gyrth und Leofwin; von Edwin, Morkar und Waltheof hingegen gibt es keine eindeutigen Nachrichten. Nach Hastings sind sie jedenfalls in London zu finden, sie befanden sich also in relativer Nähe zum Geschehen. Über Edwin und Morkar berichtete Johann von Worcester, dass sie sich mit ihren Männern von der Schlacht (von Hastings) zurückgezogen hätten ([...] *comites Eduuinus et Morkarus, qui se cum suis certamini subtraxere,* [...]).[5] Diese Passage lässt verschiedene Deutungen zu. Möglicherweise handelten sie so wegen ihrer in den Kämpfen um York erlittenen Verluste, und zwar mit dem Einverständnis Harolds; vielleicht wurde das bereits auf dem Ritt von Stamford Bridge nach Süden entschieden. Da mit Leofric, Abt von Peterborough, ein prominentes Mitglied der Leofwinsons in Hastings zugegen war,[6] sollte man jedenfalls nicht pauschal von einem Aufbrechen alter Rivalitäten zwischen den beiden Familien der Godwinsons und der Leofwinsons am Vorabend von Hastings ausgehen. Demnach hätte vielmehr die Dynamik der Ereignisse von Hastings Edwin und Morkar in oder bei London einfach überrascht. Es ist aber auch denkbar, dass sie sich Harold auf dem Weg nach Hastings angeschlossen hatten und erst relativ spät das königliche Heer verließen. Selbst das mag noch mit dem Einverständnis Harolds geschehen sein; gleichwohl könnten die Brüder zwischenzeitlich ihre Optionen neu bewertet und entschieden haben, ihr Schicksal nicht mit dem Harolds verknüpfen zu wollen. Wie dem auch immer gewesen sein mag: Edwin und Morkar überließen jedenfalls den Kampf um die englische Krone den Godwinsons und schwächten damit die angelsächsische Streitmacht.

Warum es Harold so eilig hatte, Wilhelm entgegenzutreten, warum er nicht wartete, bis seine Truppen vollzählig und wieder zu Kräften gelangt waren, ist in der Forschung immer wieder debattiert worden. Hatte der Siegesrausch von Stamford Bridge ihm und seinen Beratern den Blick auf die eigenen Möglichkeiten dermaßen vernebelt? Glaubten sie – nach dem Sieg vollgepumpt mit Adrenalin –, Wilhelm auch mit reduzierter Schlagkraft wieder in den Ärmelkanal treiben zu können?

Wahrscheinlich nicht. Sicher hatte ihnen der Sieg über den unbesiegbar scheinenden Harald gehöriges Selbstvertrauen eingeflößt, aber es dürften handfeste Gründe und weniger Hochmut gewesen sein, die Harold zur Eile antrieben. Die Strategie der unverzüglichen und damit überraschenden Konfrontation in Stamford Bridge hatte sich gerade bewährt. Der Gegner war entscheidend geschlagen worden, die Autorität des Königs wurde keiner langwierigen Bewährungsprobe unterzogen.

Nun könnte man zu Recht einwenden, dass auch ein Überraschungsangriff nicht zwingend einen sofortigen Aufbruch nach Hastings verlangt hätte, denn für die Überraschung war nicht der Ort, sondern die Geheimhaltung des Heranrückens entscheidend. Entscheidend für den sofortigen Aufbruch waren wahrscheinlich ähnliche Überlegungen, wie sie schon beim Vormarsch auf York angestellt worden sein dürften: So wie Harold vermeiden musste, dass Tostig und Harald sich in Northumbrien festsetzten und dauerhaft seine Herrschaft herausforderten, so konnte er nicht zulassen, dass sich Wilhelm im Earldom von Wessex breit machte. Wessex war Harolds Earldom, dort lag der Kern seiner Besitzungen, dort war seine Gefolgschaft besonders dicht. Die Plünderungen Wilhelms, sein Einnisten in Pevensey und Hastings, richteten sich mithin gegen das Herz von Harolds Herrschaft, sie waren eine Provokation höchsten Ausmaßes. So wie sich Harolds Vater Godwin 1051 geweigert hatte, die Bewohner der Stadt Dover auf Geheiß des Königs zu bestrafen, so war Harold nun gezwungen, die Menschen seines Earldoms, seine Leute, zu schützen. Er konnte sie nicht einfach Wilhelm überlassen, wollte er seine Eignung als König und Earl nicht massiv in Frage gestellt sehen. Wenn es zutreffen sollte, dass Harold zusätzlich Schiffe in den Ärmelkanal entsandte,[7] um auch von dort aus gegen Wilhelm vorzugehen, dann lässt dies umso mehr seine Entschlossenheit erkennen, Wilhelms Ambitionen auf die englische Krone noch an der südenglischen Küste eine rasche und harsche Abfuhr zu erteilen.

Wilhelm mag auf diese Reaktion Harolds spekuliert haben,[8] als er in den zwei Wochen nach seiner Landung die Stützpunkte in Pevensey und Hastings errichtete und seine Truppen auf der Suche nach Versorgung und leichter Beute die Gegend an der Küste unsicher machten, denn schließlich musste ihm an einer relativ bald stattfindenden Entscheidungsschlacht gelegen sein. Er rechnete mit Angriffen, und

Kundschafter hielten ihn über etwaige Truppenbewegungen auf dem Laufenden.[9] Aber selbst die Kundschafter wären von Harolds schnellem Vormarsch beinahe überrascht worden. Als sie Wilhelm vom Vorrücken des Königs berichteten, war ein Teil der herzoglichen Truppen auf Streifzügen unterwegs. Wilhelm gab sofort den Befehl, sich kampfbereit zu machen. Wie hektisch es dabei zuging, mag man daran ablesen, dass der Herzog selbst sein Kettenhemd falsch herum anlegte. Lachend überspielte er dieses Missgeschick, das manche, so Wilhelm von Poitiers, leicht als schlechtes Omen hätten deuten können.[10] Doch zeigt sich, dass selbst ein so erfahrener Kämpe wie der Herzog vor dieser entscheidenden Schlacht offensichtlich nervös wurde. König Harold aber suchte zumindest nicht mehr am selbigen Tag die Konfrontation, sondern errichtete in Schlagweite von Hastings sein Nachtlager an jener Straße, die Hastings mit der Hauptroute von Dover nach London verband. Das ließ ihm alle strategischen Optionen. Falls er noch glaubte, Wilhelm überraschen zu können, so wäre dies am nächsten Morgen mit ausgeruhten Truppen immer noch ohne weiteres möglich gewesen. Falls er inzwischen informiert war, dass Wilhelm über sein Kommen unterrichtet worden war, so konnte er die Route blockieren und Wilhelm festsetzen.

Vor der Schlacht

Die Anspannung in beiden Lagern war hoch. In Wilhelms Camp fürchtete man eine nächtliche Attacke Harolds und hielt sich deshalb die ganze Nacht kampfbereit.[11] Die Krieger dürften sehr unterschiedlich mit ihrer Nervosität, manche gar mit ihrer Furcht vor dem, was der nächste Tag bringen mochte, umgegangen sein.[12] Im 12. Jahrhundert kontrastierten Wilhelm von Malmesbury und nach ihm Wace das Verhalten in beiden Lagern am Vorabend der Schlacht: Während die Angelsachsen ausgelassene Trinkgelage feierten, übten sich die Normannen in frommen Gebeten.[13] Diese einseitige Zuschreibung erscheint als billige Rhetorik, um den Ausgang der Schlacht vor allem als gerechte Strafe Gottes für das sündhafte Verhalten der Angelsachsen darstellen zu können. Aber sie verweist immerhin auf die Bandbreite möglicher Formen der Vorbereitung und Einstimmung auf die Schlacht. Gebete, sowohl individuell als auch in Gruppen, gehörten jedenfalls dazu. Die Bischöfe Odo von Bayeux und Gottfried von Coutances führten nicht nur ihre Kontingente in die Schlacht, sie waren auch für die spirituelle Einstimmung verantwortlich. Von Herzog Wilhelm heißt es, er habe der Messe beigewohnt und das Abendmahl eingenommen. Um seinen Hals legte er – und folgte damit einer archaischen Tradition – angeblich als schützende Amulette die Reliquien, auf die Harold seinen Eid geschworen hatte.[14] Natürlich ging es Wilhelm von Poitiers, wenn er so etwas thematisierte, darum, die Gottesfürchtigkeit seines Protagonisten zu betonen und dessen Sache als die Sache Gottes darzustellen; es gibt jedoch keinen Grund, deshalb anzunehmen, dass Gebete und schutzbringende Amulette keine Rolle gespielt hätten. Aber das Vertrauen auf den Schutz höherer Mächte war in dieser Lage nur ein Element, die Nerven zu beruhigen. Viele werden noch einmal ihre Ausrüstung geprüft haben, die Schärfe der Klingen gefühlt, die Griffigkeit ihrer Schwerter oder Äxte getestet, die Sehnen der Bogen gespannt und die Anzahl der Pfeile in ihren Köchern durchgegangen sein. Manche werden sich durch Erzählungen vergangener Heldentaten – in Harolds Lager wahrscheinlich der jüngsten Taten von Stamford Bridge – Mut zugesprochen haben. Gerade die Jungen, die wie Robert von Beaumont, Sohn des Grafen von Meulan,[15] zum ersten Mal an einem Heerzug dieser Größenordnung teilnahmen, dürften den Älteren an den Lippen gehangen haben. Hochmut war kein guter Begleiter in der Schlacht, Zweifel aber, das wussten die alten Kämpen nur zu gut, waren tödlich. Gut möglich, dass bei diesen Runden Alkohol dabei half, die Zungen zu lösen und die Stimmung zu lockern.

Von welch hoher Bedeutung die Ansprache der Krieger vor der Schlacht war, verrät uns Wilhelm von Poitiers. Er lässt den Herzog eine Rede an seine Männer halten. Wilhelms Feldherrenrede ist kein Einzelfall. Zahlreiche solcher Reden sind in der hochmittelalterlichen Literatur überliefert.[16] Nun ist angesichts der begrenzten Reichweite der menschlichen Stimme zu Recht bezweifelt worden, dass solche Reden an das gesamte Heer gerichtet wurden. Man sollte sie aber deshalb nicht gänzlich dem Bereich literarischer Fiktion zuschreiben. Der Heerführer mag sehr wohl die einzelnen Kontingente seiner Armee abgegangen bzw. abgeritten sein, um sie aufzurütteln und zu ermutigen. Das Gedicht über die im Jahr 991 bei Maldon zwischen Angelsachsen und Wikingern ausgefochtene Schlacht erzählt, wie der angelsächsische Anführer Bryhtnoth seine Reihen abritt und sie mahnte, keinen Millimeter Boden preiszugeben, ihre Schilde fest zu greifen und ihre Zweifel und Ängste zu vergessen.[17] Es ist ebenfalls denkbar, ja wahrscheinlich, dass der Heerführer eine Ansprache vor den Anführern der einzelnen Truppenkontingente hielt, denen selbst es dann zukam, ihre Männer auf die Sache einzuschwören. Was die Quellen uns jenseits aller antiken Vorbilder unzweifelhaft verraten, ist, dass solche Ansprachen von einem Heerführer erwartet wurden. Was die Feldherrenreden in ihren jeweiligen Kontexten ebenfalls erkennen lassen, sind die Motive, mit denen zur Schlacht aufgerufen werden konnte. Sie ermöglichen uns deshalb, Einblick zu nehmen in das Denken eines zeitgenössischen Kriegers. Wilhelm von Poitiers war nicht in Hastings. Was er zusammenstellte, waren Bausteine, die er, der ehemalige Krieger, in einer solchen Rede erwartete. Er bediente sich dabei großzügig bei Reden klassischer Autoren und schuf dennoch ein Motivpanorama, das auch für seine Zeit Gültigkeit beanspruchen konnte. Vor allem stellte er die durch den Kampf zu gewinnende oder zu verlierende Ehre des Einzelnen in den Mittelpunkt:[18] Wilhelm habe die Normannen daran erinnert, wie sie in der Vergangenheit unter seiner Führung immer siegreich aus allen Gefahren hervorgegangen waren. Er habe ihnen ihre Heimat (*patria*), ihre hervorragenden Taten und ihren Ruhm ins Gedächtnis gerufen. Nun hätten sie die Gelegenheit, ihre Kraft und Stärke unter Beweis zu stellen. Bei dem bevorstehenden Kampf gehe es nicht um Fragen der Herrschaft, sondern darum, zu überleben. Wenn sie wie Männer kämpften, würden sie Sieg, Ehre und Wohlstand erringen. Andernfalls würden sie erschlagen oder gefangen genommen werden, um von den Grausamsten ihrer Feinde verspottet zu werden – ganz abgesehen von der ewigen Schande, die sie über sich brächten. Flucht war unmöglich, vor ihnen lag der Feind und unbekanntes Land, hinter ihnen die See und feindliche Schiffe. Männer sollten sich nicht vor der Anzahl ihrer Gegner fürchten. Oft seien die Engländer (*Angli*) geschlagen worden und hätten sich dann ergeben. Niemals seien sie für ihre Waffentaten gerühmt worden. Männer, die keine Erfahrung im Kampf hatten, könnten leicht von wenigen besiegt werden, zumal himmlische Unterstützung wegen der gerechten Sache sicher sei.[19] Das Starkreden der eigenen Männer, der Hinweis auf die Schwächen der Gegner, wie zahlreich er auch sein mag, die Betonung des Ehrgewinns und seiner Kehrseite, der Schmach, und schließlich der Hinweis auf Gottes Hilfe, auf die Rechtmäßigkeit des Handelns – das waren die Bausteine der Rede.

Es spricht nichts gegen die Annahme, dass Wilhelm mit solchen oder ähnlichen Worten seine Truppen anfeuerte und insbesondere die Anführer der einzelnen Kontingente anspornte. Es kam dann Männern wie Eustachius, Graf von Boulogne, Wilhelm, Sohn des Grafen Richard von Evreux, Gottfried, Sohn des Grafen Rotrou von Mortagne, Aimery, Vizegraf von Thouars, oder alten Vertrauten Herzog Wilhelms wie Wilhelm fitz Osbern und Walter Giffard zu, die von ihnen angeführten Krieger in die richtige Stimmungslage zu versetzen und für den bevorstehenden Kampf zu begeistern.[20]

Die Entscheidung

Wilhelm ließ seinen Männern in der Nacht vom 13. auf den 14. Oktober 1066 nicht lange Zeit, um doch noch ins Grübeln zu kommen. Er wollte nun seinerseits Harolds Armee überraschen und gab seiner Truppe deshalb den Befehl, bereits am frühen Morgen noch im Schutz der Dunkelheit aufzubrechen. Die Überraschung gelang allerdings nur zum Teil, denn Harold hatte seinerseits seine Truppen bereits in Bewegung setzen lassen.[21] Beide Seiten bemerkten sich wahrscheinlich gegen acht Uhr morgens, als Wilhelms Vorhut über Telham Hill kam und Harolds Männer aus dem Wäldchen von Caldbec Hill heraustraten. Harold ließ seine Truppen sofort auf einer Anhöhe «bei einem grauen Apfelbaum»[22] Stellung beziehen, an der die nach London führende Straße vorbeiführte. Er hatte damit die strategisch günstigere Position im Gelände besetzt. Das zwischen der Anhöhe und Telham Hill gelegene Tal wurde auf der einen Seite durch sumpfiges Marschland und auf der anderen Seite durch Wald begrenzt. Wenn die Normannen siegen wollten, dann

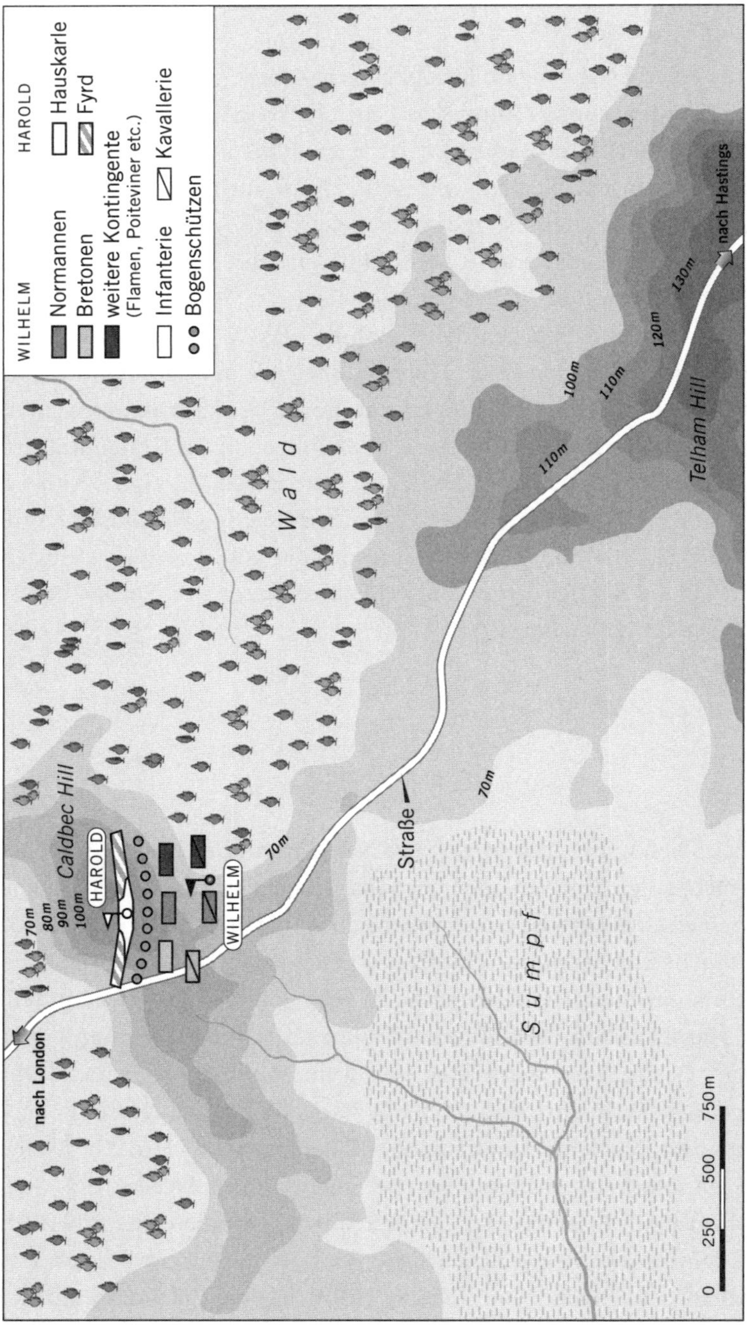

Karte 8 *Die Schlacht von Hastings, nach* Morillo*, Introduction, S. XXIII, XXV*

Abb. 24 *Heutige Ansicht des Schlachtfelds von Hastings*

mussten sie den Hügel stürmen, was sich, je länger der Kampf dauerte, desto mehr auf ihre Kondition auswirken würde. Harold und seine Hauskarle bildeten das Zentrum der angelsächsischen Armee, flankiert wurden sie von Kämpfern des Fyrd. Auf dem höchsten Punkt der Anhöhe ließ Harold seine beiden Banner aufrichten: zum einen den Drachen von Wessex als Zeichen seines Königtums und zum anderen, als Harolds persönliches Zeichen, einen bewaffneten Mann – unmissverständlicher konnte man die Bedeutung des Kriegertums für das Selbstverständnis angelsächsischer Großer kaum kommunizieren. Gemeinsam mit den Bannern der übrigen angelsächsischen Herren markierten sie weithin sichtbar die Präsenz des Königs und seiner Armee.[23] Dort standen sie, um ihr Reich zu verteidigen. Harold ordnete seine Männer dazu in der Formation des Schildwalls an. Dichtgedrängt, Schild an Schild, konnte auf diese Weise auch einer heranstürmenden Kavallerie die Stirn geboten werden. Speere hielten die Pferde auf Distanz, so dass sie nicht einfach den Wall niederreiten konnten. Der Schildwall aber verlangte höchste taktische Disziplin. Nur wenn alle dicht zusammenstanden und sich gemeinsam bewegten, war er effektiv. Das verlangte gerade von jenen, die in der ersten Reihe standen und die Angreifer auf sich zustürmen sahen, ruhiges Blut.

Um neun Uhr morgens standen sich die beiden Armeen schließlich gegenüber.[24] Pferde schnaubten unruhig, Männer befühlten die Knäufe ihrer Schwerter und packten energisch die Griffe ihrer Schilde. Sicher wurden Schmähungen des Feindes laut, Beschimpfungen und Provokationen. Guido von Amiens berichtet von einem Ereignis, das solches Verhalten vermuten lässt. Angeblich sei auf normannischer Seite ein Jongleurer mit Namen Eisenschneider (*Incisor-ferri*) vor die Schlachtreihe getreten und habe sein Schwert hoch in die Lüfte geworfen, um es gekonnt wieder aufzufangen. Ein Angelsachse sei daraufhin herangestürmt, um den Jongleur zu erledigen, doch jener sei auf ihn zugeritten und habe seinen Schild mit der Lanze durchbohrt und ihn zu Fall gebracht. Dem am Boden liegenden Angelsachsen habe er dann mit dem Schwert den Kopf vom Rumpf getrennt und diesen, zu seinen Kampfgenossen gewendet, voller Triumph gezeigt. «Aufregung und Leidenschaft durchströmte daraufhin ihre männlichen Herzen und sie brannten darauf, in den Kampf zu ziehen.»[25] Wilhelm von Poitiers weiß davon nichts. Solche archaischen Verhaltensweisen hatten keinen Platz in seiner Vorstellung von einem vorbildlich-ritterlichen Kampf. Aber der ritterliche Verhaltenskodex, der die Gefangennahme des Gegners über dessen Tötung stellte, war – wie bereits erwähnt – damals gerade erst im Entstehen begriffen. Guido von Amiens hatte diese Denkungsart offenbar noch nicht verinnerlicht. Für ihn war der abgeschlagene Kopf des Gegners genauso ein Zeichen des Triumphs wie für Harold, als man diesem drei Jahre zuvor den Kopf des walisischen Königs Gruffydd zugesandt hatte.[26] Beide Seiten auf dem Schlachtfeld von Hastings hätten diese Sprache jedenfalls verstanden. Gegen neun Uhr schließlich wurde, vielleicht unter Fanfarenklängen,[27] der Kampf auf Leben und Tod eröffnet.

Wilhelm, der die normannischen Kräfte im Zentrum, die bretonischen links und die flämischen rechts davon massiert hatte, schickte zunächst seine Infanterie vor. Die Bogen- und Armbrustschützen sollten mit ihrem Pfeil- und Geschosshagel Räume schaffen, in die dann die anderen Fußsoldaten mit Speeren und Schwertern dringen konnten, ehe schließlich die Reiterei mit ihrer ganzen Wucht in diese Lücken stoßen und den Gegner niedermachen würde. Soweit die Theorie. Tatsächlich aber prallten die Angriffe am Schildwall ab. Wie ein Wildschwein sich mit seinen Hauern und dem schnaubenden Maul gegen angreifende Hunde verteidigt, so habe die englische Phalanx den Angriffen standgehalten, kommentierte Guido von Amiens die zu Beginn vor allem mit Speeren geführte Auseinandersetzung.[28] Auch die Kavallerie konnte nichts ausrichten. Der Schildwall stand dicht – so dicht, dass nicht einmal die Toten umfallen konnten[29] – und lies die Angriffe abprallen. Mehr noch, es gelang den Angelsachsen, im Handgemenge mit ihren Speeren, Schwertern und Äxten, «die leicht die Schilde und Rüstung durchdrangen»,[30] so viel Schaden und Unruhe unter den Angreifern, insbesondere im bretonischen Kontingent anzurichten, dass sich das Momentum umkehrte und die Reiter den Rückzug antraten. Als dann plötzlich das Gerücht umlief, Wilhelm selbst sei bei dieser Attacke gefallen, schien der Rückzug gar Formen einer Flucht anzunehmen.[31] Ohne Anführer, ohne denjenigen, auf dem das ganze Unterfangen beruhte, war weiteres Kämpfen sinn- und zwecklos. Die personengebundene Natur mittelalterlicher Gefolgschaft trat in dieser Situation drastisch zu Tage. Die Schlacht schien so bereits nach kurzer Zeit zugunsten Harolds entschieden, Wilhelms Traum von der englischen Krone auf dem Schlachtfeld von Hastings beendet. Doch Wilhelm war nicht gefallen. Den Ernst der Lage sofort erfassend, schob er seinen Helm nach hinten und preschte durch seine Reihen, um ihnen zuzurufen, dass er noch am Leben sei. Er feuerte sie an weiterzukämpfen. Wilhelm von Poitiers wählt dazu Worte, die ganz in der Logik der Ansprache Wilhelms vom Vortag standen: Sie könnten ihre Gegner, die sie nun verfolgten, wie Vieh abschlachten. Sie würden Sieg und unvergänglichen Ruhm aufgeben und stattdessen in den Untergang und ewige Schande eilen. Keiner würde dem Tod durch Flucht entgehen.[32] Wilhelm packte seine Truppen bei ihrer Ehre und führte ihnen noch einmal vor Augen, dass sie gar keine Alternative hatten: Siegen oder Sterben, eine dritte Möglichkeit gab es nicht.

Der ungeordnete Rückzug der normannischen Reiter hatte indessen Harolds Truppen die Möglichkeit eröffnet, ihre Position auf der An-

Abb. 25 *Teppich von Bayeux: Bischof Odo (links) treibt die Normannen nach vorne. Wilhelm (rechts) schiebt seinen Helm zurück, um seinen Männern zu zeigen, dass er noch am Leben ist.*

höhe zu verlassen und ihrerseits gemeinsam zum Angriff überzugehen. Vielleicht hätte Harold auf diese Weise eine Entscheidung zu seinen Gunsten erzwingen können. Doch dazu kam es nicht. Warum Harold auf der Anhöhe verblieb, wissen wir nicht. Vielleicht war es schwierig, im Getöse der Schlacht den Taktikwechsel rasch und effizient zu koordinieren. Vielleicht war der Angriff gar unter der Führung von Harolds Brüdern Gyrth und Leofwin begonnen worden, dann aber zum Erliegen gekommen, als beide gleich nach Beginn des Vorstoßes fielen[33] – der Zeitpunkt ihres Tods ist allerdings nicht gesichert. Vielleicht aber hatte Harold auch gar nichts dergleichen im Sinn und war davon überzeugt, dass ein Verbleib auf der Anhöhe ihm die besten Erfolgsaussichten versprach. Dort hatten sie den ersten Ansturm abgewehrt, dort würden sie auch einen zweiten Angriff, wenn es überhaupt noch dazu kommen würde, abwehren können. Es war schließlich Wilhelm, der einen Sieg brauchte, Harold würde auch ein Unentschieden genügen. Was aber unter keinen Umständen geschehen durfte, war, dass nur ein Teil seiner Männer die Verfolgung der fliehenden Normannen aufnahm. Doch

Abb. 26 *Teppich von Bayeux: Die normannischen Reiter stürmen die von den Angelsachsen gehaltene Anhöhe.*

genau dies trat nun ein. Da Herzog Wilhelms Ansprache Wirkung zeigte und er seine Reiter inzwischen wieder um sich geschart hatte, rannten die heranstürmenden Angelsachsen in ihr Verderben. In einzelne Gruppen verteilt, hatten sie gegen die Kavallerie keine Chance. Die Normannen ritten sie nieder. Nur der Schildwall der auf der Anhöhe zurückgebliebenen Angelsachsen hielt weiter stand.[34] Statt eines schnellen angelsächsischen Siegs entwickelte sich nun eine Schlacht, die zu den längsten des ganzen Mittelalters gehörte – noch bis zum Abend sollten die Kämpfe andauern.

Inspiriert vom erfolgreichen Ausgang ihrer anfänglichen Flucht, scheinen die Normannen daraus in der Folge geradezu ein taktisches Mittel entwickelt zu haben. Noch zweimal, so heißt es bei Wilhelm von Poitiers, hätten sie eine Flucht angetäuscht, um dann die nachrückenden Angelsachsen niederzumachen.[35] Eine Entscheidung erzwangen sie dadurch zwar nicht, aber jeder Mann weniger im Schildwall des Gegners verbesserte die normannischen Chancen, zu einem späteren Zeitpunkt der Schlacht das Bollwerk zu durchbrechen. Besonders tat sich bei diesen Attacken der junge Robert von Beaumont hervor, dem es mit dem von ihm angeführten Kontingent sogar einmal gelang, in den Schildwall einzudringen.[36] Doch schnell schlossen sich die angelsächsischen Reihen wieder. Es entspann sich ein zähes, hartes und unnachgiebig geführtes Ringen zwischen den anreitenden Normannen, Bretonen, Flamen, Poitevinern, Männern aus Maine und der Île-de-France auf der einen Seite und den nicht wankenden Angelsachsen auf der anderen. Immer wieder warfen die Angreifer ihre Truppen nach vorne, auch der Bischof von Bayeux, Odo, glaubte schon lange nicht mehr, dass der Tag alleine mit göttlichem Beistand gewonnen werden würde, und trieb seine Männer mit aller Macht in den Kampf.[37] Wieder war die Luft erfüllt von Kampfgebrüll und Schmerzensschreien, vom Brechen der Speere, Lanzen und Schilde, vom Klirren aufeinanderprallender Schwerter, dem Trommeln der Hufe und dem Schnauben und Röcheln niedergehauener Pferde. Mehr als ein Schlachtross soll unter Wilhelm tödlich getroffen zusammengebrochen sein. Das erste hat, so Guido von Amiens, kein anderer als Harolds Bruder Gyrth mit einem Speerwurf niedergestreckt. Doch der Herzog «kämpfte zu Fuß sogar besser, denn schnell, wie ein brüllender Löwe» folgte er Gyrth und hieb ihn in Stücke.[38] Wilhelm von Poitiers schildert diese Szene nicht, legt aber ebenfalls großen Wert auf die Fähigkeit seines Helden, den Verlust eines Pferds unbeschadet zu überstehen. Jedes Mal habe er sich mit den Hieben seines «wütenden Schwerts» (*iratus mucro*) befreit und mit seinem Schild die Angriffe abgewehrt.[39] Die Schnelligkeit, von der sowohl Guido von Amiens als auch Wilhelm von Poitiers bewundernd sprechen, war entscheidend für den Erfolg im Nahkampf. Mit zunehmender Dauer der Schlacht wurden Arme und Beine müde, die Explosivität der Hiebe und Bewegungen ließ nach, geschwächt, so Wilhelm von Poitiers, stützten sich manche auf ihre Schilde.[40] Nun zählte ein gutes Auge für den Gegner und die Situation, nun konnte mit der Erfahrung vieler Kämpfe manche Schwäche ausgeglichen werden. Je länger der Tag andauerte, desto mehr wurde der Kampf bei Hastings zur Willenssache. Wer würde zuerst den Glauben an den Sieg verlieren? Wer würde zuerst die Nerven verlieren, den Hügel nicht mehr hinaufstürmen wollen oder das Herangaloppieren der Pferde nicht mehr ertragen können? Gegen sieben Uhr abends sammelte Wilhelm seine Männer für den vielleicht letzten großen Angriff an diesem Tag. Er musste die Entscheidung erzwingen. Harold konnte Verstärkung bekommen – er, Wilhelm, konnte mit keinen weiteren Verbündeten rechnen. Während der König warten konnte, musste sein Herausforderer angreifen. Wilhelm schickte abermals die Bogenschützen vor, die nun vielleicht ihre Schusstaktik änderten[41] und ihre Pfeile in Form eines besonders bogenförmigen und damit schließlich steil herabstürzenden Hagels auf die Angelsachsen niederprasseln ließen; so waren die Verteidiger gezwungen, ihre Schilde zu heben. Wenn die übrigen Truppen unmittelbar danach (um sich nicht selbst in Gefahr durch die Pfeile zu bringen, wenn sie gleichzeitig einträfen) an den Schildwall herankämen, hätten sie vielleicht eine Chance, diesen zu durchstoßen. Wilhelms Taktik ging auf, der Angriff brachte die Entscheidung zu seinen Gunsten: «So wie ein Baum, an den die Axt gelegt wird, in Stücke gehackt wird, so wurde der englische Wald auf ein Nichts reduziert.»[42] Mit dieser drastischen Bildsprache beschreibt Guido von Amiens den Zusammenbruch des Schildwalls unter den Hieben der Angreifer. Sehr wahrscheinlich fand Harold in dieser Offensive den Tod, auch wenn Wilhelm von Jumièges notiert, dass jener bereits zu Beginn der Schlacht gefallen sei.[43]

Wilhelms abweichende Angabe mag der Unsicherheit über die genauen Umstände von Harolds Tod geschuldet gewesen sein. Bereits unmittelbar nach der Schlacht zirkulierten verschiedene Varianten, wie der angelsächsische König zu Tode gekommen sei.[44] Möglicherweise traf ihn ein Pfeil tödlich im Auge[45] oder machte ihn zumindest kampfunfähig, so dass er dann ohne weiteres niedergemacht werden konnte.[46] Vielleicht aber war es auch ganz anders, und er wurde das Opfer einer gezielten normannischen Attacke: Als Wilhelm sah, so Guido von Amiens, wie Harold auf dem höchsten Punkt des Hügels stehend die Angreifer mit kräftigen Hieben niedermachte, rief er Eustachius von Boulogne zu sich, und in Begleitung von zwei weiteren Kämpfern griffen sie den König an. «Der erste der vier durchbohrte den Schild und die Brust des Königs mit der Lanze und tränkte die Erde mit einem Blutschwall. Der zweite trennte dessen Kopf ab mit einem Hieb unterhalb des Helms. Der dritte verflüssigte dessen Eingeweide mit dem Speer. Der vierte hieb seinen Oberschenkel (*coxa*) ab und zog ihn noch eine Strecke mit sich.»[47] Die rhetorischen Elemente der Beschreibung sind nicht zu übersehen: das entscheidende Aufeinandertreffen der Protagonisten am Ende der

Abb. 27 *Teppich von Bayeux: Das Ende König Harolds*

Schlacht, der Tod des Usurpators in Umständen, die eher der Hinrichtung eines Schuldigen, denn einem heroischen Zweikampf glichen – waren doch Blendung, Verstümmelung und Entmannung (*coxa* stand vielleicht nicht für den Oberschenkel)[48] typische normannische Strafen für Rebellen.[49] Dennoch war Guidos Erzählung keine reine Übung in Rhetorik. Harold wurde so übel zugerichtet, dass man nach der Schlacht Schwierigkeiten hatte, seine Leiche zu identifizieren.[50] Ganz offensichtlich wurde nicht im Entferntesten auch nur der Versuch gemacht, Harold gefangen zu nehmen. Er wurde ausgelöscht, vielleicht gar demonstrativ bestraft und vernichtet. Mit der Tötung Harolds, so betont Guido, hätten sich die vier Angreifer im Rahmen des «Kriegsrechts» (*bellica iura*) bewegt, und in der Tat war die Gefangennahme Harolds keine wirkliche Alternative für Wilhelm, der doch eine klare Entscheidung brauchte. Die Brutalität aber, mit der Harold exekutiert wurde, scheint nicht allen Zeitgenossen imponiert zu haben. Anders als Guido von

Amiens schwieg Wilhelm von Poitiers über die Umstände von Harolds Tod. Genauso wie schon das Abhacken der Hände und Füße der Männer von Alençon 1051/52 bei ihm keine Erwähnung fand, wurde auch Harolds grausames Ende nicht thematisiert. Das waren offensichtlich keine Taten, mit denen er seinen Helden, den glorreichen Ritter Wilhelm, in Verbindung gebracht sehen wollte.[51]

Der Tod Harolds und seiner Brüder Gyrth und Leofwin beraubte das angelsächsische Heer seiner Führung, und so wurden die üblichen Mechanismen der Auflösung wirksam. Mit Harold fiel nicht nur der Heerführer – derjenige, der die Armee zusammenhielt und dirigierte –, mit ihm entfiel auch der Kriegsgrund. War doch der Kampf vor allem zur Verteidigung seines Königtums geführt worden. Folglich musste man sich mit Harolds Tod auf angelsächsischer Seite neu orientieren. Zunächst aber galt es, das Heil in der Flucht zu suchen. Dabei kam es zu heftigen Rückzugsgefechten, in deren Kontext später die Geschichte von einigen normannischen Reitern erzählt wurde, die sich eine Verfolgungsjagd mit fliehenden Angelsachsen lieferten. Als sie in vollem Galopp hinterherpreschten, übersahen sie in der Dämmerung einen zugewachsenen Graben und stützten mit ihren Pferden hinein, wobei viele von ihnen den Tod fanden.[52] Seither, so erzählten es die Mönche der Abtei von Battle im 12. Jahrhundert, war der Graben in der Gegend als *Malfosse*, als unglückseliger Graben, bekannt.[53]

Als die Dunkelheit einsetzte, war die Schlacht entschieden. Wilhelm hatte gesiegt. Seine Entscheidungen auf dem Schlachtfeld hatten sich als die glücklicheren erwiesen. Von überlegenem taktischem Verständnis zu sprechen oder andere, klar identifizierbare Gründe für seinen Sieg zu finden, fällt angesichts des engen Verlaufs der Schlacht freilich schwer. Beide Seiten verließen sich auf das, was sie am besten konnten und worauf sie am meisten glaubten vertrauen zu können. Die Angriffe zu Pferd mit Unterstützung von Bogenschützen und weiteren Fußtruppen auf der normannischen Seite – der Schildwall und der Nahkampf auf Seiten der Angelsachsen. Schon die mittelalterlichen Kommentatoren stellten Überlegungen an, was neben dem Willen Gottes den Ausschlag zugunsten Wilhelms gegeben haben mochte. Heinrich von Huntingdon wies dabei den Bogenschützen eine entscheidende Rolle zu,[54] und in der Tat spielten sie und die Armbrustschützen, deren

Geschosse auch gegen einen Schildwall effektiv eingesetzt werden konnten, eine wichtige Rolle auf Seiten Wilhelms; aber sie alleine hätten nicht den Sieg bringen können.[55] Wenn Wilhelm beim letzten Ansturm von einem Speer, von einer Breitaxt oder von einem Schwert schwer getroffen worden wäre, dann wäre seine Kampagne beendet gewesen, ungeachtet dessen, was für einen Schaden seine Bogenschützen anrichteten. Wilhelms Kampagne stand und fiel mit seiner Person, und man muss die Heldengeschichten um seine Kampfaktionen nicht glauben, um zu sehen, dass er sich mehr als einmal in Lebensgefahr befand. Schlachten des 11. Jahrhunderts, in denen die Protagonisten selbst in erster Reihe kämpften, wurden nicht an den Planungstischen von Generalstäben entschieden, sondern vor Ort mit allen Unwägbarkeiten ausgekämpft: Fast auf den Tag genau vierzehn Jahre nach Hastings kam es im ostfränkisch-deutschen Reich am 15. Oktober 1080 zur Entscheidungsschlacht um das Königtum zwischen dem gebannten Kaiser Heinrich IV. und dem inzwischen zum König gewählten Rudolf von Rheinfelden. Rudolf gewann den Tag, wurde aber so schwer verletzt, dass er kurz darauf starb. Heinrich, der die Schlacht überlebt hatte, blieb auf dem Thron.[56] Gerade wegen der zentralen Rolle der handelnden Personen war der Ausgang von Hastings eine Katastrophe für die Angelsachsen. Denn nicht nur Harold und seine Brüder, sondern auch eine Reihe weiterer angelsächsischer Adliger waren unter den Tausenden von Toten. Fulford Gate, Stamford Bridge und Hastings kosteten so innerhalb von wenigen Wochen einem beträchtlichen Teil der angelsächsischen Elite das Leben. Das eröffnete Wilhelm Möglichkeiten gerade im Süden, im Kerngebiet der nun gefallenen Godwinsons, relativ rasch Fuß zu fassen. In Hastings, am 14. Oktober 1066, so kann man vielleicht am ehesten resümieren, erzwang der Herzog sein Glück, indem er wieder und wieder angriff, wieder und wieder sich und seine Männer nach vorne gegen den Schildwall, die Lanzen und Breitäxte warf, wieder und wieder die Entscheidung suchte. Vielleicht war es diese unbedingte Entschlossenheit, die letztlich den Ausschlag gab. Am Ende der Schlacht wusste Wilhelm jedenfalls nur zu gut, wie knapp die Angelegenheit gewesen war. Abgekämpft verbrachte er die Nacht auf dem Schlachtfeld inmitten der Toten und Verwundeten.[57]

Der Sieger

Der Blutzoll auf beiden Seiten war immens, und selbst wenn die genaue Zahl der Gefallenen nicht annähernd feststellbar ist, so müssen wir doch von einigen Tausend Toten ausgehen.[58] Das Schlachtfeld jedenfalls war übersät mit Leichen und durch die Wucht der Streiche von den Rümpfen abgetrennten Gliedmaßen und Köpfen. «Bei der Vorstellung dieser Dinge, beginnt unsere Feder an zu zittern», so fasste im 12. Jahrhundert ein Mönch der Abtei von Battle die Grausamkeiten der Schlacht zusammen.[59] Es muss ein schrecklicher Anblick gewesen sein, der sich Wilhelm und seinen Mitstreitern bot, als sie am nächsten Morgen über das Schlachtfeld gingen, um ihre Toten zu bergen und zu beerdigen. Wie Wilhelm dabei mit den Leichen der Angelsachsen, insbesondere mit jener Harolds verfuhr, wird unterschiedlich dargestellt. Nach Guido von Amiens überließ Wilhelm die Leichen der Angelsachsen «Würmern und Wölfen, Vögeln und Hunden» als Fraß.[60] Harolds verstümmelter Körper sei jedoch in purpurnes Tuch gehüllt und mit in das Lager nach Hastings überführt worden, wo die Begräbnisfeierlichkeiten für die Gefallenen stattfanden. Dorthin habe Gytha, die trauernde Mutter Harolds, Gyrths und Leofwins, Boten mit der Bitte entsandt, doch wenigstens die Knochen eines ihrer Söhne ausgehändigt zu bekommen. Wenn Wilhelm es wolle, würde sie das Gewicht des Leichnams in Gold aufwiegen. Doch Wilhelm habe dies abgelehnt und stattdessen Harold an der Küste unter einem Grabstein mit der Aufschrift beerdigt: «Du ruhst hier, König Harold, auf Befehl des Herzogs, so dass du immer noch Hüter der Küste und der See sein kannst»: Noch im Tod also wurde Harold verhöhnt. Dann habe Wilhelm seinen herzoglichen Titel abgelegt und den königlichen angenommen. Für Guido von Amiens begann an dieser Stelle das Königtum Wilhelms. Die spätere Krönung war dann sein zweiter Herrschaftsantritt.[61]

Wilhelm von Poitiers hingegen wandelte an diesem Punkt, wie schon im Fall von Harolds Tod, die Geschichte ab und präsentierte – in mildem historiographischen Licht – einen sehr viel gnädigeren Herzog: Wilhelm habe den Angelsachsen gestattet, ihre Leichen vom Schlachtfeld zu holen, denn sie als Aas den Geiern und Wölfen zu überlassen, schien ihm eine zu harte Strafe.[62] Das Gold Gythas habe der Herzog abgelehnt, weil es ihm unziemlich schien, einen solchen Handel einzugehen. Außerdem sei es unangemessen, wenn Harold ein Begräbnis erhielte, wenn so viele, die seiner Gier wegen gefallen waren, keines erhielten. Man habe gespottet, Harold solle seine Ruhestätte als Hüter der Küste und der See finden, die er in seinem Wahn mit seiner Armee einst besetzt gehalten hatte. Von der Annahme des Königstitels fehlt bei Wilhelm von Poitiers in diesem Kontext noch jede Spur. Für ihn begann Wilhelms Königtum erst mit der Krönung in London.[63]

Die Chronik des von Harold wieder gegründeten Stifts von Waltham präsentiert eine dritte, gänzlich andere, aber keineswegs unglaubwürdige Version vom Schicksal der Leiche Harolds. Ihr zufolge hätten sich in der Begleitung von Harold mit Osgod und Æthelric zwei Kanoniker von Waltham befunden, um für den Fall der Fälle Harolds Leichnam und die anderer Wohltäter nach der Schlacht nach Waltham zu bringen. Herzog Wilhelm habe ihre Bitte zunächst abgeschlagen, da er ein Kloster gründen wollte, in dem für alle Gefallenen der Schlacht gebetet werden solle. Das ihm gebotene Gold habe er ebenfalls abgelehnt, sich dann aber doch durch ihre Bitten erweichen lassen. Allerdings hätten die Kanoniker Harolds Leiche nicht identifizieren können, so dass sie Edith Schwanenhals kommen ließen. Ihr, «die die versteckten Merkmale auf des Königs Körper besser als andere kannte», sei es schließlich gelungen, Harolds Identität eindeutig festzustellen, woraufhin er nach Waltham gebracht worden sei und dort ein würdiges Begräbnis erhalten habe.[64]

Wilhelms Kloster, von dem die Chronik von Waltham spricht, war die Abtei von Battle. Nicht lange nach seiner Krönung gründete Wilhelm das dem heiligen Martin, dem Patron der Krieger, geweihte Kloster am Ort der Schlacht. Auf seinen Wunsch hin erhielt es den Namen *bellum*, Schlacht (englisch *battle*)[65], und der Altar soll an der Stelle errichtet worden sein, an der Harold gefallen war. Später vermachte Wilhelm auf seinem Totenbett der Abtei eine Reihe von Amuletten, darunter sehr wahrscheinlich auch die Reliquien, auf die Harold seinen Eid geleistet hatte und die Wilhelm in der Schlacht um den Hals trug.[66] Wie sehr Wilhelm an der unmittelbaren und unmissverständlichen Verbindung zwischen der Abtei und seinem Sieg über Harold gelegen war, zeigt sich auch an der Kompromisslosigkeit, mit der er darauf bestand, dass das

Abb. 28 *Abtei von Battle*

Kloster genau an dem Ort gebaut wurde, an dem die Schlacht geschlagen wurde. Als die mit der Gründung beauftragten Mönche aus dem französischen Marmoutier nach England gekommen waren und den Ort ihres zukünftigen Klosters inspizierten, entschieden sie, dass der trockene Boden und das Fehlen von Quellen den Hügel ganz und gar ungeeignet für den Bau der Abtei machten, und wählten eine andere, günstigere Stelle aus. Als Wilhelm aber von diesen Plänen hörte, war er verärgert und befahl ihnen, das Kloster am Ort der Schlacht zu bauen und nirgendwo sonst.[67] Dort hatte Gott ihm den Sieg geschenkt, dort galt es, ihm zu danken. Das Kloster markierte in der Landschaft weithin sichtbar den Ort, an dem das Gottesurteil über die englische Krone zugunsten Wilhelms gefallen war. Die Mauern und Türme der Abtei, ihr

Name und die Gebete der Mönche würden diese Botschaft in Erinnerung halten und weitertragen.

Battle war aber nicht nur ein Denkmal des gerechten Triumphs. Es war auch ein Ort des Totengedenkens. Die Mönche erinnerten dort an die Gefallenen der Schlacht, beteten für ihr Seelenheil und baten um Verzeihung ihrer, gerade in der Schlacht begangenen Sünden. Angesichts der Scham, die Wilhelm von Poitiers im Hinblick auf die Umstände von Harolds Tod und den Umgang mit den Toten an den Tag legte, war die Gründung des Klosters vielleicht auch ein Zeichen der Reue.[68] Der Bau der Abtei jedenfalls war ein Symbol, das Männer wie Wilhelm von Poitiers, die sich dem entstehenden ritterlichen Ethos verpflichtet sahen, sehr viel positiver aufnahmen als das archaische Bild eines Herrschers, der auf dem Grab seines gefallenen Vorgängers das Königtum für sich reklamierte.

11
DIE KRÖNUNG

Der Weg nach Westminster

Nach dem Sieg von Hastings verblieb Wilhelm für einige Wochen im Südosten. Gezielt suchte er nun die Unterwerfung der Zentralorte von Wessex. Zunächst zog er an der Küste entlang ostwärts gegen Dover, um den wichtigsten Verbindungshafen des Ärmelkanals zwischen England und Nordwestfrankreich in seine Gewalt zu bringen. Das gelang, aber fast wäre Wilhelms Feldzug dort an sein Ende gelangt. Was Harolds mächtigen Äxten nicht gelang, hätten winzige Bakterien um ein Haar geschafft: Nach dem Genuss von verunreinigtem Wasser brach in Wilhelms Lager die Ruhr aus. Viele seiner Männer starben, und auch der Eroberer selbst erkrankte, doch überstand er die Infektion.[1] So wäre beinahe der Sieg von Hastings eine Episode geblieben – statt epochemachendem Ereignis nur eine Schlacht unter vielen.

Wieder genesen, gelang Wilhelm auch die Unterwerfung der alten Stadt von Canterbury; ihr Erzbischof jedoch hatte sich dem Zugriff des Eroberers entzogen und hielt sich in London auf.[2] Auch in Winchester erreichte Wilhelm die Anerkennung seiner Herrschaft. Dies war ein wichtiges Signal zumindest für den Süden Englands, denn Winchester war nicht irgendeine Stadt; die alte Hauptstadt des ehemaligen Königreichs Wessex war immer noch einer der hervorragendsten Orte Englands, in dem sich unter anderem eine bedeutende königliche Münzstätte befand. Herrin von Winchester war Harolds Schwester Edith, der König Eduard die Stadt als Brautgabe übertragen hatte.[3] Im Zuge der Übergabeverhandlungen Winchesters an Wilhelm akzeptierte sie dessen nicht allzu harte Bedingungen.[4] Es ist bezeichnend, dass Wilhelm zunächst die Unterwerfung von Edith und der Hauptorte von Harolds Earldom Wessex suchte. Dies war sowohl von großer strategischer wie symbolischer Bedeutung und erinnert in seiner Absicht an die Umritte frisch erhobener Könige durch ihr Reich. Die Anerkennung Wilhelms durch Edith, die Witwe respektive Schwester der beiden letzten englischen Könige, ließ sich auch als Zeichen an die Bevölkerung interpretieren. Mit Dover, Canterbury und Winchester sicherte Wilhelm nicht nur die Verbindungen in die Normandie, sondern ersetzte zugleich Harold in dessen Kerngebieten. Die herrschaftlichen Netze, die Godwin und Harold über zwei Generationen in Wessex geknüpft hatten, sollten nicht der Ausgangspunkt für etwaigen Widerstand gegen Wilhelm werden können. Sollte Wilhelms Königtum eine Chance haben, musste er als Harolds Nachfolger gerade in Wessex Akzeptanz erreichen.

Aber die Erfolge im Südosten führten nicht dazu, dass das gesamte Königreich die Waffen streckte. London machte keine Anstalten, sich dem Eroberer zu öffnen. Der Ausgang der Schlacht war zweifelsohne ein schwerer Schock für die angelsächsische Elite, aber noch glaubten einige daran, Wilhelm als König verhindern zu können. In London versuchten die Erzbischöfe Stigand von Canterbury und Ealdred von York, Harolds Schwäger Edwin und Morkar sowie Earl Waltheof, der inzwischen erwachsen gewordene Sohn Earl Siwards, einen Nachfolger Harolds aufzubauen, und zwar Edgar Ætheling – «so wie es sein natürliches Recht war», kommentierte dies der Autor der Angelsächsischen Chronik D.[5] Ihre Bemühungen waren keineswegs Ausdruck verlorenen Realitätssinns. Als die Mönche des Klosters von Peterborough einen Nachfolger ihres in Hastings erkrankten und in der Nacht vom 31. Oktober auf den 1. November verstorbenen Abts Leofric wählten, entschieden sie sich für ihren Propst Brand. Die Bestätigung der Wahl erbat Brand von Edgar, «weil die Menschen vor Ort erwarteten, dass er König werden würde». Edgar seinerseits leistete diesen Erwartungen allen Vorschub, indem er die Wahl bestätigte. Als Wilhelm davon erfuhr, reagierte er äußerst ungehalten, denn Brand habe ihn «abgelehnt». Mediatoren mussten zwischen ihm und dem Abt vermitteln, der erst gegen die hohe Bußzahlung von 40 Mark Gold im Amt bleiben durfte.[6] Ganz gleich, ob diese Verhandlungen noch vor oder erst nach der an Weihnachten 1066 erfolgten Krönung Wilhelms stattfanden, sie zeigen, dass Wilhelm alles daransetzte, konkurrierenden Ansprüchen den Nährboden zu entziehen. Wilhelms Verhalten legt auch nahe, dass er sich seit dem Sieg von Hastings als Herrscher Englands betrachtete: Brand hätte sich seine Wahl von ihm bestätigen lassen müssen.[7] Doch um seine Sicht der Dinge durchzusetzen, musste Wilhelm erst den sich in London formierenden angelsächsischen Widerstand brechen. Er zog deshalb mit seiner Armee zur Hauptstadt des englischen Königreichs und plünderte jene Grafschaften, in die er auf dem Weg dorthin gelangte. In der Umgebung Londons kam es dann zu kleineren Scharmützeln, aber es dürfte vor allem Wilhelms Taktik der verbrannten Erde gewesen sein, die Edgar, die beiden Erzbischöfe und die drei Earls sowie die Londoner Bürger zur Aufgabe bewegten. Es war blanker Irrsinn, dass sie dies nicht schon viel früher getan hatten, klagte der Autor der Angelsächsischen Chronik D, denn dann wäre viel Leid erspart geblieben – grundsätzlich aber bewertete er die Vorkommnisse als Strafe Gottes für das sündige Verhalten der Engländer.[8]

Zwischen imperialen Prätentionen und herrschaftlichem Chaos

Wilhelm ließ in der Stadt sofort eine Motte errichten, die in den folgenden Jahren zum White Tower ausgebaut wurde, und machte so die normannische Präsenz und seinen Herrschaftsanspruch unübersehbar. Er selbst lagerte weiterhin außerhalb der Stadt im Schutz seiner Truppen. Dann begannen die Vorbereitungen für seine Krönung. Ganz Rhetor, nutzte Wilhelm von Poitiers diese Gelegenheit, um sowohl die Eignung seines Helden für dieses höchste weltliche Amt als auch die aus seiner Sicht herrschaftsgrundlegende Bedeutung der Krönung herauszustellen. Wilhelm habe gezögert, dem Wunsch der Angelsachsen, sich krönen zu lassen, nachzukommen – der Bescheidenheitstopos erinnert an die von Kirchenmännern erwartete Zurückhaltung gegenüber ihrer Nominierung für höhere Ämter –, weil die politische Lage immer noch instabil war und er lieber Frieden als die Krone erstrebte. Außerdem sollte seine Frau mit ihm gekrönt werden. Er beriet sich daraufhin mit Großen seiner Truppen, die ihn aber zur Krönung drängten, nicht nur, weil sie in Wilhelm eine für das Königsamt besonders geeignete Persönlichkeit sahen, sondern auch, weil sie durch seine Erhebung ihre Vorteile und Ehren mehren wollten. An dieser Stelle tritt die Rangsteigerung als Motiv für die Teilnahme an dem Heerzug deutlich hervor. Wilhelm gab schließlich ihren Bitten nach, vor allem, weil er nach Angaben seines Panegyrikers hoffte, dass, sobald er zu herrschen begonnen hatte, die Bereitschaft zur Rebellion sinken und er leichter mit seinen Gegnern im Land fertig werden würde.[9] Die Krönung wird so bei Wilhelm von Poitiers zum Beginn der Herrschaft Wilhelms, zur Stunde Null seiner Regierung. Das ist die gleiche Sicht, wie sie kurz nach der Eroberung im Pönitential (Bußbuch) des päpstlichen Legaten Ermenfried von Sion propagiert wurde: Bis zur Krönung Wilhelms herrschte die Periode des *publicum bellum*, des öffentlichen, das heißt legitimen Kriegs, in dem sich Normannen und Angelsachsen mit gleichem Recht bzw. Unrecht bekämpften, nach seiner Krönung aber wurde die Tötung Dritter als Mord geahndet. Sollten aber gegen den König die Waffen ergriffen werden, dann wäre es ihm und seinen Männern erlaubt, wie im Krieg gegen diese Rebellen vorzugehen.[10] Dass der Zeitpunkt der Krönung des Herrschers zugleich der Beginn seiner Regierung sein sollte – der Moment, von dem an herrschaftliches Handeln wirksam wurde und Gültigkeit besaß –, wurde in den folgenden Jahren zur offiziellen Lesart. Dies unterschied sich von der bisherigen angelsächsischen Sichtweise, derzufolge der Amtsantritt und die durch die kirchlichen Autoritäten vorgenommene Krönung zwei voneinander getrennte Momente waren. Im angelsächsischen England konnte man zumindest für eine Weile König ohne Krönung sein; im anglo-normannischen England war dies nicht mehr der Fall.[11] Gleichwohl war die Situation zum Zeitpunkt der Krönung Wilhelms an Weihnachten 1066 noch nicht ganz so klar. Bezeichnenderweise erscheint im *Carmen* Guidos von Amiens der Herrschaftsantritt Wilhelms sowohl mit dem Zeitpunkt des Begräbnisses von König Harold unmittelbar nach der Schlacht verbunden als auch mit der Krönung Wilhelms.[12] Die solcherart zum Ausdruck gelangenden unterschiedlichen Sichtweisen sollten als zwei unter den Zeitgenossen konkurrierende Vorstellungen ernst genommen werden.[13]

Sie waren, so scheint es, analog zu den abweichenden Ansichten über das akzeptable Verhalten der Krieger auf dem Schlachtfeld, Ausdruck einer traditionelleren auf der einen und einer moderneren Perspektive auf der anderen Seite, deren Vertreter sich 1066 noch miteinander im Wettstreit um die Deutungshoheit befanden, ohne dass dieser in jenem Jahr aber hätte entschieden werden müssen. Aus Wilhelms Perspektive war die im *Carmen* angelegte Deutung eines zweifachen Beginns der Herrschaft durchaus annehmbar. Ihm ging es darum, sein Königtum mit dem Höchstmaß an Legitimation zu versehen. Der Krönung kam dabei eine zentrale Rolle zu, das war allen Beteiligten klar. Aber auch der Schlacht kam in dieser Hinsicht größte Bedeutung zu; sie durfte als entscheidendes Moment nicht vergessen werden, denn schließlich konnte sie als Gottesurteil zugunsten Wilhelms interpretiert werden. Sein neues königliches Siegel kommunizierte in gewisser Weise beide Elemente: Auf der Vorderseite zeigte es einen zum Kampf gerüsteten Reiter mit einer Fahnenlanze und auf der Rückseite den auf seinem Thron sitzenden gekrönten König mit dem Schwert in der rechten und dem Reichsapfel in der linken Hand. Die Vorderseite nahm in der Umschrift auf Wilhelms Herrschaft in der Normandie Bezug, die Rückseite auf sein englisches Königtum.[14] Die Praxis, Siegel zu führen, kam unter den nordfranzösischen Großen in der zweiten Hälfte des 11. Jahrhunderts auf; als Motiv etablierte sich das Reiterbild. Ob Wilhelm bereits als Herzog ein Siegel führte, kann nicht mit letzter Sicherheit gesagt werden,[15] sein königliches Siegel jedenfalls gehört zu den frühen Fällen einer Verwendung des Reitermotivs im Zusammenhang mit einer nordfranzösischen Herrschaft.[16] Der thronende König war auch ein junges Motiv auf englischen Königssiegeln. Eduard hatte es eingeführt, um seinen imperialen Ansprüchen Ausdruck zu verleihen.[17] Gänzlich neu aber war die Kombination der beiden Motive, zumal das Reiterbild bis dato in England ungebräuchlich war. Wilhelm setzte mit dieser Kombination einen Präzedenzfall, der die königliche Siegelprägung in England bis in die Gegenwart hinein bestimmen sollte. Erst im Jahr 2000, als eine Neuprägung des großen Siegels von Königin Elisabeth II. notwendig wurde, entschied man sich, den gerüsteten Reiter durch das königliche Wappen zu ersetzen.[18] 1066 stand das Reiterbild für Wilhelms Herrschaft in der Normandie, der Thron für sein englisches Königtum, und dennoch spiegelten sich in beiden Bildern trefflich die Momente seines doppelten Herrschaftsantritts wider. Die Botschaft eines von Gott beschützten Heerführers und gesalbten Königs wurde nach 1066 umso wichtiger, je deutlicher wurde, dass weder der Sieg von Hastings noch die Krönung von Westminster für eine rasche, flächendeckende Akzeptanz von Wilhelms Herrschaft im Königreich sorgte. Wie unsicher die Situation war, zeigte sich noch am Krönungstag selbst.

Die Krönung Wilhelms fand in der Abtei von Westminster am Weihnachtstag 1066 statt und wurde durch Erzbischof Ealdred von York durchgeführt.[19] Die Rolle Stigands von Canterbury wird nicht recht deutlich. Das Wissen um seine 1070 wegen kirchenrechtlicher Vergehen erfolgte Absetzung beeinflusste maßgeblich seine Bewertung in der danach einsetzenden Berichterstattung. Aus normannischer Perspektive konnte Stigand, der Harold gekrönt hatte, allein schon aus propagandistischen Gründen keine Rolle bei der Krönung Wilhelms gespielt haben. Nach Wilhelm von Poitiers habe sich der Eroberer geweigert, von Stigand gekrönt zu werden.[20] Das vor 1070 verfasste *Carmen* Guidos von Amiens legt allerdings nahe, dass Stigand doch an der Krönung beteiligt war.[21] Angeblich ließ Wilhelm für diesen feierlichen Anlass eine neue Krone anfertigen – eine, die in ihrer Gestaltung der Krone Kaiser Ottos des Großen ähnlich war.[22] Schon Eduard, wir erinnern uns, hatte sich in den 1050er Jahren eine «kaiserliche» Krone anfertigen lassen. Wilhelms Krönung rief noch weitere Assoziationen mit dem Kaisertum auf. Weihnachten war ein für die Krönung in jedem Fall besonders geeignetes Hochfest, zumal Wilhelm kein Interesse daran gehabt haben dürfte, sich am selben Tag wie Harold (6. Januar) krönen zu lassen, und er bis Ostern ohnehin nicht warten wollte. Aber Weihnachten war auch der Tag, an dem Karl der Große zum Kaiser gekrönt worden war (800). Wilhelms neues Siegel vermied den Herzogstitel und damit einen Hinweis auf eine wie auch immer geartete Nachrangigkeit seiner normannischen Position gegenüber dem englischen wie dem französischen Königtum. Stattdessen wies das Siegel auf der Seite des Reitermotivs Wilhelm als *patronus Normannorum* (Beschützer der Normannen) aus – eine Anspielung auf den einst von Karl dem Großen geführten und von Kaiser Heinrich III. 1046 wieder aufgenommenen, mit dem Kaisertum verknüpften Titel des *Patricius Romanorum*?[23] War Wilhelm von Poitiers nicht der einzige, der Wilhelm als Nachfahre vergangener Kaiser sah, waren diese Maßnahmen Ausdruck eines nunmehr imperialen Selbstverständnisses des Herzogs? Das war keinesfalls unwahrscheinlich.[24] Noch aber stand diese Überhöhung der eigenen Position auf tönernen Füßen. Nicht unähnlich mancher Kaiserkrönung ostfränkisch-deutscher Herrscher in Rom endete auch Wilhelms Krönung, die doch ganz darauf angelegt war, in größtmöglicher Würde reichlich herrschaftlichen Sinnüberschuss zu erzeugen, im kriegerischen Chaos.

Das Ritual der Krönung selbst wurde zweisprachig zelebriert. Der Erzbischof von York wandte sich an die Angelsachsen, der Bischof von Coutances übersetzte für die Franzosen. Als alle gegen Ende der Krönung in ihrer jeweiligen Sprache lauthals dem neuen Herrscher akklamierten, interpretierten die außerhalb der Abtei als Wachen aufgestellten und mit dem Ablauf des Krönungsrituals nicht vertrauten Männer Wilhelms dieses Stimmengewirr als Zeichen von Streitigkeiten. So angespannt war die Lage, dass sie sich nicht einmal die Zeit nahmen nachzusehen, was in der Abtei vor sich ging, sondern sofort begannen, die umliegenden Häuser niederzubrennen.[25] Angesichts des Lärms brach nun auch in der Abtei Panik aus und Wilhelm, so notierte Orderic Vitalis mit dem Gespür für eine gute Geschichte, zitterte am ganzen Körper vor Angst, während die letzten Akte des Krönungsrituals durch die ebenfalls von Furcht ergriffenen Geistlichen vollzogen wurden.[26] Zumindest eine kurze Zeit dürfte Wilhelm daran gezweifelt haben, dass auf seiner Herrschaft der Segen Gottes lag. Immerhin wusste er, dass er den Kampf um die englische Krone, der mit dem Tod Eduards zu Beginn des Jahres 1066 ausgebrochen war, zwar am Ende des Jahres für sich entschieden hatte, doch das dazugehörige Königreich erst noch gewinnen musste. Als Wilhelm im Februar / März 1067 in die Normandie zurückkehrte,[27] führte er nicht nur große Reichtümer mit sich, sondern auch Erzbischof Stigand, Edgar Ætheling und die Earls Edwin, Morkar und Waltheof sowie «viele andere von hohem Rang».[28] Manches daran mag an Harolds Aufenthalt bei Wilhelm erinnert haben. Als Zeichen von Wilhelms Triumph wurden die englischen Großen seinen normannischen Gefolgsleuten zur Schau gestellt. Gleichzeitig mag Wilhelm versucht haben, sie in seinen Hof zu integrieren, Bindungen zu schaffen – später war die Rede davon, dass er Earl Edwin versprochen hatte, ihm eine seiner

Töchter zur Frau zu geben.[29] Sie in die Normandie mitzunehmen diente aber auch und vor allem der ganz konkreten Sicherung seines jungen Königtums. So konnten die Vertreter der alten Elite während Wilhelms Abwesenheit keinen Widerstand organisieren. Sie hatten als Bürgen vielmehr das Wohlverhalten ihrer «Verwandten und Landsleute» gegenüber dem neuen König abzusichern.[30] Sie waren, wie Beobachter bemerkten, Geiseln, die England garantieren sollten.[31] Auf dem Höhepunkt von Wilhelms bisherigem Dasein als Herrscher zeigte sich nicht zuletzt die ganze Fragilität seiner neuen Position.

12
NACH DER SCHLACHT IST VOR DEM TERROR (1066–87)

Wir sind nicht lückenlos informiert über Wilhelms Aufenthalte und Aktivitäten in den zwei Jahrzehnten zwischen 1066 und seinem Tod 1087. Für bemerkenswert lange Zeitspannen können wir über sein Tun und Lassen diesseits oder jenseits des Ärmelkanals nur spekulieren. Klar erkennbar aber ist, dass die Konkurrenten des Jahres 1066 weder nach den Schlachten von Stamford Bridge und Hastings noch nach der Krönung Wilhelms den Kampf um die englische Krone aufgegeben haben. Allein die Rollenverteilung sollte sich in den folgenden Jahren ändern. Wilhelm wurde vom Eroberer der Krone zum Verteidiger, während manche Vertreter der noch existierenden, alten angelsächsischen Elite von Verteidigern ihrer politisch-sozialen Ordnung zu Rebellen wurden. Aus dem östlichen Nordseeraum wiederum stießen nun anstelle der Norweger die Dänen nach England vor, um das Reich zu erobern und so die Wiederherstellung ihres Nordseeimperiums zu betreiben. Mithin war 1066 gleichsam nur die erste Runde an Wilhelm gegangen, der Kampf aber damit noch lange nicht vorbei. In den Jahren 1068–71, 1075 und 1085–86 kam es zu Entwicklungen, in denen Wilhelm mehr als einmal um sein Königtum fürchten musste. Diese Ereignisse bestimmen die Handlung im nächsten Akt des Dramas.

England in den ersten Jahren nach der Krönung

In der Normandie entwickelten sich 1067 die Dinge im Sinne Wilhelms. Wahrscheinlich an Ostern 1067 wurde das Pönitential des päpstlichen Legaten Ermenfried veröffentlicht, das zwar die Teilnehmer am Kriegszug mit Bußstrafen belegte, aber, und das war die entscheidende Botschaft, die päpstliche Anerkennung von Wilhelms Königtum implizierte.[1] In England hingegen wurde die Lage zunehmend unruhiger. Vor seiner Rückkehr in die Normandie 1067 hatte Wilhelm in England seinen Halbruder Odo, Bischof von Bayeux, sowie seinen langjährigen Gefährten Wilhelm fitz Osbern als seine Statthalter zurückgelassen.[2] Beide waren inzwischen zu Earls ernannt worden und teilten unter sich Harolds ehemalige Gebiete. Odo war Earl von Kent, während Wilhelm in den übrigen Grafschaften des alten Earldoms Wessex sowie in Herefordshire in Harolds Fußstapfen trat.[3] Sehr bald sahen sie sich mit ersten Widersetzlichkeiten konfrontiert, bei denen es sich allerdings um lokale Konflikte handelte, in denen es nicht um die Krone ging, sondern um regionale Ambitionen.[4] Konflikte dieser Größenordnung ließen sich meistern, ohne dass es dafür Wilhelms Präsenz gebraucht hätte. Aber als sich die Gerüchte verdichteten, dass nicht zuletzt auf angelsächsische Bitten hin[5] der dänische König Sven Estrithson, der Vetter Harolds, eine Invasion Englands plante, war Wilhelms Anwesenheit in England gefragt. Im Dezember 1067 kehrte er, fast ein Jahr nach seiner Krönung, in sein Königreich zurück. Doch Svens Vorhaben rückte zunächst in den Hintergrund, denn der König sah sich alsbald mit einer Reihe von angelsächsischen Aufständen konfrontiert, die seine volle Aufmerksamkeit verlangten. Wenn er gehofft hatte, dass die anfänglichen Widerstände gegen sein Königtum rasch abebben würden und sich gerade durch die Vermittlung angelsächsischer Großer wie Edwin und Morkar ein Modus vivendi zwischen neuen und alten Herren etablieren lassen würde, dann sah er sich sehr bald getäuscht. Die nach der Schlacht von Hastings beginnende Umverteilung der Güter – Wilhelm hatte schließlich seine Gefolgsleute zu belohnen – sowie eine nach Wilhelms Rückkehr 1067 erhobene hohe Steuer verhinderten eine Aussöhnung und trieben die angelsächsischen Großen in den Widerstand.[6] Was Wilhelm in den

Jahren zwischen 1068 und 1070 erwartete, war eine Reihe fast ununterbrochener Aufstände. Die Folge waren mit großer Brutalität geführte Kämpfe, in denen Wilhelm sein Königtum mit erbarmungsloser Härte verteidigte. Zugute kam ihm dabei, dass die Aufstände nicht koordiniert waren; es gab keine gemeinsame englische Widerstandsbewegung.

Zunächst wurde die königliche Autorität im Südwesten herausgefordert, als die Stadt Exeter und einige Thegns versuchten, Widerstand zu organisieren. Harolds Mutter Gytha, die in der Gegend über Besitzungen und einigen Einfluss verfügte, hielt sich in Exeter auf. Ihre Anwesenheit mag für den Aufstand mitverantwortlich gewesen sein.[7] Wilhelm marschierte nach Devon und belagerte 18 Tage lang die Stadt, ehe er sie mit Versprechungen zur Aufgabe bewegte. Gytha floh zunächst auf die in der Mündung des Severn gelegene Insel Flatholme, zog dann gemeinsam mit ihrer Tochter Gunhild und Harolds Tochter Gytha nach Flandern weiter und fand schließlich Aufnahme am dänischen Hof bei ihrem Neffen König Sven.[8]

Die Bemerkung in der Angelsächsischen Chronik D, dass die Thegns Exeter verraten hätten,[9] lässt erkennen, dass Wilhelms Autorität im Südwesten allmählich zunahm. Das bestätigte sich im Sommer 1068, als Harolds Söhne aus seiner Verbindung mit Edith Schwanenhals, Godwin, Edmund und Magnus, von Irland aus mit Schiffen einen Überraschungsangriff auf die Südküste begannen, ganz ähnlich wie es Harold 1051 bei seiner Rückkehr aus dem Exil getan hatte. Doch hatten die Rebellen weniger Erfolg als ihr Vater. Die Bevölkerung der Stadt Bristol schlug sie zurück, und in Somerset sahen sie sich anschließend Truppen gegenüber, die von Eadnoth angeführt wurden, der bereits Eduard und Harold als Kommandant (lateinisch *stallarius*, englisch *staller*) gedient hatte. Eadnoth fiel zwar in diesen Kämpfen, doch gelang es Harolds Söhnen nicht, in Somerset Fuß zu fassen. Sie kehrten nach Irland zurück.[10]

In etwa zur gleichen Zeit wurde am Pfingstsonntag, den 11. Mai, Wilhelms Ehefrau Matilda von Erzbischof Ealdred in Westminster zur Königin gekrönt.[11] Doch die Feierlichkeiten des Krönungsrituals konnten die Spannungen am Hof kaum überdecken. Edgar Ætheling setzte sich mit seiner Mutter Agatha, seinen Schwestern Margarete und Christina sowie weiteren Angelsachsen an den Hof des schottischen Königs

Malcolm ab. Von dort aus agierten sie in der Folgezeit gegen Wilhelm; Malcolm und Margarete heirateten gar ein paar Jahre später.[12] Auch die Earls Edwin und Morkar zogen sich nach Mercien und Northumbrien zurück. Sie sahen offensichtlich keine großen Chancen, ihre Interessen am Hof und ihre Position im Königreich in Zusammenarbeit mit Wilhelm zu wahren. Zu stark wurde die Konkurrenz der normannischen Großen, die nun in England zu Earls ernannt wurden und zunehmend den Ton angaben. Edwin und Morkar suchten ihr Heil im Widerstand. Sie konnten dabei auf alte Allianzen bauen, denn in Fortsetzung der walisisch-mercischen Verbindungen unterstützte sie der walisische Fürst Bleddynn. Wilhelm ließ die Gegner nicht lange auf seine Antwort warten und zog mit seinen Truppen im Sommer 1068 zum ersten Mal in die Midlands und den Norden. Sein Feldzug war ein mit aller Entschlossenheit geführter Eroberungszug, der seine Wirkung nicht verfehlte. Nachdem Wilhelm gegen Warwick marschiert war und Edwin und Morkar seine Truppen zu Gesicht bekommen hatten, unterwarfen sie sich dem König. Kurz darauf gab auch die Stadt York, die ähnlich wie Exeter geglaubt hatte, gegen Wilhelm bestehen und so günstige Bedingungen aushandeln zu können, ohne nennenswerten militärischen Widerstand auf und übersandte ihm symbolisch die Schlüssel zu ihren Toren. Sie stellten zudem Geiseln, um ihre Anerkennung Wilhelms zu verbürgen.[13] Zur Festigung seiner Herrschaft ließ Wilhelm in jeder der wichtigen Städte des Feldzugs eine Burg errichten und bemannte sie mit seinen Leuten: so in Warwick, in Nottingham, York, in Lincoln und – bereits auf dem Rückweg – in Huntingdon und Cambridge.[14] Wenn es über den staufischen Herzog Friedrich II. in der ersten Hälfte des 12. Jahrhunderts in Anspielung auf seine Burgenbautätigkeit hieß, er habe am Schweif seines Pferdes immer eine Burg mitgeführt,[15] so hatte Wilhelm derer immer ein ganzes Sortiment dabei.

Zufrieden mit dem Verlauf seiner Kampagne kehrte Wilhelm Ende des Jahres wieder in die Normandie zurück. Doch nur kurz war die Verschnaufpause, denn Northumbrien war alles andere als befriedet. Dort dauerten die Kämpfe, die bereits mit der Rebellion gegen Tostig begonnen hatten und um die Vormacht in der Region geführt worden waren, mit unverminderter Härte an. Die Familie der alten Earls von Bamburgh beanspruchte dort weiterhin ihren Vorrang. Der Ausgang der

Schlacht von Hastings änderte nichts an diesen Ambitionen. Im Februar 1067 hatte Wilhelm Copsig, den alten Vertrauten Tostigs, zum Earl von Northumbrien nördlich des Flusses Tyne erhoben und damit den von Morkar als Vertreter eingesetzten Osulf, ein Mitglied der Familie von Bamburgh, abgesetzt. Kaum aber, dass Copsig im Norden eingetroffen war, wurde er von Osulf ermordet.[16] Osulf seinerseits kam noch im Herbst desselben Jahres ums Leben, als er in den Speer eines Räubers lief. Seine Nachfolge als Earl trat mit Billigung Wilhelms Gospatrick der Jüngere, Enkel Earl Uhtreds von Bamburgh und ein Verwandter Osulfs, an.[17] Während Wilhelms Heerzug im Jahre 1068 aber stellte sich Gospatrick gegen den König und setzte sich nach Schottland zu König Malcolm ab.[18] Als neuen Earl bestimmte Wilhelm nun den Normannen Robert von Commines, der in Begleitung mehrerer Hundert Mann sein gefährliches Kommando antrat. Doch alle Sicherheitsvorkehrungen nutzten nichts. Im Januar 1069 wurden Robert und seine Männer in Durham von Einheimischen niedergemacht.[19] Das war das Fanal für Edgar und Gospatrick, vom schottischen Hof nach Northumbrien zurückzukehren und dort die Führung zu beanspruchen. Sie marschierten nach York, wo sie Jagd auf die normannische Besatzung machten. Nur einem Teil der Normannen gelang es, sich in der Burg zu verschanzen. Der Norden drohte Wilhelms Kontrolle gänzlich zu entgleiten. Mehr noch, zum ersten Mal hatte Edgar einen Teilerfolg errungen und damit seine Ambitionen auf das Königtum bekräftigt. Solche Erfolge waren wichtig, um die Unterstützung zögernder Dritter zu erlangen, von Männern, die abwogen, ob es sich lohnen würde, Edgar Gefolgschaft zu leisten. Wie beunruhigend die Kunde für Wilhelm war, die er in der Normandie von den Ereignissen aus Durham und York erhielt, zeigt der Kommentar Wilhelms von Jumièges, der berichtet, dass die Aufständischen Edgar zu ihrem König gemacht hätten.[20] Aus Wilhelms Sicht aber durfte sich Edgar nicht als echte Alternative zu ihm etablieren, und so kehrte er postwendend nach England zurück, eilte an der Spitze eines Kontingents nach York, wo er die Männer Edgars und Gospatricks überraschte. Sie hatten wohl nicht damit gerechnet, dass Wilhelm im Winter eine solche Strapaze auf sich nehmen würde, und leisteten keinen nennenswerten Widerstand. Wer nicht fliehen konnte, wurde umgebracht. Wilhelm setzte damit ein klares Signal seiner Entschlossenheit, York, den Vorort

Northumbriens und Sitz Erzbischof Ealdreds, seines Koronators, zu halten. Er ließ eine zweite Burg bauen. Zwei Burgen als Zeichen für den einen, den einzigen englischen König.[21]

Allerdings war auch mit dieser Kampagne nichts entschieden, denn die Anführer der Aufständischen hatten sich rechtzeitig absetzen können und warteten auf eine erneute Gelegenheit zum Angriff. Sie wussten, dass Wilhelm nicht auf Dauer in York bleiben würde. Die nächste Bedrohung kam aber nicht aus dem Norden, sondern aus dem Westen. Harolds Söhne führten im Sommer 1069 von Irland aus eine weitere Attacke und griffen mit ihren Schiffen Devon an. Strategische Verbindungen zu Edgar oder Gospatrick scheint es nicht gegeben zu haben, aber die Unruhe, die im englischen Königreich herrschte, wurde allseits wahrgenommen. Diese Unruhe weiter zu schüren und damit Gelegenheiten für eine erfolgreiche Rückkehr zu schaffen, sie sogar zu erzwingen, lag auch und gerade im Interesse der Söhne Harolds. Ob sie auch die Krone im Visier hatten, wissen wir nicht, sicherlich aber zielten sie auf die väterlichen Güter im Süden Englands – dort, wo sie nun zum zweiten Mal angriffen. Doch als sie an der Südküste Devons den Tavy flussaufwärts fahren wollten, wurden sie von einem der neuen Earls Wilhelms, Earl Brian, ohne größere Schwierigkeiten zurückgeschlagen. Sie kehrten daraufhin nach Irland zurück und spielten fortan keine wichtige Rolle mehr in der englischen Politik.[22]

Aber nicht nur in Irland wurden Schiffe mit dem Ziel England bemannt, auch im Osten der Nordsee hatte man, wie bereits erwähnt, das englische Königreich nicht aus dem Blick verloren. In Dänemark verfolgte König Sven genau die Entwicklungen auf der Insel. Über seine Mutter Estrith war Sven ein Neffe König Knuts des Großen und Vetter König Hardaknuts, und über seinen Vater Ulf war er ein Vetter König Harolds und dessen Schwester Edith, der Witwe König Eduards. Sein Interesse an und seine Ansprüche auf die englische Krone waren deshalb nicht überraschend. Darüber hinaus erreichten ihn Hilferufe aus England. Die außenpolitischen Bedingungen für die Musterung einer großen Flotte mit dem Ziel, eine Kampagne gegen England zu führen, waren vergleichsweise günstig, da der Frieden mit Norwegen inzwischen dauerhaft gesichert schien. Mit Harald war Svens ärgster Widersacher der letzten zwanzig Jahre auf dem Schlachtfeld bei Stamford

Bridge geblieben. Zwei Jahre später, 1068, heiratete Svens Tochter Ingrid Haralds jüngeren Sohn Olaf.[23] Olaf und sein Bruder Magnus machten selbst zwar keine Anstalten, die Ambitionen ihres Vaters persönlich weiterzuverfolgen, aber es ist durchaus denkbar, dass sie Sven unterstützten, zumindest aber ihm den Rücken frei hielten. Glaubt man dem zeitgenössischen und in dänischen Angelegenheiten gut unterrichteten Chronisten Adam von Bremen, dann strebte Sven selbst nach der englischen Krone. Die habe ihm König Eduard versprochen, als er Hardaknuts Nachfolge antrat[24] – Wilhelm der Eroberer war also nicht der einzige, von dem man behauptete, Eduard habe ihm das Königreich zugesagt. Anders aber als Wilhelm oder Harald setzte Sven im Spätsommer 1069 nicht alles auf eine Karte. Er bot eine stattliche Flotte auf, die kaum weniger Schiffe umfasste als jene König Haralds von 1066 – die Angaben der Chronisten schwanken zwischen 240 und 300 Schiffen. Aber er verzichtete darauf, sie selbst anzuführen, sondern vertraute das Kommando einer Gruppe von dänischen Großen an, darunter seine Söhne Harald und Knut sowie sein Bruder Osbjörn.[25] Sven riskierte in diesem Unternehmen nicht sein Leben. Man hat den Eindruck, als ob er testen wollte, was die Ankunft seiner Schiffe bewirken würde. Wie würde Wilhelm reagieren? Wieviel Unterstützung würde er im Land erhalten, wie stark waren Edgar und dessen Verbündete wirklich? Von nachgeordneter Bedeutung hingegen dürfte die Frage gewesen sein, wie er und Edgar sich nach einem etwaigen Sieg gegen Wilhelm verhalten würden: Teilung des Königreichs oder Kampf um die Alleinherrschaft? 1069 hieß die Herausforderung jedenfalls Wilhelm, nicht Edgar. Sven setzte darauf, dass seine Besatzungen auch ohne seine persönliche Anwesenheit in England Angst und Schrecken verbreiten, Küstenstriche verwüsten, die Bäuche ihrer Schiffe mit Beute füllen und damit Wilhelms Fähigkeit als guter, Schutz gewährender Herrscher in Frage stellen würden. Sven hielt sich auf diese Weise alle Optionen von einem einmaligen Raubzug bis zu einem langjährigen Krieg um die englische Krone offen. Man kann sagen, dass Sven zur See die gleiche Taktik einsetzte wie die Adligen Frankreichs bei ihren Kämpfen zu Land. Die entscheidende Schlacht war nicht das oberste Ziel, sondern die allmähliche, schließlich zur Aufgabe führende Schwächung des Gegners.

Die dänischen Schiffe griffen zunächst Dover und Sandwich an und fuhren dann an der Ostküste entlang nach Norden, wobei sie an der ostanglischen Küste Ipswich und Norwich heimsuchten, ehe sie in die Bucht des Humber einliefen und dort vor Anker gingen.[26] An Land wurden sie von Edgar, Gospatrick und ihren Mitstreitern willkommen geheißen, unter denen sich nun auch Earl Waltheof befand. Sie zogen sofort gegen York, wo die normannische Besatzung die Häuser um die Burgen niederbrennen ließ, damit die Angreifer deren Baumaterial nicht würden nützen können, um den Burggraben aufzufüllen. Doch das Feuer geriet außer Kontrolle und ergriff auch die Kathedrale von St. Peter. Alle Abwehrmaßnahmen waren umsonst. Die Angreifer nahmen die Stadt ebenso wie die beiden Burgen ein und massakrierten die Besatzungen mit Ausnahme der beiden Burgherren Wilhelm Malet und Gilbert von Ghent, die sie gemeinsam mit ihren Familien als Gefangene mit sich führten.[27] Auch anderswo im Königreich brachen einzelne Aufstände aus, so in Dorset und Somerset, in Devon und Cornwall, ferner im englisch-walisischen Grenzgebiet. Doch die normannischen Garnisonen traten die meisten dieser aufflackernden Feuer des Widerstands schnell wieder aus.[28] Wilhelm selbst zog zunächst in die Midlands, wo er sich bei Stafford ein erfolgreiches Gefecht mit den mercischen und walisischen Kämpfern lieferte. Dann ritt er über Nottingham nach York, das ohne größere Probleme eingenommen werden konnte. Seine Gegner wichen einer direkten Konfrontation aus. Die Dänen waren wieder auf ihre Schiffe geeilt, wo sie außerhalb der Reichweite Wilhelms lagen, der, vielleicht als Ergebnis der dänischen Angriffe auf die südostenglischen Häfen, nicht genügend Schiffe aufbieten konnte, um gegen den Feind vorzugehen.[29] Der König sah sich daher zu einem längeren Aufenthalt in York gezwungen. Er nutzte die Zeit, um seinen Herrschaftsanspruch nachdrücklich und unmissverständlich zum Ausdruck zu bringen. Wie schon in der Vergangenheit, setzte er dafür gleichermaßen die Mittel der Repräsentation seines königlichen Amts wie der Politik der verbrannten Erde ein. Über Wochen zogen er und seine Truppen in der Hauptsache durch das Hügelland, um dort die Aufständischen aus ihren Verstecken zu treiben, aber vor allem, um ihnen und ihren Unterstützern die Lebensgrundlage zu nehmen. Die Forschung hat zwar zeigen können, dass nicht ganz Northumbrien einer systematischen Zerstörung anheimfiel, dennoch sprechen die administrativen wie narrativen Quellen eine klare Sprache: Die wirtschaftlichen Grundlagen Yorkshires wurden damals erheblich in Mitleidenschaft gezogen.[30] Die Vernichtung von Vieh und Getreide führte zu einer so schweren Hungersnot, dass sogar Marianus Scottus im weit entfernten Mainz sie erwähnte. Sein Hinweis auf Kannibalismus[31] mag später die Darstellung Johanns von Worcester, der für seine Chronik auch auf das Werk von Marianus zurückgriff, beeinflusst haben, wenn er schrieb, dass Pferde, Hunde, Katzen und Menschen verzehrt wurden.[32] Die Lage war derart dramatisch, dass sie sich tief in das kollektive Gedächtnis einbrannte.[33] Orderic Vitalis, der in seiner Schilderung dem heute verlorenen Schluss der Erzählung Wilhelms von Poitiers folgte, kommentierte, dass der König niemals sonst solche Grausamkeit an den Tag gelegt habe. Er, Orderic, habe in der Vergangenheit viel Gelegenheit gehabt, Wilhelms Taten zu loben, aber dieses Vorgehen, das die Unschuldigen wie die Schuldigen gleichermaßen zum Tod durch langsames Verhungern verurteilte, könne er nicht gutheißen.[34] Dieses brutale Verhalten des Kriegsherrn eignete sich ganz offensichtlich nicht für die Schilderung der Taten eines glorreichen Ritters und Herrschers.

Aber Wilhelm pflegte nicht nur seinen Ruf als harter Kriegsmann, sondern nutzte auch gezielt die Repräsentationsmöglichkeiten seines königlichen Amts. Aus Winchester ließ er die Krönungsinsignien nach York bringen, um dort in vollem Ornat das Weihnachtsfest zu feiern.[35] In aller Deutlichkeit signalisierte er Gefolgsleuten wie Einheimischen seine Entschlossenheit, sein Königtum auch in Northumbrien durchzusetzen. Wenn man bedenkt, dass damals gleichsam noch die Trümmer des Stadtbrands schwelten und der Rauch noch in den niedergebrannten Häusern und der zumindest teilweise zerstörten Kathedrale zu riechen war, so erscheint Wilhelms Inszenierung seines Königtums vor dieser Kulisse als ein grimmiges, fast surreales Bild. Es war jedenfalls ein kritischer Moment für Wilhelms Herrschaft.

Nach der Krönung ging der Terror weiter, und er zeigte Wirkung. Im Januar gaben Waltheof und Gospatrick auf und unterwarfen sich Wilhelm, der ihnen ihre Earldoms beließ.[36] Edgar hingegen entzog sich Wilhelms Zugriff und floh mit seiner Mutter und seinen Schwestern sowie einigen anderen zunächst nach Wearmouth, dann wieder zu König Malcolm nach Schottland.[37] Nun sah König Wilhelm den Moment gekommen, über die Pennines nach Westen zu ziehen, um in dieser Gegend Merciens endgültig den Widerstand «der Waliser und der Männer von Chester» zu brechen. Aber seine rücksichtslose Vorgehensweise begann auch, an der Moral der eigenen Truppe zu nagen. Bei dem Ritt über die karge, winterliche Hügellandschaft verlangte er seinen Leuten so viel ab, dass einige von ihnen baten, aus dem Dienst entlassen zu werden. Sie könnten keinem Herrn dienen, der von einem unerhörten und unangemessenen Wagnis zum nächsten ritt und von ihnen zu viel forderte.[38] Diese Argumentation hatte zwar keinen Effekt, verrät aber viel über die Fürsorgepflichten eines Heerführers gegenüber seinen Männern und macht noch einmal deutlich, warum eine Schlacht nur die *ultima ratio* sein konnte – hohe Risiken galt es zu vermeiden. Es waren laut Orderic Vitalis die Männer aus Maine, Anjou und der Bretagne, die auf ihre Entlassung drängten; die Normannen – so die implizite Botschaft – murrten nicht, sondern verrichteten tapfer ihre Pflicht. Abgesehen von dieser Überhöhung normannischer Kampfgesinnung, mag man die Passage auch dahingehend verstehen, dass gerade diejenigen unter Wilhelms Reitern die Sinnhaftigkeit dieses Vorgehens hinterfragten, die für Sold kämpften, ansonsten Wilhelm aber nicht durch ein Herrschaftsverhältnis verbunden waren. Doch der König zeigte kein Verständnis für ihre Bedenken und trieb sie mit dem Hinweis auf die zu erwartenden Gewinne weiter an. Ihre Kampagne war schließlich erfolgreich, und Wilhelm ließ weitere Burgen in Chester und Stafford errichten.[39]

Wilhelms zweiter Herrschaftsbeginn und das Ende des angelsächsischen Widerstands

Als Wilhelm sich dann an Ostern 1070 in Winchester durch die inzwischen nach England gekommenen päpstlichen Legaten Ermenfried von Sion und die Kardinalpriester Johann und Peter krönen ließ, trug dies Züge eines zweiten Herrschaftsbeginns.[40] Die Gegenwart der Legaten machte die päpstliche Anerkennung von Wilhelms Königtum deutlich, und es ist gut möglich, dass bei dieser Gelegenheit Ermenfrieds Pönitential auch in England veröffentlicht wurde. Was bereits 1067 in der Normandie hatte kommuniziert werden können, wurde nun auch in England promulgiert: Wilhelms Königtum hatte den päpstlichen Segen. Dies war nach der brutalen Niederschlagung der Aufstände von keiner geringeren Bedeutung als 1067 nach dem Blutvergießen von Hastings, denn was Wilhelm in den Jahren 1068–70 in England exerzierte, war kein triumphaler Umritt eines willkommen geheißenen Herrschers durch sein neues Reich, sondern ein mit Schwert und Feuer durchgeführter Eroberungszug. Die Krönung durch die päpstlichen Legaten sanktionierte dieses Vorgehen. Wilhelm, so die Botschaft, hatte recht gehandelt und nichts anderes getan, als Rebellen zur Raison zu bringen.

Die Kooperation zwischen Papsttum und Königtum fand in Winchester auch in wichtigen Personalentscheidungen Ausdruck. Die päpstlichen Legaten setzten Erzbischof Stigand von Canterbury und seinen Bruder Æthelmaer, Bischof von Elmham, wegen angeblicher kirchenrechtlicher Vergehen ab.[41] Im Spätsommer wurde Wilhelms enger Vertrauter Lanfrank neuer Erzbischof von Canterbury.[42] Lanfrank setzte auf eine enge Zusammenarbeit der englischen Kirche mit Wilhelm und agierte als einer der wichtigsten Gewährsleute für Wilhelms Herrschaft.[43] Was für Canterbury bestimmt wurde, galt nun grundsätzlich für die Personalpolitik Wilhelms. Er setzte fortan zunehmend auf die Zusammenarbeit mit normannischen Gefolgsleuten in den geistlichen wie weltlichen Spitzenpositionen in England. Sollte Wilhelm nach seinem Sieg in Hastings tatsächlich geglaubt haben, mit Vertretern der neuen normannischen und der alten angelsächsischen Elite England regieren zu können, so hatten ihn die Aufstände von 1068 bis 1070 eines Besseren belehrt.

Wilhelms Zug über die Pennines und die festliche Inszenierung seiner Herrschaft in Winchester waren möglich gewesen, weil er zwischenzeitlich mit den Dänen eine Übereinkunft getroffen hatte, die ihm die erforderliche Handlungsfreiheit verschafft hatte. Johann von Worcester schrieb später, Wilhelm habe dem dänischen Anführer Osbjörn viel Geld geboten und ihm darüber hinaus erlaubt, an der Ostküste Streifzüge zu unternehmen, um die Versorgung seiner Männer sicherzustellen. Im Gegenzug sollten die Dänen Wilhelm nicht angreifen und im Frühjahr in ihre Heimat zurückkehren.[44] Das entsprach ganz der Handlungslogik früherer wikingischer Raubzüge, aber im

Frühjahr wurde klar, dass König Sven mehr wollte als nur Schiffe voller Beute. Johann von Worcester behauptete gar, dass er dermaßen unzufrieden über Osbjörns Entscheidung war, dass er ihn ins Exil schickte. Das dürfte kaum den Tatsachen entsprochen haben, lässt aber auf unterschiedliche Interessenlagen der Brüder schließen. Osbjörns Ambitionen scheinen primär auf einen erfolgreichen Beutezug ausgerichtet gewesen zu sein, während Sven wohl ernsthaft prüfen wollte, ob die englische Krone für ihn erreichbar war. Er kam selbst an der Spitze einer zweiten Flotte nach Ostengland, und da seine Söhne und Osbjörn keineswegs abgezogen waren, lagen nun statt keinem Schiff Hunderte von dänischen Schiffen vor der englischen Ostküste. Wie ernst diese Herausforderung für Wilhelms Königtum war, zeigt sich an den Reaktionen der Bevölkerung in Ostanglien und um die Bucht des Humber. Der Autor der Angelsächsischen Chronik E notierte dazu, dass Sven seine Flotte im Humber stationierte und mit den Menschen vor Ort Frieden schloss – sie gingen davon aus, dass er das Land erobern würde. Osbjörn und seine Männer hingegen, darunter auch der Bischof von Aarhus, Christian, zogen in die Fenlands, das Marschengebiet um Ely in Ostanglien. Auch sie wurden von der Bevölkerung nicht in Waffen, sondern als neue Herren empfangen. Weil die Einheimischen dachten, dass die Dänen alles Land erobern würden, gingen sie in friedlicher Absicht auf die Neuankömmlinge zu.[45] Opportunismus, alte anglo-dänische Verbindungen, Abneigung gegenüber dem normannischen Regime – wie auch immer die Motive gelautet haben mögen, das Ergebnis dürfte jedenfalls Svens Ambitionen gestärkt und Wilhelms Sorgen vergrößert haben. Doch beide, Sven und Wilhelm, vermieden eine Entscheidungsschlacht. Sven war offensichtlich nicht bereit, alles auf eine Karte zu setzen, sein Leben für die englische Krone zu riskieren. Er hatte zwar keinen Widerstand seitens der einheimischen Bevölkerung erfahren, aber auch gesehen, dass er den Kampf gegen Wilhelm weitestgehend alleine würde führen müssen. Große Unterstützung war 1070 von englischer Seite nicht zu erwarten. Außerdem konnte sich Sven der Unterstützung durch seinen Bruder Osbjörn in einem Kampf auf Leben und Tod nicht sicher sein. Angesichts dieser Umstände erschien Sven der Weg zur englischen Krone zwar reizvoll, aber zu steinig und risikoreich. Sven, das hatte seine Kriegerbiographie bislang eindrücklich gezeigt, suchte nicht den

Tod in der Schlacht. Im Juni 1070 schlossen er und Wilhelm Frieden.[46] Anschließend zogen Sven und seine Männer zwar ohne die Krone, dafür aber mit hoch beladenen Schiffen, die ihre erbeuteten Schätze transportierten, nach Dänemark zurück. Die Reliquien der Heiligen Oswald und Alban, die Svens Sohn Knut der Kirche von Odense übergab, gelangten sehr wahrscheinlich 1070 mit Knut von England nach Dänemark.[47]

Dieses Mal hatte Wilhelm seine Krone nicht mit dem Schwert, sondern mit dem Reichtum Englands verteidigt. Ob Sven wiederkommen würde, war nicht absehbar, aber Wilhelm hatte für den Augenblick mehrere große Gefahren für sein Königtum abgewehrt, und tatsächlich sollte es Aufstände von der Größenordnung der Jahre 1068–70 während seiner verbleibenden Regierungszeit nicht wieder geben. Doch war noch nicht aller englischer Widerstand gebrochen. Einer der Männer, der im Windschatten der dänischen Schiffe in Ostanglien seine Interessen mit Waffengewalt gegen die Normannen verteidigte, war Hereward. Über ihn ist wenig Verlässliches bekannt. Er war vor 1066 möglicherweise ein Thegn des Königs gewesen und hielt Besitzungen in Lincolnshire. Vielleicht wurde er bereits Mitte der 1060er Jahre aus England verbannt und war dann bis 1067 in Flandern aktiv, ehe er auf die Insel zurückkehrte.[48] 1070 jedenfalls befand er sich (wieder?) im Bann, als er und seine Männer die Abtei von Peterborough angriffen. Kurz zuvor war der Normanne Turold zum Abt von Peterborough bestimmt worden, und Hereward, der einige Güter der Abtei hielt, musste fürchten, dass der neue Abt diese Ländereien dafür einsetzen würde, seine eigenen Gefolgsleute zu versorgen.[49] Anstatt abzuwarten, ergriff er die Initiative, machte mit den Dänen gemeinsame Sache und überfiel mit deren Billigung die Abtei. Nach dem Abzug der Dänen verschanzten sich Hereward und seine Leute auf Ely, damals noch eine Insel im Marschengebiet der Fenlands. Für König Wilhelm bedeutete Hereward zunächst kein größeres Problem. Herewards Verhalten und sein Rückzug nach Ely waren ärgerlich, aber kein Grund zur Beunruhigung. Wilhelm kehrte im Spätsommer 1070 in die Normandie zurück. Die Situation verlangte erst im folgenden Jahr seine Aufmerksamkeit, als Ely zum Stützpunkt einer Reihe prominenter Angelsachsen wurde, die gegen die normannische Herrschaft opponierten. Die bedeutendsten darunter waren die Earls Edwin und Morkar, die 1071 von Wilhelms Hof flohen und anschließend durch England streiften, wie die Angelsächsische Chronik E vermerkt.[50] Seit ihrer Unterwerfung 1069 hatte ihre Position am Hof Wilhelms jener von Geiseln geglichen, die wenig bis überhaupt keinen Einfluss beim König hatten. Sie hatten tatenlos zusehen müssen, wie Wilhelm die Aufstände in ihren Earldoms niederschlug und wie er in Chester 1069 zunächst Gherbod, dann 1070 Hugo von Avranches als Earl einsetzte.[51] Sie führten zwar nach wie vor den Titel eines Earls, aber ihre herrschaftliche und vor allem gefolgschaftliche Basis begann sich aufzulösen. Für die Männer in Mercien und Northumbrien waren Edwin und Morkar als Patrone zunehmend nutzlos. Die Brüder hatten sie nicht gegen die Verwüstungen von 1069–70 schützen können, und es bestanden geringe Aussichten, dass die beiden in Zukunft viel für sie würden erreichen können.[52] Hinzu kam, dass sich beide seit 1066 nicht als erfolgreiche Heerführer hervorgetan hatten. Im Zusammenhang mit den großen Schlachten von 1066 hatten sie wenig Ruhmvolles geleistet und so auch ihr Ansehen nicht gemehrt. Sie hatten die schwere Niederlage von Fulford Gate zu verantworten und spielten in den Erzählungen der Schlacht von Stamford Bridge keine Rolle. In Hastings waren sie gar nicht erst angetreten, hatten sich vielleicht sogar der Schlacht entzogen. Im anschließenden Widerstand hatten sie ebenfalls keine großen Führungsqualitäten erkennen lassen. Die Voraussetzungen, weshalb sich Tausende von Männern vor 1066 Edwin und Morkar kommendiert hatten, waren nicht mehr gegeben. Wenn die Brüder nicht zusehen wollten, wie auch noch der Letzte ihrer Gefolgsleute sich einen neuen Patron suchte und ihr Rang trotz ihres Titels gänzlich unbedeutend würde, mussten sie ihr Heil im Widerstand gegen Wilhelm suchen und sich als Anführer derer beweisen, die mit dem neuen Regime unzufrieden waren. So brachen sie Richtung Ely auf, um sich dort mit Hereward zu verbünden, der möglichweise zur Gefolgschaft Morkars gehörte.[53] Auf dem Weg dorthin taten sie sich noch mit weiteren Männern zusammen, die mit Wilhelms Regime unzufrieden waren, unter ihnen Æthelwin, Bischof von Durham.[54]

Damit aber nahm der Widerstand Dimensionen an, die für den König nicht mehr hinnehmbar waren. Wilhelm, der inzwischen nach England zurückgekehrt war, griff Ely sowohl zu Wasser als auch zu Land an. Er ließ dazu extra eine Brücke oder einen Damm anlegen.

Seine Maßnahmen zeigten Wirkung. Angesichts der heranrückenden Streitmacht Wilhelms gaben die meisten Männer in Ely auf, darunter auch Morkar und Bischof Æthelwin. Nur Hereward und ein paar Getreue weigerten sich, ihre Waffen niederzulegen, und flohen. Über ihr Schicksal nach den Ereignissen von Ely ist wenig Verlässliches bekannt. Vielleicht kam es später zur Aussöhnung zwischen Hereward und Wilhelm, aber so wie Herewards Spuren in den Marschen des Fenlands rasch vergingen, so verloren sich seine historischen Fußabdrücke in der sehr zeitnah um seine Person entstehenden Legende.[55] Aus Hereward wurde bereits im frühen 12. Jahrhundert ein heldenhafter, sagenumwobener angelsächsischer Kämpfer, gefeiert in den *Gesta Herwardi* – dies nicht, um erneuten Widerstand gegen die Normannen zu provozieren, sondern um die ritterliche Tüchtigkeit und Gleichwertigkeit der Engländer gegenüber den Normannen zu betonen. Sie verdienten denselben Respekt wie ihre Eroberer. Nur allzu gern wurde Hereward dann im patriotisch-nationalen Überschwang des 19. Jahrhunderts wiederentdeckt.[56] Etwas besser sind wir über das Schicksal der anderen Protagonisten unterrichtet. Der Bischof wurde in die Abtei von Abingdon gebracht, wo er im folgenden Winter starb.[57] Morkar hingegen kam in die Gefangenschaft von Roger von Beaumont, der ihn zu Schiff in die Normandie bringen ließ.[58] Sein Bruder Edwin entzog sich der Gefangennahme, wurde aber kurz darauf ermordet. Die Angelsächsischen Chroniken D und E vermerken, dass es seine eigenen Männer gewesen seien, die ihn umbrachten,[59] während Orderic Vitalis in seiner Verarbeitung der Darstellung von Wilhelm von Poitiers erzählt, dass Edwin von dreien seiner Begleiter an die Normannen verraten und schließlich mit zwanzig seiner engsten Gefolgsleute von den Normannen niedergemacht worden sei.[60] Es waren jedenfalls nur noch wenige, auf die sich der Earl in seinen letzten Stunden hatte verlassen können. Als die Verräter Wilhelm den Kopf Edwins als Siegestrophäe überbrachten, soll er sich empört abgewandt und sie des Landes verwiesen haben – ein seit den Tagen Alexanders des Großen beliebter Gestus vermeintlicher moralischer Empörung Mächtiger und ein beliebter Topos ihrer Panegyriker. Mit diesem Satz, so Orderic Vitalis, endet jedenfalls die Geschichte Wilhelms von Poitiers. Er fasst mit diesen letzten Worten noch einmal gleichsam emblematisch ein Leitmotiv seines Werks zusammen: König

Wilhelm war ein ‹zivilisierter›, den neuen ritterlichen Werten verpflichteter Herrscher. Was der König wirklich zur Übersendung von Edwins Kopf gesagt hat, wissen wir nicht.

War mit Ely ein Refugium englischer Rebellen gefallen, so widmete sich Wilhelm im darauffolgenden Jahr dem Ort, der außerhalb seines Königreichs seinen Gegnern, insbesondere Edgar Ætheling, eine sichere Zuflucht und Basis für ihren Widerstand geboten hatte: dem schottischen Hof. Wieder musterte Wilhelm Streitkräfte für Aktionen zu Land wie zu Wasser und zog nach Norden. Wie vor Ely genügte auch dieses Mal die schiere Demonstration geballter Kriegsmacht, um den Gegner einlenken zu lassen. Malcolm vermied die Schlacht und schloss bei Abernethy zu Wilhelms Bedingungen Frieden mit dem König von England. Malcolm «wurde dessen Mann» und überstellte ihm Geiseln – darunter seinen ältesten Sohn Duncan.[61] Edgar Ætheling verließ daraufhin den Hof seines Schwagers und ging nach Flandern. Von dort kehrte er erst zwei Jahre später, 1074, wieder nach Schottland zurück, wo er königlich empfangen wurde. Doch daraus erwuchs kein neuerlicher Widerstand gegen Wilhelm. Im Gegenteil, Edgar suchte den Ausgleich mit dem König und reiste zu ihm in die Normandie, wo Wilhelm den Bann über ihn und seine Männer aufhob und ihn in Ehren bei sich aufnahm.[62]

Der Vertrag von Abernethy hatte aber auch Konsequenzen für einen weiteren Prominenten des englischen Widerstands. Earl Gospatrick musste sein northumbrisches Earldom aufgeben und ging mit Edgar nach Flandern, ehe er ebenfalls in Schottland eine neue, diesmal dauerhafte Heimat als Earl von Dunbar fand.[63] In Northumbrien aber wurde er durch seinen Verwandten Waltheof ersetzt. Wilhelm glaubte wohl, über den Sohn Earl Siwards die lokalen Allianzen besser beherrschen zu können als über einen von außen kommenden, normannischen Earl. Der König verband große Hoffnungen mit Waltheof; er sah in ihm eine Schlüsselfigur für die Verbesserung des Verhältnisses zwischen der neuen und der alten Elite nach den Aufständen von 1068–70. Anders als Edwin und Morkar wurde Waltheof nach seiner Unterwerfung 1070 von Wilhelm stark gefördert. Er durfte nicht nur sein Earldom in den südöstlichen Midlands behalten, sondern erhielt auch die Nichte des Eroberers, Judith, zur Frau.[64]

Doch Wilhelms Hoffnungen wurden enttäuscht. 1075 war Waltheof einer von drei Earls, die sich gegen den König verschworen. Die beiden anderen waren Roger von Breteuil, Earl von Hereford, und Ralph Guader, Earl von Ostanglien. Die Initiative ging wohl von Ralph und Roger aus, die auf dem Hochzeitsfest von Ralph und Emma, der Schwester Rogers, mit Waltheof den Plan fassten, König Wilhelm aus dem Königreich zu vertreiben.[65] Glaubt man Orderic Vitalis, so wollten sie das Reich unter sich aufteilen. Einer von ihnen sollte König sein, die beiden anderen hingegen Earls alter englischer Prägung (*duces*). Zu dritt würden sie dem Reich vorstehen.[66] Die Motive der drei Earls sind nicht einfach auszumachen, aber ihre Biographien machen deutlich, dass es sich bei diesem Aufstand nicht mehr um eine Auseinandersetzung zwischen der alten angelsächsischen und der neuen normannischen Elite handelte. Earl Ralphs Vater hieß ebenfalls Ralph und stammte von einem bretonischen Vater und einer englischen Mutter ab. Ralph senior diente König Eduard als Kommandant (*staller*) in dessen Haushalt. Nach 1066 wurde er von Wilhelm zum Earl von Ostanglien erhoben und trat so die Nachfolge von Harolds Sohn Gyrth an.[67] Insofern gehörte sein Sohn Ralph Guader zwar zum englischen Establishment, aber explizit zu denjenigen, die von der Eroberung profitiert hatten. Darüber hinaus hatte sich Ralph junior bis 1066 auf den bretonischen Gütern seiner Familie aufgehalten und kam wohl erst nach 1066 in das englische Königreich, wo er seinem zwischen 1068 und 1070 verstorbenen Vater in dessen Besitz und Rang nachfolgte.[68] Mit Ralph erhob sich also kein Vertreter der vormaligen politisch-sozialen Ordnung Englands gegen Wilhelm. Nach der Niederschlagung der Rebellion sprach Erzbischof Lanfrank im Hinblick auf Ralph und dessen Männer bezeichnenderweise «vom bretonischen Dung, der nun ausgekehrt sei».[69] Der Dritte im Bunde, Roger von Breteuil, gehörte gar zur normannischen Elite. Er war der jüngere Sohn von Wilhelms engem Vertrauten Wilhelm fitz Osbern, der in den Wirren um die Nachfolge in der Grafschaft Flandern in der Schlacht von Cassel im Februar 1071 ums Leben gekommen war. Roger war wohl unzufrieden darüber, dass er nicht alle väterlichen Besitzungen in England erhalten hatte und bei Hof über weniger Einfluss verfügte als sein Vater.[70] Er mag es deshalb als Hohn empfunden haben, als ihn Erzbischof Lanfrank ermahnte, dem Beispiel seines Vaters Wilhelm zu folgen, dessen Weisheit, Integrität und Loyalität gegenüber seinem Herrn und seinen Freunden weithin bekannt seien, und auf den Weg der Tugend zurückzukehren.[71] Lanfranks Sätze verhallten ungehört, aber sie zeigen deutlich, in welchem Maße Rogers Widerstand als Auseinandersetzung innerhalb der normannischen Elite zu verstehen war und eben nichts mit dem untergegangen Königtum Harolds zu tun hatte.

Die Revolte der drei Earls bedeutete somit einen wichtigen Wendepunkt der innenpolitischen Auseinandersetzungen im englischen Königreich. Anstelle der Auseinandersetzungen zwischen Eroberern und Eroberten brachen nun Konflikte innerhalb der neuen Elite auf. Die Revolte von 1075 war somit selbst ein wichtiges Indiz dafür, wie weit die Eroberung und ihre Konsolidierung innerhalb der ersten Dekade vorangeschritten waren. Es ist bezeichnend für diese neue Situation, dass Edgar Ætheling in den Plänen der Rebellen keine Rolle spielte und die Aufständischen im Königreich kaum Unterstützung fanden. Ihre Niederwerfung gelang recht bald; Wilhelm musste dazu noch nicht einmal von der Normandie übersetzen. Gottfried von Montbray, der kriegerische Bischof von Coutances, möglicherweise auch Odo, der nicht minder kampfeslustige Bischof von Bayeux und Earl von Kent, Wilhelm von Warenne, Robert Malet und Richard fitz Gilbert führten die Truppen gegen Ralph und dessen Männer in Ostanglien. Sie trugen einen klaren Sieg davon, auch wenn Ralph die Flucht in die Bretagne gelang.[72] Roger und Waltheof, die an diesem Kampf nicht teilnahmen, unterwarfen sich kurz darauf der königlichen Gnade. Vergebens, Wilhelm kannte kein Erbarmen. Roger wurde zu lebenslanger Haft verurteilt und an Waltheof, obgleich dieser eher im Hintergrund gegen den König agitiert hatte, statuierte Wilhelm ein grausames Exempel: Er wurde am 31. Mai 1076 enthauptet.[73] Diese, angesichts der Unterwerfung des Earls ungewöhnlich harte – in den Augen Johanns von Worcester: zu harte und unwürdige – Strafe[74] muss vor dem Hintergrund der Vorzugsbehandlung Waltheofs durch Wilhelm verstanden werden. Waltheofs Beteiligung an der Rebellion traf den König besonders hart. Mit dessen Exekution bedeutete er allen, dass es für Verräter keine Gnade geben würde und seine Huld wie sein Vertrauen nicht missbraucht werden durften. Wieder einmal signalisierte ein abgeschlagener Kopf den Sieg des Königs.

Mit Waltheof starb der letzte Earl, der schon unter König Eduard diese Position innegehabt hatte (Morkar war außer dem Titel selbst nichts mehr geblieben). Im Dezember 1075 war bereits Königin Edith, Witwe Eduards und Schwester Harolds, verstorben.[75] Von der kleinen Gruppe der angelsächsischen Elite lebten nur noch wenige, und diese spielten keine hervorragende Rolle in der neuen politisch-sozialen Ordnung. Symptomatisch für diese Situation ist das Schicksal von Morkar und Wulfnoth, Harolds Bruder. Die ältesten überlebenden männlichen Vertreter der einst das englische Königreich dominierenden Familien befanden sich in normannischem Gewahrsam. Zu seinen Lebzeiten ging Wilhelm kein Risiko mehr ein, dass sie eventuell zu Kristallisationskernen des Widerstands gegen seine Herrschaft hätten werden können. Erst auf dem Totenbett, 1087, gewährte der König ihnen und all den anderen, die er gefangen gesetzt hatte, die Freiheit. Diese war allerdings nur von kurzer Dauer, denn Wilhelms Sohn und Nachfolger im englischen Königreich, Wilhelm Rufus, ließ Morkar und Wulfnoth sofort in Winchester gefangen setzen.[76] Dass sie dort gemeinsam bis an ihr Lebensende über die eng miteinander verknüpften Schicksale ihrer Familien und des englischen Königreichs debattieren, räsonieren und lamentieren konnten, entbehrt, wie Stephen Baxter treffend bemerkte, nicht einer gewissen Ironie.[77]

Wer von den angelsächsischen Kriegern sich nicht mit den neuen Herren arrangieren oder abfinden mochte, wer sich enteignet und ohne wirkliche Perspektiven wiederfand, dem blieb die Möglichkeit, sein Glück woanders zu suchen. Ähnlich wie die Schlacht von Stiklestad 1030 Harald Hardrada und andere ins Exil getrieben hatte, so verließen auch einige angelsächsische Krieger nach 1066 ihre Heimat. Manche von ihnen zogen in den Mittelmeerraum und schlossen sich, wie einst Harald, der byzantinischen Waräger-Garde an. Bis in die 1080er Jahre waren es möglicherweise an die 1000 Mann, die aus England nach Byzanz aufbrachen. Dort kämpften sie dann im Dienst des byzantinischen Kaisers unter anderem in Süditalien gegen die normannischen Truppen Robert Guiscards.[78] Wenn jedoch einige unter ihnen gehofft haben sollten, wie einst Harald triumphal in ihr Königreich zurückzukehren, dann wurden diese Hoffnungen enttäuscht. Für das angelsächsische Königtum gab es kein Comeback.[79] In der zweiten Hälfte des 12. Jahrhunderts kursierten allerdings Geschichten, Harold selbst habe die Schlacht schwerverwundet überlebt. In Chester erzählte man sich, dass der alte König von seinen Wunden genesen und nach einiger Zeit der Wanderschaft auf dem Kontinent sowie als Einsiedler bei Dover über Wales nach Chester gekommen sei, wo er schließlich in der Regierungszeit Heinrichs II. (1154–89) gestorben sein soll. Wie bei einem Heiligen soll sein Leichnam noch in der ersten Hälfte des 14. Jahrhunderts keinerlei Zeichen der Verwesung aufgewiesen haben, die Krone noch fest auf dem Kopf, die goldenen Sporen an ihrem Platz gewesen sein. Harold hatte auf seine Weise den Tod besiegt: Er lebte fort in lokalen Sehnsüchten nach der guten alten Zeit, ohne dass sich mit dieser frommen Denkungsart wirklich starke Hoffnungen auf eine Wiederkehr Harolds als Retter Englands verbunden hätten.[80] Insofern war Harold kein Kaiser Friedrich I. Barbarossa, der der Sage nach im Kyffhäuser schlummernd eines Tages erwachen würde, um dem römisch-deutschen Reich Frieden und Herrlichkeit zu bringen. Erst die Geschichtsschreibung bzw. die Politik des 19. Jahrhunderts machte aus beiden, Harold und Friedrich, strahlende Helden vermeintlicher nationaler Größe.[81]

Die Dänen und andere Probleme

Das Ende ernsthafter angelsächsischer Konkurrenz um die englische Krone bedeutete allerdings immer noch nicht das Ende der Kämpfe für Wilhelm. Im Gegenteil, Orderic Vitalis bemerkt, dass Wilhelm nach Waltheofs Exekution zu seinen Lebzeiten keinen Frieden mehr in seinem Reich genießen konnte.[82] Auf dem Kontinent verschoben sich die Allianzen zu seinen Ungunsten, als König Philipp von Frankreich gegen Wilhelm zu den Waffen griff. In der Tat fügte der junge König dem alten Kämpen 1076 eine bittere Niederlage zu, als er ihn in der Nähe des bretonischen Dol – wohin Wilhelm den nach der englischen Revolte flüchtigen Earl Ralph verfolgt hatte – in die Flucht schlug; es war die erste größere Niederlage, die Wilhelm seit langem erleiden musste.[83] Ein Jahr später erfolgte der nächste Rückschlag im Wettstreit mit Philipp, als Simon, Graf von Amiens, Valois und des Vexin, die wichtige Grenzregion des Vexin dem französischen König vermachte.[84] Wilhelm und Philipp schlossen im selben Jahr zwar einen Waffenstillstand, aber Wilhelm hatte künftig mit den Ambitionen des französischen Königs zu rechnen. Ihr Friede hielt nur eine kurze Zeit, wie die Angelsächsische Chronik E trocken bemerkt.[85]

Noch problematischer aber entwickelten sich die familiären Verhältnisse für Wilhelm. Sowohl mit seinem ältesten Sohn Robert als auch mit seinem Halbbruder Bischof Odo kam es zum Bruch. Mit Robert entwickelte sich ein nicht untypischer Generationenkonflikt.[86] Der Sohn wollte mehr, als der Vater bereit war, ihm zuzugestehen. Roberts Ansprüche auf eine bedeutendere Rolle im anglo-normannischen Reich, möglicherweise gar auf die alleinige Verantwortung in der Normandie, wies Wilhelm brüsk zurück. Ende 1077/Anfang 1078 ging Robert deshalb freiwillig in Begleitung einer Reihe junger normannischer Adliger seiner Generation ins Exil, um 1079 den Kampf gegen ihre Väter, die Sieger von 1066, aufzunehmen. Bei einer Schlacht im Januar 1079 bei der Burg von Gerberoy im Beauvaisis, also im normannisch-französischen Grenzraum, kämpften Vater und Sohn gegeneinander, wobei Robert seinen Vater Wilhelm aus dem Sattel hob und an der Hand verwundete. Erneut hatte Wilhelm eine Niederlage erlitten; er sah sich in den folgenden Monaten gezwungen, mit Robert übereinzukommen. Doch ihr Verhältnis blieb schwierig, und nachdem Roberts größter Fürsprecher bei Hof – seine Mutter Königin Matilda – im November 1083 gestorben war, kam es zum erneuten und diesmal endgültigen Bruch. In den ersten Monaten des Jahres 1084 – die genauen Umstände sind unbekannt – ging Robert erneut ins Exil und kehrte erst nach Wilhelms Tod 1087 in die Normandie zurück.

Als Robert den Hof seines Vaters endgültig verließ, saß ein anderer Mann bereits im Gefängnis, der über Jahrzehnte hinweg die Geschicke von Wilhelms Reich maßgeblich mitgestaltete hatte: Odo, Bischof von Bayeux und Earl von Kent. Auch in diesem Fall sind die Umstände des Zerwürfnisses nicht eindeutig überliefert.[87] Zu Beginn des 12. Jahrhunderts zirkulierte die Geschichte, Odo habe Ambitionen auf den päpstlichen Thron gehegt und wollte seine reichen englischen Ressourcen dazu nutzen, sich in Rom durchzusetzen, was Wilhelm missfallen habe. Was an dieser Geschichte dran war, ist heute nicht mehr zu ermitteln;

sie spricht aber Bände hinsichtlich des normannischen Selbstbewusstseins. Selbst das Papsttum zu erlangen scheint eine Option gewesen zu sein. Für Odo blieb die Tiara aber immer außer Reichweite, denn was auch immer er 1082 im Schild führte, es erregte Wilhelms Unmut so sehr, dass er ihn einsperren ließ.[88] Sogar noch auf seinem Totenbett soll sich Wilhelm zunächst geweigert haben, Odo zu amnestieren. Erst nach Fürsprache von Odos Bruder Robert von Mortain und anderer habe er Odo freigelassen.[89]

Wilhelm behauptete sich in diesen Auseinandersetzungen, aber sie führten ihm und seiner Umgebung vor Augen, dass seine Herrschaft weiterhin verwundbar blieb. Wilhelm war zwar ein mächtiger, aber kein unbesiegbarer König. So versetzte es Wilhelm 1085 auch in höchste Alarmbereitschaft, als er vernahm, dass der dänische König Knut IV. eine Flotte aufbot, um England anzugreifen. Die Dänen hatten sich nämlich trotz ihres Abzugs im Jahr 1070 keineswegs aus der Konkurrenz um die englische Krone verabschiedet. Noch zu Lebzeiten König Svens, im Herbst 1075, hatte dessen Sohn Knut eine Flotte von 200 Schiffen an die englische Ostküste geführt. Sehr wahrscheinlich hatte Knut vom Aufstand in Ostanglien erfahren, vielleicht waren von dort aus auch Hilferufe nach Dänemark gedrungen. Ende 1075 schrieb Erzbischof Lanfrank an seinen Amtskollegen in Durham, Walcher, dass die Bretonen, also Earl Ralph Guader und seine Anhänger, vertrieben seien und sie nun in Frieden und Sicherheit lebten, dass aber die Dänen sich auf der Anfahrt befänden. Walcher solle deshalb seine Burg mit Männern, Waffen und Vorräten gut ausstatten und gewappnet sein.[90] Doch zu einem dänischen Angriff kam es gar nicht erst. Wenn Knut gehofft hatte, mit den Rebellen gemeinsame Sache machen zu können, oder zumindest von der durch ihren Aufstand gestifteten Unruhe zu profitieren, dann war er zu spät gekommen. Alleine aber wagte er die Schlacht mit Wilhelm nicht und zog unverrichteter Dinge wieder ab.[91]

Gleichwohl blieben die englische Krone und die Wiederherstellung des dänischen Nordseeimperiums für Knut erstrebenswerte Ziele, und 1085 – fünf Jahre, nachdem er als Knut IV. König von Dänemark geworden war – bot er erneut eine große Flotte auf, um Wilhelm vom Thron zu stoßen. In England erzählte man sich, dass er das Königreich mit Hilfe seines Schwiegervaters Graf Robert von Flandern erobern wolle.[92] Es war die bislang größte Bedrohung für Wilhelms Krone; zumindest nahm er sie als solche wahr. Die Maßnahmen, die Wilhelm zur Verteidigung ergriff, waren, so scheint es, die umfangreichsten seit der Eroberung selbst. Als der König von Knuts Plänen erfuhr, stellte er sofort ein überwiegend aus Söldnern bestehendes Heer zusammen und setzte von der Normandie nach England über. Vielleicht war das 1084 erhobene *geld* – eine in unterschiedlicher Höhe und unregelmäßigen Abständen eingezogene reichsweite Steuer – schon dazu bestimmt, die Verteidigung zu finanzieren.[93] Niemals zuvor, so die Angelsächsische Chronik E, sei eine so große Armee nach England gekommen, und die Menschen fragten sich, wie das Land so viele Menschen und Tiere würde ernähren können. Die Antwort war eine Verteilung der Lasten auf das gesamte Reich. Wahrscheinlich auf Anraten Erzbischof Lanfranks wurde beschlossen, die Truppen über die Städte und Haushalte der Magnaten zu verteilen.[94] Darüber hinaus ergriff Wilhelm eine Reihe weiterer präventiver Maßnahmen. Er ließ die Küstenstreifen verwüsten, so dass die Angreifer dort keine Nahrungsmittel vorfinden würden,[95] ließ Wachen an den Küsten aufstellen, Burgen befestigen sowie Stadtmauern in Stand setzen und mit Wachen versehen.[96] Doch Knuts Schiffe kamen nicht, der Horizont blieb leer. In Dänemark nämlich hatten die Maßnahmen, die Knut im Zusammenhang mit der Mobilisierung ergriff, heftigen Widerstand ausgelöst, so dass er sich gezwungen sah, von der Überfahrt abzusehen. Als Wilhelm davon erfuhr, entließ er einen Teil seiner Armee auf den Kontinent, behielt aber zur Sicherheit den anderen Teil in England.[97] Wie sehr Wilhelm und seine engere Umgebung weiterhin einen Angriff Knuts erwarteten, zeigte sich auf einer kurz nach Weihnachten 1085 abgehaltenen Synode. Dort setzte Erzbischof Lanfrank den Abt des Klosters Crowland, Wulfketel, und Folcard von St. Bertin, der dem benachbarten Kloster von Thorney vorstand, ab. Beide Klöster lagen in den Fenlands, der Region, die schon König Sven willkommen geheißen hatte und die auch bei einem neuerlichen Angriff zu den ersten Anlaufstellen der Dänen gehören würde. Die Oberhäupter wurden durch Männer ersetzt, die Wilhelm und Lanfrank geeigneter schienen, die normannische Herrschaft zu verteidigen.[98] In der Tat hatte Knut sein Vorhaben noch nicht aufgegeben und hoffte im Frühjahr 1086 anzugreifen,[99] doch dies verhinderten die innerdänischen Auseinandersetzungen. Im Juli 1086 wurde Knut in Odense ermordet, und damit waren die Pläne für eine dänische Invasion vom Tisch.[100] Unter Hinweis auf das relativ große Volumen englischer, unter Wilhelm geprägter Münzen in Dänemark spekuliert Sally Harvey, dass der Eroberer einen materiellen Beitrag zur Aufwiegelung des Widerstands gegen Knut leistete.[101] Jedenfalls waren nicht alle in Dänemark bereit, für Knuts englische Ambitionen ihr Leben und ihre Ressourcen zu riskieren. Wilhelm sah sich nie wieder konkreten dänischen Bedrohungen ausgesetzt. Damit war, zwei Jahrzehnte nach Eduards Tod, der Kampf um seine Nachfolge endgültig entschieden.

Domesday: die Untersuchung und das Buch

Knuts Aktivitäten hatten Wilhelm in höchste Alarmbereitschaft versetzt, und die Versorgung seiner Armee hatte eine immense politische, materielle und logistische Herausforderung bedeutet. Als sich Wilhelm und sein Hof an Weihnachten 1085 in Gloucester versammelten, bildeten diese Erfahrungen den aktuellen Hintergrund für die sich damals entwickelnden Diskussionen, zumal ja ein Teil der Armee nach wie vor unterhalten werden musste und es sehr gut möglich war, dass Knut im nächsten Jahr zurückkehren würde. Wilhelm und die Großen seines Reichs führten intensive Debatten «über das Königreich, wie es besetzt war und mit welcher Art von Menschen».[102] Sie beschlossen, eine Untersuchung durchzuführen, die aufgrund ihres ungeheuren Umfangs bereits die Zeitgenossen so mächtig beeindruckte, dass die für gewöhnlich dürren Einträge der Angelsächsischen Chronik E an dieser Stelle einmal den Leser mit ausführlichen Informationen erquicken. In der Tat sah sich der Autor der Rezension E genötigt einzuräumen, dass er über die Untersuchung in zu großer Länge berichte.[103] Aber er hatte richtig entschieden, handelte es sich doch bei dieser, dem Domesday Book zugrunde liegenden Untersuchung um ein in seiner Größenordnung ganz und gar ungewöhnliches Unterfangen.[104] Insgesamt mindestens sieben Kommissionen von jeweils nicht mehr als einem halben Dutzend Männern wurden durch das Königreich geschickt, um in den einzelnen Grafschaften durch Befragung herauszufinden,

> «wie viele hundert Hufen sich in einer jeden Grafschaft befanden, oder welches Land und welches Vieh der König dort habe, oder welche Einkünfte ihm im Lauf von zwölf Monaten aus der Grafschaft zustanden. Ebenfalls ließ er [der König] festhalten, wie viel Land seine Erzbischöfe, Bischöfe, Äbte und Earls hielten, und – obgleich ich das zu ausführlich darstelle – was oder wie viel jeder Mann, der hier in England auf Land saß, an Land und Vieh hielt und was es für einen Geldwert hatte. Er ließ es so genau aufnehmen, dass es keine einzige Hufe gab, keinen Yard (*gyrde*) Land – ja nicht einmal ein Ochse, eine Kuh oder ein Schwein wurden ausgelassen (obgleich es beschämend ist, dies zu berichten, aber für ihn war es offensichtlich nicht beschämend, es zu tun) –, die nicht in seiner Aufzeichnung festgehalten wurden. Alle Aufzeichnungen wurden anschließend zu ihm gebracht.»[105]

Tatsächlich erfassten die Kommissionen nicht jeden Winkel des englischen Königreichs – und nicht überall, wo die Männer des Königs hinkamen, wurden sie willkommen geheißen. Gerade dann, wenn die Angaben einer ersten Erhebung in einem zweiten Kontrollgang überprüft wurden, war die Gefahr der Eskalation besonders hoch. Der Bischof von Hereford, Robert Losinga (1079–95), vermerkte im Kontext der Domesday-Kommissionen, dass die Erhebung der königlichen Steuern mit viel Gewalt einherging.[106] Die Gebiete nördlich von Yorkshire, das nördliche Northumbrien sowie einige Regionen nördlich des Flusses Mersey im Nordwesten Englands waren nicht Gegenstand der Untersuchung – wohl weil dort die königliche Autorität vergleichsweise schwach war. Die Städte Winchester und London wurden ebenfalls nicht erfasst; dort bildete vermutlich deren schiere Größe den Hinderungsgrund.[107] Mancherorts lieferten die Magnaten ihre eigenen Daten, so wie der Bischof von Worcester und der Abt von Bury St. Edmunds, was ihnen Spielräume in der Bewertung ihrer Rechte und der des Königs verschaffte.[108] Insofern waren die Ergebnisse der Untersuchung keineswegs so gleichförmig, wie es die katalogartigen Einträge vermuten lassen, die

- den Namen des Guts,
- des Inhabers vor der Eroberung von 1066 und
- des aktuellen Inhabers sowie

- den Wert des Guts im Jahr 1066,
- den Wert des Guts zum Zeitpunkt seiner Übergabe an den neuen, in der Regel normannischen Herrn sowie
- den aktuellen Wert des Guts,
- den Umfang des Guts in Hufen sowie
- den Umfang des Wald- und Weidelands,
- die Anzahl der Abhängigen,
- der Mühlen,
- der Fischereien oder
- den Umfang des Viehbestands überliefern.

Dennoch hatte es eine derart gründliche Erfassung der Ressourcen und Herrschaftsverhältnisse des englischen Königreichs bislang nicht gegeben, ja selbst im europäischen Vergleich scheint zuvor einzig die 843 durchgeführte Bestandsaufnahme der königlichen Ressourcen im fränkischen Reich noch größere Dimensionen gehabt zu haben.[109] Wenige Zahlen mögen zur Illustration genügen: Die Erhebung führte zur Verzeichnung von

- 25 000 bzw. 19 500 Personen, die 1066 respektive 1086 Land hielten,
- knapp 269 000 weiteren, namentlich nicht genannten und zumeist von den Landbesitzern in unterschiedlicher Form abhängigen Personen,
- knapp 13 500 Siedlungen,
- 112 Städten,
- 2061 Kirchen und
- 6082 Mühlen.[110]

Wilhelms Erhebung suchte also ihresgleichen. Wie kein anderer Herrscher in Europa besaß er nun einen Überblick über die Herrschafts- und Besitzverhältnisse seines Reichs. Wir können diese Statistiken erstellen, weil viele, wenngleich nicht alle der gesammelten Informationen in einem zweiten Schritt in einem Register festgehalten wurden, dem seit dem späten 12. Jahrhundert so genannten Domesday Book. Es gilt völlig zu Recht als eines der berühmtesten Quellenzeugnisse des europäischen Mittelalters. Das Domesday Book besteht in Wahrheit aus zwei Büchern, dem Kleinen und dem Großen Domesday Book. Das ältere der beiden ist wahrscheinlich das Kleine Domesday Book, das in sehr hoher Detaildichte die Grafschaften von Norfolk, Suffolk und Essex beschreibt. Es diente als Prototyp für das Große Domesday Book, dessen Autoren in zunehmend systematisierter Art und Weise die übrigen Grafschaften auflisten. Möglichweise zogen sich die Schreibarbeiten bis in die Regierungszeit von Wilhelms Sohn, Wilhelm II., hin, der nach dem Tod seines Vaters 1087 die englische Krone übernommen hatte.[111]

Der Erfolg von Wilhelms Untersuchung belegt eindrücklich, dass die alten angelsächsischen Verwaltungsstrukturen nach wie vor voll funktionstüchtig und effizient einzusetzen waren. Ohne sie hätte diese umfassende Bestandsaufnahme der normannischen Herrschaft nicht erfolgen können. Wilhelms Unternehmung sollte aber natürlich kein Test der angelsächsischen Verwaltungskunst sein, sondern diente einzig der Stärkung seines Königtums. Welche Maßnahmen damit konkret ermöglicht werden sollten, debattiert die Forschung seit langer Zeit intensiv, ohne bislang zu einem abschließenden Ergebnis gekommen zu sein. Diente die Untersuchung lediglich dazu, die gegen König Knut ausgehobenen und möglicherweise noch auszuhebenden Truppen entsprechend der vorhandenen Ressourcen über die einzelnen Herrschaften des Königreichs zu verteilen? Oder war sie allgemein als Grundlage künftiger Besteuerung konzipiert? Oder diente sie dem Ziel, die Herrschaftsverhältnisse, die sich in den letzten beiden Jahrzehnten entwickelt hatten, zu klären, so dass im Anschluss daran die jeweiligen Herren dem König für das Ensemble ihrer Güter den Lehnseid leisten und auf diese Weise einheitliche Verhältnisse geschaffen würden?[112] In der zweiten Hälfte des 12. Jahrhunderts war man sich zumindest hinsichtlich des Zwecks und der Autorität des Domesday Books sicher: Richard fitz Nigel, Schatzmeister König Heinrichs II., erklärte, dass der von den Engländern gebrauchte Begriff Domesday eine Metapher für den Tag des Jüngsten Gerichts sei. Denn so, wie man sich dem Urteil des Jüngsten Gerichts nicht werde entziehen können, so könne das, was im Buch niedergeschrieben sei, bei Rechtsstreitigkeiten nicht ignoriert werden, sollte sich eine Partei auf das Buch berufen. Es werde ‹Domesday› genannt, nicht, weil es selbst über strittige Punkte urteile, sondern weil es, ähnlich wie beim Jüngsten Gericht, nicht erlaubt sei, dessen Entscheidungen zu widersprechen.[113] Für die Zeit Wilhelms des Eroberers hingegen ist es vielleicht gar nicht notwendig, diese Debatte zugunsten des einen oder des anderen Motivs zu entscheiden. Zum einen schließen sich die jeweiligen Zielsetzungen nicht wechselseitig aus. Die Untersuchung und später das Domesday Book ließen sich in der Folgezeit ja auch für Zwecke instrumentalisieren, die bei ihrer Konzeption noch gar nicht beabsichtigt gewesen sein müssen. Zum anderen übersieht man leicht, dass die Durchführung der Untersuchung selbst von hoher Bedeutung war: Der König kam in Gestalt seiner Kommissare in die Grafschaften seines Reichs und inventarisierte seine Herrschaft. Das bedeutete für jedermann, dass die königliche Herrschaft vor Ort sichtbar und unmittelbar erfahren wurde. Dies machte zweifellos großen Eindruck auf die Herrschaftsunterworfenen. Der Vorgang des Fragens und Verzeichnens, die Forderung, die wirtschaftlichen Verhältnisse im wahrsten Sinne des Wortes bis zum letzten Schwein offenzulegen, war Ausdruck eines umfassenden Herrschaftsverständnisses und stärkte bei allen Widerständen die königliche Autorität noch im letzten Weiler. Die unnachgiebige Ausforschung der Besitzverhältnisse in seinem Königreich, die Erzeugung von Wissen über das materielle Substrat seines Königtums, sorgte gleichzeitig dafür, dass Wilhelms Herrschaftsanspruch mit allem Nachdruck in die Regionen seines Reichs kommuniziert wurde. So wie Wilhelm nun über fast alle Orte seines Reichs Bescheid wusste bzw. wissen konnte, kannten nun fast alle Orte ihren König. Fast zwanzig Jahre nachdem Wilhelm mit Feuer und Schwert nach England gekommen war, um die Krone zu erobern, schickte er nun Männer mit Pergament und Feder aus, um seine Herrschaft zu erfassen, zu sichern und zu stärken.

Das Domesday Book lässt sich, wie George Garnett gezeigt hat, in ganz ähnlicher Art und Weise interpretieren. Es war keineswegs nur als ein reines Land-, Leute- und Güterverzeichnis angelegt, sondern darin manifestierte sich darüber hinaus die Rechtmäßigkeit von Wilhelm als Eduards Nachfolger und folglich die Rechtmäßigkeit der neuen Herrschaftsordnung. Harolds Königtum wurde im Domesday Book fast gänzlich ignoriert, der Referenzpunkt 1066 für die Bestimmung des Werts und des Inhabers eines Guts bezog sich nicht auf Harolds Regierungszeit, sondern auf den Stand der Dinge bei Eduards Tod. Der normannische Versuch, Harolds Königtum als illegitimes und deshalb aus der Geschichte zu tilgendes Zwischenspiel abzutun und die unmittelbare Folge von Wilhelm auf Eduard zu betonen, wurde mithin im Domesday Book fortgeschrieben. Damit aber wurde es auch Teil der normannischen Propaganda.[114]

Was die Kommissare vor Ort en detail und später das Domesday Book schriftlich kommunizierten, fand am 1. August 1086 in Salisbury seine große, öffentliche Entsprechung. Wilhelm hatte zu einer Versammlung geladen, zu der viele Männer seines Königreichs erschienen, die über Ländereien geboten. Es kamen die Earls und die anderen Großen, aber auch eine Reihe von Männern, die ihr Land nicht direkt vom König hielten. Unterschiedslos beugten sie sich, so heißt es in der Angelsächsischen Chronik E, vor Wilhelm, wurden seine Männer und gelobten, ihm gegen alle seine Feinde zu Hilfe zu eilen.[115] Im Eid von Salisbury manifestierte sich nicht nur die Anerkennung dessen, was die Kommissare auf ihren Rundreisen über die Besitzverhältnisse in Erfahrung gebracht hatten, sondern auch die normannische Eroberung Englands. Er markierte gewissermaßen ihren Abschluss und inszenierte in aller Deutlichkeit die Position Wilhelms als Herrscher. In den unruhigen Zeiten von 1085/86 war dies ein eindrückliches, unmissverständliches Zeichen für Wilhelms Entschlossenheit, seinen so hart erkämpften königlichen Rang gegen alle Widerstände zu verteidigen. Darin blieb er bis zu seinem Ende erfolgreich.

Wilhelms Ende

Wilhelm starb als König. Anders als seine großen Widersacher von 1066, Harald Hardrada und Harold Godwinson, fand er nicht den Tod auf dem Schlachtfeld, sondern fiel einer Krankheit zum Opfer. Dennoch schlug auch seine Sterbestunde, wie hätte es auch anders sein können, in Kriegszeiten. Dass 1087 der inzwischen 59-jährige, fettleibige und unbeweglich gewordene Wilhelm gleichwohl persönlich einen Feldzug gegen König Philipp anführte, als sein Ende kam, macht einmal mehr die essentielle Bedeutung der aktiven Kriegsführung für Leben und Selbstverständnis eines Adligen des 11. Jahrhunderts deutlich. Auf diesem Kriegszug – es ging um das Vexin – erkrankte Wilhelm so schwer, dass er nach Rouen gebracht werden musste, wo er in der Kirche von St. Gervasius, die außerhalb der Stadt lag, am 9. September 1087 starb. Begraben wurde Wilhelm wie seine Frau Matilda in Caen. Dort hatten beide, um die päpstlichen Auflagen zur Legitimierung ihrer Ehe zu erfüllen, jeweils ein Kloster gestiftet – Matilda das Kloster St. Trinitatis, Wilhelm das Kloster St. Stephan. Ihre Stiftungen wurden auch ihre letzten Ruhestätten.[116] Die Krone Englands, so suggeriert Wilhelms normannischer Begräbnisort eindrücklich, war ihm wichtiger gewesen als das englische Königreich.

13
DIE FOLGEN

Wilhelms Eroberung veränderte das politische Ordnungsgefüge in Nordwesteuropa dramatisch. Ein neues, beide Seiten des Ärmelkanals umspannendes Herrschaftsgebilde war entstanden, und aus dem mächtigsten Mann Nordwestfrankreichs war nun einer der bedeutendsten Herrscher Europas geworden. Es war das erste Mal, dass die Herrschaft über England und die Normandie in denselben Händen lag, und es war das erste Mal, dass England von einer Elite beherrscht wurde, deren Güter auf beiden Seiten des Ärmelkanals lagen. In der Folge rückte England noch sehr viel stärker als bisher an den Kontinent heran. Westeuropa wurde für die nächsten Jahrhunderte die zentrale Größe der Politik englischer Könige. Die Verbindungen nach Skandinavien hingegen, insbesondere nach Dänemark, schwächten sich ab.

Die Austauschprozesse zwischen der Normandie und England wurden durch die Eroberung in hohem Maße stimuliert. Typisch für koloniale Verhältnisse, flossen erhebliche Reichtümer aus England in die Normandie. Die triumphale Zurschaustellung der gewonnenen Schätze durch König Wilhelm nach seiner Rückkehr in die Normandie 1067 zeigte, was in England alles zu holen war.[1] Für die normannischen Großen war England eine Bonanza. «So bereicherten sich die Ausländer an den Schätzen Englands, während die Söhne des Landes entweder schändlich ermordet wurden oder als Exilierte ohne Hoffnung auf Rückkehr durch fremde Königreiche streiften», klagte später Orderic Vitalis.[2] Aber es waren nicht nur die Raubgüter, mithin einmalige Gewinne, die über den Ärmelkanal wanderten. Großzügige Landschenkungen in England an normannische Klöster und, in geringerem Maße,

Karte 9 *England und Nordfrankreich*

auch an die Bischofskirchen sorgten für einen langfristigen und dauerhaften Geldfluss von Norden nach Süden. Schließlich profitierte der normannische Handel von dem direkten Zugriff auf den englischen Markt. Der nahe Caen abgebaute, cremefarbene und leicht zu bearbeitende Kalksandstein wurde zum bevorzugten Baumaterial für die prächtigen Kathedralen der Eroberer in England und entwickelte sich zu einem normannischen Exportschlager.[3] Die Austauschprozesse gingen aber weit über den Geld- und Güterverkehr hinaus. Die neuen Herren brachten ihre Sprache sowie Lebens- und Denkweise mit nach England. Manche der dadurch in England angestoßenen Entwicklungen hätten das Königreich wahrscheinlich auch ohne die Eroberung erreicht, aber Wilhelm und seine Gefolgsleute beschleunigten diese Prozesse und gaben ihnen ihre spezifische ‹normannische› Prägung. Diese Entwicklungen, die Folgen von 1066, genauer in den Blick zu nehmen, ist Thema dieses abschließenden Kapitels. Dabei geht es weniger um eine umfassende Darstellung aller Aspekte, sondern um die Fokussierung auf einige, wesentliche Bereiche: die Neugestaltung der politisch-sozialen Ordnung, die Auswirkungen auf die militärische Organisation und die mit dem Kämpfen verbundenen Werte, die Organisation der Kirche, sowie die Manifestationen von Herrschaft in Architektur und Sprache.[4]

Leute und Land

Die normannische Eroberung hatte massive Folgen für die personelle Zusammensetzung der englischen Elite und die Verteilung des Landbesitzes. Wilhelm kam nicht alleine nach England. Ihm folgten zahlreiche Krieger aus der Normandie und anderen französischen Regionen, die ihrerseits wiederum ihre Gefolgsleute mitbrachten. Genaue Zahlen über den Umfang der Migration, den Anteil an Männern, Frauen und Kindern, liegen nicht vor, aber das Domesday Book erlaubt, zumindest die Größenordnungen einzuschätzen. Insgesamt gelangten bis 1086 wohl an die 10 000 Menschen nach England, darunter 2000 Ritter. Aus diesen Ankömmlingen rekrutierte sich die neue Elite des Königreichs.[5] 1086 waren unter den weltlichen Herren gerade noch dreizehn Angelsachsen, die ihr Land direkt vom König erhielten, und nur vier von ihnen – Eduard von Salisbury, Gospatrick fitz Arnkell, Thorkell von Warwick und Colswein von Lincoln – verfügten tatsächlich noch über Besitzungen von beachtlicher Größe.[6] Die Herren Englands waren nun in der Regel Männer vom Kontinent, und etwa ein Dutzend unter ihnen bildete die neue weltliche Spitzengruppe.[7] Nicht alle verlegten ihre Herrschaft vollständig nach England. Eine Reihe von Normannen besaß Güter zu beiden Seiten des Kanals und verfolgte dementsprechend ihre Interessen in England und in der Normandie. Erst von der nächsten Generation an begannen sich die Herrschaften in normannische und englische Zweige aufzuteilen, wobei dieser Prozess bei den weniger begüterten Familien schneller verlief als bei den Magnaten.[8]

Nach dem Sieg bei Hastings und der Krönung in Westminster galt es für Wilhelm, seine Gefolgsleute zu entlohnen. Sie erwarteten von ihm, so Wilhelm von Poitiers, eine Steigerung ihrer Gewinne und Ehren.[9] Wilhelm hielt Wort, aber wir haben bereits gesehen, dass der Austausch der Earls nicht auf einen Schlag, sondern etappenweise erfolgte. Wilhelm setzte zunächst auf Zusammenarbeit mit den noch amtierenden angelsächsischen Earls. Erst die Aufstände von 1068–70 führten zu einem Politikwechsel, und mit Waltheof scheiterte 1075 das letzte Experiment einer engen Kooperation zwischen Wilhelm und einem Earl der alten angelsächsischen Garde. Die Spitzenpositionen wurden fortan ausnahmslos mit Männern vom Kontinent – in der Regel Normannen – besetzt.[10] Es ist symptomatisch für manche Entwicklung nach 1066, dass Wilhelm den Rang eines Earls nicht einfach beseitigte, sondern ihn den normannischen Ordnungsvorstellungen anpasste. Wilhelm und seine Kanzlei änderten den lateinischen Sprachgebrauch für ‹Earl› gemäß der normannischen Nomenklatur. Der Earl wurde nicht mehr wie noch vor 1066 mit einem *dux*, einem Herzog, gleichgesetzt, sondern mit einem *comes*, einem Grafen.[11] Wir haben zwar gesehen, dass in der Normandie der Gebrauch der Titel Herzog und Graf auch noch um die Mitte des 11. Jahrhunderts nicht ganz scharf voneinander getrennt war, aber die Unterschiede waren deutlich genug, um einen Begriffswechsel von *dux* zu *comes* für sinnvoll zu erachten. Wilhelm und seine Kanzlei verfolgten damit zwei Ziele: Zum einen wurde der Rangunterschied zwischen Wilhelm als Herrscher der Normandie und den englischen Earls deutlich manifestiert. Der Vorstellung von Ranggleichheit zwischen Herzog und Earl, die noch das Treffen zwischen ihm und Harold umgeben hatte, wurde so der Boden entzogen. Zum anderen sorgte die Gleichsetzung von Earl mit *comes* dafür, dass es zwischen den *comites* der Normandie und der Spitzengruppe in England keinen durch den Titel indizierten, grundsätzlichen Rangunterschied gab. Die neuen englischen Earls besaßen keinen expliziten Vorrang gegenüber den normannischen Grafen.

Diese Veränderung des Titels war ein eher subtiler Eingriff in die politisch-soziale Ordnung und für die Eroberten ohne Bedeutung. Sehr viel radikaler und grundstürzender war die Umverteilung des Landbesitzes. Innerhalb von zwanzig Jahren wechselte die Herrschaft über die Ländereien der halben Dutzend Earls König Eduards und der etwa 4000 bis 5000 Thegns.[12] Dieser Transfer erfolgte, ähnlich wie der Austausch der Earls, nicht von heute auf morgen – England wurde nicht generalstabsmäßig umverteilt –, sondern in einem längeren, sich auf unterschiedliche Weise vollziehenden Prozess, in dem die Aufstände von 1068–70 und 1075 mit ihren Todesfällen, Vertreibungen und Enteignungen als Katalysatoren wirkten. Dank der Forschungen von Robin Fleming sind diese im Einzelnen nicht immer leicht zu greifenden Vorgänge nachvollziehbarer geworden, wobei es immer zu bedenken gilt, dass die zentrale Quelle zu diesen Fragen, das Domesday Book, den Norden Englands kaum abbildet.[13]

Der König beanspruchte das Recht, das von ihm eroberte Königreich nach seinem Gutdünken zu verteilen. Der Autor der Angelsächsischen Chronik E kommentierte dies mit folgenden Worten: «Der König verkaufte sein Land zu sehr harten Bedingungen – so hart wie er nur konnte. Dann kam ein anderer und bot mehr als derjenige, dem er [der König] das Land gegeben hatte, und der König ließ es an den Mann gehen, der ihm mehr geboten hatte. Dann kam ein Dritter und bot noch mehr und der König gab es in die Hände des Mannes, der am meisten bot, und kümmerte sich weder darum, wie sündig die Vögte es [das Geld] von den Armen erhalten hatten, noch welche unrechtmäßigen Dinge sie vollbrachten.»[14] Nicht jeder Umverteilung aber lag die Vergabe an den Meistbietenden zugrunde. An den strategisch besonders sensiblen Stellen seines Königreichs schuf der König neue Herrschaften, die er besonders loyalen Gefolgsleuten überantwortete.[15]

Im Süden Englands erhielten die Halbbrüder des Königs, Robert, Graf von Mortain, und Odo, Bischof von Bayeux, weite Gebiete, um den Ärmelkanal zu kontrollieren. Odo wurde mit reichen Besitzungen Earl von Kent, und Robert wurde der mit Abstand größte Landbesitzer im Südwesten – mit Gütern in Dorset, Somerset, Devon und Cornwall.[16] Im Osten Englands wurde die Herrschaft Holderness geschaffen, um die Mündung des Humber, traditionelles Einfallstor für skandinavische Flotten, zu kontrollieren. Ihr erster Herr wurde der Flame Drogo – neben Eustachius von Boulogne ein weiteres prominentes Beispiel dafür, dass nicht nur Normannen von der Eroberung profitierten.[17] In Cheshire und den walisischen Marken entstanden ebenfalls umfangreiche neue Herrschaften, die sich gegen mögliche irische oder walisische Angriffe richteten. Hugo von Avranches wurde der erste Earl von Chester und erhielt große Besitzungen in Cheshire und in den nördlichen Marken.[18] Wilhelms alter Weggefährte Roger von Montgomery wurde nicht nur bei der Neuaufteilung von Sussex im Südosten Englands großzügig bedacht, sondern auch in den walisischen Marken in Shropshire. Der erste Earl von Shrewsbury sollte das unruhige walisische Grenzgebiet im Auge behalten.[19]

Die Schaffung dieser neuen Herrschaftsgebiete lässt bereits erkennen, dass Wilhelm und seine Helfer bei der Vergabe von Gütern nur bedingt den überkommenen angelsächsischen Strukturen folgten. Zwar blieben manche der alten Herrschafts- und Gefolgschaftskomplexe intakt und gingen in ihrem Zuschnitt fast unverändert von dem vormaligen angelsächsischen Inhaber, dem so genannten *antecessor* (Vorgänger), auf den normannischen *successor* (Nachfolger) über. In Essex zum Beispiel übernahm Richard fitz Gilbert die Güter des Angelsachsen Wihtgar und die Güter von Wihtgars Männern.[20] Aber diese Form des kompletten Übergangs war nicht die Regel. Insbesondere dann, wenn die Gefolgschaftsbeziehung zwischen dem ehemaligen angelsächsischen Herrn und seinem Mann lediglich auf der Kommendation beruhte und es keine Verbindung zwischen Herrn und den Gütern des kommendierten Mannes gab, wuchs die Wahrscheinlichkeit, dass diese Güter nicht dem normannischen Nachfolger des angelsächsischen Herrn zufielen.[21] So wurden oftmals angelsächsische Herrschafts- und Gefolgschaftskomplexe aufgebrochen und an verschiedene neue Herren verteilt.[22] Ein

Beispiel mag an dieser Stelle zur Illustration genügen: Der Angelsachse Ansgar und seine Leute hielten Güter in Essex, Hertfordshire und Buckinghamshire. Der Normanne Gottfried von Mandeville hatte bis 1086 den Großteil der Güter von Ansgars Männern in Essex übernommen. In Hertfordshire allerdings erhielt er nur in etwa die Hälfte. Die übrigen Ländereien gingen an acht andere Männer. Auch in Buckinghamshire war Gottfried nicht der alleinige Nachfolger Ansgars. Dort musste er sich dessen Männer und ihre Güter mit zwei weiteren Normannen teilen.[23] Diese Neuordnung der Herrschaftsverhältnisse reichte bis in die einzelnen Lokalitäten hinein und scheint sich zumindest kurzfristig negativ auf die Leistungsfähigkeit der örtlichen Wirtschaft ausgewirkt zu haben. Jedenfalls taxierte das Domesday Book eine Reihe neuorganisierter Dörfer im Vergleich zu ihrer Zeit unter König Eduard mit einem geringeren Wert, und zwar unabhängig davon, ob ihre Region von Verwüstungen im Zuge der Aufstände gegen Wilhelm betroffen gewesen war oder nicht.[24]

Nach der Niederschlagung der Rebellion von 1075 ging Wilhelm vermehrt dazu über, neue, kompakte Gebietseinheiten zu schaffen. Dies lag wahrscheinlich vor allem daran, dass es keine größeren angelsächsischen Landbesitzer mehr gab, die *antecessores* mithin verschwunden waren, in deren Herrschaftskomplexe die neuen Herren hätten nachfolgen können. Stattdessen wurden aus den Gütern der immer noch zahlreichen kleineren Thegns größere Einheiten geschmiedet, die dann den eigenen Leuten übertragen wurden.[25]

Diese Befunde machen deutlich, wie sehr die Eroberung die Herrschaftsstrukturen veränderte, und dass es keinen allumfassenden Masterplan für die Umverteilung des Lands gab. Auch wurde nicht jede Herrschaftsbildung vom König sanktioniert. In den unruhigen Jahren nach der Schlacht von Hastings bemühten sich die Neuankömmlinge oftmals auf eigene Faust um die Erweiterung ihrer Güter und Einflusszonen.[26] Die Thegns, die landbesitzenden Ceorls oder die Bewohner der Städte hatten ihren neuen mächtigen Nachbarn wenig entgegenzusetzen, wenn diese ihre gierigen Hände ausstreckten. Diese Eigeninitiative wurde von Wilhelm in den ersten Jahren nach Hastings sicherlich begrüßt. Gerade in Regionen, in denen er die königliche Autorität erst allmählich etablieren konnte, waren solche Aktivitäten notwendig und willkommen. Aber mittelfristig führten Herrschaftsbildungen auf eigene Faust zu einem Klima rechtlicher Unsicherheit. Nachbarn stritten sich um Rechte, und auch im Hinblick auf die Machtstellung des Königs dürfte in diesen Regionen manches fraglich gewesen sein. Die Domesday-Untersuchung mag deshalb auch darauf ausgerichtet gewesen sein, solche Unklarheiten zu beseitigen und den ungeordneten Herrschaftsausbau zu beenden. Von entscheidender Bedeutung war diesbezüglich das Ritual des *en masse* geleisteten Eids in Salisbury im August 1086.

Wir können den Ablauf der Ereignisse in Salisbury nicht mit letzter Sicherheit rekonstruieren. Der ausführlichste Bericht darüber findet sich in der Rezension E der Angelsächsischen Chroniken. Danach beugten die anwesenden Männer das Haupt vor Wilhelm und gelobten ihm, gegen alle seine Feinde zu Hilfe zu eilen.[27] Möglicherweise war dies nur eine elaborierte Inszenierung eines Treueids. So jedenfalls verstand es später Johann von Worcester, wenn er schrieb, dass Wilhelm in Salisbury die Ritter seiner Erzbischöfe, Bischöfe, Äbte, Earls, Barone und Sheriffs ihm einen Treueid (*fidelitas*) schwören ließ.[28] Wahrscheinlicher aber ist, dass es in Salisbury nicht um einen einfachen Treueid rangniederer Ritter ging. Das Beugen des Haupts scheint einen Vorgang zu symbolisieren, für den sich in den darauffolgenden Jahren der lateinische Begriff des *homagium* ausbildete. Diese Begriffsbildung war keine englische Eigenheit, sondern findet sich auch auf dem Kontinent und steht für eine bestimmte Form personaler Bindung.[29] Das *homagium* bezeichnete zunächst eine in der Regel auf der Übergabe von Land basierende personale Bindung zwischen einem Herrn, dem Lehnsherrn, und einem Gefolgsmann, dem Lehnsmann. In Salisbury scheint es zum ersten Mal in England zu einer Belehnung *en masse* gekommen zu sein. Da die Belehnung mit einem Treueid endet, ist es möglich, dass die Angelsächsische Chronik E nur den Akt der Belehnung beschreibt, aber es wäre genauso gut denkbar, dass *homagium* und Treueid als zwei getrennte Akte vollzogen wurden. Gerade wegen der erst im Entstehen begriffenen Form des *homagiums* wäre es anachronistisch, in diesem Kontext bereits allzu klar definierte Formen des Ablaufs und ihrer Rezeption durch die Chronistik zu erwarten.

Trifft diese Lesart zu, dann war der Eid von Salisbury, das Beugen der Häupter, in mehrfacher Hinsicht von grundlegender Bedeutung für die Gestaltung der politisch-sozialen Ordnung Englands: Erstens trug er wesentlich dazu bei, das *homagium* als Form personaler Bindung in England zu kreieren und zu etablieren. Zweitens sanktionierte der Eid die durch die normannische Eroberung forcierte Aufhebung der vor 1066 in England üblichen Unterscheidung zwischen personaler Bindung ohne Landleihe (der reinen Kommendation) und personaler Bindung mit Landleihe. Nach 1066 definierte sich personale Bindung zumindest für eine ganze Weile vorrangig über die Landleihe.[30] Diese dann als lehnrechtlich bezeichnete Bindung entwickelte allerdings bald weitere Formen, wie beispielsweise das Rentenlehen (die Auszahlung von Geld), die nicht mehr auf Land basierten. Drittens sanktionierte der Eid die bestehenden Besitzverhältnisse; sie waren fortan rechtens. Wilhelms Männer mussten nicht fürchten, für ihre eigenständigen Aggressionen und Okkupationen noch zur Rechenschaft gezogen zu werden. Im Gegenzug machte, viertens, der Eid unmissverständlich klar, dass es der König war, dem sie ihr Land schuldeten.[31] Vor wie nach 1066 leitete sich rechtmäßiger Besitz von Land vom König als höchster Autorität im Reich ab. Nie aber war diese Position stärker als für die Jahre bis etwa 1100. Keiner aus der Generation der Eroberer hatte seine englischen Ländereien geerbt. Der König war die einzige Quelle ihrer Ansprüche. Erst nachdem die ersten Söhne und Enkel der Generation der Eroberer in die Herrschaft über die englischen Ländereien nachgefolgt waren, entwickelte sich über den familiären Erbgang – und mithin über die Vorfahren – ein zweiter Legitimationsquell.[32] Dies stellte die königliche Autorität zwar nicht in Frage, grenzte aber die königliche Verfügungsgewalt über die betreffenden Güter ein, denn auch der König hatte das Erbrecht zu respektieren. Nichts demonstriert dieses sich entwickelnde Selbstbewusstsein deutlicher als eine Geschichte, die man sich seit dem ausgehenden 13. Jahrhundert erzählte: Als zu dieser Zeit der Earl von Surrey, Wilhelm von Warenne, von königlichen Richtern aufgefordert wurde, die königlichen Urkunden vorzulegen, die seine Rechte belegten, soll Wilhelm anstelle der Urkunden ein rostiges Schwert vorgelegt und erklärt haben, dass jenes seine Rechte ausweise. Seine Vorfahren seien mit Wilhelm dem Bastard gekommen und hätten ihre Ländereien mit dem Schwert erobert, und er werde diese Ländereien mit dem Schwert gegen jeden verteidigen, der sie besetzen wolle.[33]

Die Übertragung der angelsächsischen Besitzungen auf die neuen kontinentalen Herren veränderte im Vergleich zur Situation vor 1066 das Machtgefüge zwischen König und den weltlichen Magnaten sowie unter den Großen selbst. Am Vorabend von 1066 hielten König Eduard und die Familien der Godwinsons und Leofwinsons den Großteil der in weltlicher Hand befindlichen Güter. Der König war zwar der Vermögendste unter ihnen, aber die Godwinsons hatten eine Position erreicht, die es ihnen erlaubte, die Politik des Königreichs maßgeblich mitzubestimmen. Ohne oder gar gegen sie, das hatte die Auseinandersetzung von 1051–52 gezeigt, war es dem König nicht mehr möglich zu herrschen. Die normannische Eroberung schuf nun gänzlich andere Verhältnisse.[34] Zunächst einmal kam es zu einer Konzentration der Güter. Die zu Zeiten Eduards von den Earls und 4000 bis 5000 Thegns gehaltenen Besitzungen gingen auf eine etwa 200 Personen zählende Gruppe über. Diese Konzentration führte gleichzeitig zu einer – im Vergleich mit den Verhältnissen vor 1066 – gleichmäßigeren Verteilung. Zwar gab es innerhalb der neuen Gruppe nach wie vor erhebliche Unterschiede, aber sie waren nicht mehr so extrem wie noch unter Eduard. Keiner der mächtigsten Magnaten erhielt auch nur annähernd so viel Besitzungen, wie einst die Godwinsons gehalten hatten. Auch waren die Unterschiede zwischen den mächtigsten Magnaten sehr viel geringer als noch zu angelsächsischen Zeiten. Es gab nicht eine oder zwei dominierende Familien, sondern eine Gruppe von einem knappen Dutzend Magnaten, die Güter von in etwa ähnlicher Größenordnung besaßen. Die Umverteilung stärkte folglich die Position des Königs merklich. Der Abstand zwischen ihm und den mächtigsten Herren war im Vergleich zu Eduards Regierungszeit deutlich gewachsen. Gleichzeitig sorgte die Anzahl und relative Homogenität der Gruppe der Magnaten für eine Konkurrenzsituation, die dem König politische Handlungsspielräume eröffnete, von denen Eduard nur hatte träumen können.

Neue Pflichten? Die Eroberung führte also nicht nur zu einem Austausch der politisch-sozialen Elite des Königreichs, sondern auch zu einer weitgehenden Neuorganisation der Herrschaftsverhältnisse. Die Frage, inwieweit dieser Wandel zu einer Neudefinition der Pflichten gegenüber dem Herrn, insbesondere dem König, führte, wird in der

Forschung intensiv debattiert.[35] Im Zentrum der Diskussion steht die mit dem Lehen einhergehende Kernverpflichtung des Lehnsnehmers zum Militärdienst (*servitium debitum*). Die Unterstützung im Kampf war in England schon vor 1066 der dominierende Aspekt der Beziehung zwischen Herr und Gefolgsmann gewesen. Insofern brachte die Eroberung keine Neuerung, sondern verstärkte allenfalls bestehende Usancen. Umstritten ist hingegen, ob König Wilhelm bei der Festlegung, wie viele Männer die jeweiligen Herren aufzubieten hatten, ganz neue Wege beschritt. Führte erst Wilhelm das Prinzip der Kontingente (englisch *knights' quota*) ein – das heißt die im Zuge einer Verhandlung zwischen König und Herrn festgelegte Anzahl der zu stellenden Krieger –, oder gab es in England bereits vor 1066 eine ähnliche Praxis?

Wilhelm selbst und die meisten seiner normannischen Gefolgsleute dürfte diese Frage wenig interessiert haben. Im Kontext der Musterung ihrer Truppen im Jahr 1066 hatten sie wahrscheinlich dieses Thema für die Normandie diskutiert und dabei die Etablierung von Kontingenten auf den Weg gebracht. Es spricht nichts gegen die Annahme, dass sie in England ähnlich vorgingen und die Kontingente im Verlauf der Herrschaftsdurchdringung Englands aushandelten.[36] Bei diesem Prozedere waren sich die Eroberer vielleicht über den Umfang des zu stellenden Kontingents uneinig, nicht aber über das Prinzip. Für sie bedeutete es keine revolutionäre Neuerung, sondern erfolgte geradezu zwangsläufig mit Übernahme ihrer neuen Herrschaften. Im Hinblick auf die Frage, ob die Kontingente im Vergleich zur angelsächsischen Praxis eine Innovation bedeuteten, ist vor allem die Reaktion der englischen Bistümer und Abteien von Bedeutung, denn deren Besitzverhältnisse veränderte die Eroberung nicht radikal.[37] Für sie hätte die Auferlegung, Kriegerkontingente stellen zu müssen, tatsächlich eine unwillkommene, da kostspielige Neuerung bedeutet. Aber da Proteste, die sich dagegen gerichtet hätten, ausblieben, scheint es sich eben gerade nicht um eine in England ungewohnte Regelung gehandelt zu haben. Auch in den wenigen Fällen, in denen Angelsachsen über 1066 hinweg an der Spitze ihrer Einrichtungen verblieben, gab es keinen lautstarken Widerstand. Diese Reaktion überrascht allerdings nicht, wenn wir uns die Diskussion um die Zusammensetzung des angelsächsischen Heeres in Erinnerung rufen. Dort haben wir gesehen, dass gerade die großen Herren die Anzahl der von ihnen gestellten Männer wahrscheinlich nicht auf der Basis der Fünf-Hufen-Regel zusammenstellten, sondern mit dem König aushandelten. Kontingentierungen nach 1066 waren mithin nichts prinzipiell Neues, sondern entsprachen der früheren Praxis. Das erleichterte Wilhelms Situation ganz wesentlich, als er die Kontingente nach 1066 neu aushandelte. Was die militärischen Pflichten eines Mannes gegenüber seinem Herrn betraf, kam es also zu keinen radikalen normannischen Innovationen.[38]

Der Umfang der vereinbarten Kontingente konnte stark variieren und wurde bei den Magnaten nach Möglichkeit in Vielfachen von fünf oder zehn berechnet.[39] Veränderungen in den Besitzverhältnissen konnten dazu führen, dass die zu stellende Anzahl von Rittern keine ganze Zahl mehr ergab, sondern zum Beispiel auch einen ‹halben Ritter› umfasste. Auch wenn diese Anteile an Rittern für den Lebenssachverhalt eines Kampfes natürlich ohne Belang blieben, waren sie doch insofern von Bedeutung, als der Kontingentierung unter Wilhelms Nachfolgern allmählich ein weiterer Zweck zuwuchs: Sie entwickelte sich zur Grundlage der Berechnung einer Abgabe, des so genannten Schildgelds (lateinisch *scutagium*, englisch *scutage*), die der König von seinem Lehnsmann anstelle der Entsendung von Rittern einfordern konnte. In diesem Verfahren konnten auch Äquivalente für ‹halbe› oder ‹viertel› Ritter entrichtet werden.

Die Kontingente bildeten den Kern der Organisation des normannischen Aufgebots. Sie waren aber weder der einzige Weg der Musterung noch dominierten die so ausgehobenen Ritter das Personal normannischer Heere. Söldner blieben ein zentrales Element und machten zum Beispiel im Kontext der dänischen Bedrohung von 1085 den Großteil von Wilhelms Aufgebot aus. Auch der Fyrd blieb zumindest bis zum Ende des 11. Jahrhunderts ein Weg, auf dem Männer für den kriegerischen Ernstfall ausgehoben wurden. 1094 musterte König Wilhelm II. auf diese Weise in England 20 000 Mann für einen Heerzug in die Normandie. Allerdings diente dieser Vorgang vorrangig fiskalischen Zwecken, denn kaum hatten sich die Männer zur Überfahrt versammelt, da wurde ihnen auch schon das Geld abgenommen, das ihnen mitgegeben worden war, um sich zu verpflegen. Anschließend wurden sie wieder nach Hause geschickt.[40] Das Geld investierte Wilhelm wahrscheinlich in professionelle Kämpfer. Er hielt nicht viel von Gelegenheitskriegern. Drei Jahre später beschwerte sich der König über die Ritter, die ihm Erzbischof Anselm von Canterbury gestellt hatte – sie seien schlecht trainiert und für den Krieg ungeeignet.[41]

Eine neue Kriegerethik Die eigentlichen durch die normannische Eroberung verursachten Veränderungen im militärischen Bereich lagen nicht in der Organisation des Aufgebots, sondern betrafen andere Bereiche. Das Arsenal der Waffen wandelte sich etwas: Die Armbrust hielt Einzug, und das Schwert verdrängte gänzlich die Breitaxt als Hiebwaffe der militärischen Elite. Die Kavallerie erhielt einen höheren Stellenwert, und in der Schlacht wurde der Kampf zu Pferd von einer bis dato eher selten gewählten Option zum Regelfall. Die Stützpunkte der normannischen Krieger waren Burgen, die nun auch in ganz England errichtet wurden. Auf sie werde ich später im Kontext der Architektur noch näher eingehen. An dieser Stelle gilt das Augenmerk keiner materiellen, sondern einer mentalen Veränderung, die durch die Eroberung entscheidend vorangetrieben wurde: die Verbreitung einer neuen Kriegerethik.

Ein wesentliches Kennzeichen dieser Haltung war der Verzicht auf die Versklavung als Mittel und Ziel der Kriegsführung. Im Unterschied zur dänischen Eroberung zu Beginn des 11. Jahrhunderts führte der normannische Sieg nicht zu einer massenhaften Versklavung der englischen Bevölkerung. Den Sklavenmarkt, den Rouen noch zu Beginn des 11. Jahrhunderts beherbergte und der ständig durch die dänischen Raubzüge mit Nachschub versorgt worden war, gab es schon länger nicht mehr. Frauen, Kinder und nicht am Krieg beteiligte Männer zu fangen, um sie zu verkaufen, gehörte nicht zum Programm der normannischen Krieger von 1066.[42]

Eine zweite wesentliche Veränderung zeigte sich am Umgang des Siegers mit dem adligen Gegner auf dem Schlachtfeld. Dessen Tötung galt nicht länger als primäres oder auch nur erstrebenswertes Ziel.[43] Für Wilhelm von Poitiers war vielmehr der ideale Kämpfer, der ideale Ritter ein Mann, der auf dem Schlachtfeld großes taktisches und körperliches Geschick, Mut, Entschlossenheit, Führungskraft und Loyalität an den Tag legte. Der Tod – der eigene wie der des Gegners – gehörte dabei zu den kalkulierten Risiken, aber, und das ist entscheidend, die physische

Vernichtung des Gegners war nicht die oberste Maxime. Wenn schon ein direktes Aufeinandertreffen nicht vermieden werden konnte, dann zeigte sich höchste Kampfeskunst in der Vertreibung oder der Gefangennahme des Gegners, nicht aber in seiner Tötung. Der Gefangene konnte dann gegen Lösegeld wieder freigelassen werden. Diese Auffassung des ritterlichen Kampfes und damit des Kämpfens unter Adligen hatte in der Normandie seit Mitte des 11. Jahrhunderts an Popularität gewonnen, obgleich die Schlachtenbeschreibung Guidos von Amiens zeigt, dass sie nicht konkurrenzlos war. Auch in Nordfrankreich konnte man um 1070 große Kampfeskunst immer noch über das Töten des Gegners definieren. Die Zukunft aber gehörte dem von Wilhelm von Poitiers propagierten Ethos.

Auf den Britischen Inseln pflegte man einen unbarmherzigeren Umgang mit dem politischen Gegner. Tödliche Fehden gehörten zur politischen Normalität. Für das englische Königreich galt dies allerdings bereits 1066 nur noch bedingt. Zwar kannte man in Northumbrien keine Gnade mit dem Gegner: So führte Earl Waltheof eine über Generationen andauernde Fehde zu Ende, als er die Söhne des Carl tötete, der seinerseits Waltheofs Großvater Ealdred auf dem Gewissen hatte.[44] Auch am Hof König Eduards konnte man sich seines Lebens nicht völlig sicher sein, wie Gospatrick 1064 zu seinem Leidwesen hatte erfahren müssen. Aber wohl gerade wegen der politisch so destabilisierenden Folgen solcher Fehden waren die führenden Familien im Umfeld Eduards bestrebt, tödliche Eskalationen zu vermeiden. Die umgehende Exilierung Earl Sweyns nach dessen Mord an seinem Vetter Björn, Sweyns spätere Begnadigung, die letztlich friedliche Beilegung des Konflikts zwischen Eduard und Godwin und die mehrmalige Aussöhnung mit Earl Ælfgar zeigen sehr deutlich das Bemühen, Konflikte so zu regeln, dass es erst gar nicht zu militärischen Auseinandersetzungen mit ihren meist tödlichen Konsequenzen kommen konnte. Insofern traf die von den Eroberern, oder zumindest von manchen unter ihnen, nach England exportierte Vorstellung, das Leben des Gegners nach Möglichkeit zu schonen, bereits auf einen teilweise bereiteten Boden. Ihre Implementierung führte zu einer nachhaltigen Veränderung der politischen Kultur Englands. Die Enthauptung Earl Waltheofs 1076 war für lange Zeit das letzte Mal, dass ein englischer König einen aufständischen Earl hinrichten ließ. Spätere Konflikte wurden anders bewältigt, und erst in den Jahrzehnten um 1300 hielten auf Leben und Tod geführte Auseinandersetzungen zwischen dem König und den Earls wieder Einzug ins politische Leben.[45] Ende des 11. Jahrhunderts aber verbreitete sich das neue Verhaltensideal allmählich auch im Norden Englands, und bald galt die ‹zivilisierte›, ritterliche Kampfweise als charakteristisches Merkmal, das die Engländer von den benachbarten Walisern und Schotten unterschied. In den späten 1120er Jahren kommentierte Symeon von Durham die Eheschließung des schottischen Königs Malcolm mit Margarete, der Schwester Edgar Æthelings, mit folgenden Worten: «Aufgrund ihres Bemühens und des Eifers wurde jener König, nachdem er seine barbarischen Sitten abgelegt hatte, ehrlicher und zivilisierter (*honestior et civilior*).»[46] Auf die Spitze getrieben wurde diese Idee des ritterlichen Kämpfens alsbald auf den eigens organisierten Turnieren. Dort stand im Zentrum, was das adlige Sein im Wesentlichen bestimmte: der Ehrgewinn im Wege des bravourösen, nach Möglichkeit erfolgreich beendeten Kampfes. An diesem Prinzip hatte sich im 12. Jahrhundert zwar grundsätzlich wenig geändert, aber im Unterschied zu den Gesellschaftsformen, in denen noch Harald Hardrada, zum Teil auch noch Harold Godwinson und Wilhelm der Eroberer sozialisiert worden waren, war fortan eben der Tod des adligen Gegners nach Möglichkeit zu vermeiden.

Die Kirche

In der Normandie waren die Bischöfe und Äbte fest in das politische Ordnungsgefüge eingebunden. Der Herzog hatte, wenn er wollte, das letzte Wort bei der Auswahl der Bischöfe und Äbte und erwartete von ihnen die Unterstützung seiner Politik. Männer wie Odo von Bayeux, Gottfried von Coutances oder Lanfrank verkörperten diese enge Kooperation zwischen Herrscher und Kirche. In England verlangte Wilhelm nichts anderes.

Wilhelm machte zunächst keine Anstalten, gezielt englische Bischöfe und Äbte zu ersetzen. Erst wenn eine Vakanz eintrat, nutzte er die Möglichkeit, einen Bischofsstuhl mit einem Gefolgsmann zu besetzen. Nach dem Tod des Bischofs von Dorchester, Wulfwig, setzte er dort 1067 den Mönch Remigius ein, der das Kontingent seiner Abtei Fécamp bei Hastings angeführt hatte.[47] 1069 starb Ealdred, Erzbischof von York, und Wilhelm bestimmte einen Kanoniker von Bayeux, Thomas, zu dessen Nachfolger.[48] Diese reaktive Herangehensweise änderte sich aber infolge der Kämpfe von 1068–70. Wie im weltlichen Bereich forcierte Wilhelm fortan auch in der Kirche personale Änderungen. Der offene Widerstand, den Bischof Æthelwin von Durham bis 1071 leistete, war zwar keineswegs repräsentativ für die Haltung des gesamten Episkopats, machte Wilhelm aber deutlich, dass die Etablierung seiner Herrschaft einfacher mit Männern gelingen würde, die ihre Ämter einzig und allein ihm verdankten. Darüber hinaus hegte man offenbar auch auf kirchlicher Seite durchaus Erwartungen auf angemessene Entlohnung treuer Dienste. «Ich weiß, dass ihr viele Kleriker und Kapläne zu befördern habt, und deshalb eine Gelegenheit sucht, um gegen mich vorzugehen», soll der unter Druck geratene Bischof Walkelin von Winchester 1086 zu Wilhelm gesagt haben.[49]

Der König konnte aber Bischöfe und Äbte nicht nach seinem Gutdünken absetzen. Er konnte zwar entsprechenden Druck aufbauen und einen Bischof dazu treiben, sein Bistum aufzugeben – zu resignieren –, doch rechtliche Möglichkeiten zur Absetzung besaß er nicht. Diese lagen allein in der Macht der Kirche, und wenn Wilhelm Konflikte vermeiden wollte, war eine Kooperation mit den kirchlichen Autoritäten notwendig. Papst Alexander II. war zu dieser Zusammenarbeit bereit. Er hoffte, mit der Unterstützung Wilhelms und durch die Einsetzung neuer Bischöfe den Reformgedanken in der englischen Kirche rascher zu verbreiten. Im Jahr 1070 zeigte sich die päpstlich-königliche Kooperation in eindrucksvoller Weise: Nachdem die Legaten Papst Alexanders II. – Johann, Peter und Ermenfried – Wilhelm in Winchester an Ostern 1070 gekrönt und damit die päpstliche Anerkennung von Wilhelms Königtum manifestiert hatten, veranstalteten sie eine Synode, auf der es zu ersten Absetzungen kam. Erzbischof Stigand von Canterbury, der in Personalunion auch das Bistum von Winchester hielt, und dessen Bruder Bischof Æthelmaer von Elmham sowie drei ungenannte Äbte wurden ihrer Ämter enthoben. Auf einer zweiten Synode in Windsor zu Pfingsten 1070 wurden Bischof Æthelric von Selsey und weitere Äbte abgesetzt, und noch im selben Jahr gab Leofwin, Bischof von Lichfield, sein Amt auf. Im Jahr darauf verlor Æthelwin von Durham infolge seiner Rebellion seinen Bischofsstuhl.[50] Die frei gewordenen Bistümer wurden ausschließlich mit Männern vom Kontinent besetzt, die aus der engsten Umgebung Wilhelms stammten. Nur hinsichtlich des neuen Bischofs von Durham, dem Lothringer Walcher, ist unklar, in welcher Beziehung er zu Wilhelm stand, bevor ihn der König zum Bischof machte.[51] Diese Maßnahmen, so Johann von Worcester, dienten dazu, Wilhelms Position im neu errungenen Königreich zu stärken.[52]

Schon vor 1066 bestand die Gruppe der englischen Bischöfe nicht nur aus Angelsachsen oder Anglo-Skandinaviern. König Eduard hatte bereits den einen oder anderen Kleriker vom Kontinent zum Bischof erhoben. Unter Wilhelm wurde diese Praxis allerdings zur Regel. Für englische Kleriker gab es unter Wilhelm keine Chance auf einen Bischofssitz. Für nicht-englische Kleriker, die jedoch in England ihre Karrieren durchlaufen hatten, war die Beförderung ebenfalls sehr unwahrscheinlich. Der einzig sicher nachweisbare Fall ist zugleich bezeichnend dafür, dass Wilhelm vorzugsweise vertraute Namen auf englischen Bischofsstühlen platzierte: Der Normanne Osbern fitz Osbern, der 1072 Bischof von Exeter wurde, war bereits zu Zeiten König Eduards nach England gekommen und gehörte zur Gruppe der königlichen Kaplane. Er war ein Sohn von Osbern, dem Vormund und Seneschall Wilhelms aus frühen normannischen Tagen, und ein Bruder von Wilhelms engem Vertrauten Wilhelm fitz Osbern.[53] Mit seiner Ernennung ging der König kein Risiko ein. Als Wilhelm 1087 starb, amtierten noch zwei Bischöfe, die bereits unter König Eduard ihr Amt erhalten hatten: Wulfstan von Worcester und der ursprünglich aus Lothringen stammende Giso von Wells.[54] Dass es im Zeitraum von 21 Jahren zu einem Austausch des Episkopats kam, war zu erwarten. Bezeichnend für die Personalpolitik Wilhelms aber ist der Umstand, dass Wulfstan damals noch der einzige Angelsachse auf einem englischen Bischofssitz war. Nach ähnlichem Muster verlief die Entwicklung in den Führungsämtern der Abteien, wenngleich sich der Austausch dort langsamer vollzog.[55] So füllten nicht nur im weltlichen Bereich, sondern zunehmend auch in der Kirche Männer vom Kontinent die Spitzenränge.

Der traditionelle Vorrang der Bischöfe vor den Earls wurde durch die Eroberung nicht angetastet. Was die Rangfolge unter den Bischöfen betraf, suchte Erzbischof Lanfrank von Canterbury größere Klarheit herbeizuführen. Für sich selbst beanspruchte er den Vorrang, den Canterbury bislang *de facto* innegehabt hatte, mit Nachdruck und verlangte vom Erzbischof von York die Erklärung der Obödienz, des Gehorsams, ihm gegenüber. Dieser wiederum bestand auf seiner Gleichrangigkeit, und so entspann sich ein Streit, der die englische Kirche bis weit in das 12. Jahrhundert beschäftigen sollte.[56] 1075 wurde die Frage der Rangordnung aller Bischöfe Thema einer Kirchenversammlung. Nach eingehenden Diskussionen wurde dem Erzbischof von Canterbury der erste Platz zuerkannt. Zu seiner Rechten, auf dem zweiten Rang, saß der Erzbischof von York, zur Linken von Canterbury, auf dem dritten Rang, saß der Bischof von London, und der Bischof von Winchester kam schließlich neben dem Erzbischof von York zu sitzen, also auf dem vierten Rang.[57] Bei allen anderen Bischöfen griff ein anderes Ordnungssystem. Sie wurden nicht nach der Bedeutung ihrer Bistümer, sondern nach ihrer Seniorität gereiht, die sich aus dem Zeitpunkt ihrer Bischofsweihe ergab – ihre Bistümer waren grundsätzlich ranggleich.

Die Besitzverhältnisse der Bischöfe und Äbte scheinen sich durch die Eroberung nicht gravierend verändert zu haben, wenngleich es schwierig ist, die Entwicklungen der Ländereien für die einzelnen Institutionen in den Jahren nach 1066 präzise nachzuzeichnen. Den Angaben des Domesday Book zufolge blieben Bischöfe und Äbte auch nach 1066 mächtige Grundbesitzer. Ihre Güter machten etwa 40 Prozent des Gesamtwerts der taxierten englischen Ländereien aus, wobei die Unterschiede zwischen den Institutionen ebenfalls bestehen blieben.[58] Alleine schon vor diesem Hintergrund musste Wilhelm an einer Zusammenarbeit mit den Vorstehern der Bistümer und Abteien interessiert sein. Aber Wilhelm beließ die Form dieser Kooperation nicht im nebulösen Bereich changierender persönlicher Vertrauensverhältnisse. Die Kooperation, Loyalität und Gefolgschaft, die Wilhelm von seinen Bischöfen und Äbten erwartete, wurde nach den gleichen Prinzipien institutionalisiert wie bei den weltlichen Herren. Bischöfe und Äbte leisteten dem König den Lehnseid.[59] Dieser wurde integraler Bestandteil der Einsetzung (Investitur) in ihre Ämter. Eadmer kommentierte, dass mit Ausnahme der

Bischöfe Arnost und Gundulf von Rochester niemand Bischof oder Abt unter Wilhelm wurde, der nicht zuvor zu einem Mann des Königs gemacht worden war und die Investitur des Bistums oder der Abtei durch die Übergabe des Stabs durch die Hand des Königs erhalten hatte.[60] Die Definition der personalen Bindung zwischen König und Bischöfen bzw. Äbten durch den Lehnseid hatte bedeutende Implikationen für die umfangreichen Ländereien, die mit den kirchlichen Institutionen verbunden waren. Sie wurden zu königlichen Lehen. Die mit ihrem Besitz verbundenen Pflichten – wie die Bereitstellung bestimmter Kriegerkontingente – waren allerdings, wie wir gesehen haben, nichts prinzipiell Neues.

Auf die Anzahl und den Zuschnitt der Diözesen hatte die Eroberung keine unmittelbare Auswirkung. Allerdings brachten die neuen Bischöfe klare Vorstellungen über den Ort ihrer Kirche mit. Geprägt durch die kontinentale Tradition der Verbindung einer *civitas*, einer Stadt, mit dem Sitz des Bistums, wollten sie, dass auch in England ihre Hauptkirche ihren Platz jeweils an einem Zentralort ihrer Diözese habe. Für ihre angelsächsischen Vorgänger war dieser Aspekt von geringerer Bedeutung gewesen. Sie hatten die Bischofskirche weniger als Zentrum der Seelsorge verstanden, sondern eher als Rückzugsort des Bischofs, von dem er zu seinen seelsorgerischen Umzügen durch seine Diözese aufbrach. Zugespitzt formuliert könnte man sagen: Der Bischof kam zu den Menschen, nicht die Menschen zu ihm (wobei natürlich auch die normannischen Bischöfe nicht nur in ihren Kathedralen verharrten).[61] Zur Verlegung von Bischofssitzen kam es bereits unter König Eduard. Aber es waren bezeichnenderweise Bischöfe, deren Bild von der Kirche auf dem Kontinent geformt worden war, die diesen Schritt unternahmen.[62] Der zwar wohl aus Cornwall stammende, aber in Lothringen ausgebildete Leofric verlegte seinen Bischofssitz von Crediton nach Exeter (1050), der Flame Hermann seinen Sitz von Ramsbury nach Sherborne (1058).[63] Nach 1066 intensivierten sich solche Bemühungen. Bischof Herfast zog 1075 von Elmham nach Thetford um, scheiterte aber bei seinem Versuch, das reiche Kloster von Bury St. Edmunds zu seinem neuen Sitz zu machen.[64] Auf der Londoner Kirchenversammlung von 1075 wurden gleich eine Reihe von Verlegungen «von Dörfern zu Städten» (*de villis ad civitates*) mit königlicher Zustimmung beschlossen: Der auch in

Sherborne unglückliche Hermann durfte nach Salisbury, Bischof Peter von Lichfield nach Chester und Bischof Stigand von Selsey nach Chichester umziehen.[65] 1086 ging Bischof Remigius von Dorchester nach Lincoln, 1087 zog der Bischof von Chester weiter nach Coventry. Bischof Johann verlegte seinen Sitz von Wells nach Bath 1089/90. Mit Bischof Herbert Losingas Umzug von Thetford nach Norwich 1095 und den Neugründungen der Bistümer von Ely (1108/9) und Carlisle (1133) unter Heinrich I. war die Neufestlegung der Bischofssitze abgeschlossen. Die nächsten Veränderungen kamen erst im Zuge der Reformation im 16. Jahrhundert.[66]

In der Regel waren die Bischofskirchen Gemeinschaften von Säkularkanonikern; das heißt die Mitglieder des Domkapitels besaßen ihre über Pfründen abgesicherten eigenen Einkommen und waren nicht an ein gemeinsames, durch eine Ordensregel bestimmtes Leben gebunden.[67] In der Normandie waren vor 1066 alle Domkirchen nach diesem Prinzip organisiert. Die angelsächsischen Bischofskirchen wiesen aber die Besonderheit auf, dass manche unter ihnen klösterliche Gemeinschaften waren. Der prominenteste Fall war Canterbury selbst. Die Eroberung veränderte diese Anomalie nicht. Im Gegenteil, Mönchbischöfe wie Lanfrank, Gundulf oder Wilhelm von St. Calais sorgten dafür, dass die Anzahl der monastischen Kathedralkirchen zunahm. Lanfrank und Gundulf richteten ein Kloster in Rochester ein, Wilhelm von St. Calais in Durham (beides geschah 1083). In Norwich vollzog der Mönchbischof Herbert Losinga diesen Schritt um 1100. Darüber wurden drei schon in angelsächsischer Zeit bestehende Klöster zu Bischofssitzen: Bath, Coventry und Ely. Dagegen ging mit dem Umzug von Sherborne nach Salisbury lediglich ein monastischer Bischofssitz verloren.[68] Die normannische Eroberung sicherte also das Fortbestehen der englischen Besonderheit monastischer Bischofssitze.

Signifikante Neuerungen gab es im Bereich der administrativen Organisation der Diözesen, denn die neuen Bischöfe schufen mit der Einteilung ihrer Sprengel in Erzdiakonate bislang weitestgehend unbekannte Verwaltungsstrukturen. Der Erzdiakon war die rechte Hand des Bischofs und half ihm in der Wahrnehmung seiner administrativen Aufgaben. Vor 1066 findet er sich in England allenfalls vereinzelt, in der Normandie häufiger, ohne dass die Entwicklung der territorial ausgewiesenen Erzdiakonate im Herzogtum sehr viel weiter fortgeschritten gewesen wäre. Die Erzdiakonate und ihre weitere Untergliederung in Landdekanate – ein Vorgang, der vor allem im 12. Jahrhundert greifbar wird – ermöglichten ein effizienteres Arbeiten insbesondere im Hinblick auf die Erhebung von Abgaben und die kirchliche Rechtsprechung.[69] Sie brachten das bischöfliche Wort in die Gemeinden und waren damit zentrale Multiplikatoren der Kirchenreform in England.

Erzbischof Lanfrank, die Kirchenreform und kanonisches Recht Die im 11. Jahrhundert propagierte Reform der Kirche mit ihren Kernanliegen, den Kauf von kirchlichen Ämtern (Simonie) und die priesterliche Ehe (Nikolaitismus) zu unterbinden sowie die klerikale Sphäre stärker von der laikalen zu trennen, war in England vor 1066 nicht unbekannt, hatte aber kaum Wirkung entfaltet. Die Bischöfe unter König Eduard hatten sie nicht zu ihrer zentralen Aufgabe gemacht. Das änderte sich mit der normannischen Eroberung. Die Reformanliegen kamen nun auf die kirchliche Agenda und erhielten ihre spezifische normannische Prägung, die sich vor allem durch die Wahrung der königlichen Interessen auszeichnete. Die Schlüsselfigur in diesem Prozess war Erzbischof Lanfrank.

Lanfrank war von den Reformidealen im Grundsatz überzeugt. Er war aber kein radikaler Reformer, der sie um jeden Preis durchsetzen würde. Der ehemalige Abt von Wilhelms Gründung St. Stephan in Caen hatte die Sinnhaftigkeit einer engen Kooperation zwischen Herrscher und Kirchenspitze zutiefst verinnerlicht. Er betrieb die Ziele der Reform, solange sie die Interessen Wilhelms nicht verletzten. Dafür konnte er sich seinerseits der Unterstützung des Königs sicher sein. Das waren die entscheidenden Parameter der englischen Kirchenpolitik in den Jahren nach 1066, an denen sich selbst der Papst zu orientieren hatte. Als 1080 Papst Gregor VII., der vehementeste Vertreter der Kirchenreform auf dem Stuhl Petri, von König Wilhelm den Treueid und die Zahlung des Peterspfennig (einer an die Kurie zu entrichtenden Steuer) verlangte, erhielt er von Wilhelm nur eine Zusage bezüglich des Peterspfennigs. Dem Treueid aber erteilte Wilhelm eine klare Absage. Er habe so etwas nie versprochen und könne auch nicht sehen, dass seine Vorgänger dem Papst jemals einen Treueid geleistet hätten.[70] Lanfrank, der vielleicht

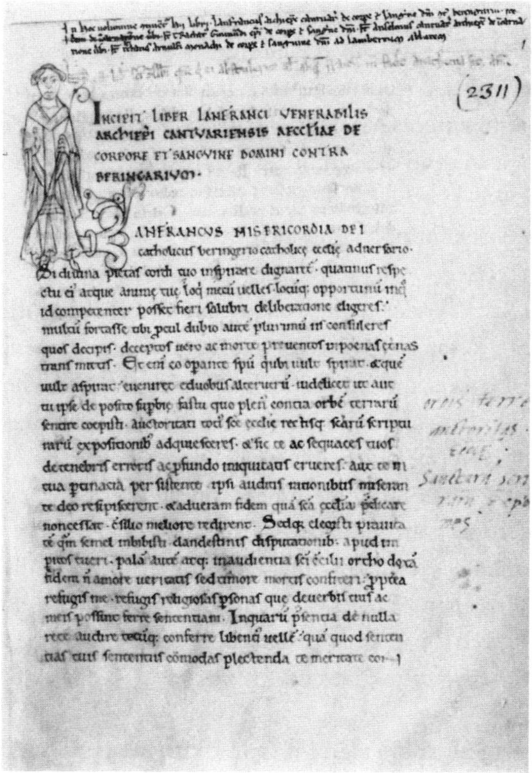

Abb. 29 *Eine um 1100 angefertigte Darstellung Erzbischof Lanfranks*

selbst für die Formulierung von Wilhelms Schreiben verantwortlich war,[71] versicherte dem Papst zwar, dass er alles unternommen habe, um dem König die päpstlichen Anliegen zu vermitteln, dürfte tatsächlich aber Wilhelms Standpunkt vertreten haben.[72] Er akzeptierte grundsätzlich die päpstliche Hoheit, ließ sich aber ungern vom Papst oder dessen Legaten vorschreiben, was er in England zu tun und zu lassen hatte. Dieses Einvernehmen zwischen König und Erzbischof zeigte sich eindrücklich in der Frage der Investitur der Bischöfe und Äbte. Gregor VII. machte den Kampf gegen die Investitur von Bischöfen und Äbten durch Laien zu einem zentralen Punkt seiner Reformbemühungen. 1078 erließ er ein entsprechendes Verbot, das sich explizit auch auf Kaiser und Könige erstreckte.[73] Zumindest Lanfrank dürfte von Gregors Haltung in dieser Frage grundsätzlich Kenntnis gehabt haben,[74] er unternahm aber keinerlei Anstalten, das Thema aufzugreifen. Gregor seinerseits war so sehr durch die erbitterte Auseinandersetzung mit Kaiser Heinrich IV. gebunden, dass er die Investiturfrage gegenüber Wilhelm nicht forcierte. So wurde zu Lebzeiten Wilhelms die maßgebliche Rolle des englischen Königs bei der Besetzung der Bistümer und Abteien nicht in Frage gestellt. Erst in der nächsten Generation, in der Regierungszeit seines Sohnes Heinrichs I., kam es auch in England zu einem Investiturstreit.[75]

Die Anliegen der Kirchenreform fanden in England erstmals große öffentliche Wahrnehmung im Jahr 1070 auf den Konzilen von Winchester und Windsor, die von den päpstlichen Legaten und ihren Stellvertretern abgehalten wurden. Ihre Maßnahmen betrafen unter anderem die klassischen Bereiche der Simonie und des Nikolaitismus. Niemand, der sein Amt käuflich erworben hatte, sollte geweiht werden. Auch wurde untersagt, zwei Bischofsämter in einer Hand zu vereinen, eine Bestimmung, die im Zusammenhang mit der Absetzung Erzbischofs Stigand von Canterbury stand, der zugleich Bischof von Winchester gewesen war. Das Thema des verheirateten Klerus' war in Winchester ebenfalls mit einer prominenten Personalie verknüpft. Bischof Leofwin von Lichfield war aufgefordert worden, sich in Winchester wegen seiner Ehe zu verantworten. Er kam nicht und gab später sein Amt auf. Das Konzil legte fest, dass Kleriker keusch zu leben hatten, wenn sie nicht ihre Ämter verlieren wollten. Mit diesem Gebot ging sehr wahrscheinlich die Aufforderung an verheiratete Priester einher, ihre Frauen zu verlassen. In Windsor wurden die Themen der Simonie und der klerikalen Lebensführung wieder aufgegriffen. Spezifiziert wurde, dass Kleriker keine Waffen tragen dürften und ihnen sowie den Mönchen von den Laien Ehrerbietung entgegengebracht werden sollte. Daneben war die Umsetzung der Kirchendisziplin ein prominentes Thema des Konzils. So sollten die Bischöfe zukünftig zweimal jährlich Synoden (Versammlungen der Kleriker) in ihren Diözesen veranstalten und Erzdiakone sowie andere geweihte Personen zu ihrer Unterstützung einsetzen. Im Hinblick auf das Verhältnis zum König ist die Bestimmung bemerkenswert, dass sich kein Bischof gegen den König verschwören dürfe.[76]

Lanfrank, der nur wenige Monate später sein Amt als Erzbischof antrat, war aller Wahrscheinlichkeit nach über den Inhalt der Versammlungen informiert und führte auf seinen Konzilen dieses Programm in seinen großen Linien weiter.[77] Simonie wurde 1072 in Winchester und 1075 in London untersagt, die Keuschheit und Ehelosigkeit 1076 in Winchester angemahnt – gegenüber verheirateten Priestern auf dem Land zeigte er sich allerdings großzügig: Sie wurden nicht mit sofortiger Wirkung gezwungen, ihre Frauen zu verlassen. Neben den Frauen sollten Kleriker auch anderen weltlichen Vergnügen wie dem Würfelspiel oder dem Jagen entsagen (Winchester 1072). Daneben bemühte sich Lanfrank um die Einheitlichkeit der Liturgie und den korrekten Ablauf der Taufe sowie darum, die Eheschließung gänzlich unter kirchliche Hoheit zu bringen. Zukünftig, so wurde 1076 in Winchester entschieden, war eine Ehe nur dann gültig, wenn sie von einem Priester geschlossen wurde. Dies richtete sich gegen die gerade in den anglo-skandinavischen Regionen immer noch weit verbreitete Praxis, Ehen auch ohne kirchlichen Segen einzugehen (das Verbot sorgte freilich nicht für ein sofortiges Ende dieser Praxis). Signifikant ist schließlich die besondere Fürsorge für den König. 1072 wurde in Winchester Verrat am König verboten und jeder Priester angehalten, drei Messen für ihn zu singen, die Kleriker in geringeren Weihegraden sollten das Buch der Psalmen rezitieren und die Laien sieben Almosen geben, um damit den Armen beizustehen.[78]

Der König unterstützte seinerseits die Bemühungen Lanfranks nach Kräften und setzte zumindest in Teilen eine Trennung von weltlicher und geistlicher Jurisdiktion in Gang. In einem zwischen 1072 und 1085 ausgestellten, leider nicht genauer zu datierenden Mandat teilte er nach Beratung mit seinen Großen den Amtsträgern in seinem Königreich mit, dass die «bischöflichen Gesetze» (*episcopales leges*) bis zu seinem Regierungsantritt weder gut noch gemäß dem kanonischen, das heißt dem kirchlichen, Recht geordnet gewesen seien. Dieser Zustand sollte nun gebessert werden. Deshalb bestimmte er, dass fortan kein Bischof oder Erzdiakon Fälle, die diese Gesetze betrafen, vor den Gerichten der Hundertschaften verhandeln, noch Fälle, welche die Seelsorge betrafen, vor einen weltlichen Richter bringen sollte. Bischöfe und Erzdiakone sollten stattdessen den Ort festlegen, an dem sie nach kanonischem und nicht nach weltlichem Recht urteilen würden. Kein Amtmann des Königs, ja überhaupt kein Laie, sollte sich in die kirchliche Rechtsprechung einmischen. Stattdessen sollte die Gerichtsbarkeit des Königs oder der

Sheriffs die Durchsetzung der bischöflichen Urteile unterstützen.[79] Wilhelms Anordnung zielte wohl vor allem darauf ab, den auf den Konzilen und Synoden getroffenen Bestimmungen vor Ort zur Durchsetzung zu verhelfen.[80] So stärkte er spürbar die Autorität Lanfranks und seiner bischöflichen Kollegen. Dieser Schritt bedeutete eine wesentliche Änderung überkommener Praxis, implizierte aber keine vollständige Trennung von weltlicher und kirchlicher Rechtsprechung in England. Die Bischöfe blieben weiterhin im Grafschaftsgericht aktiv, und die Frage der Zuständigkeiten von weltlicher und geistlicher Gerichtsbarkeit sollte hundert Jahre später ein wesentlicher Streitpunkt im berühmten Konflikt zwischen König Heinrich II. und Thomas Becket sein.[81]

Die Grundlage für die kirchliche Rechtsprechung war das kanonische Recht. Mitte des 11. Jahrhunderts bildete das Kirchenrecht aber alles andere als eine einheitliche, wohldurchdachte Rechtsordnung. Es gab keinen für alle verbindlichen Codex des kanonischen Rechts. Stattdessen gab es umfangreiche, für den Alltagsgebrauch viel zu unhandliche Sammlungen von päpstlichen und konziliaren Rechtssatzungen. Vor allem im Zuge der Kirchenreform intensivierten sich im 11. Jahrhundert aber die Bemühungen, diese Sammlungen zu vereinfachen bzw. zu systematisieren. Die Anhänger der Reform nutzten das Kirchenrecht, um ihren Ansichten Autorität und Geltung zu verschaffen. Dazu erstellten sie aus den alten Texten neue, ihren eigenen Bedürfnissen entsprechende Corpora.[82] Auch in England sind im 11. Jahrhundert im kirchlichen Umfeld äußerst bemerkenswerte Bemühungen unternommen worden, Recht zu ordnen. Geradezu herausragend waren die Aktivitäten Erzbischofs Wulfstan von York.[83] Aber entsprechend der engen Verzahnung, ja geradezu der Verschmelzung, von kirchlicher und weltlicher Jurisdiktion ging es bei diesen Bemühungen um das Recht und die rechte gesellschaftliche Ordnung allgemein, nicht spezifisch um das kanonische Recht und die kirchliche Ordnung. Am Vorabend von 1066, so suggerieren es das Mandat Wilhelms und die fehlende Überlieferung entsprechender Sammlungen, spielte das kanonische Recht in England eine eher nachgeordnete Rolle. Das änderte sich mit der normannischen Eroberung. Mit den neuen Bischöfen vom Kontinent, den Bemühungen, die Lebensformen des englischen Klerus den Maßgaben der Reform anzupassen, mit neuen administrativen Strukturen und einer schärfer pro-

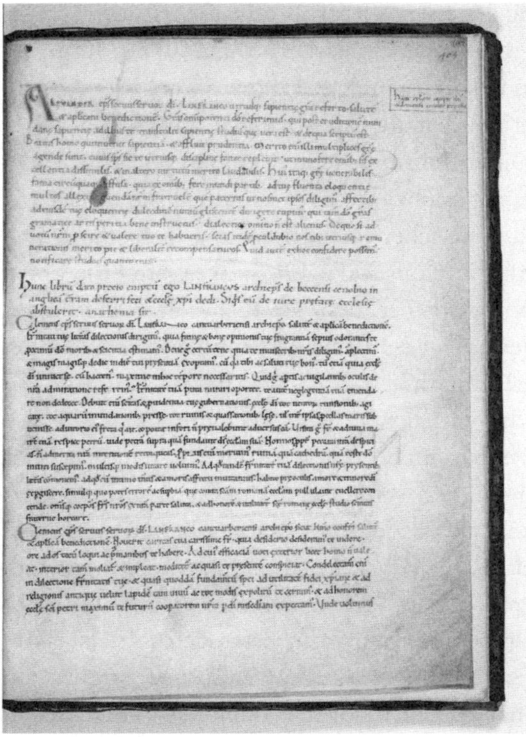

Abb. 30 *Lanfranks Exemplar der* Collectio Lanfranci, *mittig der Hinweis, dass er die Handschrift vom Kloster Bec erworben und Christ Church, Canterbury, geschenkt habe*

filierten Verantwortlichkeit in der kirchlichen Rechtsprechung kam auch das kanonische Recht stärker zur Geltung.

Erzbischof Lanfrank spielte eine wichtige Rolle in der Verbreitung des kanonischen Rechts in England. Er brachte die nach ihm benannte «Sammlung Lanfranks» (*Collectio Lanfranci)* aus der Normandie mit in das Königreich.[84] In seinem bis heute erhaltenen Exemplar lesen wir, dass er es von seinem ehemaligen Kloster Bec erworben und Christ Church, dem Mönchskonvent seiner Domkirche von Canterbury, geschenkt habe.[85] Ob Lanfrank selbst die Sammlung während seiner Zeit in Bec zusammengestellt hatte, ist unklar, aber nicht unmöglich. Abgesehen von einigen wenigen späteren Zusätzen, handelt es sich um eine stark gekürzte Version der sogenannten Pseudo-Isidorischen Dekretalen, einer äußerst umfangreichen Sammlung, die im 9. Jahrhundert entstanden war. Die Themen der *Collectio Lanfranci* betreffen unter anderem Regelungen der kirchlichen Rechtsprechung, die Organisation der Kirche in den Diözesen und die Rechte der Bischöfe. Sie behandelt damit Bereiche, die in Lanfranks praktischem Wirken eine wichtige Rolle einnahmen. Die *Collectio Lanfranci* fand in England rasche Verbreitung. Abschriften wurden angefertigt und in den Bischofskirchen des Königreichs verwahrt. Wie erfolgreich ‹seine› Sammlung war, musste Lanfrank 1088 erleben, als er im königlichen Gericht selbst mit Argumenten konfrontiert wurde, die aus dieser Sammlung heraus entwickelt worden waren.[86] König Wilhelm II. beschuldigte den Bischof von Durham, Wilhelm von St. Calais, an der Rebellion gegen ihn beteiligt gewesen zu sein, und befahl Wilhelms Festnahme sowie die Beschlagnahmung seiner Güter. Im November 1088 kam es in Salisbury zur Verhandlung des Falls im königlichen Gericht. Wilhelms Verteidigungsstrategie baute ganz auf seinem Status als Bischof und dem kanonischen Recht auf. Er machte dabei allem Anschein nach Gebrauch von der *Collectio Lanfranci*, von der er eine eigene Abschrift besaß.[87] Auf seine Einlassungen antwortete niemand anderes als Lanfrank selbst. Keines der Argumente Wilhelms von St. Calais ließ der Erzbischof gelten, und zwar nicht etwa, weil er die kanonischen Rechtssätze bezweifelt hätte, sondern weil er im Gegensatz zu Wilhelm argumentierte, dass der Fall nach weltlichem und nicht nach kirchlichem Recht zu verhandeln sei.[88]

Der Prozess endete zugunsten des Königs, und Bischof Wilhelm ging in die Normandie an den Hof von Herzog Robert Kurzhose, der dort die Nachfolge Wilhelms I. angetreten hatte. Erst drei Jahre später kam es zur Aussöhnung mit Wilhelm II. sowie zur Restituierung der Ländereien. Mit seiner auf dem Kirchenrecht aufgebauten Strategie hatte Wilhelm von St. Calais in Salisbury keinen Erfolg. Dennoch hatte die Verhandlung allen Beteiligten nachdrücklich vor Augen geführt, dass das kanonische Recht in den Händen derer, die es zu nutzen wussten, eine scharfe Waffe war. Es zu ignorieren, konnte man sich nicht mehr leisten. So blieb die *Collectio* nicht die einzige Sammlung in England. In den folgenden Jahren gelangten weitere Kompilationen kanonischen Rechts auf die Insel,[89] und bis ins frühe 12. Jahrhundert hinein bildeten diese Textsammlungen die Basis der theoretischen Auseinandersetzung mit dem Kirchenrecht und seiner praktischen Anwendung. Die großen Leistungen der englischen Kanonistik der zweiten Hälfte des 12. Jahrhunderts besaßen darin eine ihrer Wurzeln.

Die neuen Herren sehen: Burgen und Kathedralen

Die normannische Eroberung ging mit einer reichen Bautätigkeit einher. Eine beträchtliche Anzahl von Burgen und Kirchen wurde errichtet und veränderte die Silhouette des Königreichs. Insbesondere in den Städten dominierten die neuen Bauten das Erscheinungsbild und sorgten für permanente, unübersehbare Präsenz der neuen Herren in den Zentren Englands.

Der Burgenbau begann bereits mit der Landung Wilhelms in England. In Pevensey bauten die Normannen ihre erste Festung, in Hastings ihre zweite.[90] Das Phänomen Burg war in England vor 1066 nicht gänzlich unbekannt. König Eduards Normannen hatten diese Bauform mit auf die Insel gebracht und in den walisischen Marken realisiert. In Herefordshire hatten sie ein *castel* gebaut, wie die Angelsächsische Chronik E für das Jahr 1051 festhält.[91] Die (wohl erstmalige) Verwendung dieses Lehnworts im altenglischen Kontext zeigt, wie sehr diese spezifische Bauform mit den Männern vom Kontinent (den *welisce menn*) verbunden wurde. Wehrbauten gab es in England zwar vor 1066,[92] und es konnte wahrscheinlich gemacht werden, dass Türme angelsächsischer Kirchen als Wachtürme und Musterungsorte der lokalen Aufgebote der Thegns dienten.[93] Aber diese Bauwerke entsprachen offensichtlich nicht dem, was die Neuankömmlinge errichteten.[94] Die Burg wurde als etwas Neues, Fremdes wahrgenommen. Bis 1066 blieb sie ein vereinzeltes Phänomen, dann aber wurde sie zum unmissverständlichen Kennzeichen der neuen Herren in ganz England. Alleine die Aufzählung der Burgen, die Wilhelm auf seinen Kampagnen 1068–70 errichten ließ, genügt zur Illustration: Exeter, Warwick, Nottingham, York, Lincoln, Huntingdon, Cambridge, York (2. Anlage), Chester und Stafford.[95] Das einstmals Fremde wurde innerhalb weniger Jahre zur Normalität. Die Burgen dienten zunächst militärischen Zwecken. Sie waren Stützpunkt, Aus-

Abb. 31 *Teppich von Bayeux: Bau der Motte von Hastings*

gangs- und Rückzugsort der normannischen Krieger. Ihre Bedeutung als Garanten der normannischen Herrschaft lässt sich an den Briefen ablesen, die Erzbischof Lanfrank während der Krise von 1075 verschickte. Wilhelm habe ihm, Lanfrank, den Auftrag gegeben, unbedingt zu verhindern, dass die Burgen in Feindes Hände gelangten, so schrieb der Erzbischof an den aufständischen Earl Roger. Spät im selben Jahr warnte er Bischof Walcher von Durham vor den Dänen und forderte ihn auf, seine Burg mit Männern, Waffen und Vorräten auszustatten.[96] Die Burgen waren aber nicht nur militärische, sondern auch administrative Zentren. In den Städten der Grafschaften wurden sie zu Residenzen der Sheriffs, die von dort aus die königlichen Rechte wahrnahmen.[97] Analog dazu dienten die Burgen den Magnaten als zentrales Instrument ihrer Herrschaftsbildung. Für Yorkshire zum Beispiel konnte gezeigt werden, wie sich herrschaftliche Strukturen um die neuen Burgen entwickelten. Die administrative Bedeutung der Burg war in dieser Grafschaft oftmals höher als ihre militärische.[98]

Burgen waren aber nicht nur der Ort, in denen und von denen aus Herrschaft ausgeübt wurde, sie verkörperten durch ihren Bau selbst herrschaftliche Ansprüche und Autorität. In den Städten ist dieser Prozess besonders deutlich zu greifen, weil die Burgen dort in ein bestehendes Siedlungsgefüge eingebaut wurden. Dies geschah ohne Rücksicht auf bereits vorhandene Strukturen.[99] Für Exeter verzeichnet das Domesday Book die Zerstörung von 48 Häusern seit Wilhelms Herrschaftsbeginn. Nicht wenige davon dürften dem Bau der Burg zum Opfer gefallen sein.[100] In York kam es im Zuge des Burgenbaus zur Aufstauung des Flusses Foss, in deren Folge bislang landwirtschaftlich genutzte Flächen in erheblichem Umfang verloren gingen.[101] Auch bei den Burgenbauten in Lincoln, Norwich, Canterbury und Rochester kam es zu massiven Eingriffen in bestehende Bauverhältnisse.[102] Dem ohnmächtigen Ärger und der Verzweiflung der davon Betroffenen gaben Verse eine Stimme, die in der Angelsächsischen Chronik E aufgezeichnet wurden und mit den Worten begannen, dass Wilhelm Burgen bauen und besitzlose Menschen stark unterdrücken ließ.[103] Aber auch die Mächtigen hatten kaum die Möglichkeit, Burgenbau im Auftrag des Königs zu verhindern. Das musste Erzbischof Ealdred von York erfahren, als der Sheriff von Worcester, Ursus d'Abitot, seine Burg in Worcester so nahe beim Dombereich bauen ließ, dass der Burggraben das Gebiet des Klosterfriedhofs durchzog. Ealdred, der zu diesem Zeitpunkt auch für Worcester verantwortlich war, soll ihn daraufhin mit folgenden Worten verflucht haben: *Hattest þ Urs, have þu Godes kurs* (heißt du Urs, so seist du gottverflucht).[104] Dieser Fluch, so Wilhelm von Malmesbury, zeitigte Folgen, weil später unter Heinrich I. der Sohn von Ursus vertrieben worden sei, den Bau der Burg konnte er aber nicht verhindern. Waren der Bauvorgang und die damit einhergehende bewusste Schaffung von Raum eine Demonstration herrschaftlicher Verfügungsgewalt, so galt dies in der Regel auch für den Ort des Bauvorhabens. Die Burgen wurden an prominenten Stellen innerhalb des Stadtgebiets errichtet,[105] damit sie von überall gesehen werden konnten. Es sollte kein Zweifel darüber aufkommen, wer oben und wer unten war, wer herrschte und wer beherrscht wurde.

Diese Symbolkraft der Burg erhielt eine ganz neue Dimension im letzten Jahrzehnt von Wilhelms Herrschaft. Während die ersten normannischen Anlagen schnell und vorwiegend aus Holz errichtete Turmhügelburgen (Motten) waren, ließ Wilhelm nun den Bau steinerner Burgen beginnen, wie man sie im Loiretal etwa seit der Jahrtausendwende baute.

Abb. 32 *London, White Tower*

Diese mächtigen Donjons (englisch *keep*) vereinigten unter einem Dach sämtliche Elemente der herrschaftlichen Residenz: Halle, Kapelle und Wohnräume. In England entstanden die ersten dieser Burgen in London und in Colchester.[106] Dreistöckig, an die 30 Meter hoch und auf einer Grundfläche von 36 mal 32,5 Meter (London) bzw. 46 mal 33,5 Meter (Colchester) gebaut, dominierten diese Steinriesen ihre Umgebung. Der Turm von Colchester erstrahlte durch den cremefarbenen Kalkstein, der eigens aus der Gegend von Caen importiert worden war. Seine Außenwände verzierten Schmuckbänder aus römischen Ziegeln. In London hatte man die mächtigen Mauern des White Tower mit Blendarkaden und Pilastern geschmückt. So ausgestattet, erschienen diese Gebäude geradezu wie aus einer anderen Welt. Ihr Herr, der König, und mit ihm die anderen Normannen, so die Botschaft, waren nicht nur militärisch, sondern auf vielen Feldern grundsätzlich den Einheimischen überlegen. Dass der Prachtbau in Colchester an der Stelle des römischen Tempels errichtet wurde, stellte Wilhelm darüber hinaus in die Tradition der großen Herrscher Britanniens;[107] mag sein, dass er sich und seine Herrschaft damit bewusst in Beziehung zum Kaisertum hat setzen wollen. Diese Orte waren nicht mehr gleichzusetzen mit den in Pevensey, Hastings und anderswo hastig aufgeworfenen und primär dem Krieg dienenden Motten der ersten Stunde. Sie waren auf Dauer angelegte Herrschaftszentren, Zentralorte adligen Seins, deren militärisches Erscheinungsbild den passenden Rahmen nicht nur für die Verwaltung des Reichs, sondern für die Entfaltung ritterlicher, höfischer Kultur bot.

Die einzigen Bauten, die es mit den Donjons aufnehmen konnten, ja sie noch übertrafen, waren die neuen Kirchenbauten.[108] Wie die Burgen wurden auch die markanten, unübersehbaren Dom- und Abteikirchen eng mit den Eroberern verknüpft. Wilhelm von Malmesbury assoziierte diese Form kirchlicher Architektur explizit mit den Normannen. Es war eine neue Art des Bauens (*novo edificandi genere*).[109] Analog zu den Burgen konnte diese Architektur auch im geistlichen Bereich bereits an einem Einzelfall in England vor 1066 betrachtet werden. Die an Weihnachten 1065 geweihte Abteikirche von Westminster war, so wieder Wilhelm von Malmesbury, die erste Kirche, die im neuen Stil errichtet worden war.[110] Die Eroberung sorgte dann für dessen flächendeckende Verbreitung. Nach 1066 wurden innerhalb von nur zwei Generationen die Kirchen der Bistümer und der großen Abteien neu errichtet. So wie die neuen Herren vom Kontinent klare Vorstellungen über den rechten Ort eines Bischofssitzes mitbrachten, so prägten ihre kontinentalen Erfahrungshorizonte auch die Gestaltung ihrer Kirchen selbst. Sie standen zum Teil auf angelsächsischen Fundamenten, verzichteten aber gänzlich auf die Integration angelsächsischer Bauteile oberhalb der Grasnarbe.[111] In dieser Hinsicht war der Bruch mit der Vergangenheit vollständig und radikal. Nichts mehr erinnerte an die alten Herren. Sie waren unsichtbar geworden – für den damaligen wie für den heutigen Besucher der Kirchen.

Die Kirchenbauten wurden aber nicht einfach nur als Novität, als modische Entwicklung wahrgenommen, sondern als integraler Bestandteil der kirchlichen Erneuerung Englands begriffen. Lanfranks Erfolg bei der Kirchenreform zeigte sich unter anderem in den neuen

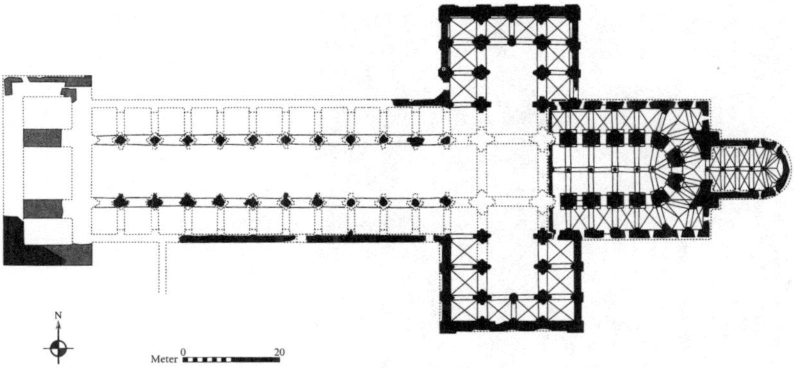

Abb. 33 *Grundriss der Kathedrale von Winchester, Baubeginn 1079, nach* Fernie, *The Architecture of Norman England, S. 119*

Klosterbauten, so Eadmer von Canterbury.[112] Tatsächlich erwies sich Lanfrank auch im Bereich des Kirchenbaus als Schrittmacher. 1070 begann er den Neubau der 1067 bei einem Brand zerstörten Domkirche von Canterbury. Dabei orientierten sich seine Baumeister an Lanfranks vormaliger Kirche, St. Stephan in Caen.[113] Der Neubau wies die Elemente auf, die für die nachfolgenden normannischen Sakralbauten in England typisch wurden: einen kreuzförmigen Grundriss, also einen Langbau, der östlich seiner Mitte durch einen kürzeren Querbau geschnitten wurde; einen über der Kreuzung von Lang- und Querbau errichteten Vierungsturm; eine dreischiffige Basilika, bei der das Mittelschiff die beiden Seitenschiffe überragte; eine Längsgliederung der Schiffe in gleichmäßige Joche; und einen dreigliedrigen Wandaufriss mit dem auf Bodenniveau die Schiffe voneinander trennenden Arkadengang, darüber einer Galerie (Triforium) und ganz oben der Fensterzone des Mittelschiffs, dem sogenannten Obergaden.[114]

So wie im Bereich des Kirchenrechts Lanfranks *Collectio* eine Mustervorlage bildete, so wurde auch sein Neubau von Canterbury beispielgebend. Die Baumeister der benachbarten Abtei von St. Augustinus in Canterbury, der Abteikirche von St. Albans oder der Kathedrale von Lincoln nahmen sich die erzbischöfliche Kirche zum Vorbild.[115] Aber Canterbury wurde keineswegs zum Muster sämtlicher

Abb. 34 *Kathedrale von Durham: Arkadengang, Galerie und Fensterzone*

Kirchenbauten. Schon das Westwerk der Kathedrale von Lincoln fand in Canterbury keine Entsprechung, während die Baumeister in Rochester und Salisbury wesentlich bescheidener planten.[116] Am deutlichsten aber zeigten sich die Unterschiede zu Canterbury beim Neubau der Kathedrale von York. Nachdem sich Erzbischof Thomas einige Jahre mit der nach dem Brand von 1069 notdürftig instand gesetzten Domkirche begnügt hatte, begann er um 1079 mit ihrer Neukonstruktion. Die imposante, einschiffige Kirche unterschied sich so sehr von Canterbury, dass man in ihrer Singularität wohl eine ganz bewusste Abgrenzung erkennen darf. Mit seiner Kirche scheint Thomas den Rangstreit mit Canterbury gleichsam auf architektonischer Ebene fortgeführt zu haben.[117] Ähnlich wie in York war auch in Durham eine gute Dekade später das Rangdenken der Bischöfe wesentlicher Faktor für den Neubau der Kathedrale, die in verschiedenen Aspekten neue

Durham Cathedral and Castle, from a Photograph by Dr Holden.

Abb. 35 *Die Kathedrale von Durham*

Standards setzte. 1093, zwei Jahre nach seiner Rückkehr aus dem normannischen Exil, begann Bischof Wilhelm von St. Calais mit der Konstruktion einer Kirche, die mit den Worten Symeons von Durham «vornehmer und größer» als ihre Vorgängerin sein sollte.[118] Sie setzte mit ihrer qualitativ hochwertigen Ausführung (zum Beispiel was die Passgenauigkeit der Steine betraf), der Nutzung innovativer Bautechniken (Kreuzrippengewölbe) und der Verzierung der Säulen neue Maßstäbe, die bis heute jeden Besucher tief beeindrucken. Die Motivation Wilhelms und seines Nachfolgers Ranulph Flambard, der den Bau fortführte, die dazu notwendigen, großen Investitionen zu tätigen, ist wohl in den Verläufen ihrer politischen Karrieren zu suchen. Beide, Wilhelm und Ranulph, hatten zuvor am königlichen Hof deutlich an Stellenwert eingebüßt. Der Neubau ihrer Kathedrale bot ihnen die Möglichkeit, ihre Ranganspüche monumental zu artikulieren. Der

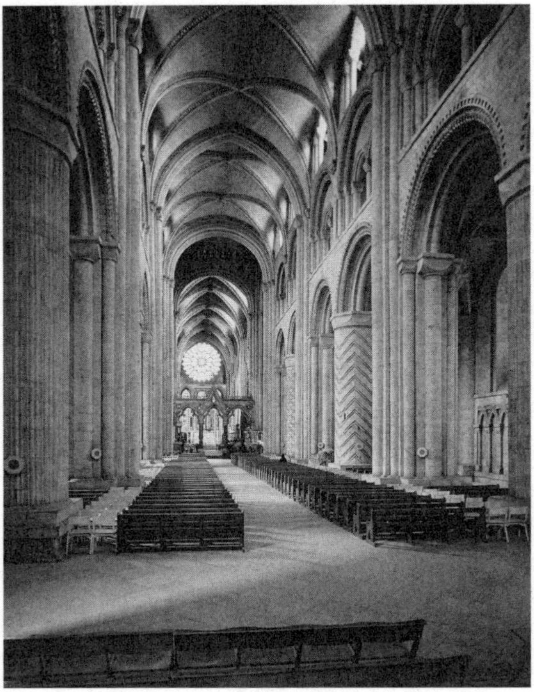

Abb. 36 *Das Hauptschiff der Kathedrale von Durham mit seinen verzierten Säulen*

König und die übrigen Bischöfe, nicht die anglo-skandinavische Bevölkerung Durhams, waren der Adressat ihrer Bautätigkeit.[119]

Unter den Bischofssitzen ging einzig an Exeter der normannische Bauboom lange Zeit vorbei. Die Bischöfe Leofric und Osbern nahmen nicht am Architekturwettbewerb ihrer Kollegen teil und gaben keine ‹Normannisierung› ihrer Kathedrale in Auftrag. Der schon vor 1066 nach England gekommene Normanne Osbern war offensichtlich so sehr akkulturiert, dass er den englischen Stil gegenüber der normannischen Prachtentfaltung bevorzugte. So jedenfalls äußerte sich später Wilhelm von Malmesbury und fügte hinzu, dass Osbern, wie Bischöfe aus alten Zeiten, mit altmodischen Gebäuden zufrieden gewesen sei.[120] Exeter war so für einige Zeit die Ausnahme, welche die Regel bestätigte. Nach Osberns Tod war es aber auch damit vorbei. Sein Nachfolger Wilhelm Warelwast begann 1112 den Bau einer neuen Domkirche im normannischen Stil.[121]

Die neuen Kirchenbauten fielen alleine schon durch ihre schiere

Größe auf. Sie ragten allesamt deutlich höher als ihre angelsächsischen Vorgängerbauten in den Himmel, den sie mit ihren Türmen geradezu anzubohren schienen. Selbst in der Normandie gab es kein kirchliches Gebäude, das es mit den englischen Neubauten aufnehmen konnte. Die größte Anlage entstand ab 1079 in Winchester, die zum Zeitpunkt ihrer Planung mit 157 Metern Länge und 114 Metern Breite den größten Kirchenbau in Europa überhaupt darstellte. Der Petersdom zu Rom und der Speyerer Dom waren zwar etwas breiter, aber deutlich kürzer als Winchester, während das noch größere Cluny erst 1088 begonnen wurde.[122] Die Vorbilder für Winchester sind nicht eindeutig zu bestimmen. Es ist aber gut möglich, dass Bischof Walkelin dabei auch die kaiserlichen Dome von Mainz und insbesondere Speyer im Blick hatte, jedenfalls könnten einige Elemente wie die Größe, die von einer Vielzahl von Türmen geprägte Silhouette oder die weiträumige Krypta vom Speyrer Dom inspiriert gewesen sein.[123] Angesichts der hohen Bedeutung Winchesters für das Königtum ist der Gedanke nicht abwegig, dass der ehemalige königliche Kaplan Walkelin imperialen Ansprüchen seines Königs Ausdruck verleihen wollte. Die Kathedrale fügte sich jedenfalls gut in das Bestreben ein, die Nähe zu kaiserlichen Repräsentationsformen zu suchen, wie sie bereits in Wilhelms Krone, seinem Siegel oder auch in der Burg von Colchester erkennbar wurden.

Symeons von Durham Kommentar zum Neubau der Bischofskirche von Durham macht deutlich, dass die Größe der Kirchen in den Augen der normannischen Betrachter einen wesentlichen Bestandteil ihrer Würde ausmachte.[124] Sie wirkte nach außen, indem sie die benachbarten Gebäude in ihren Schatten stellte und es einem Besucher nicht möglich war, sie in ihren Dimensionen mit einem Blick zu erfassen. Wie sehr die Monumentalität dieser Bauwerke über die Stadtgrenzen hinweg den Horizont dominierten, wird noch heute jedem klar, der sich beispielsweise Durham von weitem nähert – wer nicht so weit reisen möchte, erlebt Ähnliches bei der Anfahrt auf Speyer. Die Größe wirkte aber auch nach innen, indem sie in der Kirche schier endlose Räume schuf, in denen der Einzelne geradezu auf Gottes Führung angewiesen war, um nicht verloren zu gehen. Doch neben Staunen und Bewunderung wurden auch kritische Töne laut, wenn es um die Bewertung der Großbauten ging. Der angelsächsische Bischof von Worcester, Wulfstan, hatte – so geht es aus seiner *Vita* hervor – nichts für solche Architektur übrig. Sie sei eher menschlichem Pomp und der Selbstverherrlichung zuzurechnen als dem Willen und der Gnade Gottes. Er soll geweint haben, als anlässlich des Umzugs in die neue Domkirche von Worcester die alte abgerissen wurde.[125] In einer freier gestalteten Version dieser Geschichte legte Wilhelm von Malmesbury dem Bischof folgende Worte in den Mund: «Wir Unglücklichen zerstören das Werk von Heiligen, um Lob für uns selbst zu erheischen. In den früheren Zeiten waren die Männer unfähig gewesen, pompöse Gebäude zu errichten, sondern hatten sich Gott unter jedwedem Dach hingegeben und ihre Untergebenen ermutigt, ihrem Beispiel zu folgen. Wir hingegen zielen darauf ab, Steine aufzuhäufen und vernachlässigen darüber die Seelen.»[126] Solch zeitlose Gesellschaftskritik kontrastierte in diesem konkreten Fall die angelsächsische mit der normannischen Bauweise und zeigt, dass in der zeitgenössischen Wahrnehmung der neuen Bauwerke der Schritt von würdiger Größe zu schändlichem Größenwahn sehr klein sein konnte.

Wulfstans Trauer über den Abriss der alten Kirche verweist darüber hinaus noch auf einen anderen – im wahrsten Sinne des Wortes – Kontinuitätsbruch, den die normannischen Neubauten bedeuteten. Die Würde der Kirche resultierte für die Angelsachsen ganz maßgeblich aus ihrer Tradition, aus der Fortdauer des Gebäudes, so dass auch Neubauten nach Möglichkeit versuchten, alte Strukturen zu integrieren. Das Bauwerk verband die Kirchengründer mit ihren Nachfolgern. In Worcester war es der heilige Oswald selbst, der, so Wulfstan, die Kirche gebaut hatte.[127] Das rückte, wie Ulrich Fischer zu Recht konstatierte, das Gebäude in die Nähe einer Reliquie, der mit Ehrfurcht zu begegnen war. Wer dies nicht tat, der hatte mit dem Schlimmsten zu rechnen. Dies suggerierte zumindest eine Geschichte, die Mitte des 12. Jahrhunderts im Kloster Abingdon kursierte. Während eines Mittagessens habe der normannische Abt Adelelm den heiligen Æthelwold und dessen Kirchenbau zu Abingdon verspottet und gleich den Abriss des Gebäudes gefordert. Als er sich anschließend auf den Abort begab, habe ihn dort ein schmerzvoller Tod ereilt – ein unwürdiges Ende für ein unwürdiges Verhalten, so die Botschaft.[128] Doch für die Eroberer zählten der Neuaufbruch und die damit verbundene Erneuerung der angelsächsischen Kirche mehr als die Geschichte der alten Gemäuer. Sie mussten diese geradezu ignorieren, mussten neue Grundsteine für eine neue Ära und Traditionsbildung legen. Allerdings wurden nicht alle angelsächsischen Traditionsstränge gekappt, denn die alten Heiligen wurden allmählich in die Neubauten umgebettet.[129] Sie zu vergessen, schien den Eroberern dann doch nicht opportun und angesichts der den Heiligen zugeschriebenen übernatürlichen Kräfte vielleicht auch zu gefährlich.

Wulfstans Fall ist aber weit mehr als ein nostalgischer Abgesang auf die gute alte Zeit, der uns lediglich verstehen lässt, welche Faktoren angelsächsischen Kirchenbauten ihre Würde verliehen. Er ist auch instruktiv für den angelsächsischen Umgang mit dem neuen Baustil, denn Wulfstan wurde nicht gezwungen, seine alte Kirche abzureißen. Nach 1066 hatte er für knapp zwei Jahrzehnte keine Veränderungen an seiner Kirche vorgenommen, 1084 aber begann er aus freien Stücken einen Neubau, der dem normannischen Grundmuster entsprach. Seine politische Anpassungsfähigkeit, die ihm den Verbleib im Amt gesichert hatte, fand in seinen Bauaktivitäten ihre Entsprechung. Für seine Tränen trug er selbst die Verantwortung. Gänzlich geheuchelt werden sie nicht gewesen sein, denn Wulfstans Abkehr vom Alten war nicht radikal. In der reicheren Gestaltung des Innendekors und in der Hierarchisierung des Innenraums, das heißt der starken Abhebung des sakralen Kernbereichs des Ostchors von den übrigen Zonen, wurden Elemente integriert, die auch angelsächsische Kirchen kennzeichneten. Wulfstan und seine Baumeister bahnten damit den Weg für die «Herausbildung einer tatsächlich anglo-normannischen Romanik».[130]

Insgesamt betrachtet, waren also die Bauten der Normandie zwar stilprägend, doch blickten die Baumeister der neuen, auch in der Normandie ihresgleichen suchenden Kirchen sehr bald nach weiteren Inspirationsquellen. Sie fanden sie unter anderem im ostfränkisch-deutschen Reich, aber auch in der angelsächsischen Vergangenheit. So entwickelte sich im Rahmen der normannischen Matrix eine Ausdrucksvielfalt, welche eine Kathedrale als Zeichen imperialen Anspruchs König Wilhelms deuten lässt und andere als Versuch, den Bruch mit der angelsächsischen Tradition nicht allzu hart erscheinen zu lassen. Die neuen Kirchenbauten sprachen, wie Ulrich Fischer ganz zu Recht bemerkte, französisch,[131] aber mit unterschiedlichen Akzenten.

Die Eroberung hören: die Sprache

Das Französische war die Sprache der Eroberer, die Sprache der neuen Herren. Die Folgen von 1066 waren nicht nur unübersehbar, sie waren auch unüberhörbar. Die Sinne der Eroberten wurden nicht subtil, sondern wuchtig mit den veränderten Herrschaftsverhältnissen konfrontiert. Die bisherige Herrschaftssprache, das Altenglische, wurde durch das Französische bzw. Lateinische ersetzt.

Das Altenglische hatte als Schriftsprache bis 1066 einen Verbreitungsgrad erlangt wie kaum eine andere Muttersprache in Europa. Von Gedichten über die Geschichtsschreibung bis hin zu Rechtssammlungen und der königlichen Administration wurden Texte im Altenglischen verfasst.[132] Latein war zwar ebenfalls präsent, aber im Unterschied zum Kontinent dominierte es die Texte nicht. Das änderte sich mit der Eroberung. Latein gewann als Schriftsprache erheblich an Bedeutung und verdrängte das Altenglische zunehmend aus dem Schriftgut. In der königlichen Verwaltung ist der Prozess des Sprachwechsels besonders gut nachvollziehbar. Er war eng verknüpft mit dem Austausch des Personals sowohl auf Seiten der königlichen Kanzlei als auch auf Seiten der Empfänger, das heißt der örtlichen Herrschaftsträger. Bis 1070, dem Ende von Wilhelms Versuch, mit den alten angelsächsischen Eliten zu kooperieren, finden sich Mandate, die sowohl auf Altenglisch als auch auf Latein verfasst wurden. Manche dieser Schriftstücke waren sogar zweisprachig, wobei das Lateinische in der Regel an erster Stelle stand. Nach 1070 aber werden diese Zeugnisse selten. Die königliche Verwaltungssprache war fortan Latein.[133] In der Geschichtsschreibung nahm die Bedeutung des Lateinischen ebenfalls zu, lediglich in Peterborough wurde die Angelsächsische Chronik bis Mitte des 12. Jahrhunderts im alten Idiom fortgeführt (Rezension E). Das war zu diesem Zeitpunkt in jeder Hinsicht exzeptionell, denn auch die englische Sprache veränderte sich im 12. Jahrhundert wesentlich. Das Altenglische wurde in dieser Zeit durch das Mittelenglische abgelöst, was nicht nur in einer anderen Syntax (die heute noch gültige Abfolge von Subjekt-Prädikat-Objekt), sondern auch durch französische Lehnwörter zum Ausdruck kam.[134]

So wie Latein Altenglisch als Schriftsprache des Königtums

ersetzte, verdrängte das normannische Altfranzösisch Altenglisch als Muttersprache der politisch-sozialen Elite und wurde eine wichtige Sprache der Literatur. Vor 1066 war Französisch eine kleine, vergleichsweise unbedeutende Facette der reichen Sprachenlandschaft Großbritanniens gewesen, die neben den verschiedenen englischen Dialekten diverse keltische Sprachformen in Cornwall, Wales, Kumbrien und Schottland sowie das Nordische aufwies.[135] Das Idiom der vor allem unter König Eduard eingewanderten Franzosen brachte zwar Wörter wie *castel* nach England, war aber von keiner größeren gesellschaftlichen Relevanz. Mit dem Austausch der weltlichen wie geistlichen Elite änderte sich das dramatisch. Wer künftig mitreden wollte, der musste Französisch sprechen. Die Sprache wurde ein unmissverständliches Distinktionsmerkmal der neuen Herren. Als Bischof Wulfstan von Worcester 1072 einer Versammlung des Königs und der Großen Englands beiwohnte, benötigte er einen Dolmetscher, um sich verständlich zu machen. Der Nachteil, nur das Englische zu beherrschen und sich damit in den Verhandlungen nicht das notwendige Gehör verschaffen zu können, zumal der Dolmetscher nicht sehr redegewandt gewesen sein soll, wurde in der Heiligengeschichte Wulfstans am Ende gar zu seinem Vorteil gewendet. Denn selbst aus dem unbeholfenen Mund des Dolmetschers entfalteten die Worte des heiligmäßigen Bischofs eine solche Überzeugungskraft, dass der Erzbischof Thomas von York, der Wulfstan zuvor wegen angeblich mangelnder Amtseignung attackiert hatte, ihn bat, doch auch in den Regionen seiner Erzdiözese die Visitationen durchzuführen, in die er, Thomas, sich aus Furcht vor den Menschen respektive aus Unkenntnis der Sprache nicht traute. Anders als der fremde Erzbischof konnte er, Wulfstan, seinem Amt Genüge tun, weil er nicht nur die Sprache Gottes, sondern auch die der Menschen sprach.[136]

In der Geschichte eines anderen angelsächsischen Helden, Hereward, wurde diese Sprachbarriere zwischen den Eroberern und dem einfachen Volk ebenfalls als narratives Element genutzt. Als Bauer verkleidet konnte Hereward den Gesprächen normannischer Ritter unbehelligt beiwohnen, weil jene davon ausgingen, dass er sie nicht verstehen würde.[137] Die soziale Exklusivität des Französischen, seine Verbindung mit Vorrang wurde insbesondere vom König gepflegt. Wilhelm und seine Söhne sprachen französisch und im 12. Jahrhundert sorgten die vom Kontinent kommenden Herrscher Stephan und Heinrich II. für nahtlose Kontinuität. Die Sprache der Könige und ihres Hofs blieb bis weit in das späte Mittelalter hinein Französisch. Der erste englischsprachige Herrscher nach 1066 bestieg in Gestalt Heinrichs IV. 1399 den Thron.[138] Das so von einer vergleichsweise kleinen Gruppe in einem englischsprachigen Umfeld gesprochene Französisch entwickelte besondere sprachliche Eigenheiten, so dass man bereits in der der zweiten Hälfte des 12. Jahrhundert in England der Auffassung war, wer ordentlich Französisch sprechen lernen wolle, müsse nach Paris gehen.[139] Daran hat sich bis heute wenig geändert.

So radikal das Französische das Englische als Sprache der Elite des englischen Königreichs verdrängte, so wenig konnte es das Englische durchgängig ersetzen. Dazu waren die Zahlenverhältnisse zu eindeutig: Den etwa 10 000 französisch sprechenden Neuankömmlingen standen etwa zwei Millionen überwiegend englische Muttersprachler gegenüber. Die erste Generation der Eroberer war wie König Wilhelm selbst noch weitgehend auf Dolmetscher angewiesen, um sich mit den Einheimischen verständigen zu können. Wenn aber im Jahr 1106 fünf königliche Richter französischer Abstammung in York einen Dolmetscher benötigten, um die örtlichen Geschworenen zu verstehen,[140] dann lag das möglicherweise nicht nur an ihren unzureichenden Kenntnissen des örtlichen anglo-skandinavischen Dialekts, sondern auch daran, dass die Sprache der Menschen in Northumbrien, insbesondere in York, derart wirr klang, dass «wir vom Süden sie nicht verstehen können» (Wilhelm von Malmesbury).[141] Bereits die zweite Generation der Eroberer dürfte in der Mehrheit zweisprachig gewesen sein, und in der dritten, spätestens vierten Generation hatte sich das Verhältnis der beiden Sprachen umgekehrt. Englisch war nun in den meisten Fällen die Muttersprache, während Französisch zur Zweitsprache wurde.[142] Wer genau hinhörte, konnte feststellen, dass die Unterschiede zwischen beiden Sprachen sehr viel geringer geworden waren, als dies noch 1066 der Fall gewesen war. Wie ein Schwamm saugte das Englische das französische Vokabular auf, so dass nun eine große, bis dahin unbekannte Vielfalt an Ausdrucksmöglichkeiten zur Verfügung stand. Im 19. Jahrhundert konnte der Verfechter angelsächsischer Größe, Edward August Freeman, darin nichts Gutes sehen. Im Gegenteil, für ihn war «diese dauerhafte Zersetzung unserer Sprache [...] das eine Ergebnis der normannischen Eroberung, das ausschließlich bösartig war».[143] Heute hingegen betrachten wir diese Entwicklung als eine unvergleichliche Bereicherung der englischen Sprache. Ian Short brachte dies auf die griffige Formel, dass Englisch der eigentliche Sieger der Schlacht von Hastings gewesen sei.[144]

Die sprachgeschichtlichen Entwicklungen nach 1066, die Verdrängung des Altenglischen als Sprache der Elite durch das Altfranzösische und Lateinische, das klar hierarchisierte Nebeneinander von Französisch als Sprache der Eroberer und Englisch als Sprache der Eroberten und schließlich die Entwicklung einer neuen, hörbar romanisierten Sprachstufe des Englischen, die zur gemeinsamen Sprache aller wurde, steht stellvertretend für die Auswirkungen von 1066 auf die gesellschaftlichen Verhältnisse in England. Sie verweist zum einen auf die Komplexität der Folgen, die sich vielleicht für einzelne Teilbereiche, nicht aber für das Gesamtbild auf einfache Formeln bringen lassen. Sie unterstreicht zum anderen die spezifische, tiefgreifende und langfristige Wirkung von 1066. Eine neue, wie auch immer geartete Sprachstufe des Englischen hätte sich auch ohne die Ereignisse von 1066 entwickelt, und sehr wahrscheinlich wären die Kirchenreform, das ritterliche Lebensideal, die Romanik usw. ebenfalls ohne Wilhelm nach England gekommen. Sein Sieg bei Hastings aber, seine Eroberung der englischen Krone und des Königreichs gab diesen Entwicklungen ihr normannisches, in manchen Bereichen bis heute Wirkung entfaltendes Gepräge. 1066 wird deshalb auch über die Erinnerungsfeierlichkeiten des Jahres 2016 hinaus eine ungebrochene Faszination auf den Betrachter ausüben.

ABKÜRZUNGSVERZEICHNIS

ASC [Manuskriptsigle]	Angelsächsische Chroniken. Die Angelsächsischen Chroniken werden wie üblich nach ihren einzelnen Handschriften zitiert. Ihre kritische Edition ist Gegenstand eines kollaborativen Unternehmens unter der Direktion von David Dumville und Simon Keynes. Die in diesem Buch benutzten Ausgaben sind: *The Anglo-Saxon Chronicle, a Collaborative Edition*, Bd. 3, MS. A, hg. von Janet BATELY, Cambridge 1986; *The Anglo-Saxon Chronicle, a Collaborative Edition*, Bd. 5: MS. C, hg. von Katherine O'BRIEN O'KEEFFE, Cambridge 2001; *The Anglo-Saxon Chronicle, a Collaborative Edition*, Bd. 6: MS. D, hg. von G. P. CUBBIN, Cambridge 1996; *The Anglo-Saxon Chronicle, a Collaborative Edition*, Bd. 7: MS. E, hg. von Susan IRVINE, Cambridge 2004. Übersetzung: *The Anglo-Saxon Chronicles*, übers. von Michael SWANTON (Exeter Medieval Texts and Studies), London [2]2000.
Carmen	*The Carmen de Hastingae Proelio of Guy, Bishop of Amiens*, hg. und übers. von Frank BARLOW (Oxford Medieval Texts), Oxford 1999.
DB	*Domesday Book*, hg. von John MORRIS und anderen, 40 Bde., Chichester 1974–1986.
Fagrskinna	*Fagrskinna, a Catalogue of the Kings of Norway. A Translation with Introduction and Notes*, hg. von Alison FINLAY (The Northern World 7), Leiden 2004.
Gesta Guillelmi	*The Gesta Guillelmi of William of Poitiers*, hg. und übers. von Ralph H. C. DAVIS / Marjorie

	CHIBNALL (Oxford Medieval Texts), Oxford 1998.
Gesta Normannorum Ducum	*The Gesta Normannorum Ducum of William of Jumièges, Orderic Vitalis, and Robert of Torigny*, hg. und übers. von Elisabeth VAN HOUTS (Oxford Medieval Texts), 2 Bde., Oxford 1992–1995.
Heimskringla	*Heimskringla. History of the Kings of Norway by Snorri Sturluson*, übers. von Lee M. HOLLANDER, Austin ^{2}1967.
John of Worcester	*The Chronicle of John of Worcester*, hg. von Reginald R. DARLINGTON / Patrick MCGURK, übers. von Jennifer BRAY / Patrick MCGURK (Oxford Medieval Texts), bislang 2 Bde. [= Bd. 2 und 3], Oxford 1995–[1998].
Life of King Edward	*The Life of King Edward who Rests at Westminster Attributed to a Monk of Saint-Bertin*, hg. und übers. von Frank BARLOW (Oxford Medieval Texts), Oxford ^{2}1992.
MGH	Monumenta Germaniae Historica
SS [Bd.]	Scriptores, bislang 39 Bde., Hannover 1826–[2009].
SS rer. Germ.	Scriptores rerum Germanicarum in usum scholarum separatim editi, bislang 81 Bde., Hannover 1871–[2016].
Morkinskinna	*Morkinskinna. The Earliest Icelandic Chronicle of the Norwegian Kings (1030–1157)*, übers. von Theodore M. ANDERSSON / Kari Ellen GADE (Islandica 51), Ithaca 2000.
Orderic Vitalis	*The Ecclesiastical History of Orderic Vitalis*, hg. und übers. von Marjorie CHIBNALL, 6 Bde., Oxford 1969–1980.
RI [Bd. in römischen Ziffern]	*Regesta Imperii Online*: http://regesten.regesta-imperii.de/
TB	*The Bayeux Tapestry*, hg. von David M. WILSON, London 1985.
William of Malmesbury, Gesta Regum	*William of Malmesbury, Gesta Regum Anglorum, the History of the English Kings*, hg. und übers. von Roger MYNORS / Rodney THOMSON / Michael WINTERBOTTOM (Oxford Medieval Texts), 2 Bde., Oxford 1998–1999.

ANMERKUNGEN

1 Einleitung

1 Vgl. Klaus OSCHEMA / Cristina ANDENNA / Gert MELVILLE / Jörg PELTZER (Hg.), *Die Performanz der Mächtigen. Rangordnung und Idoneität in höfischen Gesellschaften des späten Mittelalters* (RANK. Politisch-soziale Ordnungen im mittelalterlichen Europa 5), Ostfildern 2015.

2 Vgl. Jörg PELTZER, Introduction, in Jörg PELTZER (Hg.), *Rank and Order. The Formation of Aristocratic Elites in Western and Central Europe, 500–1500* (RANK. Politisch-soziale Ordnungen im mittelalterlichen Europa 4), Ostfildern 2015, S. 13–37. Den Fokus auf die Perspektiven und Rollen der Frauen legt Pauline Stafford in ihren grundlegenden Arbeiten *Queen Emma and Queen Edith. Queenship and Women's Power in Eleventh Century England*, Oxford 1997, und Women and the Norman Conquest, *Transactions of the Royal Historical Society*, 6th ser., 4 (1994), S. 221–249.

3 Siehe dazu Elisabeth VAN HOUTS, The Norman Conquest through European Eyes, *English Historical Review*, 110 (1995), S. 832–853.

4 Annales Altahenses maiores a. 708–1073, hg. von Wilhelm GIESEBRECHT / Edmund VON OEFELE, in MGH SS 20, Hannover 1868, S. 772–824, hier S. 817–818; VAN HOUTS, The Norman Conquest, S. 841. Gemeint ist der Halleysche Komet, der im April 1066 zu sehen war.

5 William of Malmesbury, Gesta Regum, Bd. 1, S. 354–357.

6 Leopold VON RANKE, *Geschichten der romanischen und germanischen Völker von 1494 bis 1514* (Leopold von Ranke's Sämmtliche Werke 33–34), Leipzig 1874, S. vii.

7 Einleitend zur komplexen Überlieferungsgeschichte der Angelsächsischen Chroniken siehe *The Anglo-Saxon Chronicle: A Revised Translation*, hg. und übers. von Dorothy WHITELOCK / David DOUGLAS / Susie TUCKER, London 1961, S. xi–xxiv; *The Anglo-Saxon Chronicles*, übers. von Michael SWANTON (Exeter Medieval Texts and Studies), London ²2000, S. xi–xxxv, und vor allem die Einleitungen zu den einzelnen Bänden der neuen kritischen Edition der ASC.

8 Stephen BAXTER, MS C of the Anglo-Saxon Chronicle and the Politics of Mid-

Eleventh-Century England, *English Historical Review*, 122 (2007), S. 1189–1227, der die Überlegungen zur Verortung der Kompilation von O'Brian O'Keeffe, ASC C, S. lvii–xcii, entscheidend weiterführt.

9 ASC D, S. lii–lxxxi; BAXTER, MS C, S. 1191–1194.

10 ASC E, S. xxxi–lxxxviii.

11 John of Worcester, Bd. 2, S. xvii–xx, lxxix–lxxxi; Reginald DARLINGTON / Patrick McGURK, The «Chronicon ex Chronicis» of «Florence» of Worcester and its Use of Sources for English History before 1066, in R. Allen BROWN (Hg.), *Anglo-Norman Studies V. Proceedings of the Battle Conference 1982*, Woodbridge 1983, S. 185–196.

12 *Encomium Emmae Reginae*, hg. von Alistair CAMPBELL / Simon KEYNES (Camden Classics Reprints 4), Cambridge 1998, S. [xiii]–[xv], [xxxix]–[xli], [lv]–[lxxi].

13 Life of King Edward, S. xviii–lxxviii.

14 Gesta Normannorum Ducum, Bd. 1, S. xxxii–liv.

15 Gesta Guillelmi, S. xv–xxxv.

16 John GILLINGHAM, William the Bastard at War, in Christopher HARPER-BILL / Christopher HOLDSWORTH / Janet NELSON (Hg.), *Studies in Medieval History Presented to R. Allen Brown*, Woodbridge 1989, S. 141–158, hier S. 141.

17 Carmen, S. xxi–liii.

18 Elizabeth PASTAN / Stephen WHITE / Kate GILBERT, *The Bayeux Tapestry and its Contexts*, Woodbridge 2014, S. 1; Michael LEWIS, *The Archaeological Authority of the Bayeux Tapestry* (BAR British Series 404), Oxford 2005, S. 267–350.

19 Shirley Ann BROWN, *The Bayeux Tapestry. Bayeux, Médiathèque Municipale: Ms. 1. A Sourcebook* (Publications of the Journal of Medieval Latin 9), Turnhout 2013; John SZABO / Nicolas KUEFLER (Hg.), *The Bayeux Tapestry: a Critically Annotated Bibliography*, London 2015, verzeichnet sogar knapp 1800 Arbeiten.

20 PASTAN / WHITE / GILBERT, *The Bayeux Tapestry.*

21 Zu den Texten dieser Generation, welche die normannische Version verbreiteten, gehören *The Warenne (Hyde) Chronicle*, hg. von Elisabeth VAN HOUTS / Rosalind LOVE (Oxford Medieval Texts), Oxford 2013; The Brevis Relatio de Guillelmo nobilissimo comite Normannorum, Written by a Monk of Battle Abbey, hg. von Elisabeth VAN HOUTS, *Camden Fifth Series*, 10 (1997) = *Camden Miscellany 34: Chronology, Conquest and Conflict in Medieval England*, S. 1–48.

22 *Eadmeri Historia novorum in Anglia, et opuscula duo de vita sancti Anselmi et quibusdam miraculis eius*, hg. von Martin RULE (Rolls Series 81), London 1884; Jay RUBENSTEIN, Art. «Eadmer of Canterbury (b. c. 1060, d. in or after 1126)», in *Oxford Dictionary of National Biography*: http://www.oxforddnb.com/view/article/8383 (letzter Besuch: 23. Februar 2016).

23 William of Malmesbury, Gesta Regum, Bd. 1, S. 456–461; Bd. 2, S. xxxv–xlvi.

24 *Henry, Archdeacon of Huntingdon, Historia Anglorum*, hg. u. übers. von Diana GREENWAY (Oxford Medieval Texts), Oxford 1996, S. xxiii–lxxvii, 338–341, 384–385.

25 Orderic Vitalis, Bd. 1, S. 1–100.

26 Elisabeth VAN HOUTS, Wace as Historian, in Katherine KEATS-ROHAN (Hg.), *Family Trees and the Roots of Politics. The Prosopography of Britain and France from the Tenth to the Twelfth Century*, Woodbridge 1997, S. 103–132.

27 Franz-Josef SCHMALE, Art. «Adam von Bremen», in *Die deutsche Literatur des Mittelalters. Verfasserlexikon*, Bd. 1, Berlin 1978, Sp. 50–54; *Adam von Bremen, Hamburgische Kirchengeschichte*, hg. von Bernhard SCHMEIDLER (MGH SS rer. Germ. 2), Hannover 1917.

28 Morkinskinna, Fagrskinna, Heimskringla. Zum Epos über König Harald und die Beziehung der drei Sagas zueinander siehe Morkinskinna, S. 25–33, 56–83; Fagrskinna, S. 2–35.

29 Der Wert der Sagas als historische Quelle für frühere Zeiten wird in der Forschung unterschiedlich eingeschätzt. In seiner Zusammenschau von 1988 legt Régis Boyer einige Skepsis an den Tag, Régis BOYER, Les sagas islandaises, in Régis BOYER / Danielle BUSCHINGER / André CRÉPIN / Jean FLORI / Jean-Marcel PAQUETTE / François SUARD / Madeleine TYSSENS / Juan VICTORIO (Hg.), *L'épopée* (Typologie des sources du Moyen Âge occidental 49), Turnhout 1988, S. 173–202, hier S. 195–197; sehr kritisch beurteilt die Sagas in diesem Kontext Shami GHOSH, *Kings' Sagas and Norwegian History: Problems and Perspectives* (Northern World 54), Leiden 2011. In der Besprechung von Ghoshs Buch folgt Sverre Bagge dieser Bewertung nicht. Er schätzt ihren Wert sehr viel höher ein, Sverre BAGGE, Kings' Sagas and Norwegian History (review), *Journal of English and Germanic Philology*, 112 (2013), S. 98–100.

30 Jüngere Überblicksdarstellungen bieten Brian GOLDING, *Conquest and Colonisation. The Normans in Britain, 1066–1100* (British History in Perspective), London [2]2013; Hugh THOMAS, *The Norman Conquest. England after William the Conqueror* (Critical Issues in History), Plymouth 2008; George GARNETT, *The Norman Conquest. A Very Short Introduction*, Oxford 2009; Richard HUSCROFT, *The Norman Conquest. A New Introduction*, London 2009; Mark HAGGER, *William, King and Conqueror*, London 2012; Marc MORRIS, *The Norman Conquest*, London 2012. Die Werke von John GILLINGHAM, *Conquests, Catastrophe and Recovery. Britain and Ireland, 1066–1485*, London 2014, und Nicholas VINCENT, *A Brief History of Britain, 1066–1485. The Birth of the Nation*, London 2011, bieten ausgezeichnete Einstiege in die Thematik und schildern die langfristigen Entwicklungen. Zu den deutschsprachigen Beiträgen in monographischer Form gehören Wilhelm SPATZ, *Die Schlacht von Hastings* (Historische Studien 3), Berlin 1896; Kurt-Ulrich JÄSCHKE, *Wilhelm der Eroberer. Sein doppelter Herrschaftsantritt im Jahre 1066* (Vorträge und Forschungen. Sonderband 24), Sigmaringen 1977; Rüdiger FUCHS, *Das Domesday Book und sein Umfeld. Zur ethnischen und sozialen Aussagekraft einer Landesbeschreibung im England des 11. Jahrhunderts* (Historische Forschungen 13), Stuttgart 1987; Ulrich FISCHER, *Stadtgestalt im Zeichen der Eroberung. Englische Kathedralstädte in frühnormannischer Zeit (1066–1135)* (Städteforschung Reihe A:

Darstellungen 72), Köln 2009; vgl. auch den relevanten Abschnitt in Alheydis PLASSMANN, *Die Normannen. Erobern – Herrschen – Integrieren* (Kohlhammer Urban-Taschenbücher 616), Stuttgart 2008, S. 160–178. An Aufsätzen sollen hier nur zwei Arbeiten angeführt werden, die in ihrer Ausrichtung sehr unterschiedlich sind: Kurt-Ulrich JÄSCHKE, Die normannische ‹Landnahme› auf den Britischen Inseln, in Michael MÜLLER-WILLE / Reinhard SCHNEIDER (Hg.), *Ausgewählte Probleme europäischer Landnahmen des Früh- und Hochmittelalters. Methodische Grundlagendiskussion im Grenzbereich zwischen Archäologie und Geschichte* (Vorträge und Forschungen 41 / 1–2), 2 Bde., Sigmaringen 1993–1994, Bd. 2, S. 213–335; Michael BORGOLTE, Migrationen als transkulturelle Verflechtungen im mittelalterlichen Europa. Ein neuer Pflug für alte Forschungsfelder, *Historische Zeitschrift*, 289 (2009), 261–285, hier S. 277–285.

31 Siehe zum Beispiel David DOUGLAS, *The Norman Conquest and British Historians* (Glasgow University Publications 67), Glasgow 1946; Marjorie CHIBNALL, *The Debate on the Norman Conquest*, Manchester 1999. In Vorbereitung befindet sich eine größere Arbeit von George Garnett über die Geschichte der historiographischen Verarbeitung der normannischen Eroberung zwischen dem 12. und dem 17. Jahrhundert. Aus diesem Themenkomplex stammt seine Studie *John Selden and the Norman Conquest* (Selden Society Lecture Series), London 2013.

32 Edward August FREEMAN, *The History of the Norman Conquest of England. Its Causes and its Results*, 6 Bde., Oxford [2]1870–1879. Zu der kritischen Rezeption seines Werks siehe DOUGLAS, *Norman Conquest*, S. 17–21.

33 Vgl. die Besprechung von GARNETT, *Norman Conquest*, durch Mark Hagger in *English Historical Review*, 126 (2011), S. 401–402, und die Besprechung von Haggers Biographie über Wilhelm durch George GARNETT, Rezension von *Mark Hagger, William, King and Conqueror*: http://www.history.ac.uk/reviews/review/1437 (letzter Besuch: 15. Mai 2014).

34 Siobhan BROWNLIE, *Memory and Myths of the Norman Conquest* (Medievalism 3), Woodbridge 2013, Appendix 1, Tabelle 1. Auf die Frage, ob sie positiv oder negativ gegenüber der Eroberung eingestellt seien, kreuzten sieben Prozent sehr positiv, zwanzig Prozent positiv, 49 Prozent weder positiv noch negativ, fünf Prozent negativ und zwei Prozent sehr negativ an. Bemerkenswert, wenngleich etwas befremdlich, ist, dass unter denjenigen mit einer negativen Einstellung gegenüber der Eroberung vier Prozent nachdrücklich zustimmten, dass diese Einstellung zu ihren aktuellen negativen Gefühlen gegenüber Franzosen beitrage. Weitere 22 Prozent kreuzten auf diese Frage immerhin noch «ich stimme zu» an. Auch auf die Frage, inwieweit sie zustimmten, dass ihre negative Einstellung gegenüber der normannischen Eroberung Auswirkungen auf negative Gefühle gegenüber Ausländern im Vereinigten Königreich habe, gab es doch für knapp ein Fünftel der Befragten einen Zusammenhang: Vier Prozent stimmten nachdrücklich zu, fünfzehn Prozent stimmten zu, ebenda, Tabellen 7, 9, 10.

35 Zu Canossa siehe die beispielhafte Darstellung von Stefan Weinfurter, *Canossa. Die Entzauberung der Welt*, München 2006.

2 Der Preis

1 Die schwankende Intensität des Austauschs zwischen England und dem Kontinent, insbesondere dem ostfränkisch-deutschen Reich betont Andreas Bihrer, *Begegnungen zwischen dem ostfränkisch-deutschen Reich und England (850–1100). Kontakte – Konstellationen – Funktionalisierungen – Wirkungen* (Mittelalter-Forschungen 39), Ostfildern 2012, S. 510.

2 ASC A s. a. 787 [789].

3 ASC EF s. a. 793.

4 Einen konzisen Überblick über die Wikinger bietet Rudolf Simek, *Die Wikinger* (C.H.Beck Wissen 2081), München [6]2016.

5 Richard Abels, *Alfred the Great. War, Kingship and Culture in Anglo-Saxon England* (The Medieval World), London 1998, S. 112–119, 124–168; Peter Saywer, Art. «Danelaw», in *The Oxford Dictionary of the Middle Ages*, 4 Bde., Oxford 2010, Bd. 2, S. 482–483; Katherine Holman, Defining Danelaw, in James Graham-Campbell / Richard Hall / Judith Jesch / David Parsons (Hg.), *Vikings and the Danelaw. Select Papers from the Proceedings of the Thirteenth Viking Congress, Nottingham and York, 21–30 August 1997*, Oxford 2001, S. 1–11.

6 Kelly DeVries, *The Norwegian Invasion of England in 1066*, Woodbridge 2003, S. 14–21.

7 Zur Organisation des Militärs unter Alfred siehe Richard Abels, *Lordship and Military Obligation in Anglo-Saxon England*, Berkeley 1988, S. 58–78.

8 Sarah Foot, The Making of Angelcynn: English Identity before the Norman Conquest, *Transactions of the Royal Historical Society*, 6th ser., (1996), S. 25–49; David Pratt, *The Political Thought of King Alfred the Great* (Cambridge Studies in Medieval Life and Thought), Cambridge 2007, S. 93–111; Simon Keynes, England, 900–1016, in Timothy Reuter (Hg.), *The New Cambridge Medieval History. Vol. 3. c. 900–c. 1024*, Cambridge 1999, S. 456–484, hier S. 459.

9 Siehe dazu George Molyneaux, *The Formation of the English Kingdom in the Tenth Century*, Oxford 2015; Keynes, England.

10 Peter Sawyer, *The Wealth of Anglo-Saxon England. Based on the Ford Lectures delivered in the University of Oxford in Hilary Term 1993*, Oxford 2013, S. 108.

11 Richard Abels, Art. «Thorkell the Tall, Earl of East Anglia (fl. 1009–1023)», in *Oxford Dictionary of National Biography*: http://www.oxforddnb.com/view/article/27403 (letzter Besuch: 29. Januar 2016).

12 Timothy Bolton, *The Empire of Cnut the Great. Conquest and the Consolidation of Power in Northern Europe in the early Eleventh Century* (The Northern World 40), Leiden 2009, S. 155–156.

13 ASC D s. a. 1057.

14 Zu den Ereignissen siehe ASC D s. a. 1016, E s. a. 1015–1016; Ann Williams, *Æthelred the Unready. The Ill-Counselled King*, London 2003, S. 131–150; Bolton, *Empire*, S. 9–10; Stafford, *Queen Emma and Queen Edith*, S. 223–224; Michael Kenneth Lawson, Art. «Edmund II (d. 1016)», in *Oxford Dictionary of National Biography*: http://www.oxforddnb.com/view/article/8502 (letzter Besuch: 30. Januar 2016).

15 Bolton, *Empire*, S. 156.

16 Ebenda, S. 241–275.

17 William of Malmesbury, Gesta Regum, Bd. 1, S. 324–329.

18 Bihrer, *Begegnungen*, S. 234.

19 Eine ausführliche Analyse der Ehe findet sich ebenda, S. 306–309.

20 Stafford, *Queen Emma and Queen Edith*, S. 237–239.

21 Vgl. dazu auch die Beiträge von Søren Sindbaek, Viking Disruptions or Growing Integration? Contextualising Communication Networks in the 10th Century North Sea, S. 19–38, und Hendrik Mäkeler, Die Vernetzung der wikingerzeitlichen Münzprägung im europäischen Raum und deren Bedeutung für die Definition von Herrschaftsräumen, S. 39–53, beide in Sunhild Kleingärtner / Gabriel Zeilinger (Hg.), *Raumbildung durch Netzwerke? Der Ostseeraum zwischen Wikingerzeit und Spätmittelalter aus archäologischer und geschichtswissenschaftlicher Sicht* (Zeitschrift für Archäologie des Mittelalters, Beiheft 23), Bonn 2012.

22 *English Historical Documents, Vol. 1. c. 500–1042*, hg. von Dorothy Whitelock, London 1978, Nr. 230. Nach seiner Weihe zum Erzbischof von Canterbury im Jahr 990 brach Sigeric nach Rom auf, um vom Papst das Pallium zu erbitten, ASC F s. a. 989 [990]. Er mag gleichzeitig als Gesandter Æthelreds gedient haben.

23 ASC E s. a. 997–1002.

24 ASC E s. a. 1002; Stafford, *Queen Emma and Queen Edith*, S. 209, 215–220.

25 Gesta Normannorum Ducum, Bd. 2, S. 10–15; David Crouch, *The Normans. The History of a Dynasty*, London 2002, S. 34.

26 Gesta Normannorum Ducum, Bd. 2, S. 16–19.

27 Stafford, *Queen Emma and Queen Edith*, S. 223.

28 Vgl. Williams, *Æthelred*, S. 111–129.

29 Stafford, *Queen Emma and Queen Edith*, S. 225–226.

30 Ebenda, S. 226–227.

31 Elisabeth van Houts, Historiography and Hagiography at Saint-Wandrille: the *Inventio et Miracula Sancti Vulfranni*, in Marjorie Chibnall (Hg.), *Anglo-Norman Studies XII. Proceedings of the Battle Conference 1989*, Woodbridge 1990, S. 233–251, hier S. 251.

32 Simon Keynes, The Æthelings in Normandy, in Marjorie Chibnall (Hg.), *Anglo-Norman Studies XIII. Proceedings of the Battle Conference 1990*, Woodbridge 1991, S. 173–205.

33 STAFFORD, *Queen Emma and Queen Edith*, S. 239–243.
34 John MADDICOTT, Edward the Confessor's Return to England in 1041, *English Historical Review*, 119 (2004), S. 650–666.
35 ASC CD s. a. 1042; John of Worcester, Bd. 2, S. 532–535. Hardaknut wurde um 1018 geboren.
36 Frank BARLOW, *Edward the Confessor*, London 1970, S. 54–61.
37 Zum Folgenden siehe Chris LEWIS, The French in England before the Norman Conquest, in Christopher HARPER-BILL (Hg.), *Anglo-Norman Studies XVII. Proceedings of the Battle Conference 1994*, Woodbridge 1995, S. 123–144.
38 Ebenda, S. 129.
39 Life of King Edward, S. 20–21.
40 GILLINGHAM, *Conquests*, S. 91–94.
41 ASC DE s. a. 1063; John of Worcester, Bd. 2, S. 596–597.
42 BARLOW, *Edward*, S. 137, 202–203.
43 Life of King Edward, S. 18–19.
44 Ebenda, S. 16–17.
45 Percy Ernst SCHRAMM, Die Krönung bei den Westfranken und Angelsachsen von 878 bis um 1000, *Zeitschrift der Savigny-Stiftung für Rechtsgeschichte. Kanonistische Abteilung*, 23 (1934), S. 117–242, hier S. 174; BARLOW, *Edward*, S. 63.
46 SCHRAMM, Die Krönung, S. 221–230; BARLOW, *Edward*, S. 63.
47 *Historia ecclesie Abbendonensis*, hg. und übers. von John HUDSON (Oxford Medieval Texts), 2 Bde., Oxford 2002–2007, Bd. 1, S. 196–197.
48 Vgl. Michael HARE, Kings, Crowns and Festivals: The Origins of Gloucester as a Royal Ceremonial Centre, *Transactions of the Bristol and Gloucestershire Archaeological Society*, 115 (1997), S. 41–78.
49 Life of King Edward, S. 24–25. Dort findet sich auch der Hinweis auf Ediths Rolle.
50 John MADDICOTT, *The Origins of the English Parliament, 924–1327*, Oxford 2010, S. 44–45.
51 Vita S. Augustini, in *Patrologiae cursus completus. Series latina*, hg. von Jacques Paul MIGNE, 221 Bde., Paris 1844–1865, Bd. 80, Sp. 43–94, 485–520, hier Sp. 51.
52 ASC E s. a. 1041 [1042], 1043 [1044], C s. a. 1044, 1046; BARLOW, *Edward*, S. 139.
53 David GRIFFITHS, Exchange, Trade and Urbanization, in Wendy DAVIES (Hg.), *From the Vikings to the Normans* (The Short Oxford History of the British Isles), Oxford 2003, S. 73–104, hier S. 97–98. Zur Bevölkerungsgröße siehe John MOORE, ‹Quot homines?›: the Population of Domesday England, in Christopher HARPER-BILL (Hg.), *Anglo-Norman Studies XIX. Proceedings of the Battle Conference 1996*, Woodbridge 1997, S. 307–334, hier S. 333–334.
54 Robin FLEMING, Lords and Labor, in DAVIES (Hg.), *From the Vikings to the Normans*, S. 107–137, hier S. 107–112.
55 GRIFFITHS, Exchange, Trade, and Urbanization, S. 97–99. Ich danke meinem Heidelberger Kollegen Frank G. Hirschmann herzlich für seine Einschätzung

der Bevölkerungszahlen von Städten im ostfränkisch-deutschen Reich im 11. Jahrhundert. Er betont ihren hypothetischen Charakter.

56 *Die Gesetze der Angelsachsen*, hg. und übers. von Felix LIEBERMANN, 3 Bde., Halle 1903–1916, Bd. 1, IV Atr 2, S. 232–235; SAWYER, *Wealth*, S. 104–105.

57 Dies, so die Geschichte, war die gerechte Strafe für ihr sündiges Verhalten. Denn auf der Überfahrt nach England waren sie in schweren Seegang geraten und hatten ihr Geld der heiligen Maria versprochen, falls sie die Reise überleben sollten. Nachdem sie aber die Küste heil erreicht hatten, wollten sie sich an ihre Schwüre nicht mehr erinnern, nahmen ihr Geld und setzten es in Wolle um, *Hériman de Tournai, Les miracles de Sainte Marie de Laon*, hg. und übers. von Alain SAINT-DENIS (Sources d'histoire médiévale 36), Paris 2008, S. 164–169.

58 SAWYER, *Wealth*, S. 27–28. Zur Gebühr für den Erhalt eines neuen Münzstempels siehe BARLOW, *Edward*, S. 152.

59 SAYWER, *Wealth*, S. 26–27.

60 *Historia Anglorum*, hg. von GREENWAY, S. 10–11.

61 Martin ALLEN, *Mints and Money in Medieval England*, Cambridge 2012, S. 295–300, 318–319; SAWYER, *Wealth*, S. 27–28, 110, 115–125.

62 BARLOW, *Edward*, S. 155.

63 ASC D s. a. 1052 [1051].

64 BARLOW, *Edward*, S. 106 Anm. 5, S. 155.

65 Ebenda, S. 154.

66 Ebenda, S. 144–145.

67 Ebenda, S. 151.

68 Ebenda, S. 152.

69 Gabriel ZEILINGER, Salische Ressourcen der Macht. Grundherrschaft, Silberbergbau, Münzprägung und Fernhandel, in Bernd SCHNEIDMÜLLER / Stefan WEINFURTER (Hg.), *Salisches Kaisertum und neues Europa. Die Zeit Heinrichs IV. und Heinrichs V.*, Darmstadt 2007, S. 143–160; Benjamin ARNOLD, *Power and Property in Medieval Germany. Economic and Social Change c. 900–1300*, Oxford 2004, S. 75–108.

70 Ann WILLIAMS, *Kingship and Government in Pre-Conquest England, c. 500–1066* (British History in Perspective), Oxford 1999, S. 109–110.

71 Ebenda, S. 110; Ann WILLIAMS, England in the Eleventh Century, in Christopher HARPER-BILL / Elisabeth VAN HOUTS (Hg.), *A Companion to the Anglo-Norman World*, Woodbridge ²2007, S. 1–18, hier S. 15. Zu den Vögten, die unterhalb der Grafschaftsebene königliche Rechte wahrnahmen, siehe James CAMPBELL, Some Agents and Agencies of the late Anglo-Saxon State, in James CAMPBELL, *The Anglo-Saxon State*, London 2010, S. 201–225, insbesondere S. 207–212. Campbells Thesen eines sehr hohen Durchdringungs- und Organisationsgrads königlicher Verwaltung im angelsächsischen England sind in der Forschung nicht unumstritten.

72 WILLIAMS, *Kingship and Government*, S. 88.

73 Ebenda, S. 88–89; Abels, *Lordship*, S. 182–184.
74 Frank Barlow, *The English Church 1000–1066: A History of the later Anglo-Saxon Church*, London ²1979, S. 162–164.
75 Barlow, *Church*, S. 182.
76 Ebenda, S. 97.
77 Ebenda, S. 227–229.
78 Ebenda, S. 324.
79 Ebenda, S. 98.
80 Ebenda, S. 99–115, 320–321.
81 Vgl. die Karten 1–12 in Stephen Baxter, Edward the Confessor and the Succession Question, in Richard Mortimer (Hg.), *Edward the Confessor: The Man and the Legend*, Woodbridge 2009, S. 77–118. Möglicherweise gab es zwischen 1065 und 1066 sieben Earls, ebenda Karte 12.
82 Stephen Baxter, *The Earls of Mercia: Lordship and Power in late Anglo-Saxon England* (Oxford Historical Monographs), Oxford 2007, S. 79–89.
83 Unter König Knuts Herrschaft wurden die Begriffe Earl und Ealdorman fast synonym verwendet, ehe letzterer außer Gebrauch geriet, ebenda, S. 72–73.
84 *Chronicon Abbatiae Ramesiensis a saec. X. usque ad an. circiter 1200*, hg. von William Macray (Rolls Series 83), London 1886, S. 34; Baxter, *Mercia*, S. 71–72.
85 Zur Rolle der Earls als Berater am Hof und als Diplomaten siehe ebenda, S. 74–76.
86 Ebenda, S. 89–97.
87 Ebenda, S. 141–145.
88 Williams, England in the Eleventh Century, S. 14.
89 David Crouch, *The Image of Aristocracy in Britain, 1000–1300*, London 1992, S. 48.
90 Siehe beispielsweise *The Electronic Sawyer. Online Catalogue of Anglo-Saxon Charters*, Nr. 1003: http://www.esawyer.org.uk/charter/1003.html (letzter Besuch: 2. Februar 2016).
91 *Gesetze der Angelsachsen*, hg. von Liebermann, Bd. 1, Rect 1, S. 444.
92 Zu den Zahlen siehe Robin Fleming, *Kings and Lords in Conquest England* (Cambridge Studies in Medieval Life and Thought), Cambridge ³2004, S. 208–209.
93 Nicholas Brooks, Arms, Status, and Warfare in late-Saxon England, in David Hill (Hg.), *Ethelred the Unready: Papers from the Millenary Conference* (BAR British Series 59), Oxford 1978, S. 81–103, hier S. 85–87. Für die Region des Danelag galten allerdings gänzlich andere Bestimmungen.
94 Maddicott, *Parliament*, S. 1–56, für die Regierungszeit Eduards siehe S. 41–56; für das 9. und 10. Jahrhundert siehe nun Levi Roach, *Kingship and Consent in Anglo-Saxon England, 871–978. Assemblies and State in the early Middle Ages* (Cambridge Studies in Medieval Life and Thought), Cambridge 2013.
95 Vgl. John Hudson, *The Oxford History of the Laws of England. Vol. II. 871–1216*, Oxford 2012, S. 208–209.
96 Peter Blair, *An Introduction to Anglo-Saxon England*, Cambridge ³2003, S. 263.

97 Siehe hierzu Patrick WORMALD, *The Making of the English Law: King Alfred to the Twelfth Century. Vol. 1. Legislation and Its Limits*, Oxford 1999, S 391–394; Patrick WORMALD, Art. «Wulfstan (d. 1023)», in *Oxford Dictionary of National Biography*: http://www.oxforddnb.com/view/article/30098 (letzter Besuch: 2. Februar 2016).

98 *Gesetze der Angelsachsen*, hg. von LIEBERMANN, Bd. 1, Norðleod 9–10, S. 460–461.

99 Ebenda, Geþyncðo 2, S. 456–457; Ann WILLIAMS, A Bell-house and a *burh-geat*. Lordly Residences in England before the Norman Conquest, in Robert LIDDIARD (Hg.), *Anglo-Norman Castles*, Woodbridge 2003, S. 23–40.

100 David A. PELTERET, *Slavery in early Medieval England. From the Reign of Alfred until the Twelfth Century* (Studies in Anglo-Saxon History 7), Woodbridge 1995, S. 251–254; GILLINGHAM, *Conquests*, S. 20–23; HUDSON, *Laws of England*, S. 207–208, zur Komplexität der Frage, was Unfreiheit für den Einzelnen jeweils bedeuten konnte.

101 ASC CD, s. a. 1056; John of Worcester, Bd. 2, S. 580–581; ABELS, *Lordship*, S. 180; BARLOW, *Edward*, S. 207.

102 *The Exeter Anthology of Old English Poetry. An Edition of Exeter Dean and Chapter MS 3501*, hg. von Bernard MUIR (Exeter Medieval English Texts and Studies), 2 Bde., Exeter 1994, Bd. 1, Maxim I (b), S. 254–256, V. 83 (verwendete Übersetzung: *The Exeter Book. Part II: Poems IX–XXXII*, hg. von William S. MACKIE, London 1934); Guy HALSALL, Anthropology and the Study of Pre-Conquest Warfare and Society: The Ritual War in Anglo-Saxon England, in Sonia HAWKES (Hg.), *Weapons and Warfare in Anglo-Saxon England* (Oxford University Committee for Archaeology Monographs 22), Oxford 1989, S. 155–177, hier S. 160; John GILLINGHAM, 1066 and the Introduction of Chivalry, in John GILLINGHAM, *The English in the Twelfth Century. Imperialism, National Identity and Political Values*, Woodbridge 2000, S. 209–231; John GILLINGHAM, Thegns and Knights in Eleventh-Century England. Who was then the Gentleman?, in ebenda, S. 163–185, hier S. 177–185.

103 Vgl. Jennie KIFF, Images of War: Illustrations of Warfare in early Eleventh Century England, in R. Allen BROWN (Hg.), *Anglo-Norman Studies VII. Proceedings of the Battle Conference 1984*, Woodbridge 1985, S. 177–194, insbesondere S. 185–188.

104 DEVRIES, *Invasion*, S. 224–228, skizziert die Debatte. Vgl. allgemein Bernard S. BACHRACH, Animals and Warfare in early Medieval Europe, in *L'uomo di fronte al mondo animale nell'alto medioevo* (Settimane di studio del centro italiano di studi sull'alto medioevo 31), 2 Bde., Spoleto 1984, Bd. 1, S. 707–764.

105 Ian PEIRCE, Arms, Armour and Warfare in the Eleventh Century, in R. Allen BROWN (Hg.), *Anglo-Norman Studies X. Proceedings of the Battle Conference 1987*, Woodbridge 1988, S. 237–257, hier S. 250.

106 Ebenda, S. 245.

107 PEIRCE, Arms; KIFF, Images.

108 PEIRCE, Arms, S. 244.

109 Ebenda, S. 241–243.

110 Olivier RENAUDEAU, The Bayeux Tapestry and its Depiction of Costume: The Problems of Interpretation, in Pierre BOUET / Brian LEVY / François NEVEUX (Hg.), *The Bayeux Tapestry: Embroidering the Facts of History. Proceedings of the Cerisy Colloquium 1999*, Caen 2004, S. 237–259, hier S. 245–252.

111 RENAUDEAU, The Bayeux Tapestry, S. 253–254, mit Bezugnahme auf die Abbildungen des Teppichs von Bayeux; BROOKS, Arms, Status and Warfare, S. 94–96; PEIRCE, Arms, S. 238; John FRANCE, The Importance of the Bayeux Tapestry for the History of War, in BOUET / LEVY / NEVEUX (Hg.), *The Bayeux Tapestry*, S. 289–299, hier S. 296; LEWIS, *The Archaeological Authority of the Bayeux Tapestry*, S. 56.

112 Dominic TWEDDLE / Martin BIDDLE / Birthe KJØLBYE-BIDDLE, *South-East England* (Corpus of Anglo-Saxon Sculpture 4), Oxford 1995, S. 314–322; vgl. PEIRCE, Arms, S. 238.

113 Ebenda, S. 240; RENAUDEAU, The Bayeux Tapestry, S. 252.

114 Life of King Edward, S. 34–35.

115 Die Saga selbst ist verloren, aber Heinrich von Huntingdon verarbeitete Teile davon in seiner Chronik.

116 *Henry of Huntingdon*, hg. von GREENWAY, S. 376–379.

117 Ebenda, S. 378–381; Emma MASON, *The House of Godwine: The History of a Dynasty*, London 2004, S. 88–89.

118 So berichtet es John of Worcester, Bd. 2, S. 530–531.

119 *Beowulf and the Fight at Finnsburg*, hg. von Friedrich KLAEBER, Boston [3]1950, S. 55, V. 1455–1461 (benutzte Übersetzung: *Beowulf and the Finnesburg Fragment*, übers. von John Clark HALL / Charles Leslie WRENN, London [4]1954); H. R. Ellis DAVIDSON, *The Sword in Anglo-Saxon England: Its Archaeology and Literature*, Woodbridge [2]1994, S. 129–135.

120 *The Battle of Maldon and Other Old English Poems*, hg. und übers. von Kevin CROSSLEY-HOLLAND / Bruce MITCHELL, London 1965, S. 28–38, hier S. 34–35.

121 Gesta Guillellmi, S. 152–153.

122 Vgl. auch die Zusammenstellung früherer literarischer Quellen bei HALSALL, *Warfare and Society*, S. 160.

123 Michael PRESTWICH, *Armies and Warfare in the Middle Ages. The English Experience*, Yale 1996, S. 60.

124 ABELS, *Lordship*, S. 97–131; Richard ABELS, Bookland and Fyrd Service in late Saxon England, in BROWN (Hg.), *Anglo-Norman Studies VII*, S. 1–25; John GILLINGHAM, The Introduction of Knight Service into England, in GILLINGHAM, *The English*, S. 187–208; BAXTER, *Mercia*, S. 204–215; Stephen BAXTER, The Earls of Mercia and their Commended Men in the Mid Eleventh Century, in John GILLINGHAM (Hg.), *Anglo-Norman Studies XXIII. Proceedings of the Battle Conference 2000*, Woodbridge 2001, S. 23–46.

125 ABELS, *Lordship*, S. 182–184.

126 Nicholas HOOPER, Some Observations on the Navy in late Anglo-Saxon Eng-

land, in HARPER-BILL / HOLDSWORTH / NELSON (Hg.), *Studies in Medieval History*, S. 203–213, hier S. 205.

127 Ebenda, S. 208–212. Die Bereitstellung von Schiffen konnte auch mit Geldzahlungen abgegolten werden. Die Verpflichtung, die Mannschaft zu stellen, blieb aber bestehen.

128 DB 1: Kent, fol. 1a (Dover), 3a (Sandwich), 4c (Romney), 10d (Romney); HOOPER, Some Observations, S. 207.

129 ABELS, *Lordship*, S. 168; HOOPER, Some Observations, S. 206–208.

130 ABELS, *Lordship*, S. 113–114; vgl. *Anglo-Saxon Charters*, hg. von Agnes ROBERTSON, Cambridge [2]1956, Nr. 48.

131 John of Worcester, Bd. 2, S. 532–533.

132 ABELS, *Lordship*, S. 161–170; Nicholas HOOPER, The Housecarls in England in the Eleventh Century, in BROWN (Hg.), *Anglo-Norman Studies VII*, S. 161–176.

3 Harold Godwinson

1 Simon KEYNES, Cnut's Earls, in Alexander RAMBLE (Hg.), *The Reign of Cnut: King of England, Denmark and Norway*, London 1994, S. 43–88, hier S. 70–71.

2 Life of King Edward, S. 10–11.

3 Zur Diskussion des Datums von Godwins Dänemarkreise und seiner Heirat mit Gytha siehe KEYNES, Cnut's Earls, S. 71–73.

4 STAFFORD, *Queen Emma and Queen Edith*, S. 256.

5 FREEMAN, *Norman Conquest*, Bd. 2, S. 552–555. Bei Edith, der späteren Frau König Eduards, herrscht Unsicherheit, ob es sich dabei um ihren Geburtsnamen handelte oder ob sie diesen Namen erst anlässlich ihrer Heirat mit Eduard annahm, vgl. MASON, *House of Godwine*, S. 35; STAFFORD, *Queen Emma and Queen Edith*, S. 257.

6 BAXTER, *Mercia*, S. 67; Ann WILLIAMS, Land and Power in the Eleventh Century: The Estates of Harold Godwineson, in R. Allen BROWN (Hg.), *Proceedings of the Battle Conference on Anglo-Norman Studies III, 1980*, Woodbridge 1981, S. 171–187, 230–234.

7 KEYNES, Cnut's Earls, S. 53, 73; MASON, *House of Godwine*, S. 34.

8 Life of King Edward, S. 10–11.

9 Peter CLARKE, *The English Nobility under Edward the Confessor* (Oxford Historical Monographs), Oxford 1994, S. 25.

10 John of Worcester, Bd. 2, S. 530–531.

11 Life of King Edward, S. 20–21; vgl. Elisabeth TYLER, «When Wings Incarnadine with Gold are spread»: The *Vita Ædwardi regis* and the Display of Treasure at the Court of Edward the Confessor, in Elisabeth TYLER (Hg.), *Treasure in the Medieval West*, York 2000, S. 83–107, hier S. 90–99.

12 Life of King Edward, S. 14–15.

13 John of Worcester, Bd. 2, S. 534–535.
14 Baxter, *Mercia*, S. 67.
15 Barlow, *Edward*, S. 74.
16 Ebenda, S. 89.
17 John of Worcester, Bd. 2, S. 558–559; Baxter, *Mercia*, S. 85.
18 Baxter, Edward the Confessor and the Succession Question, Karte 2; Ann Williams, The King's Nephew: The Family and Career of Ralph, Earl of Hereford, in Harper-Bill / Holdsworth / Nelson (Hg.), *Studies in Medieval History*, S. 327–340, hier S. 330.
19 John of Worcester, Bd. 2, S. 558–559, zählt Huntingdonshire zu Harolds Earldom, Williams, The King's Nephew, S. 330, plädiert für Björn.
20 Stafford, *Queen Emma and Queen Edith*, S. 259.
21 ASC C s. a. 1046.
22 Margaret Ross, Concubinage in Anglo-Saxon England, in David Pelteret (Hg.), *Anglo-Saxon History: Basic Readings* (Basic Readings in Anglo-Saxon England 6), New York 2000, S. 251–287, hier S. 270.
23 Es ist nicht klar, ob er formal exiliert wurde.
24 Barlow, *Edward*, S. 91.
25 ASC D s. a. 1049 [1048]; John of Worcester, Bd. 2, S. 542–545; Barlow, *Edward*, S. 92–93.
26 ASC C s. a. 1049, D s. a. 1050 [1049]; Barlow, *Edward*, S. 99.
27 ASC C s. a. 1049, D s. a. 1050 [1049]; Barlow, *Edward*, S. 100.
28 ASC C s. a. 1049; Barlow, *Edward*, S. 100.
29 ASC C s. a. 1049–1050; vgl. Barlow, *Edward*, S. 103 Anm. 3.
30 Ebenda, S. 103.
31 Life of King Edward, S. 30–31.
32 Ebenda.
33 Ebenda, S. 30–33.
34 Baxter, *Mercia*, S. 139–141.
35 Life of King Edward, S. 32–35.
36 Sie sind zusammengestellt bei Barlow, *Edward*, S. 46.
37 John of Worcester, Bd. 2, S. 530–533.
38 ASC E s. a. 1048 [1051].
39 John of Worcester, Bd. 2, S. 558–559.
40 ASC E s. a. 1048 [1051].
41 ASC D s. a. 1052 [1051], E s. a. 1048 [1051]; John of Worcester, Bd. 2, S. 558–559; Barlow, *Edward*, S. 111.
42 Ebenda, S. 112, 301–306; Kenneth E. Cutler, The Godwinist Hostages: The Case for 1051, *Annuale mediaevale*, 12 (1971), S. 70–77. Mason, *House of Godwine*, S. 76–78, glaubt, dass die Geiselübergabe erst 1052 vereinbart wurde.
43 ASC D s. a. 1052 [1051], E s. a. 1048 [1051]; John of Worcester, Bd. 2, S. 560–561; Barlow, *Edward*, S. 112.

44 ASC D s. a. 1052 [1051], E s. a. 1048 [1051].

45 Life of King Edward, S. 36–37.

46 ASC D s. a. 1052 [1051], E s. a. 1048 [1051]; John of Worcester, Bd. 2, S. 560–563; Barlow, *Edward*, S. 114.

47 Life of King Edward, S. 36–37.

48 Eine umsichtige Erörterung der Situation Ediths bietet Stafford, *Queen Emma and Queen Edith*, S. 262–265.

49 Life of King Edward, S. 40–41.

50 ASC D s. a. 1052 [1051].

51 ASC C s. a. 1052; John of Worcester, Bd. 2, S. 570–571.

52 Siehe dazu die eingehende Diskussion von Klaus Schreiner, *Nudis pedibus*. Barfüßigkeit als religiöses und politisches Ritual, in Gerd Althoff (Hg.), *Formen und Funktionen öffentlicher Kommunikation im Mittelalter* (Vorträge und Forschungen 51), Stuttgart 2001, S. 53–124, hier S. 102–110.

53 Ebenda, S. 103.

54 ASC C s. a. 1052; John of Worcester, Bd. 2, S. 570–571.

55 Levi Roach, Penance, Submission and *deditio*: Religious Influences on Dispute Settlement in later Anglo-Saxon England (871–1066), *Anglo-Saxon England*, 41 (2012), S. 343–371, betont zu Recht, dass die Unterschiede zwischen England und dem Kontinent in dieser Frage gradueller, nicht grundsätzlicher Natur waren.

56 Schreiner, *Nudis pedibus*. Barfüßigkeit als Ritual, S. 111–115.

57 Gesta Normannorum Ducum, Bd. 2, S. 48–51.

58 Zu den Grafschaften Barlow, *Edward*, S. 114–115.

59 ASC CDE s. a. 1052; John of Worcester, Bd. 2, S. 566–569.

60 ASC E s. a. 1052; Barlow, *Edward*, S. 122.

61 ASC CDE s. a. 1052; Barlow, *Edward*, S. 122–123; Mason, *House of Godwine*, S. 70–73.

62 ASC CD s. a. 1052; Life of King Edward, S. 42–43; Barlow, *Edward*, S. 123.

63 Vgl. ebenda, S. 120.

64 ASC CD s. a. 1052.

65 ASC CDE s. a. 1052; Life of King Edward, S. 42–45.

66 ASC CDE s. a. 1052; Life of King Edward, S. 44–45; John of Worcester, Bd. 2, S. 570–571.

67 John of Worcester, Bd. 2, S. 570–571.

68 William of Malmesbury, Gesta Regum, Bd. 1, S. 360–361.

69 ASC C s. a. 1053; John of Worcester, Bd. 2, S. 572–573.

70 Life of King Edward, S. 46–47.

71 ASC CDE s. a. 1053; Life of King Edward, S. 46–47; John of Worcester, Bd. 2, S. 572–573.

72 Ann Williams, Art. «Eadgifu the Fair (fl. 1066)», in *Oxford Dictionary of National Biography*: http://www.oxforddnb.com/view/article/52349 (letzter Besuch: 6. Februar 2016); Mason, *House of Godwine*, S. 138–139. Ihre Partnerschaft wurde

nicht kirchlich geschlossen, so dass sie später in den Augen der Kirchenvertreter als Konkubinat galt.

73 ASC CDE s. a. 1053; Life of King Edward, S. 46–47; John of Worcester, Bd. 2, S. 572–573.

74 ASC E s. a. 1048 [1051].

75 John of Worcester, Bd. 2, S. 582–583.

76 ASC D s. a. 1054; John of Worcester, Bd. 2, S. 574–577.

77 Ihre Ankunft 1057 wird nicht explizit genannt. MASON, *House of Godwine*, S. 93, hält es für möglich, dass sie in Ungarn geblieben waren und erst auf Bitten von Bischof Ealdred, der 1058 über Ungarn ins Heilige Land reiste, nach England kamen. 1066 befanden sie sich jedenfalls in England, ASC DE s. a. 1066; John of Worcester, Bd. 2, S. 606–607.

78 Philip GRIERSON, A Visit of Earl Harold to Flanders in 1056, *English Historical Review*, 51 (1936), S. 90–97.

79 ASC DE s. a. 1057; John of Worcester, Bd. 2, S. 582–583.

80 BARLOW, *Edward*, S. 218.

81 BAXTER, Edward and the Succession Question, S. 98–103.

82 ASC D s. a. 1057.

83 Life of King Edward, S. 48–49.

84 Ebenda, S. 50–51.

85 ASC C s. a. [1055]; John of Worcester, Bd. 2, S. 576–577.

86 ASC C s. a. [1055], DE s. a. 1055.

87 ASC C s. a. [1055], D s. a. 1055; John of Worcester, Bd. 2, S. 576–577. Zum Bündnis zwischen Ælfgar und Gruffydd siehe Kari MAUND, The Welsh Alliances of Earl Ælfgar of Mercia and his Family in the Mid-Eleventh Century, in R. Allen BROWN (Hg.), *Anglo-Norman Studies XI. Proceedings of the Battle Conference 1988*, Woodbridge 1989, S. 181–190.

88 ASC C s. a. [1055], DE s. a. 1055; John of Worcester, Bd. 2, S. 576–579.

89 ASC C s. a. 1055.

90 Ebenda; John of Worcester, Bd. 2, S. 578–579.

91 WILLIAMS, The King's Nephew, S. 338–339; BAXTER, *Mercia*, S. 67.

92 MASON, *The House of Godwine*, S. 90.

93 ASC C s. a. [1056], D s. a. 1056; John of Worcester, Bd. 2, S. 580–581.

94 ASC C s. a. [1056]; John of Worcester, Bd. 2, S. 580–581.

95 ASC D s. a. 1056–1057.

96 ASC D s. a. 1057; Ann WILLIAMS, Art. «Gyrth, Earl of East Anglia (d. 1066)», in *Oxford Dictionary of National Biography*: http://www.oxforddnb.com/view/article/11826 (letzter Besuch: 6. Februar 2016).

97 WILLIAMS, The King's Nephew, S. 338.

98 ASC D s. a. 1058; John of Worcester, Bd. 2, S. 584–585.

99 Zur Eheschließung siehe Orderic Vitalis, Bd. 2, S. 138–139, 216–217; BARLOW, *Edward*, S. 209.

100 ASC D s. a. 1058.

101 *The Annals of Tigernach. The Fourth Fragment, A. D. 973–A. D. 1088*, hg. von Whitley STOKES, *Revue Celtique*, 17 (1886), S. 337–420, hier S. 399.

102 ASC D s. a. 1058; John of Worcester, Bd. 2, S. 584–585; *Annales Cambriae*, hg. von John WILLIAMS (Rolls Series 20), London 1860, S. 25; *Brut y Tywysogion or The Chronicle of the Princes*, hg. von John WILLIAMS (Rolls Series 17), London 1860, S. 44–45; Sten KÖRNER, *Battle of Hastings, England, and Europe 1035–1066*, Lund 1964, S. 151–154; BARLOW, *Edward*, S. 209.

103 ASC D s. a. 1063; John of Worcester, Bd. 2, S. 592–593.

104 ASC DE s. a. 1063; John of Worcester, Bd. 2, S. 592–593, 596–597.

105 ASC DE s. a. 1063; John of Worcester, Bd. 2, S. 596–597.

106 BARLOW, *Edward*, S. 211.

107 Giraldi Cambrensis Itinerarium Kambriae et descriptio Kambriae, in *Giraldi Cambrensis opera*, hg. von John BREWER / James DIMOCK / George WARNER (Rolls Series 21), 8 Bde., London 1861–1891, Bd. 6, S. 155–227, hier S. 217. Zu Harolds walisischen Kampagnen siehe auch Kelly DEVRIES, Harold Godwinson in Wales: Military Legitimacy in late Anglo-Saxon England, in Richard ABELS / Bernard S. BACHRACH (Hg.), *The Normans and their Adversaries at War. Essays in Memory of C. Warren Hollister* (Warfare in History 12), Woodbridge 2001, S. 65–85.

108 John of Worcester, Bd. 2, S. 600–601.

109 Zum Folgenden siehe BAXTER, *Mercia*, S. 128–138, insbesondere die Tabelle auf S. 129. Er diskutiert eingehend die einschlägigen Arbeiten zu diesem Thema: FLEMING, *Kings and Lords*; CLARKE, *Nobility*; John GRASSI, The Lands and Revenues of Edward the Confessor, *English Historical Review*, 117 (2002), S. 251–283. Die Gesamtsummen Baxters weichen insbesondere von den Ergebnissen ab, die FLEMING, *Kings and Lords*, S. 58–63, 225–227, erzielt. Nach Fleming übertrafen die Godwinsons gar den König. Ich folge hier Baxters Ausführungen, dessen methodische Überlegungen zur Berechnung der Summen überzeugen.

110 BAXTER, *Mercia*, S. 129, veranschlagt den Wert der Güter der Godwinsons im Jahr 1066 auf 5 599 Pfund. Zu diesem Zeitpunkt hatte Tostig sein Earldom von Northumbrien bereits an Morkar verloren. Meine Angaben beziehen sich auf die Zeit vor dem Verlust Northumbriens im Jahr 1065. Der Wert des Earldoms ist mit 1000 Pfund veranschlagt, ebenda, S. 138.

111 Inklusive Northumbrien.

112 Ohne Northumbrien. Nachdem Morkar 1065 Earl von Northumbrien wurde, ist der Wert der Güter der Leofwinsons um 1000 Pfund höher anzusetzen.

113 BAXTER, *Mercia*, S. 134–135.

114 FLEMING, *Kings and Lords*, S. 220. Diese Angaben beziehen sich auf die Lage nach dem Wechsel des Earldoms von Northumbrien von Tostig zu Morkar. Die Situation davor war nicht wesentlich anders.

115 BAXTER, *Mercia*, S. 267–268.

116 Vgl. dazu die Aufstellungen bei CLARKE, *Nobility*, S. 164–370.

117 Das exakte Datum der Reise ist unbekannt. Theoretisch käme auch 1065 in Frage, aber 1064 ist sehr viel wahrscheinlicher, vgl. BAXTER, Edward and the Succession Question, S. 106.

4 Wilhelm der Eroberer

1 Elisabeth VAN HOUTS, The Origins of Herleva, Mother of William the Conqueror, *English Historical Review*, 101 (1986), S. 399–404.

2 David DOUGLAS, *William the Conqueror. The Norman Impact upon England*, New Haven [2]1999, S. 379–382; zu Herlevas Vater siehe VAN HOUTS, Origins, S. 404.

3 Gesta Normannorum Ducum, Bd. 1, S. 78–81.

4 CROUCH, *The Normans*, S. 26–27.

5 Vgl. David DOUGLAS, The earliest Norman Counts, *English Historical Review*, 61 (1946), S. 129–156; Pierre BAUDUIN, *La première Normandie (X[e]–XIe siècles). Sur les frontières de la haute Normandie: identité et construction d'une principauté*, Caen [2]2004, S. 20–21.

6 Vgl. zu dieser Entwicklung allgemein Christopher N. L. BROOKE, *The Medieval Idea of Marriage*, Oxford 1989, insbesondere, S. 56–60; David D'AVRAY, *Medieval Marriage. Symbolism and Society*, Oxford [2]2008; James BRUNDAGE, *Law, Sex, and Christian Society in Medieval Europe*, Chicago 1987.

7 Zum Beispiel Gesta Normannorum Ducum, Bd. 1, S. 78–79.

8 Bislang schrieb Michel DE BOÜARD, Note sur l'appellation ‹Guillaume le Conquérant›, in HARPER-BILL / HOLDSWORTH / NELSON (Hg.), *Studies in Medieval History*, S. 21–26, hier S. 21–22, die Ersterwähnung Orderic Vitalis gegen 1110 zu. Frühere Nennungen gibt es aber in den um 1080 fertiggestellten Werken von Marianus Scottus und Adam von Bremen, Mariani Scotti Chronicon a. 1–1082, hg. von Georg WAITZ, in MGH SS 5, Hannover 1844, S. 481–562, hier S. 559; *Adam von Bremen*, hg. von SCHMEIDLER, S. 197. De Boüards Ausführungen zum Beinamen ‹der Eroberer› sind ebenfalls überholt, siehe hierzu Nicholas VINCENT, More Tales of the Conquest, in David CROUCH / Kathleen THOMPSON (Hg.), *Normandy and its Neighbours, 900–1250* (Medieval Texts and Cultures of Northern Europe 14), Turnhout 2011, S. 271–301, hier S. 293–294.

9 Vgl. Eric BOUSMAR / Christophe MASSON / Alain MARCHANDISSE / Bertrand SCHNERB (Hg.), *La bâtardise et l'exercice du pouvoir en Europe du XIIIe au début du XVIe siècle* (Revue du Nord. Collection Histoire 31), Villeneuve d'Ascq 2015; Ellen WIDDER, Konkubinen und Bastarde. Günstlinge oder Außenseiter an Höfen des Spätmittelalters, in Jan HIRSCHBIEGEL / Werner PARAVICINI (Hg.), *Der Fall des Günstlings. Hofparteien in Europa vom 13. bis zum 17. Jahrhundert* (Residenzenforschung 17), Ostfildern 2004, S. 417–480.

10 Gesta Normannorum Ducum, Bd. 2, S. 80–81.

11 Ebenda, S. 80–85.

12 Für einen Überblick der Entwicklungen im westfränkischen Reich siehe Florian MAZEL, *Féodalités, 888–1180* (Histoire de France), Paris 2010, S. 40–48; zur Normandie siehe BAUDUIN, *La première Normandie.*

13 *Recueil des actes de Lothaire et de Louis V, rois de France, (954–987)*, hg. von Louis HALPHEN / Ferdinand LOT (Chartes et diplômes relatifs à l'histoire de France), Paris 1908, Nr. 24; Karl Ferdinand WERNER, Quelques observations au sujet des débuts du «duché» de Normandie, in *Droit privé et institutions régionales. Études historiques offertes à Jean Yver* (Publications de l'Université de Rouen 31), Paris 1976, S. 691–709.

14 BAUDUIN, *La première Normandie*, S. 75–76, 319–320; *Recueil des actes de ducs de Normandie de 911 à 1066*, hg. von Marie FAUROUX (Mémoires de la Société des Antiquaires de Normandie 36), Caen 1961, Nr. 15; David BATES, *Normandy before 1066*, London 1982, S. 25.

15 *Recueil*, hg. von HALPHEN / LOT, Nr. 24 (Richard I.); vgl. *Recueil*, hg. von FAUROUX, Nr. 3 (968, Richard I.), Nr. 15 (1015, Richard II.); WERNER, Quelques observations, S. 699–700; Robert HELMERICHS, *Princeps, Comes, Dux Normannorum*: early Rollonid Designators and their Significance, *Haskins Society Journal*, 9 (1997), S. 57–77, der im Unterschied zu Werner die größere Fluidität und Willkür im Titelgebrauch betont.

16 WERNER, Quelques observations, S. 701–706; HELMERICHS, *Princeps, Comes, Dux Normannorum*: early Rollonid Designators and their Significance.

17 WERNER, Quelques observations, S. 704–706.

18 BATES, *Normandy before 1066*, S. 149.

19 Ebenda, S. 30 ; CROUCH, *The Normans*, S. 21.

20 *Recueil*, hg. von FAUROUX, Nr. 4.

21 BATES, *Normandy before 1066*, S. 30; David SPEAR, *The Personnel of the Norman Cathedrals during the Ducal Period*, 911–1204, London 2006, S. 89–90; Pierre BOUET / Monique DOSDAT, Les évêques normands de 985 à 1150, in Pierre BOUET / François NEVEUX (Hg.), *Les évêques normands au XIe siècle* (Colloque de Cerisy-la-Salle, 30 septembre–3 octobre 1993), Caen 1995, S. 19–35, hier S. 26–27.

22 *Warner of Rouen, Moriuht. A Norman Latin Poem from the early Eleventh Century*, hg. und übers. von Christopher McDONOUGH (Studies and Texts 121), Toronto 1995, Zitat auf S. 90–91.

23 Gesta Normannorum Ducum, Bd. 2, S. 24–25 und Anm. 3 sowie S. 20 Anm. 1.

24 *English Historical Documents, Bd. 1*, hg. von WHITELOCK, Nr. 230.

25 Richer von Saint-Remi, Historiae, hg. von Hartmut HOFFMANN (MGH SS 38), Hannover 2000, S. 307.

26 Zu Dudo siehe *De moribus et actis primorum Normanniae ducum*, hg. von Jules LAIR (Mémoires de la Société des Antiquaires de Normandie 23), Caen 1865; *Dudo of St. Quentin, History of the Normans*, übers. von Eric CHRISTIANSEN,

Woodbridge 1998; Benjamin POHL, *Dudo of Saint-Quentin's Historia Normannorum. Tradition, Innovation and Memory*, Woodbridge 2015, hier insbesondere die prägnante Zusammenfassung auf S. 252–261.

27 *De moribus*, hg. von LAIR, S. 168; *Dudo*, übers. von CHRISTENSEN, S. 48–49.

28 Allod ist hier wohl im Sinne des von jeglichen herrschaftlichen Diensten freien Lands zu verstehen. Allerdings verschliffen sich in der Normandie in den folgenden Jahrzehnten die Unterschiede zwischen den Begriffen Allod und Benefizium (vom Herzog gegen Dienstleistungen gehaltenes Land). Es finden sich zunehmend Fälle von Allodien, die mit Pflichten gegenüber dem Herrscher verbunden waren, BATES, *Normandy before 1066*, S. 123–124.

29 *De moribus*, hg. von LAIR, S. 169; *Dudo*, übers. von CHRISTENSEN, S. 49; vgl. Klaus VAN EICKELS, *Vom inszenierten Konsens zum systematisierten Konflikt. Die englisch-französischen Beziehungen und ihre Wahrnehmung an der Wende vom Hoch- zum Spätmittelalter* (Mittelalter-Forschungen 10), Stuttgart 2002, S. 245–269.

30 POHL, *Dudo*, S. 109–223.

31 Gesta Normannorum Ducum, Bd. 2, S. 81 Anm. 6 mit den Einzelnachweisen.

32 *Adalbéron de Laon, poème au roi Robert*, hg. und übers. von Claude CAROZZI (Les classiques de l'histoire de France au Moyen Âge 32), Paris 1979, insbesondere S. 22–23; vgl. aber dazu die Rezension von Otto Gerhard OEXLE, Adalbero von Laon und sein «Carmen ad Rotbertum regem». Bemerkungen zu einer neuen Edition, *Francia*, 8 (1980), S. 629–638; grundsätzlich zu dieser Thematik Otto Gerhard OEXLE, Deutungsschemata der sozialen Wirklichkeit im frühen und hohen Mittelalter. Ein Beitrag zur Geschichte des Wissens, in František GRAUS (Hg.), *Mentalitäten im Mittelalter. Methodische und inhaltliche Probleme* (Vorträge und Forschungen 35), Sigmaringen 1987, S. 65–117; Otto Gerhard OEXLE, Die funktionale Dreiteilung als Deutungsschema der sozialen Wirklichkeit in der ständischen Gesellschaft des Mittelalters, in Winfried SCHULZE (Hg.), *Ständische Gesellschaft und Mobilität* (Schriften des Historischen Kollegs, Kolloquien 12), München 1988, S. 19–51.

33 Gesta pontificum Cameracensium, hg. von Ludwig BETHMANN, in MGH SS 7, Hannover 1846, S. 402–489, hier S. 485.

34 Vgl. die konzise Darstellung bei Joachim EHLERS, *Die Ritter. Geschichte und Kultur* (C.H.Beck Wissen 2392), München 2006.

35 Dominique BARTHÉLEMY, Qu'est-ce que la chevalerie en France au Xe et XIe siècles ?, *Revue Historique*, 290 (1993), S. 17–74; Dominique BARTHÉLEMY, Note sur l'adoubement dans la France des XIe et XIIe siècles, in Henri DUBOIS / Michel ZINK (Hg.), *Les âges de la vie au Moyen Âge: actes du colloque du Département d'études médiévales de l'université Paris-Sorbonne et de l'université Friedrich-Wilhelm de Bonn, Provins 16–17 mars 1990* (Cultures et civilisations médiévales 7), Paris 1992, S. 107–117.

36 Gesta Guillelmi, S. 6–7. Die Nennung Heinrichs findet sich bei Wilhelm von Malmesbury, Gesta Regum, Bd. 1, S. 426–427.

37 Gesta Guillelmi, S. 6–9.

38 Mazel, *Féodalités*, S. 43, 45.

39 Diese Vorgänge sind von der jüngeren Forschung beispielsweise für die südwestlich an die Normandie angrenzende Grafschaft Maine eingehend untersucht worden, Bruno Lemesle, *La société aristocratique dans le Haut-Maine (XIe–XIIe siècles)*, Rennes 1999; Richard E. Barton, *Lordship in the County of Maine, c. 890–1160*, Woodbridge 2004.

40 Kathleen Thompson, Family and Influence to the South of Normandy in the Eleventh Century: The Lordship of Bellême, *Journal of Medieval History*, 11 (1985), S. 215–226.

41 Vgl. George Garnett, ‹Ducal› Succession in early Normandy, in George Garnett/John Hudson (Hg.), *Law and Government in Medieval England and Normandy. Essays in Honour of Sir James Holt*, Cambridge 1994, S. 80–110.

42 Bauduin, *La première Normandie*, S. 193.

43 *De moribus*, hg. von Lair, S. 297. *Dudo*, übers. von Christensen, S. 171.

44 Bates, *Normandy before 1066*, S. 156.

45 Bauduin, *La première Normandie*, S. 217; David Crouch, *The Beaumont Twins. The Roots and Branches of Power in the Twelfth Century* (Cambridge Studies in Medieval Life and Thought), Cambridge 1986; ein weiteres prominentes Beispiel bietet die Familie der Tosny, Lucien Musset, Aux origines d'une classe dirigeante: les Tosny, *Francia*, 5 (1977), S. 45–80.

46 Vgl. *De moribus*, hg. von Lair, S. 171; *Dudo*, übers. von Christensen, S. 171; Gesta Normannorum Ducum, Bd. 2, S. 80–81.

47 Vgl. Bates, *Normandy before 1066*, S. 63–64; Crouch, *The Normans*, S. 49.

48 Douglas, *William*, S. 37, 40; David Bates, *William the Conqueror*, Stroud ^{3}2004, S. 46; Gesta Normannorum Ducum, Bd. 2, S. 81 Anm. 6. Douglas, *William*, S. 40, vermutet, dass Gilbert den 1040 ermordeten Alan ersetzte. Bates, *William*, S. 46, spricht wohl zu Recht zurückhaltender davon, dass sie zu unterschiedlichen Zeitpunkten ihre Rollen übernahmen.

49 *Raoul Glaber, Les cinq livres de ses histoires (900–1044)*, hg. von Maurice Prou (Collection de textes pour servir à l'étude et à l'enseignement de l'histoire 1), Paris 1886, S. 108.

50 Douglas, *William*, S. 40–41. Zu Mauger siehe nun Richard Allen, Avant Lanfranc. Un réexamen de la carrière de Mauger, archévêque de Rouen (1037–1054/55), in Julia Barrow/Fabrice Delivré/Véronique Gazeau (Hg.), *Autour de Lanfranc (1010–2010). Réforme et réformateurs dans l'Europe du Nord-Ouest (XIe–XIIe siècle)*, Caen 2015, S. 131–151.

51 *Recueil*, hg. von Fauroux, Nr. 97; Kathleen Thompson, The Norman Aristocracy before 1066: the Example of the Montgomerys, *Historical Research*, 60 (1987), S. 251–263, hier S. 257.

52 Gesta Normannorum Ducum, Bd. 2, S. 94–95.

53 Ebenda, S. 92–95.

54 Ebenda, Bd. 2, S. 92–95; THOMPSON, The Norman Aristocracy before 1066, S. 257–258.

55 Gesta Normannorum Ducum, Bd. 2, S. 94–95.

56 Ebenda, S. 92–93.

57 Ebenda (Hugo von Montfort-sur-Risle gegen Walkelin de Ferrières), 96 (Humfredus und sein Sohn Roger von Beaumont gegen die Tosnys); vgl. zum zweiten Konflikt BAUDUIN, *La première Normandie*, S. 332.

58 Zu den folgenden Ereignissen siehe BATES, *Normandy before 1066*, S. 74.

59 Gesta Normannorum Ducum, Bd. 2, S. 100–103.

60 Ebenda.

61 Ebenda, S. 102–103.

62 So sah es zumindest Wilhelm von Jumièges, ebenda, S. 120–121. Wilhelm von Poitiers benennt das herzogliche Amt oder zumindest den größeren Teil des Herzogtums als Ziele Guidos, Gesta Guillelmi, S. 8–9. Vgl. Crouch, *The Normans*, S. 65.

63 Gesta Normannorum Ducum, Bd. 2, S. 120–121; Gesta Guillelmi, S. 8–9.

64 Orderic Vitalis berichtet von Wilhelm Busacs Aggressionen, die der Herzog niederschlug, Gesta Normannorum Ducum, Bd. 2, S. 128–129. DOUGLAS, The earliest Norman Counts, S 154–156, äußerte starke Zweifel an der Historizität des Berichts. Jüngere Arbeiten halten diese Zweifel für unbegründet, Gesta Normannorum Ducum, Bd. 2, S. 128 Anm. 3; CROUCH, The Normans, S. 65.

65 Über die formale Gestaltung der Beziehungen zwischen Heinrich und Wilhelm liegt aus zeitgenössischen Quellen wenig Präzises vor, vgl. BATES, *Normandy before 1066*, S. 60–61. Wilhelm von Jumièges berichtet, dass Wilhelm gezwungen war, Heinrich um Hilfe zu bitten. In Erinnerung an die Unterstützung, die Heinrich einst seitens Herzog Roberts erfahren hatte, habe er nun Wilhelm helfen wollen, Gesta Normannorum Ducum, Bd. 2, S. 120–121. Es lag nicht in Wilhelms von Jumièges Interesse, ein asymmetrisches Verhältnis zwischen Heinrich und Wilhelm zu betonen. In der Darstellung Wilhelms von Poitiers ist Heinrich geradezu auf eine Nebenrolle reduziert, Gesta Guillelmi, S. 8–9. Zu Beginn des 12. Jahrhunderts erzählt Orderic Vitalis, Wilhelm habe sich Heinrich zu Füßen geworfen und ihn um seine Hilfe gebeten, Orderic Vitalis, Bd. 1, S. 158.

66 Gesta Normannorum Ducum, Bd. 2, S. 120–121.

67 Ebenda; Orderic Vitalis, Bd. 4, S. 82–85, 210; Wilhelm von Poitiers erwähnt seine Rückkehr nach Burgund, Gesta Guillelmi, S. 12–13.

68 Er heiratete später die Tochter des Grafen Rainald von Soissons und folgte ihm als Graf von Soissons nach, Gesta Normannorum Ducum, Bd. 2, S. 128 Anm. 3.

69 Ebenda, S. 122–123.

70 Guillaume DE BOÜARD, Sur les origines de la Trêve de Dieu en Normandie, *Annales de Normandie*, 9 (1959), S. 169–189: 1047; Hartmut HOFFMANN, *Gottesfriede und Treuga Dei* (Schriften der MGH 20), Stuttgart 1964, S. 166–167: 1042/43; Do-

minique BARTHÉLEMY, *L'an mil et la paix de Dieu. La France chrétienne et féodale, 980–1060*, Paris 1999, S. 529: mehrere Synoden.

71 Zum Gottesfrieden allgemein siehe Hans-Werner GOETZ, Die Gottesfriedensbewegung im Licht neuerer Forschungen, in Arno BUSCHMANN / Elmar WADLE (Hg.), *Landfrieden. Anspruch und Wirklichkeit* (Rechts- und Staatswissenschaftliche Veröffentlichungen der Görres-Gesellschaft N. F. 98), Paderborn 2002, S. 31–54; BARTHÉLEMY, *L'an mil et la paix de Dieu*; Thomas HEAD / Richard LANDES (Hg.), *The Peace of God. Social Violence and Religious Response in France around the Year 1000*, New York 1992; HOFFMANN, *Gottesfriede*.

72 *Concilia Rotomagensis provinciae*, hg. von Guillaume BESSIN, Rouen 1717, S. 39; unterschiedliche Lesarten bieten BARTHÉLEMY, *L'an mil et la paix de Dieu*, S. 524–530; DE BOÜARD, Les origines; DOUGLAS, *William*, S. 51–52.

73 Gesta Normannorum Ducum, Bd. 2, S. 128–131; Gesta Guillelmi, S. 30–33.

74 Historia dedicationis ecclesiae S. Remigii apud Remos auctore Anselmo eiusdem loci monacho et aequali, in *Patrologiae cursus completus. Series latina*, hg. von MIGNE, Bd. 142, Sp. 1411–1440, hier Sp. 1437; ausführliche Diskussion bei KÖRNER, *Battle of Hastings*, S. 163–189.

75 Gesta Normannorum Ducum, Bd. 2, S. 128–131; Gesta Guillelmi, S. 32–33.

76 *Recueil*, hg. von FAUROUX, Nr. 124, 126.

77 Dazu BATES, *Normandy before 1066*, S. 60.

78 RI III,5,2, Nr. 623, in *Regesta Imperii Online*: http://www.regesta-imperii.de/id/1049-10-03_2_0_3_5_2_295_623 (letzter Besuch: 15. Februar 2016).

79 LEMESLE, *La société*, S. 27–32; Olivier GUILLOT, *Le comte d'Anjou et son entourage au XIe siècle*, 2 Bde., Paris 1972, Bd. 1, S. 75–76.

80 THOMPSON, Family and Influence. Ob Domfront, wie Wilhelm von Poitiers glauben machen will, ebenfalls vom normannischen Herzog gehalten wurde, ist zweifelhaft, Gesta Guillelmi, S. 28–29.

81 Gesta Normannorum Ducum, Bd. 2, S. 122–123; THOMPSON, Family and Influence, S. 221–222; BATES, *William*, S. 57.

82 Gesta Guillelmi, S. 14–15.

83 Ob Wilhelms Kampagne in die Jahre 1048 / 49 oder 1051 / 52 zu datieren ist, ist in der Forschung umstritten. Ich folge hier der Argumentation von BATES, *Normandy before 1066*, S. 255–257, der von zwei Kampagnen ausgeht: eine, die Wilhelm 1048 / 49 im Gefolge Heinrichs I. bestritt, und eine zweite, allein geführte in den Jahren 1051 / 52. Angesichts des dürren Quellenmaterials warnt Bates aber zu Recht: «it would be unwise to make categorical assertions on such flimsy material», ebenda, S. 256.

84 Gesta Normannorum Ducum, Bd. 2, S. 122–125; Gesta Guillelmi, S. 24–25.

85 Zur Genealogie der Montgomerys siehe THOMPSON, The Norman Aristocracy before 1066, S. 259.

86 Gesta Guillelmi, S. 26–27.

87 GILLINGHAM, William the Bastard at War, S. 144–154.

88 Gesta Normannorum Ducum, Bd. 2, S. 124–125.

89 Ebenda.

90 Gesta Guillelmi, S. 28–29.

91 Vgl. GILLINGHAM, William the Bastard at War, S. 151.

92 CROUCH, *The Normans*, S. 69; Eleanor SEARLE, *Predatory Kinship and the Creation of Norman Power, 840–1066*, Berkeley 1988, S. 213–221.

93 Zu Robert Kurzhose und seinen Geschwistern siehe William M. AIRD, *Robert Curthose, Duke of Normandy (c. 1050–1134)*, Woodbridge 2008, S. 26–30.

94 William of Malmesbury, Gesta Regum, Bd. 1, S. 494–495.

95 Zu diesen siehe CROUCH, *The Normans*, S. 64.

96 Gesta Guillelmi, S. 34–35.

97 Gesta Normannorum Ducum, Bd. 2, S. 102–103; Gesta Guillelmi, S. 36–37; DOUGLAS, *William*, S. 65.

98 So jedenfalls die Gesta Guillelmi, S. 36–37.

99 Vgl. hierzu BATES, *William*, S. 60.

100 GUILLOT, *Le comte d'Anjou*, Bd. 1, S. 79.

101 Zum Folgenden siehe Gesta Normannorum Ducum, Bd. 2, S. 104–105; Gesta Guillelmi, S. 38–43.

102 Damit ist wahrscheinlich die Auflösung des *conroi* gemeint, des in Fünfer- bzw. Zehnergruppen organisierten Kampfverbands.

103 Gesta Guillelmi, S. 40–43.

104 Gesta Normannorum Ducum, Bd. 2, S. 104–105.

105 Zum Folgenden ebenda, S. 142–145; Gesta Guillelmi, S. 42–51.

106 Raymonde FOREVILLE, The Synod of the Province of Rouen in the Eleventh and Twelfth Centuries, in Christopher BROOKE / David LUSCOMBE / Geoffrey MARTIN / Dorothy OWEN (Hg.), *Church and Government in the Middle Ages. Essays Presented to C. R. Cheney on his 70th Birthday*, Cambridge 1976, S. 19–39, hier S. 22–24. Ob die Synode 1054 oder 1055 stattfand, ist nicht mit letzter Sicherheit geklärt. Ich folge hier Forevilles Datierung in das Jahr 1054. In der jüngsten Diskussion enthält sich ALLEN, Mauger, S. 145 Anm. 105, einer Entscheidung.

107 Gesta Normannorum Ducum, Bd. 2, S. 142–143.

108 Ebenda, S. 150–151. Wilhelm von Poitiers spricht von der Erniedrigung, die Heinrich durch Wilhelm erlitten hatte, und die ihn mehr als irgendwelche Schäden zum erneuten Feldzug anstachelte, Gesta Guillelmi, S. 54–55.

109 Gesta Normannorum Ducum, Bd. 2, S. 150–153 (Zitat auf S. 152); Gesta Guillelmi, S. 54–57.

110 THOMPSON, Family and Influence, S. 223; BATES, *Normandy before 1066*, S. 80–81.

111 Gesta Normannorum Ducum, Bd. 2, S. 152–153; BAUDUIN, *La première Normandie*, S. 191.

112 Gesta Guillelmi, S. 56–57.

113 Rolf GROSSE, Philipp I. (1060–1108), in Joachim EHLERS / Heribert MÜLLER /

Bernd SCHNEIDMÜLLER (Hg.), *Die französischen Könige des Mittelalters, 888–1498* (Beck'sche Reihe 1723), München [2]2006, S. 102–114, hier S. 104.

114 *Recueil*, hg. von FAUROUX, Nr. 147.

115 ASC D s. a. 1079, erwähnt die Anerkennung Roberts durch Philipp. BATES, *Normandy before 1066*, S. 60, datiert sie auf die Jahre 1060–1063. AIRD, *Robert Curthose*, S. 58, tendiert zu 1066.

116 GUILLOT, *Le comte d'Anjou*, Bd. 1, S. 102–111.

117 Gesta Guillelmi, S. 58–59.

118 LEMESLE, *La société*, S. 32–33; Guillot, *Le comte d'Anjou*, Bd. 1, S. 86–87.

119 Gesta Guillelmi, S. 58–59.

120 Ebenda, S. 58–61.

121 Gesta Normannorum Ducum, Bd. 2, S. 150–151. Der Hauptteil des Abschnitts wurde zwar vor 1060 geschrieben, ebenda, Bd. 1, S. xxxii–xxxiii. Doch so wie Wilhelm von Jumièges später den Satz über die 1063 erfolgte Eroberung Mayennes durch Wilhelm hinzufügte, hätte er auch etwaige Abreden zwischen Herbert und Wilhelm verzeichnen können.

122 Gesta Guillelmi, S. 60–61; LEMESLE, *La société*, S. 22, 34.

123 Gesta Guillelmi, S. 60–63 (Zitat auf S. 62).

124 Orderic Vitalis, Bd. 2, S. 118–119 und Anm. 2, S. 312–313.

125 DOUGLAS, *William*, S. 408–415.

126 Elisabeth VAN HOUTS, Edward and Normandy, in MORTIMER (Hg.), *Edward the Confessor*, S. 63–76.

127 Gesta Normannorum Ducum, Bd. 2, S. 150–151; Gesta Guillelmi, S. 64–69.

128 Wilhelm von Poitiers mag die rechtlichen Gründe für Wilhelms Eroberung konstruiert haben, sein an späterer Stelle erfolgender Bericht über das Eheprojekt ist im Kern aber zutreffend, Gesta Guillelmi, S. 62–65; Orderic Vitalis, Bd. 2, S. 118–119, 304–305; AIRD, *Robert Curthose*, S. 43–44.

129 Orderic Vitalis, Bd. 2, S. 304–305.

130 Ebenda.

131 Auf diesen Aspekt verweist zu Recht LEMESLE, *La société*, S. 34.

132 Für den Fall, dass Orderics Erzählung zutrifft, war Wilhelm auf jeden Fall Herr des Verfahrens. Er vermied jegliche Form öffentlicher Unterordnung gegenüber dem Grafen. Der herzogliche Ort Alençon war als Grenzort für alle Beteiligten annehmbar, allerdings mit einem leichten Heimvorteil für Wilhelm.

133 Orderic Vitalis, Bd. 4, S. 88–89; siehe zu dieser Passage BATES, *Normandy before 1066*, S. 77.

134 BATES, *William*, S. 69–70.

135 TB, Tafel 23.

136 VAN HOUTS, Historiography and Hagiography, S. 251.

137 VAN HOUTS, Edward and Normandy, S. 65–66.

138 Gesta Normannorum Ducum, Bd. 2, S. 76–79; KEYNES, The Æthelings, S. 194.

139 Ebenda, S. 203–204. In einer zwischen 1035 und 1041 durch Wilhelm ausgestell-

ten Bestätigung einer Urkunde Roberts erscheint Eduard ebenfalls mit dem königlichen Titel unter den Zeugen, ebenda, S. 205.

140 Gesta Guillelmi, S. 18–19.

141 Ebenda, S. 18–21.

142 Ebenda, S. 120–121.

143 So schon BARLOW, *Edward*, S. 108.

144 George GARNETT, Coronation and Propaganda. Some Implications of the Norman Claim to the Throne of England in 1066, *Transactions of the Royal Historical Society*, 5th ser., 36 (1986), S. 91–116, hier S. 97.

145 BAXTER, Edward the Confessor and the Succession Question, S. 88.

146 VAN HOUTS, Historiography and Hagiography, S. 249, 251.

147 PASTAN / WHITE / GILBERT, *The Bayeux Tapestry*, S. 210–212.

148 BAXTER, Edward the Confessor and the Succession Question, S. 115–117, mit weiterer Literatur; George GARNETT, *Conquered England: Kingship, Succession, and Tenure, 1066–1166*, Oxford 2007, S. 8–9; GARNETT, ‹Ducal› Succession.

149 ASC C s. a. 1051, E s. a. 1048 [1051].

150 ASC D s. a. 1052 [1051], jüngst diskutiert in BAXTER, Edward the Confessor and the Succession Question, S. 90–95, der sich dafür ausspricht, der Nachricht über Wilhelms Englandreise Glauben zu schenken. Zur ASC D siehe auch Pauline STAFFORD, Archbishop Ealdred and the D Chronicle, in CROUCH / THOMPSON (Hg.), *Normandy and its Neighbours*, S. 135–156. VINCENT, *A Brief History of Britain*, S. 30, stellt gar die Frage, ob der in der Chronik genannte Wilhelm nicht eigentlich Wilhelm von Arques gewesen sein könnte. Dies unterstreicht nur, wie wenig wir tatsächlich wissen.

151 BAXTER, Edward the Confessor and the Succession Question, S. 96–98.

5 Harolds Normandiereise

1 GARNETT, *Norman Conquest*, S. 9.

2 *Eadmeri Historia novorum in Anglia*, hg. von RULE; RUBENSTEIN, «Eadmer of Canterbury (b. c. 1060, d. in or after 1126)».

3 *Eadmeri Historia novorum in Anglia*, hg. von RULE, S. 6–7.

4 Gesta Normannorum Ducum, Bd. 2, S. 160–161; Gesta Guillelmi, S. 68–71; TB, Tafeln 7–10.

5 Gesta Guillelmi, S. 70–71. Zur hohen Bedeutung von Einritten für die Inszenierung herrscherlicher Autorität siehe allgemein Gerrit Jasper SCHENK, *Zeremoniell und Politik. Herrschereinzüge im spätmittelalterlichen Reich* (Forschungen zur Kaiser- und Papstgeschichte des Mittelalters 21), Köln 2003.

6 Vgl. Stefan WEINFURTER, Das Ende Heinrichs IV. und die neue Legitimation des Königtums, in Gerd ALTHOFF (Hg.), *Heinrich IV.* (Vorträge und Forschungen 69), Ostfildern 2009, S. 331–353, hier S. 337–342.

7 Siehe dazu die ausführliche Diskussion bei Pastan / White / Gilbert, *The Bayeux Tapestry*, S. 107–116. Bonneville wird von Wilhelm von Poitiers genannt, Gesta Guillelmi, S. 70–71; Rouen von Orderic Vitalis und weiteren späteren Autoren, für die der Hauptort der Normandie offensichtlich der natürliche Ort war, an dem ein solcher Eid geleistet werden würde, Orderic Vitalis, Bd. 2, S. 124–126; Bayeux findet sich im 12. Jahrhundert bei Wace, *Le Roman de Rou de Wace*, hg. von Anthony J. Holden (Société des anciens textes français), 3 Bde., Paris 1970–1973, Bd. 2, S. 97. Pastan / White / Gilbert, *The Bayeux Tapestry*, S. 107–116, bezweifeln, dass der Teppich von Bayeux die Eidleistung eindeutig in Bayeux situiert.

8 TB, Tafeln 25–26; vgl. Pastan / White / Gilbert, *The Bayeux Tapestry*, S. 224.

9 Gesta Guillelmi, S. 70–71. Wilhelm von Jumièges spricht lediglich davon, dass Harold dem Herzog mit vielen Eiden Treue hinsichtlich der englischen Krone geschworen habe, Gesta Normannorum Ducum, Bd. 2, S. 160–161.

10 Carmen, S. 18–19.

11 *Eadmeri Historia novorum in Anglia*, hg. von Rule, S. 7.

12 Gesta Guillelmi, S. 70–73.

13 TB, Tafel 24.

14 Barthélemy, Chevalerie, S. 48, 52.

15 Vgl. ebenda, S. 52.

16 Gesta Guillelmi, S. 76–77.

17 Gesta Normannorum Ducum, Bd. 2, S. 158–161.

18 Life of King Edward, S. 80–81.

6 Harold, Tostig und der englische Thron

1 Carmen, S. 10–11. Barlow verweist zu Recht darauf, dass die Gleichsetzung von Harold mit Kain vor dem Hintergrund der Lesart der Schlacht von Hastings als Gottesurteil über Harold nicht ganz zutrifft, weil Kain eben gerade nicht von Gott mit dem Tod bestraft wurde, sondern vor dem Tod geschützt wurde. Dass Guido von Amiens hier dennoch Harold als Kain bezeichnet, zeigt, wie eng das Bild des Brudermörders mit der biblischen Geschichte verknüpft war.

2 Life of King Edward, S. xxx–xxxi.

3 Ebenda, S. 48–51.

4 Zu Speyer vgl. Caspar Ehlers, *Metropolis Germaniae. Studien zur Bedeutung Speyers für das Königtum (751–1250)* (Veröffentlichungen des Max-Planck-Instituts für Geschichte 125), Göttingen 1996; Caspar Ehlers / Helmut Flachenecker (Hg.), *Deutsche Königspfalzen. Beiträge zu ihrer historischen und archäologischen Erforschung. Bd. 6. Geistliche Zentralorte zwischen Liturgie, Architektur, Gottes- und Herrscherlob: Limburg und Speyer* (Veröffentlichungen des Max-Planck-Instituts für Geschichte 11 / 6), Göttingen 2005.

5 Life of King Edward, S. 52–53.
6 Ebenda, S. 50–51.
7 Ebenda, S. 58–59.
8 *Historia Anglorum*, hg. von GREENWAY, S. 382–383.
9 Ausführlich behandelt William E. KAPELLE, *The Norman Conquest of the North. The Region and its Transformation, 1000–1135*, London 1979, S. 86–101, Tostigs Zeit als Earl; vgl. dazu aber die Rezension von Robin FLEMING und Warren C. HOLLISTER, *Speculum*, 56 (1981), S. 401–403. Eine jüngere Gesamtdarstellung der Geschichte Northumbriens bietet David ROLLASON, *Northumbria, 500–1100. Creation and Destruction of a Kingdom*, Cambridge 2003.
10 Historia ecclesiae Dunhelmensis, in *Symeonis monachi opera omnia*, hg. von Thomas ARNOLD (Rolls Series 75), 2 Bde., London 1882–1885, Bd. 1, S. 1–169, hier S. 97.
11 ASC D s. a. 1065.
12 ASC C s. a. 1065.
13 Life of King Edward, S. 76–79.
14 Ebenda, S. 78–79.
15 Ebenda.
16 Ebenda, S. 76–77.
17 John of Worcester, Bd. 2, S. 598–599.
18 Ebenda.
19 STAFFORD, *Queen Emma and Queen Edith*, S. 270.
20 Ebenda, S. 270–271.
21 Life of King Edward, S. 54–55.
22 Ebenda, S. 54–57.
23 STAFFORD, *Queen Emma and Queen Edith*, S. 270–271. William Aird hält es für wahrscheinlicher, dass Tostig nicht von Gospatrick dem Jüngeren, sondern von Gospatrick dem Älteren begleitet wurde, William M. AIRD, Art. «Gospatric, Earl of Northumbria (d. 1073x5)», in *Oxford Dictionary of National Biography*: http://www.oxforddnb.com/view/article/11110 (letzter Besuch: 31. März 2016). Das würde diese Interpretation nur stärken.
24 Life of King Edward, S. 76–77.
25 John of Worcester, Bd. 2, S. 596–599.
26 ASC CD s. a. 1065.
27 Ebenda.
28 ASC D s. a. 1065; John of Worcester, Bd. 2, S. 598–599.
29 Life of King Edward, S. 80–81.
30 ASC D s. a. 1065.
31 Life of King Edward, S. 80–81.
32 ASC D s. a. 1065; Life of King Edward, S. 82–83.
33 Ebenda.
34 Vgl. Orderic Vitalis, Bd. 2, S. 138–139.

35 Barlow, *Edward*, S. 229–232, 244–246.
36 Life of King Edward, S. 110–125; eine ausführliche Erzählung bietet Barlow, *Edward*, S. 247–255.
37 ASC CD s. a. 1065.
38 ASC E s. a. 1066.
39 Pastan / White / Gilbert, *The Bayeux Tapestry*, S. 218–223, betonen zu Recht, dass sich die Sterbeszene Eduards auf dem Teppich von Bayeux nicht als eindeutige Designation Harolds interpretieren lässt, TB, Tafel 30.
40 Siehe dazu die umsichtige Diskussion bei Baxter, Edward the Confessor and the Succession Question, S. 115–117; vgl. Garnett, *Norman Conquest*, S. 33–34.
41 Gesta Guillelmi, S. 118–119.
42 Ebenda, S. 140–141.
43 Bezeichnenderweise spielt diese Frage in der Arbeit von Linda Tollerton, *Wills and Will-Making in Anglo-Saxon England*, York 2011, keine Rolle. Ich folge hier in weiten Zügen der Interpretation von Garnett, *Norman Conquest*, S. 33–34. Anders als Garnett halte ich es aber für möglich, dass den *verba novissima* besondere Autorität zukam. Garnetts Einwand, dass selbst wenn dies zugetroffen haben sollte, damit noch lange nicht gesagt sei, dass dies auch für den 1066 erstmalig praktizierten Fall der Bestimmung der Thronfolge zutraf, ist zwar im Grundsatz richtig, doch mag sich die zeitgenössische Wahrnehmung des Akts nicht an solch feinen juristischen Unterscheidungen orientiert haben.
44 ASC DE s. a. 1066; Life of King Edward, S. 116–123; John of Worcester, Bd. 2, S. 598–601.
45 Garnett, *Conquered England*, S. 2.
46 Vincent, *A Brief History of Britain*, S. 42.
47 TB, Tafel 32; vgl. Pastan / White / Gilbert, *The Bayeux Tapestry*, S. 151.
48 ASC CD s. a. 1065.
49 William of Malmesbury, Gesta Regum, Bd. 1, S. 480–481, 570–571.

7 Wilhelms Aufbruch

1 Gesta Guillelmi, S. 100–101, 106–107.
2 Garnett, *Conquered England*, S. 41.
3 Gesta Normannorum Ducum, Bd. 2, S. 158–161.
4 Gesta Guillelmi, S. 100–101.
5 Ebenda.
6 Graham Loud, *The Age of Robert Guiscard: Southern Italy and the Norman Conquest*, Harlow 2000, S. 164.
7 Gesta Guillelmi, S. 104–105.
8 Vita Lanfranci, hg. von Margaret Gibson, in Giulio D'Onofrio (Hg.), *Lanfranco di Pavia e l'Europa del secolo XI. Nel IX centenario della morte (1089–1989). Atti del*

Convegno Internazionale di Studi (Pavia, Almo Collegio Borromeo, 21–24 settembre 1989) (Italia Sacra. Studi e documenti di storia ecclesiastica 51), Rom 1993, S. 659–715, hier S. 678; DOUGLAS, *William*, S. 80.

9 Gesta Guillelmi, S. 104–105.

10 Orderic Vitalis, Bd. 2, S. 142–143.

11 Catherine MORTON, Pope Alexander II and the Norman Conquest, *Latomus*, 34 (1975), S. 362–382, kommt zu dem Schluss, dass das Banner nicht überreicht wurde. Sie kann unter anderem zeigen, dass der oft als Beleg für die Übersendung des Banners zitierte Brief Gregors VII. an Wilhelm lediglich davon spricht, dass sich Gregor alias Hildebrand stark für Wilhelms Sache eingesetzt hatte, nicht aber, dass er damit erfolgreich war.

12 *Councils and Synods with other Documents Relating to the English Church, Vol. I/2. 1066–1204*, hg. von Dorothy WHITELOCK / Martin BRETT / Christopher N. L. BROOKE, Oxford 1981, Nr. 88.

13 Gesta Guillelmi, S. 100–101, 106–107.

14 Vgl. Gesta Guillelmi, S. 106–109.

15 Marjorie CHIBNALL, Military Service in Normandy before 1066, in BROWN (Hg.), *Anglo-Norman Studies V*, S. 65–77, hier S. 73; Elisabeth VAN HOUTS, The Ship List of William the Conqueror, in BROWN (Hg.), *Anglo-Norman Studies X*, S. 159–183, hier S. 171–172.

16 Gesta Guillelmi, S. 102–103.

17 *Councils and Synods, Vol. I/2. 1066–1204*, hg. von WHITELOCK / BRETT / BROOKE, Nr. 88.

18 Gesta Normannorum Ducum, Bd. 2, S. 164–167; Gesta Guilellmi, S. 130–131; Carmen, S. 16–17. Die Teilnahme von Normannen aus Süditalien ist eher unwahrscheinlich, Carmen, S. xxxix. Zur Zusammensetzung von Wilhelms Armee siehe Michael Kenneth LAWSON, *The Battle of Hastings, 1066*, Stroud 2003, S. 173–174; George BEECH, The Participation of Aquitanians in the Norman Conquest, 1066–1100, in R. Allen BROWN (Hg.), *Anglo-Norman Studies IX. Proceedings of the Battle Conference 1986*, Woodbridge 1987, S. 1–24; Katherine KEATS-ROHAN, William I and the Breton Contingent in the non-Norman Conquest, 1060–1087, in CHIBNALL (Hg.), *Anglo-Norman Studies XIII*, S. 157–172.

19 Carmen, S. 8–9, aber vgl. S. 10–11; Gesta Guillelmi, S. 102–103, 116–117; Gesta Normannorum Ducum, Bd. 2, S. 164–165.

20 Carmen, S. 10–13.

21 Stephen MORILLO, *Warfare under the Anglo-Norman Kings, 1066–1135*, Woodbridge 1994, S. 122; R. Allen BROWN, The Battle of Hastings, in BROWN (Hg.), *Anglo-Norman Studies III*, S. 1–12, hier S. 10; Bernard S. BACHRACH, Some Observations on the Military Administration of the Norman Conquest, in R. Allen BROWN (Hg.), *Anglo-Norman Studies VIII. Proceedings of the Battle Conference 1985*, Woodbridge 1986, S. 1–25, hier S. 2–5. LAWSON, *The Battle of Hastings*, S. 186, hält eine Zahl jenseits der 10 000 für möglich.

22 Gesta Guillelmi, S. 124–125.

23 TB, Tafel 67.

24 Orderic Vitalis, Bd. 4, S. 278–279. Zu Odo siehe David Bates, The Character and Career of Odo, Bishop of Bayeux (1049 / 50–1097), *Speculum*, 50 (1975), S. 1–20; zu Gottfried siehe John Le Patourel, Geoffrey of Montbray, Bishop of Coutances, 1049–1093, *English Historical Review*, 59 (1944), S. 129–161; Marjorie Chibnall, La carrière de Geoffroi de Montbray, in Pierre Bouet / François Neveux (Hg.), *Les évêques normands du XI*[e] *siècle. Actes du colloque de Cérisy-la-Salle, 30 septembre–3 octobre 1993*, Caen 1995, S. 279–293.

25 Vgl. die Bemerkungen von Timothy Reuter, *Episcopi cum sua militia:* The Prelate as Warrior in the early Staufen Era, in Timothy Reuter (Hg.), *Warriors and Churchmen in the High Middle Ages. Essays Presented to Karl Leyser*, London 1992, S. 79–94.

26 Giraldi Cambrensis Vita S. Remigii et Vita S. Hugonis, in *Giraldi Cambrensis opera*, hg. Brewer/Dimock/Warner, von Bd. 7, S. 14; van Houts, Ship List, S. 167.

27 Ebenda, S. 176.

28 Carroll M. Gillmor, Naval Logistics of the Cross-Channel Operation, 1066, in Brown (Hg.), *Anglo-Norman Studies VII*, S. 105–131, hier S. 124.

29 Gesta Guillelmi, S. 102–103.

30 Ralph H. C. Davis, The Warhorses of the Normans, in Brown (Hg.), *Anglo-Norman Studies X*, S. 67–81, hier S. 79–80.

31 Darauf wies Bachrach, Some Observations, mit Nachdruck hin. Seine Berechnungen wurden allerdings stark nach unten korrigiert, Davis, Warhorses, S. 80.

32 Gesta Guillelmi, S. 102–105.

33 TB, Tafeln 35–37; vgl. Gesta Guillelmi, S. 102–103.

34 Gillmor, Naval Logistics, S. 109–122.

35 Die Zeugnisse sind zusammengestellt bei van Houts, Ship List, S. 161–163.

36 Ebenda, S. 170, 176.

37 Ebenda, S. 172, 176; TB, Tafel 42.

38 So Elisabeth van Houts, The Echo of the Conquest in the Latin Sources: Duchess Matilda, her Daughters and the Enigma of the Golden Child, in Pierre Bouet / Brian Levy / François Neveux (Hg.), *The Bayeux Tapestry*, S. 135–153.

39 Orderic Vitalis, Bd. 6, S. 296–299.

40 *Wace*, hg. von Holden, Bd. 2, S. 123; van Houts, Ship List, S. 160–164, 170; van Houts, Wace as Historian.

41 *Wace*, hg. von Holden, Bd. 2, S. 123.

42 TB, Tafeln 40–43.

43 Ebenda, Tafeln 37–39.

44 Gesta Guillelmi, S. 102–103.

45 Peirce, Arms, S. 237–240.

46 Ebenda., S. 241–244.

47 Thorsten HUTHWELKER, *Die Darstellung des Rangs in Wappen und Wappenrollen des späten Mittelalters* (RANK. Politisch-soziale Ordnungen im mittelalterlichen Europa 3), Ostfildern 2013, S. 21–22.
48 Zum Beispiel TB, Tafeln 58, 60.
49 PEIRCE, Arms, S. 244–245; EHLERS, *Ritter*, S. 80.
50 PEIRCE, Arms, S. 250.
51 Ebenda, S. 245, 248. Grundlegend zum Gebrauch von Pfeil und Bogen in England im Mittelalter ist Matthew STRICKLAND / Robert HARDY, *From Hastings to the Mary Rose. The Great Warbow*, London 2005, hier insbesondere S. 34–38, 63–68. Sie zeigen, dass die herkömmliche Unterscheidung eines spätmittelalterlichen Langbogens von einem hochmittelalterlichen ‹Kurzbogen› unzutreffend ist. Den ‹Kurzbogen› als eigene, weniger leistungsfähige Waffenkategorie gab es nicht.
52 Carmen, S. 20–21, 24–25; Gesta Guillelmi, S. 126–127; STRICKLAND / HARDY, *From Hastings to the Mary Rose*, S. 62–68; Matthew STRICKLAND, Military Technology and the Conquest: The Anomaly of Anglo-Saxon England, in HARPER-BILL (Hg.), *Anglo-Norman Studies XIX*, S. 353–382, hier S. 355–359.
53 TB, Tafel 60; vgl. STRICKLAND / HARDY, *From Hastings to the Mary Rose*, S. 426 Anm. 129.
54 Gesta Guillelmi, S. 108–109. Es gibt keinen Grund anzunehmen, dass dies reine Rhetorik war, um Wilhelms Leistung zu überhöhen. Die Reisebedingungen mögen sehr wohl schwierig gewesen sein, Christine GRAINGE / Gerald GRAINGE, The Pevensey Expedition: Brilliantly Executed Plan or Near Disaster, in Stephen MORILLO (Hg.), *The Battle of Hastings: Sources and Interpretations*, Woodbridge 1996, S. 130–142.
55 Gesta Guillelmi, S. 108–111.
56 Das ist zumindest das Datum, das Guido von Amiens nennt, Carmen, S. 6–7.
57 Ebenda, S. 6–9.
58 Gesta Guillelmi, S. 110–111; Carmen, S. 8–9; vgl. Jehuda NEUMANN, Hydrographic and Ship-Hydrodynamic Aspects of the Norman Invasion, AD 1066, in BROWN (Hg.), *Anglo-Norman Studies XI*, S. 221–243. Die beiden Erzählungen unterscheiden sich hinsichtlich der Gründe für Wilhelms nächtlichen Aufenthalt auf offener See. Nach Wilhelm von Poitiers fürchtete der Herzog, nicht mehr bei Tageslicht in England anzukommen und so möglichen Gegnern in unbekanntem Gelände ausgeliefert zu sein. Noch in der Nacht habe er die Weiterfahrt begonnen, um im Morgengrauen landen zu können. Nach Guido von Amiens setzte die Nacht schon ein, als sie die offene See erreichten, und Wilhelm wollte das Risiko einer Nachtfahrt vermeiden. Im Morgengrauen habe er dann die Anker zur Weiterfahrt gelichtet.
59 Gesta Guillelmi, S. 112–115.
60 Ebenda, S. 142–143.
61 Ebenda, S. 114–115.

8 Harald Hardrada

1 Sverre BAGGE, *From Viking Stronghold to Christian Kingdom: State Formation in Norway, c. 900–1350*, Kopenhagen 2010, S. 29–31.
2 Heimskringla, S. 577; Morkinskinna, S. 130.
3 H. R. Ellis DAVIDSON, *The Viking Road to Byzantium*, London 1976, S. 177–229; Warren TREADGOLD, *Byzantium and its Army, 284–1081*, Stanford 1995, S. 37, 115–116; Benedikt S. BENEDIKZ, The Evolution of the Varangian Regiment in the Byzantine Army, *Byzantinische Zeitschrift*, 62 (1969), S. 20–24; Hans-Joachim KÜHN, *Die byzantinische Armee im 10. und 11. Jahrhundert. Studien zur Organisation der Tagmata* (Byzantinische Geschichtsschreiber. Ergänzungsband 2), Wien 1991, S. 258–259.
4 Vgl. LOUD, *Robert Guiscard*; Ewan JOHNSON, The Process of Norman Exile into Southern Italy, in Laura NAPRAN / Elisabeth VAN HOUTS (Hg.), *Exile in the Middle Ages. Selected Proceedings from the International Medieval Congress, University of Leeds, 8–11 July 2002* (International Medieval Research 13), Turnhout 2004, S. 29–38, mit weiterführender Literatur.
5 Heimskringla, S. 486.
6 DAVIDSON, *The Viking Road*, S. 210; DEVRIES, *Invasion*, S. 25–28.
7 BAGGE, *Viking Stronghold*, S. 32.
8 DEVRIES, *Invasion*, S. 27–28. Die Indizien dafür sind allerdings schwach.
9 *Vademecum des byzantinischen Aristokraten. Das sogenannte Strategikon des Kekaumenos*, übers. von Hans-Georg BECK (Byzantinische Geschichtsschreiber 5), Graz 1956, S. 140–141; vgl. Kekaumenos, Consilia et Narrationes, hg. und übers. von Charlotte ROUECHÉ, in SAWS Edition: http://www.ancientwisdoms.ac.uk/library/kekaumenos-consilia-et-narrationes/ (letzter Besuch: 24. Februar 2016); DEVRIES, *Invasion*, S. 29–33.
10 Heimskringla, S. 582; Morkinskinna, S. 139–141; Fagrskinna, S. 186.
11 Heimskringla, S. 580; Morkinskinna, S. 134–135; Fagrskinna, S. 183–184.
12 Heimskringla, S. 582–585; Morkinskinna, S. 137–139, 141–144; Fagrskinna, S. 186–187.
13 *Vademecum des byzantinischen Aristokraten*, übers. von BECK, S. 140–141; vgl. Kekaumenos, Consilia et Narrationes, hg. und übers. von ROUECHÉ.
14 *Vademecum des byzantinischen Aristokraten*, übers. von BECK, S. 141.
15 Ebenda, S. 138.
16 Morkinskinna, S. 145–146; DAVIDSON, *The Viking Road*, S. 221–224 (mit genauer Analyse der Geschichte); DEVRIES, *Invasion*, S. 35–36.
17 DAVIDSON, *The Viking Road*, S. 224–226.
18 *Vademecum des byzantinischen Aristokraten*, übers. von BECK, S. 141.
19 DAVIDSON, *The Viking Road*, S. 226–227.
20 DEVRIES, *Invasion*, S. 39.

21 BAGGE, *Viking Stronghold*, S. 32, 34, 38; Inge SKOVGAARD-PETERSEN, The Making of the Danish Kingdom, in Knut HELLE (Hg.), *The Cambridge History of Scandinavia*, Cambridge 2003, S. 168–183, hier S. 178.

22 DEVRIES, *Invasion*, S. 40–42.

23 Heimskringla, S. 594–597; Morkinskinna, S. 154–155; Fagrskinna, S. 195–196.

24 BROOKS, Arms, Status and Warfare, S. 86–87.

25 Jean-Marie MOEGLIN, *L'ordre du renc, où ilz doivent aller l'un après l'autre.* Rang et société de cour en France aux derniers siècles du Moyen âge, in PELTZER (Hg.), *Rank and Order*, S. 171–200, hier S. 166–168; Manfred LUCHTERHANDT, Bilder ohne Worte. Protokoll und höfischer Luxus in den Empfangszeremonien des mittelbyzantinischen Kaiserhofs, in Matthias BECHER / Alheydis PLASSMANN (Hg.), *Streit am Hof im frühen Mittelalter* (Super alta perennis. Studien zur Wirkung der Klassischen Antike 11), Bonn 2011, S. 331–363.

26 Heimskringla, S. 597–599; Morkinskinna, S. 156–157, 165–167; Fagrskinna, S. 197–198.

27 SKOVGAARD-PETERSEN, The Making of the Danish Kingdom, S. 178.

28 Zur Formierung des norwegischen Königreichs siehe ausführlich BAGGE, *Viking Stronghold*, S. 21–67, insbesondere S. 21–40; Sverre BAGGE, Eleventh Century Norway: The Formation of a Kingdom, in Przemysław URBAŃCZYK (Hg.), *The Neighbours of Poland in the 11th Century*, Warschau 2002, S. 29–47; Claus KRAG, The early Unification of Norway, in HELLE (Hg.), *The Cambridge History of Scandinavia*, S. 184–201.

29 BAGGE, *Viking Stronghold*, S. 32; KRAG, Early Unification, S. 198–199.

30 BAGGE, *Viking Stronghold*, S. 25–32.

31 Chronicon Roskildense, in *Scriptores minores historiae Danicae*, hg. von Martinus GERTZ, 2 Bde., Kopenhagen 1917–1918, Bd. 1, S. 3–33, hier S. 22; zur Chronik siehe Michael GELTING, *Chronicon Roskildense*: https://wikihost.uib.no/medieval/index.php?title=Chronicon_Roskildense&oldid=525 (letzter Besuch: 3. März 2016). Für die Überlieferung des Vertrags in den Sagas siehe Morkinskinna, S. 101–102; Fagrskinna, S. 170; Heimskringla, S. 543.

32 Vgl. DEVRIES, *Invasion*, S. 56–66.

33 Ebenda., S. 56–58; vgl. *Adam von Bremen*, hg. von SCHMEIDLER, S. 154.

34 *Saxo Grammaticus, Gesta Danorum, The History of the Danes*, hg. von Karsten FRIIS-JENSEN, übers. von Peter FISHER (Oxford Medieval Texts), 2 Bde., Oxford 2015, Bd. 2, S. 792–793.

35 Heimskringla, S. 605–606; Morkinskinna, S. 194–204; Fagrskinna, S. 204–208.

36 Heimskringla, S. 622–623.

37 Grundsätzlich waren angelsächsische und normannische Könige und Magnaten selbstverständlich in der Lage, mit Pfeil und Bogen umzugehen. Wilhelm von Malmesbury rühmte die Kraft König Wilhelms I., indem er schrieb, dass keiner in der Lage war, Wilhelms Bogen zu spannen, während jener dies im vollen Galopp vollführte, William of Malmesbury, Gesta Regum, Bd. 1, S. 508–509.

38 Heimskringla, S. 625–631; Morkinskinna, S. 227–232; Fagrskinna, S. 210–216; *Saxo Grammaticus*, hg. von Friis-Jensen, übers. von Fisher, Bd. 2, S. 792–797.

39 Morkinskinna, S. 238–239; Fagrskinna, S. 217; Heimskringla, S. 634–636; Skovgaard-Petersen, The Making of the Danish Kingdom, S. 178; DeVries, *Invasion*, S. 66.

40 Morkinskinna, S. 127–128; Fagrskinna, S. 174–175; Heimskringla, S. 575–576.

41 Morkinskinna, S. 262–263; Fagrskinna, S. 219; Heimskringla, S. 644–645. In *Morkinskinna* sichert Harald für den Erfolgsfall Tostig sogar die Herrschaft über England zu. In den etwas später verfassten *Fagrskinna* und *Heimskringla* ist davon allerdings nicht mehr die Rede.

42 Bagge, *Viking Stronghold*, S. 137–165.

43 Siehe oben S. 86–87.

44 Sein Geburtsjahr ist unbekannt. Gemäß der Sagatradition zählte er fünfzehn Jahre, als er 1030 in die Schlacht von Stiklestad zog, Heimskringla, S. 576. 1066 wäre er also 51 Jahre alt gewesen.

45 Morkinskinna, S. 263; Fagrskinna, S. 219–220; Heimskringla, S. 645.

46 Siehe hierzu die Diskussion bei Bagge, *Viking Stronghold*, S. 72–79.

47 Ebenda, S. 75.

48 Ebenda, S. 75–76.

49 Ebenda.

50 Heimskringla, S. 622.

51 Jan Bill, Roskilde 6, in Gareth Williams / Peter Pentz / Matthias Wemhoff (Hg.), *Die Wikinger*, München 2014, S. 228–233.

52 http://www.vikingeskibsmuseet.dk/de/besuch-im-museum/ausstellungen/daueraustellungen/skuldelev-2/(letzter Besuch: 21. Mai 2016).

53 http://www.vikingeskibsmuseet.dk/de/besuch-im-museum/ausstellungen/daueraustellungen/skuldelev-5/ (letzter Besuch: 21. Mai 2016). Gareth Williams, Krieg und Eroberung, in Williams / Pentz / Wemhoff (Hg.), *Die Wikinger*, S. 76–115, hier S. 114.

54 Heimskringla, S. 645. Folgt die Zahlenangabe der altnordischen Zählweise, bedeutet sie 240 statt 200.

55 ASC DE s. a. 1066.

56 John of Worcester, Bd. 2, S. 602–603; DeVries, *Invasion*, S. 202, 241–242.

57 Legt man die Minimalwerte von 200 Schiffen zu 40 Mann zugrunde, ergibt sich eine Truppenstärke von 8000 Mann. In der Forschung werden deutlich höhere Zahlen genannt, vgl. die Angaben bei DeVries, *Invasion*, S. 241–242; Miles W. Campbell, An Inquiry into the Troop Strength of King Harald Hardrada's Invasion Fleet of 1066, *The American Neptune*, 44 (1984), S. 96–102.

58 Morkinskinna, S. 263–264; Fagrskinna, S. 220; Heimskringla, S. 647.

59 ASC A s. a. 893 [892], E s. a. 892.

60 Zu den Amuletten siehe Neil Price, Wikingerkrieger, in Williams / Pentz / Wemhoff (Hg.), *Die Wikinger*, S. 116–117, hier S. 117.

61 Morkinskinna, S. 268; Fagrskinna, S. 224; Heimskringla, S. 651.

62 DeVries, *Invasion*, S. 193–200; Pirkko-Liisa Lehtosalo-Hilander, Weapons and their Use, in Else Roesdahl / David M. Wilson (Hg.), *From Viking to Crusader. The Scandinavians and Europe 800–1200*, Kopenhagen 1992, S. 194–195.

63 DeVries, *Invasion*, S. 197; Lehtosalo-Hilander, Weapons, S. 195.

64 Der gehörnte Helm ist aber keine moderne Erfindung. Auf dem zwischen 800 und 850 angefertigten Oseberg-Teppich findet sich eine männliche Gestalt, die in der linken Hand ein Schwert hält und auf dem Kopf einen Helm mit Hörnern trägt, Jan Bill, Das Oseberg-Schiffsgrab, in Williams / Pentz / Wemhoff (Hg.), *Die Wikinger*, S. 200–201, Abb. 3. Der Teppich stellt eine Prozession dar. Wen die behelmte Figur repräsentiert, ist allerdings unklar. Aufgrund seiner Größe hält es Ruth Melinkoff für möglich, dass damit eine Gottheit oder Halbgottheit abgebildet sein könnte, Ruth Melinkoff, *The Horned Moses in Medieval Art and Thought* (California Studies in the History of Art 14), Berkeley 1970, S. 45. Vgl. auch die Abbildung eines Kriegers mit gehörntem Helm auf einer wahrscheinlich für die Verzierung von Helmen benutzten Matrix, Price, Wikingerkrieger, S. 117 Abb. 2.

65 Morkinskinna, S. 271; Fagrskinna, S. 227; Heimskringla, S. 654 (Zitat nach Morkinskinna).

66 Siehe dazu die 176 Namen umfassende Liste in Hjalmar Falk, *Altnordische Waffenkunde* (Videnskapsselskapet Skrifter, II, Hist.-filos. Klasse 1914, 6), Kristiana 1914, S. 46–64. Eines der bei den späteren englischen Krönungen dem König vorangetragenen Schwerter hieß *Curtana*, *English Coronation Records*, hg. von Leopold G. Wickham Legg, Westminster 1901, S. 57–65.

67 Heimskringla, S. 786–788; Davidson, *Sword*, S. 174–175.

68 DeVries, *Invasion*, S. 194–196; Lehtosalo-Hilander, Weapons, S. 194–195.

69 *Encomium Emmae Reginae*, hg. von Campbell / Keynes, S. 12.

9 Fulford Gate und Stamford Bridge

1 Gillingham, *Conquests*, S. 92.

2 Morkinskinna, S. 264; Fagrskinna, S. 221; Heimskringla, S. 647. Laut *Heimskringla* ließ Harald auf den Orkneys seine Frau Ellisif und seine Töchter Maria und Ingigerd zurück. In den beiden anderen Sagas ist nur von seiner Frau und seiner Tochter Maria die Rede.

3 DeVries, *Invasion*, S. 242, mit der Zusammenstellung der Quellenstellen.

4 ASC CDE s. a. 1066; John of Worcester, Bd. 2, S. 600–603; DeVries, *Invasion*, S. 243–244.

5 *Geffrei Gaimar, Estoire des Engleis / History of the English*, hg. und übers. von Ian Short, Oxford 2009, S. 280–281, V. 5164–5168.

6 Orderic Vitalis, Bd. 2, S. 138–145.

7 Zur Erörterung der verschiedenen Möglichkeiten siehe DeVries, *Invasion*, S. 230–241, der allerdings die Erzählstrategien der Chroniken und Sagas nicht näher berücksichtigt.
8 Zu Erik und Siward siehe Keynes, Cnut's Earls, S. 57–58, 65–66.
9 ASC C s. a. 1066.
10 Baxter, *Mercia*, S. 267–268.
11 Orderic Vitalis, Bd. 2, S. 258–259; Baxter, *Mercia*, S. 278–280.
12 Morkinskinna, S. 265; Fagrskinna, S. 221–222; Heimskringla, S. 647–649; DeVries, *Invasion*, S. 252–253.
13 Morkinskinna, S. 265; Fagrskinna, S. 221–222; Heimskringla, S. 647–649; ASC C s. a. 1066; John of Worcester, Bd. 2, S. 602–603; DeVries, *Invasion*, S. 252–254. Allerdings ist keine genaue Rekonstruktion der Ereignisfolge möglich.
14 ASC C s. a. 1066.
15 Ebenda.
16 Morkinskinna, S. 265; Fagrskinna, S. 222; Heimskringla, S. 649.
17 ASC CDE s. a. 1066; Morkinskinna, S. 265; Fagrskinna, S. 222; Heimskringla, S. 649; DeVries, *Invasion*, S. 257–258. Die Sagas berichten, dass Morkar gefallen sei. Er und sein Bruder überlebten aber die Schlacht von Fulford Gate.
18 ASC C s.a. 1066. Die Mitteilung von Johann von Worcester, dass beide Seiten 150 Geiseln stellten, ist unglaubwürdig, John of Worcester, Bd. 2, S. 602–603. Nur bei symmetrischen Machtverhältnissen war es üblich, dass beide Seiten gleich viele Geiseln stellten. In York aber waren die Verhältnisse stark asymmetrisch.
19 Morkinskinna, S. 267; Fagrskinna, S. 223; Heimskringla, S. 650–651.
20 ASC C s. a. 1066.
21 ASC CDE s. a. 1066.
22 Morkinskinna, S. 267, spricht explizit von Verrat; Fagrskinna, S. 223; Heimskringla, S. 651.
23 Orderic Vitalis, Bd. 2, S. 168–169.
24 ASC D s. a. 1066.
25 Zum Beispiel Heimskringla, S. 654–655.
26 Zu England siehe Gillingham, Thegns and Knights; Gillingham, 1066 and the Introduction of Chivalry.
27 DeVries, *Invasion*, S. 276–296, ist sich der Problematik der Unvereinbarkeit der erzählenden Quellen zwar bewusst, versucht aber dennoch, aus ihnen eine Handlungsfolge zu konstruieren. So entsteht eine dritte Narration der Schlacht von Stamford Bridge, die spannend zu lesen ist und ihren mittelalterlichen Vorbildern zweifellos zur Ehre gereicht, aber dennoch ihr Ziel, den Schlachtenverlauf möglichst genau zu rekonstruieren, nicht erreichen kann.
28 Johannes Fried, *Der Schleier der Erinnerung. Grundzüge einer historischen Memorik* (Beck'sche Reihe 6022), München [2]2012.
29 ASC CDE, s. a. 1066; John of Worcester, Bd. 2, S. 602–605.

30 William of Malmesbury, Gesta Regum, Bd. 1, S. 420–421.
31 ASC C s. a. 1066 (Zusatz des 12. Jahrhunderts); *Historia Anglorum*, hg. von Greenway, S. 386–389.
32 Der Versuch von DeVries, *Invasion*, S. 273–276, die Theorie von der Verarbeitung anderer Schlachten, insbesondere Hastings, in den Erzählungen über Stamford Bridge zu entkräften, vermag nicht zu überzeugen.
33 Bruce Gelsinger, The Battle of Stamford Bridge and the Battle of Jaffa: A Case of Confused Identity?, *Scandinavian Studies*, 60 (1988), S. 13–29; Shaun Hughes, The Battle of Stamford Bridge and the Battle of Bouvines, *Scandinavian Studies*, 60 (1988), S. 30–76, der mit guten Gründen Gelsingers These vom Einfluss der Schlacht von Jaffa auf die nordischen Erzählungen von Stamford Bridge zurückweist und dafür Bouvines ins Spiel bringt. Sein Hauptargument, dass in die Darstellungen der Sagas Vorstellungen der Kriegführung um 1200 eingeflossen seien, ist sicherlich nicht falsch.
34 Für das Folgende siehe die ähnlichen, aber nicht identischen Darstellungen in Morkinskinna, S. 268–273; Fagrskinna, S. 224–231; Heimskringla, S. 651–657.
35 Mariani Scotti Chronicon, hg. von Waitz, S. 559.
36 Heimskringla, S. 655, erwähnt das Kämpfen wie von Sinnen explizit. Vgl. dazu ebenda, S. 10, die Beschreibung von Berserker-Wut.
37 Zu den Berserkern siehe Arwen van Zanten, Going Berserk: In Old Norse, Old Irish and Anglo-Saxon Literature, *Amsterdamer Beiträge zur älteren Germanistik*, 63 (2007), S. 43–64; Egon Wamers, Von Bären und Männern. Berserker, Bärenkämpfer und Bärenführer im frühen Mittelalter, *Zeitschrift für Archäologie des Mittelalters*, 37 (2009), S. 1–46; Vincent Samson, *Les* Berserkir. *Les guerriers-fauves dans la Scandinavie ancienne, de l'Âge de Vendel aux Vikings (VIe–XIe siècle)*, Villeneuve-d'Ascq 2011.
38 Morkinskinna, S. 272, spricht von einem Speer. Heimskringla, S. 655, spricht von einem Pfeil.
39 Morkinskinna, S. 274–275; Fagrskinna, S. 231–232; Heimskringla, S. 659–660.
40 Heimskringla, S. 655.
41 Siehe unten S. 264–278.
42 London, The National Archives, E 36 / 274, fol. 18r (neue Folierung) = unfoliert (alte Folierung); fol. 188r (neue Folierung) = fol. 149r (alte Folierung).
43 Siehe dazu DeVries, *Invasion*, S. 23.

10 Die Schlacht von Hastings

1 John of Worcester, Bd. 2, S. 604–605.
2 Vgl. Gesta Guillelmi, S. 124–125.
3 TB, Tafeln 61–62; vgl. Strickland / Hardy, *From Hastings to the Mary Rose*, S. 66.
4 John of Worcester, Bd. 2, S. 604–605.

5 Ebenda.
6 ASC E s. a. 1066.
7 Gesta Guillelmi, S. 124–125.
8 BROWN, Battle, S. 10.
9 Gesta Guillelmi, S. 122–123.
10 Ebenda, S. 124–125.
11 Gesta Normannorum Ducum, Bd. 2, S. 168–169.
12 Zu dem Thema Furcht bzw. Feigheit des Kriegers vgl. Richard ABELS, «Cowardice» and Duty in Anglo-Saxon England, *Journal of Medieval Military History*, 4 (2006), S. 29–49; Steven ISAAC, Cowardice and Fear Management: The 1173–74 Conflict as a Case Study, ebenda, S. 50–64; Stephen MORILLO, Expecting Cowardice: Medieval Battle Tactics Reconsidered, ebenda, S. 65–73.
13 William of Malmesbury, Gesta Regum, Bd. 1, S. 452–455; *Wace*, hg. von HOLDEN, Bd. 2, S. 156–157.
14 Gesta Guillelmi, S. 124–125.
15 Ebenda, S. 130–131.
16 Zu hochmittelalterlichen Feldherrenreden siehe John BLIESE, Rhetoric and Morale: a Study of Battle Orations from the Central Middle Ages, *Journal of Medieval History*, 15 (1989), S. 201–226; John BLIESE, The Courage of the Normans. A Comparative Study of Battle Rhetoric, *Nottingham Medieval Studies*, 35 (1991), S. 1–17.
17 *The Battle of Maldon and Other Old English Poems*, hg. von CROSSLEY-HOLLAND / MITCHELL, S. 30.
18 Julia KNÖDLER, Rhetorik mit Todesfolge. Diversitätskonstruktionen in mittelalterlichen Feldherrenreden am Beispiel der Rede Wilhelms des Eroberers vor der Schlacht bei Hastings, in Georg STRACK / Julia KNÖDLER (Hg.), *Rhetorik in Mittelalter und Renaissance. Konzepte – Praxis – Diversität* (Münchener Beiträge zur Geschichtswissenschaft 6), München 2011, S. 167–190.
19 Gesta Guillelmi, S. 124–127.
20 Zu diesen und weiteren Namen prominenter Kämpfer auf normannischer Seite siehe ebenda, S. 132–135.
21 Der zeitliche Verlauf der Schlacht orientiert sich an Stephen MORILLO, Introduction, in MORILLO (Hg.), *The Battle of Hastings*, S. xxiii–xxx.
22 ASC D s. a. 1066.
23 Carmen, S. 22–23. Der Teppich von Bayeux zeigt den Drachen, TB, Tafel 71; der bewaffnete Mann findet sich bei Wilhelm von Poitiers, Gesta Guillelmi, S. 152–153; vgl. auch die Zusammenstellung der Quellenstellen in *Historia Anglorum*, hg. von GREENWAY, S. 394–395 Anm. 175.
24 Gesta Normannorum Ducum, Bd. 2, S. 168–169.
25 Carmen, S. 24–25.
26 Zur Episode des Jongleurs siehe die einschlägige Analyse von John GILLINGHAM, ‹Holding to the Rules of War (*Bellica Iura Tenentes*)›: Right Conduct before,

during, and after Battle in North-Western Europe in the Eleventh Century, in Chris Lewis (Hg.), *Anglo-Norman Studies* XXIX. *Proceedings of the Battle Conference 2006*, Woodbridge 2007, S. 1–15, hier S. 8–10.

27 Carmen, S. 22–23; Gesta Guillelmi, S. 128–129.

28 Carmen, S. 24–25.

29 Ebenda, S. 24–27.

30 Gesta Guillelmi, S. 128–129.

31 Ebenda, S. 128–131.

32 Ebenda, S. 130–131; Carmen, S. 26–29. Auch der Teppich von Bayeux zeigt den zurückgeschobenen Helm Wilhelms, TB, Tafel 68.

33 Das ist die These von Stephen Morillo, Hastings: An Unusual Battle, in Morillo (Hg.), *The Battle of Hastings*, S. 220–227, hier S. 223–224.

34 Gesta Guillelmi, S. 130–131; Carmen, S. 28–29.

35 Gesta Guillelmi, S. 132–133.

36 Ebenda, S. 130–131.

37 TB, Tafel, 67.

38 Carmen, S. 28–29.

39 Gesta Guillelmi, S. 133–134.

40 Ebenda.

41 *Historia Anglorum*, hg. von Greenway, S. 394–395; vgl. Brown, Battle, S. 16–17; Strickland / Hardy, *From Hastings to the Mary Rose*, S. 65–66.

42 Carmen, S. 32–33.

43 Gesta Normannorum Ducum, Bd. 2, S. 168–169.

44 Vgl. die umsichtige Diskussion von Frank Barlow, Carmen, S. lxxxii–lxxxv.

45 So Amatus von Monte Cassino in seiner vor 1080 verfassten Chronik, *Ystoire de li normant*, hg. von Michèle Guéret-Laferté (Les classiques français du Moyen Âge 166), Paris 2011, S. 244.

46 So ist der Teppich von Bayeux zu verstehen, TB, Tafel 71.

47 Carmen, S. 32–33.

48 So schon Gillingham, ‹Holding to the Rules of War›: Right Conduct before, during, and after Battle, S. 11.

49 Van Eickels, *Vom inszenierten Konsens zum systematisierten Konflikt*, S. 272, allerdings mit dem Hinweis, dass diese Form der Bestrafung anstelle der Todesstrafe angewandt wurde. Vgl. aber den Schlachtentod Simons von Montfort im Jahr 1265. Simons Leiche wurde ebenfalls verstümmelt und die Genitalien wurden abgetrennt, Jörg Peltzer, Révoltes en Angleterre au Moyen Age central et tardif, in Philippe Depreux (Hg.), *Revolte und Sozialstatus von der Spätantike bis zur Frühen Neuzeit. Révolte et statut social, de l'Antiquité tardive aux Temps modernes* (Pariser Historische Studien 87), München 2008, S. 167–184, hier S. 178–179.

50 Gesta Guillelmi, S. 140–141.

51 Carmen, S. lxxxiv–lxxxv; Gillingham, ‹Holding to the Rules of War›: Right Conduct before, during, and after Battle, S. 10–11.

52 Die Geschichte ist ausführlich diskutiert bei Brown, Battle, S. 18–20.

53 *The Chronicle of Battle Abbey*, hg. und übers. von Eleanor Searle (Oxford Medieval Texts), Oxford 1980, S. 38–39.

54 *Historia Anglorum*, hg. von Greenway, S. 394–395.

55 So auch Strickland, Military Technology and Conquest, S. 382.

56 Gerd Althoff, *Heinrich IV.* (Gestalten des Mittelalters und der Renaissance), Darmstadt ^{3}2013, S. 173–177.

57 Carmen, S. 34–35.

58 Lawson, *The Battle of Hastings*, S. 234–237.

59 *Chronicle of Battle Abbey*, hg. von Searle, S. 40–41.

60 Carmen, S. 34–35.

61 Ebenda und S. 44–45. Auch für Marianus Scottus hatte der Sieg bei Hastings entscheidende Bedeutung für Wilhelms Herrschaftsantritt, Mariani Scotti Chronicon, hg. von Waitz, S. 559.

62 Gesta Guillelmi, S. 142–143.

63 Ebenda, S. 140–141.

64 *The Waltham Chronicle. An Account of the Discovery of our Holy Cross at Montacute and its Conveyance to Waltham*, hg. und übers. von Leslie Watkiss / Marjorie Chibnall (Oxford Medieval Texts), Oxford 1994, S. 50–57 mit ausführlicher Diskussion auf S. xliii–xlvi.

65 *Chronicle of Battle Abbey*, hg. von Searle, S. 46–47.

66 Brevis relatio, hg. von van Houts, S. 28; *Chronicle of Battle Abbey*, hg. von Searle, S. 90–91, 102–107, 128–129; Elisabeth van Houts, The Memory of 1066 in Oral and Written Tradition, in Harper-Bill (Hg.), *Anglo-Norman Studies XIX*, S. 167–179, hier S. 167–169.

67 *Chronicle of Battle Abbey*, hg. von Searle, S. 42–45.

68 In diese Richtung argumentieren Carmen, S. lxxxv; Gillingham, ‹Holding to the Rules of War›: Right Conduct before, during, and after Battle, S. 15.

11 Die Krönung

1 Gesta Guillelmi, S. 142–145.

2 Ebenda, S. 144–145.

3 Carmen, S. 36–37; Martin Biddle (Hg.), *Winchester in the early Middle Ages. An Edition and Discussion of the Winton Domesday* (Winchester Studies 1), Oxford 1976, insbesondere S. 449–469.

4 Carmen, S. 36–37; Stafford, *Queen Emma and Queen Edith*, S. 275.

5 Gesta Guillelmi, S. 146–147; Carmen, S. 38–39; ASC D s. a. 1066.

6 ASC E s. a. 1066.

7 So schon Jäschke, *Doppelter Herrschaftsantritt*.

8 ASC D s. a. 1066.

9 Gesta Guillelmi, S. 148–149.
10 *Councils and Synods, Vol. I/2. 1066–1204*, hg. von WHITELOCK/BRETT/BROOKE, Nr. 88.
11 GARNETT, *Conquered England.*
12 Carmen, S. 44–45.
13 GARNETT, *Conquered England*, S. 3 Anm. 17, macht es sich mit der seiner eigenen These zuwiderlaufenden Argumentation von JÄSCHKE, *Doppelter Herrschaftsantritt*, allzu leicht.
14 *The Great Seals of England, from the earliest Time to the Present*, hg. von Alfred WYON / Allen WYON, London 1887, S. 3–7.
15 *Recueil*, hg. von FAUROUX, S. 46–47, hält es für wahrscheinlich.
16 Brigitte BEDOS-REZAK, The Social Implications of the Art of Chivalry: The Sigillographic Evidence (France 1050–1250), in Brigitte BEDOS-REZAK, *Form and Order in Medieval France. Studies in Social and Quantitative Sigillography* (Variorum Collected Studies Series 424), Aldershot 1993, Nr. III, S. 1–31.
17 Brigitte BEDOS-REZAK, The King Enthroned. A new Theme in Anglo-Saxon Royal Iconography: The Seal of Edward the Confessor and its Political Implications, in BEDOS-REZAK, *Form and Order*, Nr. VIII, S. 53–88.
18 Adrian AILES, The Knight's Alter Ego. From Equestrian to Armorial Seal, in Noël ADAMS / John CHERRY / James ROBINSON (Hg.), *Good Impressions. Image and Authority in Medieval Seals* (British Museum. Research Publication 168), London 2008, S. 8–11, hier S. 11.
19 ASC D s. a. 1066; John of Worcester, Bd. 2, S. 606–607. Zum verwendeten Krönungsritual siehe Janet NELSON, The Rites of the Conqueror, in R. Allen BROWN (Hg.), *Proceedings of the Battle Conference on Anglo-Norman Studies IV. 1981*, Woodbridge 1982, S. 117–132, 210–221.
20 Gesta Guillelmi, S. 150–151.
21 Carmen, S. 46–47.
22 Ebenda, S. 44–47; Karl LEYSER, England and the Empire in the Twelfth Century, *Transactions of the Royal Historical Society*, 5th ser., 10 (1960), S. 61–83, hier S. 65.
23 Karl hatte ihn einst mit der Annahme des Kaisertums abgelegt, weil der Titel im kaiserlichen Titel aufging. Unter Heinrich III. wurde er zu einem dem Kaisertitel beigestellten Titel, Guido MARTIN, Der salische Herrscher als *Patricius Romanorum*. Zur Einflussnahme Heinrichs III. und Heinrichs IV. auf die Besetzung der Cathedra Petri, *Frühmittelalterliche Studien*, 28 (1994), S. 257–295.
24 Vgl. allgemein zur Frage imperialer Ansprüche der Normannen David BATES, *The Normans and Empire. The Ford Lectures Delivered in the University of Oxford during Hilary Term 2010*, Oxford 2013, der die hier aufgeworfenen Aspekte allerdings nicht eingehend behandelt.
25 Gesta Guillelmi, S. 150–151.
26 Orderic Vitalis, Bd. 2, S. 184–185.

27 Zu Wilhelms Itinerar siehe *Regesta Regum Anglo-Normannorum. The Acta of William I (1066–1087)*, hg. von David BATES, Oxford 1998, S. 75–84. März ist der Monat, den Wilhelm von Poitiers für seine Rückkehr angibt, Gesta Guillelmi, S. 168–169.
28 Ebenda, S. 152–155 (Wilhelms Verteilung der erbeuteten Schätze), 166–167 (seine Gefangenen).
29 Orderic Vitalis, Bd. 2, S. 214–215.
30 Gesta Guillelmi, S. 166–169.
31 ASC E s. a. 1067; Gesta Guillelmi, S. 168–169.

12 Nach der Schlacht ist vor dem Terror (1066–87)

1 *Councils and Synods, Vol. I/2. 1066–1204*, hg. von WHITELOCK/BRETT/BROOKE, Nr. 88.
2 Gesta Guillelmi, S. 180–181.
3 Chris LEWIS, The early Earls of Norman England, in CHIBNALL (Hg.), *Anglo-Norman Studies XIII*, S. 207–223, hier S. 216–218.
4 In Herefordshire kam es zu Auseinandersetzungen mit dem lokalen Großen Eadric, der im Verbund mit den walisischen Fürsten Bleddynn und Rhiwallon Angriffe auf normannische Stützpunkte ritt. Erst 1070 kam er mit König Wilhelm überein, ASC D s. a. 1067; John of Worcester, Bd. 3, S. 14–15; Susan REYNOLDS, Eadric Silvaticus and the English Resistance, in Susan REYNOLDS, *Ideas and Solidarities of the Medieval Laity. England and Western Europe* (Variorum Collected Studies Series 495), Aldershot 1995, Nr. IV, S. 102–105.
In Kent machte 1067 Graf Eustachius von Boulogne gemeinsame Sache mit einheimischen Aufständischen. Eustachius hatte in England reichlich Güter erhalten, aber vielleicht hatte er, der immerhin Schwager König Eduards war, auf noch mehr gehofft, möglicherweise auf die Länder seiner verstorbenen Frau Godgifu, zumindest aber auf Kent. Mit Kent und Boulogne hätte er nicht nur bedeutende Herrschaften auf beiden Seiten des Ärmelkanals besessen, sondern auch den Ärmelkanal an seiner engsten Stelle kontrolliert. Sein Angriff auf Dover aber wurde zurückgeschlagen und seine englischen Güter wurden konfisziert. Sie wurden ihm erst nach seiner Aussöhnung mit König Wilhelm Mitte der 1070er Jahre restituiert, Gesta Guillelmi, S. 182–185; Gesta Normannorum Ducum, Bd. 2, S. 176–179; Heather TANNER, The Expansion of Power and Influence of the Counts of Boulogne, in Marjorie CHIBNALL (Hg.), *Anglo-Norman Studies XIV. Proceedings of the Battle Conference 1991*, Woodbridge 1992, S. 251–286, hier S. 270–276 und Appendices A, B; Heather TANNER, *Families, Friends and Allies, Boulogne and Politics in Northern France and England, c. 879–1160* (The Northern World 6), Leiden 2004, S. 100–102.
5 Gesta Guillelmi, S. 182–183.

6 Vgl. Ann WILLIAMS, *The English and the Norman Conquest*, Woodbridge 1994, S. 18–20.

7 ASC D s. a. 1067 [1068]; John of Worcester, Bd. 3, S. 4–7; WILLIAMS, *The English and the Norman Conquest*, S. 20.

8 John of Worcester, Bd. 3, S. 4–7; Orderic Vitalis, Bd. 2, S. 210–215.

9 ASC D s. a. 1067 [1068].

10 Ebenda; John of Worcester, Bd. 3, S. 6–9.

11 ASC D s. a. 1067 [1068].

12 Ebenda; ASC E s. a. 1067; Historia Regum, in *Symeonis monachi opera omnia*, hg. von ARNOLD, Bd. 2, S. 1–283, hier S. 192.

13 Orderic Vitalis, Bd. 2, S. 218–219.

14 ASC D s. a. 1067 [1068]; Orderic Vitalis, Bd. 2, S. 218–219; WILLIAMS, *The English and the Norman Conquest*, S. 26–27.

15 *Ottonis et Rahewini Gesta Friderici I. imperatoris*, hg. von Georg WAITZ / Bernhard SIMSON (MGH SS rer. Germ. 46), Hannover 1912, S. 28.

16 Historia Regum, hg. von ARNOLD, S. 198–199.

17 Ebenda, S. 191, 199.

18 ASC D s. a. 1067 [1068].

19 Historia regum, hg. von Arnold, S. 186–187; Historia ecclesiae Dunhelmensis, hg. von ARNOLD, S. 98–99; WILLIAMS, *The English and the Norman Conquest*, S. 27.

20 Gesta Normannorum Ducum, Bd. 2, S. 180–181.

21 ASC DE s. a. 1068 [1069]; Orderic Vitalis, Bd. 2, S. 222–223; WILLIAMS, *The English and the Norman Conquest*, S. 33.

22 ASC D s. a. 1068 [1069].

23 *Adam von Bremen*, hg. von SCHMEIDLER, S. 198.

24 Ebenda, S. 136, 198.

25 ASC D s. a. 1068 [1069], E s. a. 1069; John of Worcester, Bd. 3, S. 8–9; Orderic Vitalis, Bd. 2, S. 224–227.

26 Ebenda, S. 226–227.

27 ASC D s. a. 1068 [1069], E s. a. 1069; John of Worcester, Bd. 3, S. 8–11.

28 Diese Aufstände sind allerdings nur bei Orderic Vitalis, Bd. 2, S. 228–229, überliefert.

29 ASC D s. a. 1068 [1069], E s. a. 1069; John of Worcester, Bd. 3, S. 10–11; Orderic Vitalis, Bd. 2, S. 228–231.

30 Paul DALTON, *Conquest, Anarchy and Lordship. Yorkshire, 1066–1154* (Cambridge Studies in Medieval Life and Thought), Cambridge 1994, S. 23–25.

31 Mariani Scotti Chronicon, hg. von WAITZ, S. 560.

32 John of Worcester, Bd. 3, S. 10–11.

33 Vgl. auch ASC D a.s. 1068 [1069], E s. a. 1069; Historia regum, hg. von ARNOLD, S. 188.

34 Orderic Vitalis, Bd. 2, S. 231–233.

35 Ebenda, S. 232–233.

36 Ebenda.
37 Historia regum, hg. von Arnold, S. 190–191.
38 Orderic Vitalis, Bd. 2, S. 234–235.
39 Ebenda, S. 234–237.
40 John of Worcester, Bd. 3, S. 10–11.
41 Ebenda, S. 10–13.
42 ASC A s. a. 1070.
43 Grundlegend: Margaret Gibson, *Lanfranc of Bec*, Oxford 1978; Herbert Cowdrey, *Lanfranc. Scholar, Monk, and Archbishop*, Oxford 2003; D'Onofrio (Hg.), *Lanfranco di Pavia*.
44 John of Worcester, Bd. 3, S. 10–11.
45 ASC E s. a. 1070.
46 John of Worcester, Bd. 3, S. 14–15.
47 Williams, *The English and the Norman Conquest*, S. 48, 70.
48 Zu Hereward siehe Williams, *The English and the Norman Conquest*, S. 50–51; Elisabeth van Houts, Hereward and Flanders, *Anglo-Saxon England*, 28 (1999), S. 201–223; David Roffe, Art. «Hereward (fl. 1070–1071)», in *Oxford Dictionary of National Biography*: http://www.oxforddnb.com/view/article/13074 (letzter Besuch: 8. März 2016), jeweils mit weiteren Hinweisen.
49 Baxter, *Mercia*, S. 296.
50 ASC D s. a. 1072 [1071], E s. a. 1071.
51 Williams, *The English and the Norman Conquest*, S. 53.
52 Baxter, *Mercia*, S. 281–297, zeigt detailliert auf, wie die Herrschafts- und Gefolgschaftsbasis der beiden Brüder erodierte.
53 Baxter, *Mercia*, S. 296.
54 Historia regum, hg. von Arnold, S. 195.
55 Zu den Hinweisen auf eine Aussöhnung zwischen Hereward und Wilhelm siehe Roffe, Art. «Hereward».
56 Gesta Herwardi, in *Lestorie des Engles*, hg. von Thomas D. Hardy / Charles T. Martin (Rolls Series 91), 2 Bde., London 1888–1889, Bd. 1, S. 339–404. Vgl. dazu Hugh Thomas, The *Gesta Herewardi*, the English and their Conquerors, in Christopher Harper-Bill (Hg.), *Anglo-Norman Studies XXI. Proceedings of the Battle Conference 1998*, Woodbridge 1999, S. 213–232.
57 ASC D s. a. 1072 [1071], E s. a. 1071; John of Worcester, Bd. 3, S. 18–21.
58 Orderic Vitalis, Bd. 2, S. 256–259.
59 ASC D s. a. 1072 [1071], E s. a. 1071.
60 Orderic Vitalis, Bd. 2, S. 258–259.
61 ASC D s. a. 1073 [1072], E s. a. 1072, 1093; John of Worcester, Bd. 3, S. 20–21.
62 ASC D s. a. 1075 [1074], E s. a. 1074.
63 Historia Regum, hg. von Arnold, S. 196, 199; Aird, Art. «Gospatrick».
64 Vgl. Williams, *The English and the Norman Conquest*, S. 58.
65 ASC D s. a. 1076 [1075], E s. a. 1075.

66 Orderic Vitalis, Bd. 2, S. 313–315.

67 Ann WILLIAMS, Art. «Ralph the Staller, Earl of East Anglia (d. 1068x70)», in *Oxford Dictionary of National Biography*: http://www.oxforddnb.com/view/article/52354 (letzter Besuch: 9. März 2016).

68 WILLIAMS, *The English and the Norman Conquest*, S. 62–63.

69 *The Letters of Lanfranc, Archbishop of Canterbury*, hg. von Helen CLOVER / Margaret GIBSON (Oxford Medieval Texts), Oxford 1979, Nr. 35.

70 Zu seinen möglichen Motiven siehe WILLIAMS, *The English and the Norman Conquest*, S. 60.

71 *Letters of Lanfranc*, hg. von CLOVER / GIBSON, Nr. 32, vgl. auch Nr. 31 und 33.

72 ASC D s. a. 1076 [1075], E s. a. 1075; John of Worcester, Bd. 3, S. 24–25; *Letters of Lanfranc*, hg. von CLOVER / GIBSON, Nr. 34, 35; Orderic Vitalis, Bd. 2, S. 316–317. Orderics Aussage, dass sich in ganz England Widerstand gegen den König regte, deckt sich nicht mit den übrigen Quellenzeugnissen.

73 ASC D s. a. 1077 [1076], E s. a. 1076; John of Worcester, Bd. 3, S. 26–29; Orderic Vitalis, Bd. 2, S. 318–323.

74 John of Worcester, Bd. 3, S. 26–29.

75 ASC D s. a. 1076 [1075], E s. a. 1075.

76 John of Worcester, Bd. 3, S. 46–47.

77 BAXTER, *Mercia*, S. 280.

78 Orderic Vitalis, Bd. 2, S. 202–205; Jonathan SHEPARD, The English and Byzantium: A Study of their Role in the Byzantine Army in the later Eleventh Century, *Traditio*, 29 (1973), S. 53–92; John GODFREY, The Defeated Anglo-Saxons Take Service with the Eastern Emperor, in R. Allen BROWN (Hg.), *Proceedings of the Battle Conference on Anglo-Norman Studies I, 1978*, Woodbridge 1979, S. 63–74; Krijnie CIGGAAR, England and Byzantium on the Eve of the Norman Conquest (the Reign of Edward the Confessor), in BROWN (Hg.), *Anglo-Norman Studies V*, S. 78–96.

79 Zum Schicksal der Kinder Harolds siehe Richard SHARPE, King Harold's Daughter, *The Haskins Society Journal*, 19 (2007), S. 1–27, insbesondere S. 20–27, mit weiterführenden Hinweisen; Frank BARLOW, *The Godwins. The Rise and Fall of a Noble Dynasty*, Harlow 2002, S. 112–124.

80 Alan THACKER, The Cult of King Harold at Chester, in Tom SCOTT / Pat STARKEY (Hg.), *The Middle Ages in the North-West. Papers Presented at an International Conference Sponsored by the Centres of Medieval Studies of the Universities of Liverpool and Toronto*, Oxford 1995, S. 155–176; VINCENT, *A Brief History of Britain*, S. 67–68.

81 Vgl. DOUGLAS, *Norman Conquest*, S. 21–23; Klaus SCHREINER, Friedrich Barbarossa: Herrscher, Held und Hoffnungsträger. Formen und Funktionen staufischer Erinnerungskultur im 19. und 20. Jahrhundert, in Karl-Heinz RUESS (Hg.), *Von Palermo zum Kyffhäuser. Staufische Erinnerungsorte und Staufermythos* (Schriften zur staufischen Geschichte und Kunst 31), Göppingen 2012, S. 97–128;

Camilla KAUL, *Friedrich Barbarossa im Kyffhäuser. Bilder eines nationalen Mythos im 19. Jahrhundert* (Atlas. Bonner Beiträge zur Kunstgeschichte N. F. 4 / 1–2), 2 Bde., Bonn 2007.

82 Orderic Vitalis, Bd. 2, S. 350–351.

83 ASC D s. a. 1077 [1076], E s. a. 1076; John of Worcester, Bd. 3, S. 28–29; Orderic Vitalis, Bd. 2, S. 350–353.

84 Augustin FLICHE, *Le règne de Philippe Ier, roi de France (1060–1108)*, Paris 1912, S. 147–149.

85 ASC E s. a. 1077.

86 Das Verhältnis zwischen Wilhelm und Robert seit Mitte der 1070er Jahre ist detailliert dargestellt bei AIRD, *Robert Curthose*, S. 71–98.

87 Zu diesem Absatz siehe die Analyse von BATES, Odo, S. 15–18.

88 Die Angelsächsische Chronik E bemerkt lediglich, dass der König Bischof Odo festsetzen ließ, ASC E s. a. 1079.

89 Orderic Vitalis, Bd. 4, S. 96–100.

90 *Letters of Lanfranc*, hg. von CLOVER / GIBSON, Nr. 36.

91 ASC D s. a. 1076 [1075], E s. a. 1075.

92 ASC E s. a. 1085.

93 ASC D s. a. 1083 (nach Weihnachten). Zu den Erhebungen von *geld* unter Wilhelm siehe Sally HARVEY, *Domesday. Book of Judgement*, Oxford 2014, S. 212–221.

94 ASC E s. a. 1086 [1087]; John MADDICOTT, Responses to the Threat of Invasion, 1085, *English Historical Review*, 122 (2007), S. 986–997.

95 ASC E s. a. 1085; John of Worcester, Bd. 3, S. 44–45.

96 *Vitae Sanctorum Danicorum*, hg. von Martinus GERTZ, Kopenhagen 1908–1912, S. 98.

97 ASC E s. a. 1086 [1087].

98 Eine ausführliche Diskussion bietet MADDICOTT, Responses, S. 991–994.

99 *Vitae Sanctorum Danicorum*, hg. von GERTZ, Bd. 1, S. 100.

100 *Saxo Grammaticus*, hg. von FRIIS-JENSEN, übers. von FISHER, Bd. 2, S. 854–859; Niels LUND, The Armies of Swein Forkbeard and Cnut: ‹leiding› or ‹lið›?, *Anglo-Saxon England*, 15 (1986), S. 105–118, hier S. 107; WILLIAMS, *The English and the Norman Conquest*, S. 69–70.

101 HARVEY, *Domesday*, S. 320.

102 ASC E s. a. 1085.

103 Ebenda.

104 Die Forschung zur Untersuchung in den Grafschaften und zum Domesday Book ist reichhaltig. Nur wenige zentrale Publikationen seien hier aufgeführt: Vivien GALBRAITH, *Domesday Book. Its Place in Administrative History*, Oxford 1974; Elisabeth HALLAM, *Domesday Book through Nine Centuries*, London 1986; James HOLT (Hg.), *Domesday Studies. Papers Read at the Novocentenary Conference of the Royal Historical Society and the Institute of British Geographers, Winchester, 1986*, Woodbridge 1987; David ROFFE, *Domesday: the Inquest and the Book*, Oxford

2000; David ROFFE, *Decoding Domesday*, Woodbridge 2007; zu den Thesen Roffes vgl. aber Stephen BAXTER, Rezension von *David Roffe, Domesday: the Inquest and the Book*: http://www.history.ac.uk/reviews/review/216 (letzter Besuch: 21. März 2016) sowie die Arbeiten in Elisabeth HALLAM/David BATES (Hg.), *Domesday Book*, Stroud 2001; HARVEY, *Domesday*. Nützliche Hilfsmittel sind Katherine KEATS-ROHAN, *Domesday People. A Prosopography of Persons Occurring in English Documents 1066–1166. Vol. 1. Domesday Book*, Woodbridge 1999, und die Datenbank *Prosopography of Anglo-Saxon England* (PASE): http://www.pase.ac.uk/index.html (letzter Besuch: 11. Mai 2016).

105 ASC E s. a. 1085.

106 William H. STEVENSON, A Contemporary Description of the Domesday Survey, *English Historical Review*, 22 (1907), S. 72–84, hier S. 74; vgl. John of Worcester, Bd. 3, S. 44–45. Neben der Angelsächsischen Chronik E und Robert Losingas Bemerkungen findet sich eine dritte ausführliche Beschreibung der Untersuchung in der sogenannten *Inquisitio Eliensis*, in *English Historical Documents, Vol. 2. 1042–1189*, hg. von David DOUGLAS/George GREENWAY, London [2]1981, Nr. 215.

107 GALBRAITH, *Domesday Book. Its Place in Administrative History*, S. 37–39.

108 Stephen BAXTER, The Representation of Lordship and Land Tenure in Domesday Book, in HALLAM/BATES (Hg.), *Domesday Book*, S. 73–102.

109 Im Unterschied zu Wilhelms Untersuchung aber sind die Ergebnisse der fränkischen Unternehmung bis auf ein kleines Fragment nicht überliefert, Janet NELSON, The Henry Loyn Memorial Lecture for 2006. Henry Loyn and the Context of Anglo-Saxon England, *Haskins Society Journal*, 19 (2007), S. 154–170, hier S. 166–169; Janet NELSON, Le partage de Verdun, in Michèle GAILLARD/Michel MARGUE/Alain DIERKENS/Hérold PETTIAU (Hg.), *De la mer du Nord à la Méditerranée. Francia Media, une région au cœur de l'Europe (c. 840–c. 1050). Actes du colloque international (Metz, Luxembourg, Trèves, 8–11 février 2006)* (Publications du Centre luxembourgeois de documentation et d'études médiévales 25), Luxemburg 2011, S. 241–254, hier besonders S. 250–253.

110 Henry DARBY, *Domesday England*, Cambridge 1977, S. 336–371.

111 Der Zusammenhang zwischen der Untersuchung in den Grafschaften und dem Domesday Book wird kontrovers diskutiert. GALBRAITH, *Domesday Book*; ROFFE, *Domesday: the Inquest and the Book*; ROFFE, *Decoding Domesday*. Roffe argumentiert, dass das Domesday Book erst in der Regierungszeit Wilhelms II. in Auftrag gegeben wurde, ursprünglich also gar nicht vorgesehen war. Vgl. dazu aber die wichtigen Gegenargumente von BAXTER, Rezension von *David Roffe, Domesday: the Inquest and the Book*, sowie die Beiträge in HALLAM/BATES (Hg.), *Domesday Book*. HARVEY, *Domesday*, S. 96–100, argumentiert überzeugend, dass die Schreibarbeiten «vollständig oder fast vollständig in die Regierungszeit Wilhelms I.» fallen (Zitat auf S. 99).

112 Zu den verschiedenen Erklärungsversuchen siehe die historiographischen Ab-

risse bei HALLAM, *Domesday*, S. 141–176, und ROFFE, *Domesday: the Inquest and the Book*, S. 10–16, sowie die konzise Zusammenstellung bei VINCENT, *A Brief History of Britain*, S. 65. In der jüngsten Studie zu dieser Problematik betont HARVEY, *Domesday*, wieder den fiskalischen Aspekt.

113 *Richard fitzNigel, Dialogus de Scaccario. The Dialogue of the Exchequer*, hg. und übers. von Emilie AMT, [und] *Constitutio domus regis. Disposition of the King's Household*, hg. und übers. von Stephen CHURCH (Oxford Medieval Texts), Oxford 2007, S. 96–99.

114 GARNETT, *Conquered England*, S. 18–24.

115 ASC E s. a. 1085 [1086]; vgl. James HOLT, 1086, in HOLT (Hg.), *Domesday Studies*, S. 41–64.

116 ASC E s. a. 1086 [1087]; John of Worcester, Bd. 3, S. 46–47; Orderic Vitalis, Bd. 4, S. 78–81, 100–109.

13 Die Folgen

1 Gesta Guillelmi, S. 152–155, 174–179.

2 Orderic Vitalis, Bd. 2, S. 266–267.

3 VINCENT, *A Brief History of Britain*, S. 104–105.

4 Ausführlichere Gesamtdarstellungen der Folgen der Eroberung finden sich bei THOMAS, *The Norman Conquest*; HUSCROFT, *The Norman Conquest*; GOLDING, *Conquest and Colonisation*.

5 Michael CLANCHY, *England and its Rulers, 1066–1307*, Oxford [3]2006, S. 45.

6 WILLIAMS, *The English and the Norman Conquest*, S. 71–99.

7 FLEMING, *Kings and Lords*, S. 217–219.

8 David CROUCH, Normans and Anglo-Normans: A Divided Aristocracy?, in David BATES / Anne CURRY (Hg.), *England and Normandy in the Middle Ages*, London 1994, S. 51–67; im kirchlichen Bereich waren die Verbindungen über den Kanal von längerer Dauer, Jörg PELTZER, The Slow Death of the Angevin Empire, *Historical Research*, 81 (2008), S. 553–584.

9 Gesta Guillelmi, S. 148–149.

10 Zu den ersten Earls König Wilhelms siehe LEWIS, The early Earls.

11 Ebenda, S. 212–215; CROUCH, *The Image of Aristocracy in Britain, 1000–1300*, S. 48, 57.

12 FLEMING, *Kings and Lords*, S. 108–109.

13 Ebenda, S. 107–231. Eine Diskussion des Forschungsstands bis Ende des vorigen Jahrtausends bietet CHIBNALL, *Debate*, S. 79–96.

14 ASC E s. a. 1086 [1087].

15 FLEMING, *Kings and Lords*, S. 145–149.

16 Zu Robert siehe Brian GOLDING, Robert of Mortain, in CHIBNALL (Hg.), *Anglo-Norman Studies XIII*, S. 119–144; Brian GOLDING, Art. «Robert, count of Mortain

(d. 1095)», in *Oxford Dictionary of National Biography*: http://www.oxforddnb.com/view/article/19339 (letzter Besuch: 14. April 2016).

17 Barbara ENGLISH, *The Lords of Holderness, 1086–1260. A Study in Feudal Society*, Oxford 1979, insbesondere S. 6–9.

18 Chris LEWIS, The Formation of the Honor of Chester, 1066–1100, *Journal of the Chester Archaeological Society*, 71 (1991) = Alan THACKER (Hg.), *The Earldom of Chester and its Charters. A Tribute to Geoffrey Barraclough*, S. 37–68; Chris LEWIS, Art. «Avranches, Hugh d', first Earl of Chester (d. 1101)», in *Oxford Dictionary of National Biography*: http://www.oxforddnb.com/view/article/14056 (letzter Besuch: 14. April 2016).

19 John F. A. MASON, Art. «Montgomery, Roger de, first Earl of Shrewsbury (d. 1094)», in *Oxford Dictionary of National Biography*: http://www.oxforddnb.com/view/article/23953 (letzter Besuch: 14. April 2016) mit reichen Literaturangaben.

20 FLEMING, *Kings and Lords*, S. 113.

21 Ebenda, S. 131.

22 Ebenda, S. 109–144.

23 Ebenda, S. 114–115.

24 Ebenda, S. 120–126.

25 Ebenda, S. 160–182. David Roffe argumentiert, dass nicht alle kompakten Einheiten gänzlich neue Kreationen der Eroberer waren. Schon vor 1066 habe es solche Herrschaftskomplexe gegeben, weil eine Reihe von Thegns ihre Güter nur von einem Herrn hielten, David ROFFE, From Thegnage to Barony: Sake and Soke, Title and Tenants-in-Chief, in CHIBNALL (Hg.), *Anglo-Norman Studies XII*, S. 157–176, hier S. 169, 176. Vgl. dazu die Diskussion von DALTON, *Conquest*, S. 72–74.

26 Zum Folgenden siehe FLEMING, *Kings and Lords*, S. 185–214; zu Yorkshire vgl. DALTON, *Conquest*, S. 19–78, insbesondere S. 78, der allerdings betont, dass der Landtransfer in Yorkshire stärker als bisher angenommen von Wilhelm geregelt wurde.

27 ASC E s. a. 1085 [1086].

28 John of Worcester, Bd. 3, S. 44–45.

29 GARNETT, *Norman Conquest*, S. 80–83; vgl. Jürgen DENDORFER / Roman DEUTINGER (Hg.), *Das Lehnswesen im Hochmittelalter. Forschungskonstrukte – Quellenbefunde – Deutungsrelevanz* (Mittelalter-Forschungen 34), Ostfildern 2010; Karl-Heinz SPIESS (Hg.), *Ausbildung und Verbreitung des Lehnswesens im Reich und in Italien im 12. und 13. Jahrhundert* (Vorträge und Forschungen 76), Ostfildern 2013.

30 GARNETT, *Norman Conquest*, S. 89.

31 Diese Aspekte betonen sehr stark HOLT, 1086; FLEMING, *Kings and Lords*, S. 214.

32 GILLINGHAM, Conquests, S. 168–170.

33 *The Chronicle of Walter of Guisborough*, hg. von Harry ROTHWELL (Camden Third

Series 89), London 1957, S. 216; Michael PRESTWICH, Edward I, New Haven [2]1997, S. 259.

34 Zum Folgenden siehe FLEMING, Kings and Lords, S. 217–231 (ihre Ausführungen zu den Besitzverhältnissen unter Eduard sind zu korrigieren, siehe oben S. 88.

35 CHIBNALL, *Debate*, S. 84–85; GILLINGHAM, Introduction of Knight Service, S. 187–188, 206–208.

36 Der Zuschnitt der Kontingente war damit noch keineswegs abgeschlossen. Zu ihrer Entwicklung im folgenden Jahrhundert siehe James HOLT, The Introduction of Knight-Service in England, in James HOLT, *Colonial England, 1066–1216*, London 1997, S. 81–101. Die Kontinuitätsfrage im Hinblick auf 1066 steht für Holt nicht im Zentrum seines Arguments.

37 Ich folge hier im Wesentlichen der Argumentation von GILLINGHAM, Introduction of Knight Service. Eine andere Auffassung vertritt GARNETT, *Norman Conquest*, S. 78–80, der die Kontingente als Neuerung Wilhelms *tout court* betrachtet.

38 Dieser Befund scheint auch für andere mit dem Lehen einhergehende Pflichten zu gelten, GILLINGHAM, *Conquests*, S. 175–176.

39 Zum Folgenden siehe HOLT, Introduction of Knight-Service.

40 ASC E s. a. 1094; John of Worcester, Bd. 3, S. 72–73.

41 *Eadmeri Historia novorum in Anglia*, hg. von RULE, S. 78; HUSCROFT, *The Norman Conquest*, S. 253.

42 Auf diesen Punkt haben Marjorie Chibnall, Matthew Strickland und John Gillingham aufmerksam gemacht. Marjorie CHIBNALL, *Anglo-Norman England, 1066–1166*, Oxford 1986, S. 187–188; Matthew STRICKLAND, Slaughter, Slavery or Ransom: the Impact of the Conquest on the Conduct of Warfare, in Carola HICKS (Hg.), *England in the Eleventh Century. Proceedings of the 1990 Harlaxton Symposium* (Harlaxton Medieval Studies 2), Stamford 1992, S. 41–59, hier S. 48; GILLINGHAM, 1066 and the Introduction of Chivalry, S. 226–227; John GILLINGHAM, Cultures of Conquest: Warfare and Slavery in Britain before and after 1066, in Laura ASHE / Sarah FOOT (Hg.), *Conquests 1016, 1066*, (im Druck). Ich danke John Gillingham für die Übersendung seines Aufsatzes vor Drucklegung.

43 Die nächsten beiden Absätze folgen den Überlegungen von STRICKLAND, Slaughter; GILLINGHAM, 1066 and the Introduction of Chivalry; GILLINGHAM, Thegns and Knights, S. 177–185.

44 Historia Regum, hg. von ARNOLD, S. 200.

45 Die Tötung und Schändung des Leichnams von Simon von Montfort, Earl von Leicester, im Jahr 1265 und die Hinrichtung von Thomas, Earl von Lancaster, im Jahr 1322.

46 Historia Regum, hg. von ARNOLD, S. 192.

47 *William of Malmesbury, Gesta Pontificum Anglorum*, hg. und übers. von Michael

Winterbottom / Rodney Thomson (Oxford Medieval Texts), 2 Bde., Oxford 2007, Bd. 1, S. 472–473.

48 John of Worcester, Bd. 3, S. 12–13; Herbert E. J. Cowdrey, Art. «Thomas (d. 1100)», in *Oxford Dictionary of National Biography*: http://www.oxforddnb.com/view/article/27199 (letzter Besuch: 21. April 2016).

49 Annales de Wintonia, in *Annales Monastici*, hg. von Henry Richards Luard (Rolls Series 36), 5 Bde., London 1864–1869, Bd. 2, S. 3–125, hier S. 35. Es ist möglich, dass dieser Teil der Annalen von Winchester erst in der zweiten Hälfte des 12. Jahrhunderts von Richard von Devizes verfasst wurde, John Gillingham, Richard of Devizes and ‹a rising tide of nonsense›: How Cerdic Met King Arthur, in Martin Brett / David Woodman (Hg.), *The Long Twelfth-Century View of the Anglo-Saxon Past* (Studies in early Medieval Britain and Ireland), Farnham 2015, S. 141–156, hier S. 141. Die Erwartungshaltung von Klerikern am königlichen Hof auf Beförderung änderte sich allerdings nicht wesentlich im 12. Jahrhundert.

50 Zu den beiden Synoden siehe Cowdrey, *Lanfranc*, S. 83–84; zu den Absetzungen und Neubestellungen siehe John of Worcester, Bd. 3, S. 12–23.

51 Zu den neben Lanfrank als Erzbischof von Canterbury neu eingesetzten Bischöfen Herfast von Elmham, Stigand von Selsey, Walkelin von Winchester, Peter von Lichfield, der entgegen früherer Annahmen wohl nicht zum Haushalt König Eduards gehört hatte, und Walcher von Durham siehe *Oxford Dictionary of National Biography*: Frank Barlow, Art. «Herfast (d. 1084)»: http://www.oxforddnb.com/view/article/13075 (letzter Besuch: 21. April 2016); Chris Lewis, Art. «Stigand (d. 1087)»: http://www.oxforddnb.com/view/article/101198 (letzter Besuch: 21. April 2016); Michael J. Franklin, Art. «Walkelin (d. 1098)»: http://www.oxforddnb.com/view/article/28465 (letzter Besuch: 21. April 2016); Alice M. Cooke / Marios Costambeys, Art. «Peter (d. 1085)»: http://www.oxforddnb.com/view/article/22011 (letzter Besuch: 21. April 2016); Henrietta Leyser, Art. «Walcher, Earl of Northumbria (d. 1080)»: http://www.oxforddnb.com/view/article/28428 (letzter Besuch: 21. April 2016).

52 John of Worcester, Bd. 3, S. 12–13.

53 Charles L. Kingsford / Marios Costambeys, Art. «Osbern (d. 1103)», in *Oxford Dictionary of National Biography*: http://www.oxforddnb.com/view/article/20866 (letzter Besuch: 21. April 2016). Der Lothringer Robert, seit 1079 Bischof von Hereford, kam wahrscheinlich erst nach 1066 nach England, Julia Barrow, Art. «Robert the Lotharingian (d. 1095)», in *Oxford Dictionary of National Biography*: http://www.oxforddnb.com/view/article/17026 (letzter Besuch: 21. April 2016).

54 Emma Mason, Art. «Wulfstan [St Wulfstan] (c. 1008–1095)», in *Oxford Dictionary of National Biography*: http://www.oxforddnb.com/view/article/30099 (letzter Besuch: 21. April 2016); Julia Barrow, Art. «Giso (d. 1088)», in *Oxford Dictionary of National Biography*: http://www.oxforddnb.com/view/article/10778 (letzter Besuch: 21. April 2016).

55 Barlow, *Church*, S. 57.

56 Dazu Cowdrey, *Lanfranc*, S. 87–103; Fabrice Delivré, The Foundations of Primatial Claims in the Western Church (Eleven–Thirteenth Centuries), *Journal of Ecclesiastical History*, 59 (2008), S. 383–406, hier S. 385–388; Martin Brett, *The English Church under Henry I* (Oxford Historical Monographs), Oxford 1975; Frank Barlow, *Thomas Becket*, London 1986, S. 86.

57 *Councils and* Synods, *Vol. I/2. 1066–1204*, hg. von Whitelock / Brett / Brooke, Nr. 93, c. 1.

58 Christopher Harper-Bill, The Anglo-Norman Church, in Harper-Bill / van Houts (Hg.), *A Companion to the Anglo-Norman World*, S. 165–190, hier S. 173.

59 Siehe hierzu Garnett, *Conquered England*, S. 45–51.

60 *Eadmeri Historia novorum in Anglia*, hg. von Rule, S. 1–2.

61 Fischer, *Stadtgestalt*, S. 67–70.

62 Eine ausführliche Diskussion der Verlegungen findet sich ebenda, S. 201–251.

63 Frank Barlow, Art. «Leofric (d. 1072)», in *Oxford Dictionary of National Biography*: http://www.oxforddnb.com/view/article/16471 (letzter Besuch: 23. April 2016); Barlow, *Church*, S. 220–221.

64 Barlow, Art. «Herfast (d. 1084)».

65 *Councils and Synods, Vol. I/2. 1066–1204*, hg. von Whitelock / Brett / Brooke, Nr. 93, c. 3.

66 Barlow, *Church*, S. 48; zum Umzug Johanns siehe Diana Greenway, *Fasti Ecclesiae Anglicanae, 1066–1300. Vol. 7. Bath and Wells*, London 2001, S. xxi–xxii.

67 Dazu jetzt Julia Barrow, *The Clergy in the Medieval World: Secular Clerics, Their Families and Careers in North-Western Europe, c. 800–c. 1200*, Cambridge 2015, insbesondere S. 271–274.

68 Diana Greenway, *Fasti Ecclesiae Anglicanae, 1066–1300. Vol. 2. Monastic Cathedrals (Northern and Southern Provinces)*, London 1971, S. ix; zu Rochester siehe Cowdrey, *Lanfranc*, S. 118–119.

69 Barlow, *Church*, S. 48–50, mit dem Hinweis, dass in Einzelfällen Erzdiakone in England bereits vor 1066 wirkten, eine territoriale Organisation ihres Zuständigkeitsbereichs aber möglicherweise mit Ausnahme von York nicht zu erkennen sei; Harper-Bill, The Anglo-Norman Church, S. 174; Christopher N. L. Brooke, The Archdeacon and the Norman Conquest, in Diane Greenway / Christopher Holdsworth / Jane Sawyers (Hg.), *Tradition and Change: Essays in Honour of Marjorie Chibnall*, Cambridge 1985, S. 1–20; Cowdrey, *Lanfranc*, S. 134–138; Barrow, *Clergy*, S. 305–306; zur Situation in der Normandie siehe David Spear, L'administration épiscopale normande. Archidiacres et dignitaires des chapitres, in Bouet / Neveux (Hg.), *Les évêques normands*, S. 81–102, hier S. 81–92.

70 *Letters of Lanfranc*, hg. von Clover / Gibson, Nr. 39.

71 Cowdrey, *Lanfranc*, S. 201.

72 *Letters of Lanfranc*, hg. von Clover / Gibson, Nr. 38.

73 Stefan BEULERTZ, *Das Verbot der Laieninvestitur im Investiturstreit* (MGH. Studien und Texte 2), Hannover 1991, S. 7–8 und passim.

74 Es ist beispielsweise denkbar, dass der päpstliche Legat Humbert auf seiner Englandreise im Jahre 1080 Lanfrank darüber informierte, COWDREY, *Lanfranc*, S. 199–200.

75 Aus der jüngeren Literatur siehe dazu Richard SOUTHERN, *Saint Anselm. A Portrait in a Landscape*, Cambridge 1991, S. 289–304; Judith GREEN, *Henry I, King of England and Duke of Normandy*, Cambridge 2006, S. 52–53, 66, 81, 86, 88, 108, 266–268; Sally VAUGHN, *Archbishop Anselm 1093–1109: Bec Missionary, Canterbury Primate, Patriarch of another World* (The Archbishops of Canterbury Series), Farnham 2012, S. 125–152; Stefanie SCHILD, *Der Investiturstreit in England* (Historische Studien 504), Husum 2015.

76 *Councils and Synods, Vol. I/2. 1066–1204*, hg. von WHITELOCK / BRETT / BROOKE, Nr. 86 (Winchester), 87 (Windsor); COWDREY, *Lanfranc*, S. 84–85.

77 Ebenda, S. 85, 126–128.

78 *Councils and Synods, Vol. I/2. 1066–1204*, hg. von WHITELOCK / BRETT / BROOKE, Nr. 91 (Winchester, 1072), 92 (London, 1075), 93 (Winchester, 1076). Zur Durchsetzung des Zölibats in England und der Normandie siehe nun Jennifer THIBAUDEAUX, *Manly Priest. Clerical Celibacy, Masculinity, and Reform in England and Normandy, 1066–1300* (The Middle Ages Series), Philadelphia 2015.

79 *Regesta Regum Anglo-Normannorum*, hg. von BATES, Nr. 128.

80 COWDREY, *Lanfranc*, S. 133–134.

81 Ebenda, S. 134.

82 Andreas THIER, *Hierarchie und Autonomie. Regelungstraditionen der Bischofsbestellung in der Geschichte des kirchlichen Wahlrechts bis 1140* (Studien zur europäischen Rechtsgeschichte 257. Recht im ersten Jahrtausend 1), Frankfurt 2011, insbesondere S. 339–350.

83 Siehe oben S. 50.

84 Cambridge, Trinity College, B 16.44. Zur *Collectio Lanfranci* siehe Zacharias BROOKE, *The English Church and the Papacy. From the Conquest to the Reign of King John*, Cambridge 1931, S. 57–83; Robert SOMERVILLE, Lanfranc's Canonical Collection and Exeter, *Bulletin of Historical Research*, 45 (1972), S. 303–306; Mark PHILPOTT, Lanfranc's Canonical Collection and «the Law of the Church», in D'ONOFRIO (Hg.), *Lanfranco di Pavia*, S. 131–147; COWDREY, *Lanfranc*, S. 138–143; Michael GULLICK, The English-Owned Manuscripts of the *Collectio Lanfranci* (s. xi / xii), in Lynda DENNISON (Hg.), *The Legacy of M. R. James. Papers from the 1995 Cambridge Symposium*, Donnington 2001, S. 99–117; Michael GULLICK, Lanfranc and the Oldest Manuscript of the *Collectio Lanfranci*, in Bruce BRASINGTON / Kathleen CUSHING (Hg.), *Bishops, Texts and the Use of Canon Law around 1100. Essays in Honour of Martin Brett* (Church, Faith and Culture in the Medieval West), Aldershot 2008, S. 79–89; Nicolás ÁLVAREZ DE LAS ASTURIAS, *La «Collectio Lanfranci». Origine e Influenza di una Collezione della*

Chiesa Anglo-Normanna (Pontificia Università della Santa Croce. Monografie giuridiche 32), Mailand 2008, sowie die in den folgenden Anmerkungen genannten Arbeiten.

85 Cambridge, Trinity College, B 16.44, S. 405.

86 Zum Folgenden siehe Paul FOURNIER, Notes sur les anciennes collections canoniques conservées en Angleterre, *Revue historique de droit français et étranger*, 12 (1933), S. 129–134, hier S. 133; Mark PHILPOTT, The *De iniusta vexacione Willelmi episcopi primi* and Canon Law in Anglo-Norman Durham, in David ROLLASON / Margaret HARVEY / Michael PRESTWICH (Hg.), *Anglo-Norman Durham, 1093–1193*, Woodbridge 1994, S. 125–137. Es ist nicht mit letzter Sicherheit geklärt, wann der Traktat *De iniusta vexacione Willelmi episcopi primi* entstanden ist. Ich folge hier der Auffassung von COWDREY, *Lanfranc*, S. 219; PHILPOTT, The *De iniusta vexacione*, und John GILLINGHAM, *William II. The Red King* (Penguin Monarchs), London 2015, S. 8–9, 86, die dafür plädieren, den Text bei aller Parteilichkeit als verlässliche Quelle für die Ereignisse des Jahres 1088 anzusehen. Die jüngste Edition des Texts ist De iniusta vexacione Willelmi episcopi primi per Willelmum regem filium Willelmi magni regis, hg. von Hilary OFFLER / Alan PIPER / Anthony DOYLE, *Camden Fifth Series*, 10 (1997) = *Camden Miscellany 34: Chronology, Conquest and Conflict in Medieval England*, S. 49–104. Offler vertritt die Auffassung, dass der Text deutlich nach 1088 verfasst wurde und nur unzulänglich als detailgetreue Quelle für die Ereignisse und Argumente von 1088 taugt, ebenda, S. 60–65.

87 Cambridge, Peterhouse, MS 74.

88 Eine ausführliche Diskussion der Verhandlung bieten PHILPOTT, The *De iniusta vexacione*; COWDREY, *Lanfranc*, S. 221–224.

89 Martin BRETT, The *Collectio Lanfranci* and its Competitors, in Lesley SMITH / Benedicta WARD (Hg.), *Intellectual Life in the Middle Ages. Essays Presented to Margaret Gibson*, London 1992, S. 157–174; Nicolás ÁLVAREZ DE LAS ASTURIAS, The Use of the *Collectio Lanfranci*: the Evidence of the Manuscripts, in BRASINGTON / CUSHING (Hg.), *Bishops, Texts and the Use of Canon Law around 1100*, S. 121–127.

90 Gesta Guillelmi, S. 114–115; TB, Tafeln 49–50.

91 ASC E s. a. 1048 [1051].

92 Eric FERNIE, *The Architecture of Norman England*, Oxford 2000, S. 50.

93 Michael SHAPLAND, St Mary's, Broughton, Lincolnshire: A Thegnly Tower-Nave in the late Anglo-Saxon Landscape, *The Archaeological Journal*, 165 (2008), S. 471–519, hier S. 507–509.

94 Vgl. dazu auch den Kommentar von Orderic Vitalis, Bd. 2, S. 218–219.

95 Zu weiteren Burgen siehe FISCHER, *Stadtgestalt*, S. 147 Anm. 35, 149; vgl. grundsätzlich David KING, *Castellarium Anglicanum. An Index and Bibliography of Castles in England, Wales and the Islands*, 2 Bde., London 1983.

96 *Letters of Lanfranc*, hg. von CLOVER / GIBSON, Nr. 31, 36.

97 FISCHER, *Stadtgestalt*, S. 148.

98 DALTON, *Conquest*, insbesondere S. 31–32; Norman POUNDS, *The Medieval Castle in England and Wales. A Social and Political History*, Cambridge 1990, S. 130–141.
99 FISCHER, *Stadtgestalt*, S. 156–157.
100 DB 9: Devon, Teil 1, fol. 100a.
101 DB 30: Yorkshire, Teil 1, fol. 298b; FISCHER, *Stadtgestalt*, S. 154–155.
102 Ebenda., S. 156–157.
103 ASC E s. a. 1086 [1087].
104 *William of Malmesbury, Gesta Pontificum Anglorum*, hg. und übers. von WINTERBOTTOM / THOMSON, Bd. 1, S. 384–385.
105 FISCHER, *Stadtgestalt*, S. 150–157.
106 Dazu FERNIE, *The Architecture of Norman England*, S. 55–67; FISCHER, *Stadtgestalt*, S. 159–162.
107 FERNIE, *The Architecture of Norman England*, S. 67.
108 Grundlegend: FERNIE, *The Architecture of Norman England*; FISCHER, *Stadtgestalt*; Richard PLANT, Ecclesiastical Architecture, c. 1050 to c. 1200, in HARPER-BILL / VAN HOUTS (Hg.), *A Companion to the Anglo-Norman World*, S. 215–253.
109 William of Malmesbury, Gesta Regum, Bd. 1, S. 460–461.
110 Ebenda, S. 418–419; vgl. FISCHER, *Stadtgestalt*, S. 254–255.
111 Eric FERNIE, Architecture and the Effects of the Norman Conquest, in BATES / CURRY (Hg.), *England and Normandy in the Middle Ages*, S. 105–116, hier S. 105–107.
112 *Eadmeri Historia novorum in Anglia*, hg. von RULE, S. 12. Möglicherweise wurde diese Textstelle später eingefügt, ebenda, S. xvi–xvii; vgl. Orderic Vitalis, Bd. 5, S. 320–321.
113 FERNIE, *The Architecture of Norman England*, S. 104–106; FISCHER, *Stadtgestalt*, S. 258–263.
114 Ebenda, S. 323–324.
115 FERNIE, *The Architecture of Norman England*, S. 106–115; FISCHER, *Stadtgestalt*, S. 264–268.
116 FERNIE, *The Architecture of Norman England*, S. 110–111, 115–117, 152–153; FISCHER, *Stadtgestalt*, S. 265, 269–272.
117 FERNIE, *The Architecture of Norman England*, S. 122–124; FISCHER, *Stadtgestalt*, S. 274–277.
118 Historia ecclesiae Dunhelmensis, hg. von ARNOLD, S. 128–129.
119 FERNIE, *The Architecture of Norman England*, S. 131–140; FISCHER, *Stadtgestalt*, S. 291–298, 330–335.
120 *William of Malmesbury, Gesta Pontificum Anglorum*, hg. und übers. von WINTERBOTTOM / THOMSON, Bd. 1, S. 316–317.
121 FERNIE, Architecture and the Effects of the Norman Conquest, S. 107.
122 Ebenda, S. 108–109; PLANT, Ecclesiastical Architecture, S. 229–230.
123 FERNIE, *The Architecture of Norman England*, S. 121 mit Aufzählung weiterer Ele-

mente; PLANT, Ecclesiastical Architecture, S. 230–233; FISCHER, *Stadtgestalt*, S. 277–282.

124 Vgl. auch *William of Malmesbury, Gesta Pontificum Anglorum*, hg. und übers. von WINTERBOTTOM / THOMSON, Bd. 1, S. 230–233; Orderic Vitalis, Bd. 5, S. 320–321; FISCHER, *Stadtgestalt*, S. 360–364.

125 *William of Malmesbury, Saints' Lives. Lives of SS. Wulfstan, Dunstan, Patrick, Benignus and Indract*, hg. und übers. von Michael WINTERBOTTOM / Rodney THOMSON (Oxford Medieval Texts), Oxford 2002, S. 122–123.

126 *William of Malmesbury, Gesta Pontificum Anglorum*, hg. und übers. von WINTERBOTTOM / THOMSON, Bd. 1, S. 430–431.

127 *William of Malmesbury, Saints' Lives*, hg. und übers. von WINTERBOTTOM / THOMSON, S. 122–123; *William of Malmesbury, Gesta Pontificum Anglorum*, hg. und übers. von WINTERBOTTOM / THOMSON, Bd. 1, S. 430–431.

128 De Abbatibus Abbendoniae, in *Chronicon monasterii de Abingdon*, hg. von Joseph STEVENSON (Rolls Series 2), 2 Bde., London 1858, Bd. 2, S. 267–295, hier S. 284. Es ist bezeichnend für die unterschiedliche Wahrnehmung der normannischen Bauaktivitäten, dass die in etwa zur gleichen Zeit in Abingdon verfasste Geschichte der Abtei Adelelm ganz anders bewertete. Er habe sich bemüht, die Kirche mit Ornamenten zu verbessern, und wollte sie von Grund auf erneuern lassen. Als er damit beginnen wollte, habe ihn der Tod ganz unerwartet aus dem Leben gerissen, *Historia ecclesie Abbendonensis*, hg. und übers. von HUDSON, Bd. 2, S. 16–17; zum zeitlichen Verhältnis der beiden Traditionen zueinander siehe ebenda, S. xxi–xxiii, xl–xlii.

129 FISCHER, *Stadtgestalt*, S. 364–370.

130 Ebenda, S. 283–288 (Zitat auf S. 288), 370; Richard GEM, Bishop Wulfstan II and the Romanesque Cathedral Church of Worcester, in Richard GEM, *Studies in English Pre-Romanesque and Romanesque Architecture*, 2 Bde., London 2004, Bd. 2, S. 600–632.

131 FISCHER, *Stadtgestalt*, S. 449.

132 Robert BARTLETT, *England under the Norman and Angevin Kings: 1075–1225* (The New Oxford History of England), Oxford 2000, S. 492.

133 *Regesta Regum Anglo-Normannorum*, hg. von BATES, S. 43–62.

134 Ian SHORT, Language and Literature, in HARPER-BILL / VAN HOUTS, *A Companion to the Anglo-Norman World*, S. 191–213, hier S. 196–198; BARTLETT, *England*, S. 494–495.

135 SHORT, Language and Literature, hier S. 193; vgl. Elizabeth TYLER (Hg.), *Conceptualizing Multilingualism in England, c. 800–c. 1250* (Studies in the early Middle Ages 27), Turnhout 2011.

136 William of Malmesbury, Gesta Regum, Bd. 1, S. 536–539; *William of Malmesbury, Saints' Lives*, hg. und übers. von WINTERBOTTOM / THOMSON, S. 62–65.

137 Gesta Herwardi, hg. von HARDY / MARTIN, Bd. 1, S. 385.

138 Ian SHORT, *Anglice loqui nesciunt*: Monoglots in Anglo-Norman England, *Cultura neolatina*, 69 (2009), S. 245–262, hier S. 256–257, 260–261.

139 Short, Language and Literature, S. 204; Bartlett, *England*, S. 489–490.

140 *English Lawsuits from William I to Richard I*, hg. von Raoul van Caenegem (The Publications of the Selden Society 106–107), 2 Bde., London 1990–1991, Bd. 1, Nr. 172.

141 *William of Malmesbury, Gesta Pontificum Anglorum*, hg. und übers. von Winterbottom / Thomson, Bd. 1, S. 326–327.

142 Ian Short, *Tam Angli quam Franci*: Self-Definition in Anglo-Norman England, in Christopher Harper-Bill (Hg.), *Anglo-Norman Studies XVIII. Proceedings of the Battle Conference 1995*, Woodbridge 1996, S. 153–175; Short, *Anglice loqui nesciunt*: Monoglots in Anglo-Norman England, S. 250–252; Short, Language and Literature, S. 204–205. Zur Herausbildung einer neuen englischen Identität allgemein siehe Hugh Thomas, *The English and the Normans: Ethnic Hostility, Assimilation, and Identity, 1066–c. 1220*, Oxford 2003.

143 Freeman, *Norman Conquest*, Bd. 5, S. 547–548: «This abiding corruption of our language I believe to have been the one result of the Norman Conquest which has been purely evil. In every other respect, the evil of a few generations has been turned into good in the long run. But the tongue of England [...] has become for ever the spoil of the enemy. The change is purely evil. We are always told of the greater variety, the greater flexibility, which our language has gained by its foreign corruptions. I deny every count.»

144 Short, Language and Literature, S. 213: «[...] the ultimate victor, thus far at least, of the Battle of Hastings was English.» Das auf der Doppeldeutigkeit von *English* als Substantiv und Adjektiv beruhende Wortspiel Shorts geht in der deutschen Übersetzung leider verloren.

BIBLIOGRAPHIE

Quellen

Ungedruckte Quellen

Cambridge, Peterhouse, MS 74.
Cambridge, Trinity College, B 16.44.
London, The National Archives, E 36 / 274.

Gedruckte Quellen

De Abbatibus Abbendoniae, in *Chronicon monasterii de Abingdon*, hg. von Joseph STEVENSON (Rolls Series 2), 2 Bde., London 1858, Bd. 2, S. 267–295.

Adam von Bremen, Hamburgische Kirchengeschichte, hg. von Bernhard SCHMEIDLER (MGH SS rer. Germ. 2), Hannover 1917.

Anglo-Saxon Charters, hg. von Agnes ROBERTSON, Cambridge ²1956.

The Anglo-Saxon Chronicle, a Collaborative Edition, Bd. 3: MS. A, hg. von Janet BATELY, Cambridge 1986.

The Anglo-Saxon Chronicle, a Collaborative Edition, Bd. 5: MS. C, hg. von Katherine O'BRIEN O'KEEFFE, Cambridge 2001.

The Anglo-Saxon Chronicle, a Collaborative Edition, Bd. 6: MS. D, hg. von G. P. CUBBIN, Cambridge 1996.

The Anglo-Saxon Chronicle, a Collaborative Edition, Bd. 7: MS. E, hg. von Susan IRVINE, Cambridge 2004.

The Anglo-Saxon Chronicle: A Revised Translation, hg. und übers. von Dorothy WHITELOCK / David DOUGLAS / Susie TUCKER, London 1961.

The Anglo-Saxon Chronicles, übers. von Michael SWANTON (Exeter Medieval Texts and Studies), London ²2000.

Annales Altahenses maiores a. 708–1073, hg. von Wilhelm GIESEBRECHT / Edmund VON OEFELE, in MGH SS 20, Hannover 1868, S. 772–824.

Annales Cambriae, hg. von John WILLIAMS (Rolls Series 20), London 1860.

Annales de Wintonia, in *Annales Monastici*, hg. von Henry Richards LUARD (Rolls Series 36), 5 Bde., London 1864–1869, Bd. 2, S. 3–125.

The Annals of Tigernach. The Fourth Fragment, A. D. 973–A. D. 1088, hg. von Whitley STOKES, *Revue Celtique*, 17 (1886), S. 337–420.

The Battle of Maldon and Other Old English Poems, hg. und übers. von Kevin CROSSLEY-HOLLAND / Bruce MITCHELL, London 1965.

The Bayeux Tapestry, hg. von David M. WILSON, London 1985.

Beowulf and the Fight at Finnsburg, hg. von Friedrich KLAEBER, Boston [3]1950.

Beowulf and the Finnesburg Fragment, übers. von John Clark HALL / Charles Leslie WRENN, London [4]1954.

The Brevis Relatio de Guillelmo nobilissimo comite Normannorum, Written by a Monk of Battle Abbey, hg. von Elisabeth VAN HOUTS, *Camden Fifth Series*, 10 (1997) = *Camden Miscellany 34: Chronology, Conquest and Conflict in Medieval England*, S. 1–48.

Brut y Tywysogion or The Chronicle of the Princes, hg. von John WILLIAMS (Rolls Series 17), London 1860.

The Carmen de Hastingae Proelio of Guy, Bishop of Amiens, hg. und übers. von Frank BARLOW (Oxford Medieval Texts), Oxford 1999.

The Chronicle of Battle Abbey, hg. und übers. von Eleanor SEARLE (Oxford Medieval Texts), Oxford 1980.

The Chronicle of John of Worcester, hg. von Reginald R. DARLINGTON / Patrick McGURK, übers. von Jennifer BRAY / Patrick McGURK (Oxford Medieval Texts), bislang 2 Bde. [= Bd. 2 und 3], Oxford 1995–[1998].

The Chronicle of Walter of Guisborough, hg. von Harry ROTHWELL (Camden Third Series 89), London 1957.

Chronicon Abbatiae Ramesiensis a saec. X. usque ad an. circiter 1200, hg. von William MACRAY (Rolls Series 83), London 1886.

Chronicon Roskildense, in *Scriptores minores historiae Danicae*, hg. von Martinus GERTZ, 2 Bde., Kopenhagen 1917–1918, Bd. 1, S. 3–33.

Concilia Rotomagensis provinciae, hg. von Guillaume BESSIN, Rouen 1717.

Councils and Synods with other Documents Relating to the English Church, Vol. I/2. 1066–1204, hg. von Dorothy WHITELOCK / Martin BRETT / Christopher N. L. BROOKE, Oxford 1981.

Domesday Book, hg. von John MORRIS und anderen, 40 Bde., Chichester 1974–1986.

Dudo of St. Quentin, History of the Normans, übers. von Eric CHRISTIANSEN, Woodbridge 1998.

Eadmeri Historia novorum in Anglia, et opuscula duo de vita sancti Anselmi et quibusdam miraculis eius, hg. von Martin RULE (Rolls Series 81), London 1884.

The Ecclesiastical History of Orderic Vitalis, hg. und übers. von Marjorie CHIBNALL, 6 Bde., Oxford 1969–1980.

The Electronic Sawyer. Online Catalogue of Anglo-Saxon Charters: http://www.esawyer.org.uk/about/index.html.

Encomium Emmae Reginae, hg. von Alistair CAMPBELL / Simon KEYNES (Camden Classics Reprints 4), Cambridge 1998.

English Coronation Records, hg. von Leopold G. Wickham LEGG, Westminster 1901.

English Historical Documents, Vol. 1. c. 500–1042, hg. von Dorothy WHITELOCK, London 1978.

English Historical Documents, Vol. 2. 1042–1189, hg. von David DOUGLAS / George GREENWAY, London ²1981.

English Lawsuits from William I to Richard I, hg. von Raoul VAN CAENEGEM (The Publications of the Selden Society 106–107), 2 Bde., London 1990–1991.

The Exeter Anthology of Old English Poetry. An Edition of Exeter Dean and Chapter MS 3501, hg. von Bernard MUIR (Exeter Medieval English Texts and Studies), 2 Bde., Exeter 1994.

The Exeter Book. Part II: Poems IX–XXXII, hg. von William S. MACKIE, London 1934.

Fagrskinna, a Catalogue of the Kings of Norway. A Translation with Introduction and Notes, hg. von Alison FINLAY (The Northern World 7), Leiden 2004.

Geffrei Gaimar, Estoire des Engleis / History of the English, hg. und übers. von Ian SHORT, Oxford 2009.

Die Gesetze der Angelsachsen, hg. und übers. von Felix LIEBERMANN, 3 Bde., Halle 1903–1916.

The Gesta Guillelmi of William of Poitiers, hg. und übers. von Ralph H. C. DAVIS / Marjorie CHIBNALL (Oxford Medieval Texts), Oxford 1998.

Gesta Herwardi, in *Lestorie des Engles*, hg. von Thomas D. HARDY / Charles T. MARTIN (Rolls Series 91), 2 Bde., London 1888–1889, Bd. 1, S. 339–404.

The Gesta Normannorum Ducum of William of Jumièges, Orderic Vitalis, and Robert of Torigny, hg. und übers. von Elisabeth VAN HOUTS (Oxford Medieval Texts), 2 Bde., Oxford 1992–1995.

Gesta pontificum Cameracensium, hg. von Ludwig BETHMANN, in MGH SS 7, Hannover 1846, S. 402–489.

Giraldi Cambrensis Itinerarium Kambriae et descriptio Kambriae, in *Giraldi Cambrensis opera*, hg. von John BREWER / James DIMOCK / George WARNER (Rolls Series 21), 8 Bde., London 1861–1891, Bd. 6, S. 155–227.

Giraldi Cambrensis Vita S. Remigii et Vita S. Hugonis, in *Giraldi Cambrensis opera*, hg. von John BREWER / James DIMOCK / George WARNER (Rolls Series 21), 8 Bde., London 1861–1891, Bd. 7.

The Great Seals of England, from the earliest Time to the Present, hg. von Alfred WYON / Allen WYON, London 1887.

Heimskringla. History of the Kings of Norway by Snorri Sturluson, übers. von Lee M. HOLLANDER, Austin ²1967.

Henry, Archdeacon of Huntingdon, Historia Anglorum, hg. u. übers. von Diana GREENWAY (Oxford Medieval Texts), Oxford 1996.

Hériman de Tournai, Les miracles de Sainte Marie de Laon, hg. und übers. von Alain SAINT-DENIS (Sources d'histoire médiévale 36), Paris 2008.

Historia dedicationis ecclesiae S. Remigii apud Remos auctore Anselmo eiusdem loci monacho et aequali, in *Patrologiae cursus completus. Series latina*, hg. von Jacques Paul MIGNE, 221 Bde., Paris 1844–1865, Bd. 142, Sp. 1411–1440.

Historia ecclesiae Dunhelmensis, in *Symeonis monachi opera omnia*, hg. von Thomas ARNOLD (Rolls Series 75), 2 Bde., London 1882–1885, Bd. 1, S. 1–169.

Historia ecclesie Abbendonensis, hg. und übers. von John HUDSON (Oxford Medieval Texts), 2 Bde., Oxford 2002–2007.

Historia Regum, in *Symeonis monachi opera omnia*, hg. von Thomas ARNOLD (Rolls Series 75), 2 Bde., London 1882–1885, Bd. 2, S. 1–283.

De iniusta vexacione Willelmi episcopi primi per Willelmum regem filium Willelmi magni regis, hg. von Hilary OFFLER / Alan PIPER / Anthony DOYLE, *Camden Fifth Series*, 10 (1997) = *Camden Miscellany 34: Chronology, Conquest and Conflict in Medieval England*, S. 49–104.

Kekaumenos, Consilia et Narrationes, hg. und übers. von Charlotte ROUECHÉ, in SAWS Edition: http://www.ancientwisdoms.ac.uk/library/kekaumenos-consilia-et-narrationes/.

The Letters of Lanfranc, Archbishop of Canterbury, hg. von Helen CLOVER / Margaret GIBSON (Oxford Medieval Texts), Oxford 1979.

The Life of King Edward who Rests at Westminster Attributed to a Monk of Saint-Bertin, hg. und übers. von Frank BARLOW (Oxford Medieval Texts), Oxford [2]1992.

Mariani Scotti Chronicon a. 1–1082, hg. von Georg WAITZ, in MGH SS 5, Hannover 1844, S. 481–562.

De moribus et actis primorum Normanniae ducum, hg. von Jules LAIR (Mémoires de la Société des Antiquaires de Normandie 23), Caen 1865.

Morkinskinna. The Earliest Icelandic Chronicle of the Norwegian Kings (1030–1157), übers. von Theodore M. ANDERSSON / Kari Ellen GADE (Islandica 51), Ithaca 2000.

Ottonis et Rahewini Gesta Friderici I. imperatoris, hg. von Georg WAITZ / Bernhard SIMSON (MGH SS rer. Germ. 46), Hannover 1912.

Raoul Glaber, Les cinq livres de ses histoires (900–1044), hg. von Maurice PROU (Collection de textes pour servir à l'étude et à l'enseignement de l'histoire 1), Paris 1886.

Recueil des actes de ducs de Normandie de 911 à 1066, hg. von Marie FAUROUX (Mémoires de la Société des Antiquaires de Normandie 36), Caen 1961.

Recueil des actes de Lothaire et de Louis V, rois de France, (954–987), hg. von Louis HALPHEN / Ferdinand LOT (Chartes et diplômes relatifs à l'histoire de France), Paris 1908.

Regesta Imperii Online: http://regesten.regesta-imperii.de/.

Regesta Regum Anglo-Normannorum. The Acta of William I (1066–1087), hg. von David BATES, Oxford 1998.

Richard fitzNigel, Dialogus de Scaccario. The Dialogue of the Exchequer, hg. und übers. von Emilie AMT, [und] *Constitutio domus regis. Disposition of the King's Household*, hg. und übers. von Stephen CHURCH (Oxford Medieval Texts), Oxford 2007.

Richer von Saint-Remi, Historiae, hg. von Hartmut HOFFMANN (MGH SS 38), Hannover 2000.

Le Roman de Rou de Wace, hg. von Anthony J. HOLDEN (Société des anciens textes français), 3 Bde., Paris 1970–1973.

Saxo Grammaticus, Gesta Danorum. The History of the Danes, hg. von Karsten FRIIS-JENSEN, übers. von Peter FISHER (Oxford Medieval Texts), 2 Bde., Oxford 2015.

Vademecum des byzantinischen Aristokraten. Das sogenannte Strategikon des Kekaumenos, übers. von Hans-Georg BECK (Byzantinische Geschichtsschreiber 5), Graz 1956.

Vita Lanfranci, hg. von Margaret GIBSON, in Giulio D'ONOFRIO (Hg.), *Lanfranco di Pavia e l'Europa del secolo XI. Nel IX centenario della morte (1089–1989). Atti del Convegno Internazionale di Studi (Pavia, Almo Collegio Borromeo, 21–24 settembre 1989)* (Italia Sacra. Studi e documenti di storia ecclesiastica 51), Rom 1993, S. 659–715.

Vita S. Augustini, in *Patrologiae cursus completus. Series latina*, hg. von Jacques Paul MIGNE, 221 Bde., Paris 1844–1865, Bd. 80, Sp. 43–94, 485–520.

Vitae Sanctorum Danicorum, hg. von Martinus GERTZ, Kopenhagen 1908–1912.

The Waltham Chronicle. An Account of the Discovery of our Holy Cross at Montacute and its Conveyance to Waltham, hg. und übers. von Leslie WATKISS / Marjorie CHIBNALL (Oxford Medieval Texts), Oxford 1994.

The Warenne (Hyde) Chronicle, hg. von Elisabeth VAN HOUTS / Rosalind LOVE (Oxford Medieval Texts), Oxford 2013.

Warner of Rouen, Moriuht. A Norman Latin Poem from the early Eleventh Century, hg. und übers. von Christopher McDONOUGH (Studies and Texts 121), Toronto 1995.

William of Malmesbury, Gesta Pontificum Anglorum, hg. und übers. von Michael WINTERBOTTOM / Rodney THOMSON (Oxford Medieval Texts), 2 Bde., Oxford 2007.

William of Malmesbury, Gesta Regum Anglorum, the History of the English Kings, hg. und übers. von Roger MYNORS / Rodney THOMSON / Michael WINTERBOTTOM (Oxford Medieval Texts), 2 Bde., Oxford 1998–1999.

William of Malmesbury, Saints' Lives. Lives of SS. Wulfstan, Dunstan, Patrick, Benignus and Indract, hg. und übers. von Michael WINTERBOTTOM / Rodney THOMSON (Oxford Medieval Texts), Oxford 2002.

Ystoire de li normant, hg. von Michèle GUÉRET-LAFERTÉ (Les classiques français du Moyen Âge 166), Paris 2011.

Literatur

ABELS, Richard, Bookland and Fyrd Service in late Saxon England, in R. Allen BROWN (Hg.), *Anglo-Norman Studies VII. Proceedings of the Battle Conference 1984*, Woodbridge 1985, S. 1–25.

ABELS, Richard, *Lordship and Military Obligation in Anglo-Saxon England*, Berkeley 1988.

ABELS, Richard, *Alfred the Great. War, Kingship and Culture in Anglo-Saxon England* (The Medieval World), London 1998.

ABELS, Richard, Art. «Thorkell the Tall, Earl of East Anglia (fl. 1009–1023)», in *Oxford Dictionary of National Biography*: http://www.oxforddnb.com/view/article/27403.

ABELS, Richard, «Cowardice» and Duty in Anglo-Saxon England, *Journal of Medieval Military History*, 4 (2006), S. 29–49.

AILES, Adrian, The Knight's Alter Ego. From Equestrian to Armorial Seal in: Noël ADAMS/John CHERRY/James ROBINSON (Hg.), *Good Impressions. Image and Authority in Medieval Seals* (British Museum. Research Publication 168), London 2008, S. 8–11.

AIRD, William M., Art. «Gospatric, Earl of Northumbria (d. 1073x5)», in *Oxford Dictionary of National Biography*: http://www.oxforddnb.com/view/article/11110.

AIRD, William M., *Robert Curthose, Duke of Normandy (c. 1050–1134)*, Woodbridge 2008.

ALLEN, Martin, *Mints and Money in Medieval England*, Cambridge 2012.

ALLEN, Richard, Avant Lanfranc. Un réexamen de la carrière de Mauger, archévêque de Rouen (1037–1054/55), in Julia BARROW/Fabrice DELIVRÉ/Véronique GAZEAU (Hg.), *Autour de Lanfranc (1010–2010). Réforme et réformateurs dans l'Europe du Nord-Ouest (XIe–XIIe siècle)*, Caen 2015, S. 131–151.

ALTHOFF, Gerd, *Heinrich IV.* (Gestalten des Mittelalters und der Renaissance), Darmstadt ³2013.

ÁLVAREZ DE LAS ASTURIAS, Nicolás, *La «Collectio Lanfranci». Origine e Influenza di una Collezione della Chiesa Anglo-Normanna* (Pontificia Università della Santa Croce. Monografie giuridiche 32), Mailand 2008.

ÁLVAREZ DE LAS ASTURIAS, Nicolás, The Use of the *Collectio Lanfranci*: the Evidence of the Manuscripts, in Bruce BRASINGTON/Kathleen CUSHING (Hg.), *Bishops, Texts and the Use of Canon Law around 1100. Essays in Honour of Martin Brett* (Church, Faith and Culture in the Medieval West), Aldershot 2008, S. 121–127.

ARNOLD, Benjamin, *Power and Property in Medieval Germany. Economic and Social Change c. 900–1300*, Oxford 2004.

BACHRACH, Bernard S., Animals and Warfare in early Medieval Europe, in *L'uomo di fronte al mondo animale nell'alto medioevo* (Settimane di studio del centro italiano di studi sull'alto medioevo 31), 2 Bde., Spoleto 1984, Bd. 1, S. 707–764.

BACHRACH, Bernard S., Some Observations on the Military Administration of the Norman Conquest, in R. Allen BROWN (Hg.), *Anglo-Norman Studies VIII. Proceedings of the Battle Conference 1985*, Woodbridge 1986, S. 1–25.

BAGGE, Sverre, Eleventh Century Norway: The Formation of a Kingdom, in Przemysław URBAŃCZYK (Hg.), *The Neighbours of Poland in the 11th Century*, Warschau 2002, S. 29–47.

BAGGE, Sverre, *From Viking Stronghold to Christian Kingdom: State Formation in Norway, c. 900–1350*, Kopenhagen 2010.

BAGGE, Sverre, Kings' Sagas and Norwegian History (review), *Journal of English and Germanic Philology*, 112 (2013), S. 98–100.

BARLOW, Frank, *Edward the Confessor*, London 1970.

BARLOW, Frank, *The English Church 1000–1066: A History of the later Anglo-Saxon Church*, London ²1979.

BARLOW, Frank, *Thomas Becket*, London 1986.

BARLOW, Frank, *The Godwins. The Rise and Fall of a Noble Dynasty*, Harlow 2002.

BARLOW, Frank, Art. «Herfast (d. 1084)», in *Oxford Dictionary of National Biography*: http://www.oxforddnb.com/view/article/13075.

BARLOW, Frank, Art. «Leofric (d. 1072)», in *Oxford Dictionary of National Biography*: http://www.oxforddnb.com/view/article/16471.

BARROW, Julia, Art. «Giso (d. 1088)», in *Oxford Dictionary of National Biography*: http://www.oxforddnb.com/view/article/10778.

BARROW, Julia, Art. «Robert the Lotharingian (d. 1095)», in *Oxford Dictionary of National Biography*: http://www.oxforddnb.com/view/article/17026.

BARROW, Julia, *The Clergy in the Medieval World: Secular Clerics, Their Families and Careers in North-Western Europe, c. 800–c. 1200*, Cambridge 2015.

BARTHÉLEMY, Dominique, Note sur l'adoubement dans la France des XIe et XIIe siècles, in Henri DUBOIS / Michel ZINK (Hg.), *Les âges de la vie au Moyen Âge: actes du colloque du Département d'études médiévales de l'université Paris-Sorbonne et de l'université Friedrich-Wilhelm de Bonn, Provins 16–17 mars 1990* (Cultures et civilisations médiévales 7), Paris 1992, S. 107–117.

BARTHÉLEMY, Dominique, Qu'est-ce que la chevalerie en France au Xe et XIe siècles ?, *Revue Historique*, 290 (1993), S. 17–74.

BARTHÉLEMY, Dominique, *L'an mil et la paix de Dieu. La France chrétienne et féodale, 980–1060*, Paris 1999.

BARTLETT, Robert, *England under the Norman and Angevin Kings: 1075–1225* (The New Oxford History of England), Oxford 2000.

BARTON, Richard E., *Lordship in the County of Maine, c.890–1160*, Woodbridge 2004.

BATES, David, The Character and Career of Odo, Bishop of Bayeux (1049/50–1097), *Speculum*, 50 (1975), S. 1–20.

BATES, David, *Normandy before 1066*, London 1982.

BATES, David, *William the Conqueror*, Stroud ^{3}2004.

BATES, David, *The Normans and Empire. The Ford Lectures Delivered in the University of Oxford during Hilary Term 2010*, Oxford 2013.

BAUDUIN, Pierre, *La première Normandie (X^{e}–XIe siècles). Sur les frontières de la haute Normandie: identité et construction d'une principauté*, Caen ^{2}2004.

BAXTER, Stephen, The Earls of Mercia and their Commended Men in the Mid Eleventh Century, in John GILLINGHAM (Hg.). *Anglo-Norman Studies XXIII. Proceedings of the Battle Conference 2000*, Woodbridge 2001, S. 23–46.

BAXTER, Stephen, MS C of the Anglo-Saxon Chronicle and the Politics of Mid-Eleventh-Century England, *English Historical Review*, 122 (2007), S. 1189–1227.

BAXTER, Stephen, *The Earls of Mercia: Lordship and Power in late Anglo-Saxon England* (Oxford Historical Monographs), Oxford 2007.

BAXTER, Stephen, Edward the Confessor and the Succession Question, in Richard MORTIMER (Hg.), *Edward the Confessor: The Man and the Legend*, Woodbridge 2009, S. 77–118.

BAXTER, Stephen, Rezension von *David Roffe, Domesday: the Inquest and the Book*: http://www.history.ac.uk/reviews/review/216.

BEDOS-REZAK, Brigitte, The Social Implications of the Art of Chivalry: The Sigillographic Evidence (France 1050–1250), in Brigitte BEDOS-REZAK, *Form and Order in Medieval France. Studies in Social and Quantitative Sigillography* (Variorum Collected Studies Series 424), Aldershot 1993, Nr. III, S. 1–31.

BEDOS-REZAK, Brigitte, The King Enthroned. A new Theme in Anglo-Saxon Royal Iconography: The Seal of Edward the Confessor and its Political Implications, in Brigitte BEDOS-REZAK, *Form and Order in Medieval France. Studies in Social and Quantitative Sigillography* (Variorum Collected Studies Series 424), Aldershot 1993, Nr. VIII, S. 53–88.

BEECH, George, The Participation of Aquitanians in the Norman Conquest, 1066–1100, in R. Allen BROWN (Hg.), *Anglo-Norman Studies IX. Proceedings of the Battle Conference 1986*, Woodbridge 1987, S. 1–24.

BENEDIKZ, Benedikt S., The Evolution of the Varangian Regiment in the Byzantine Army, *Byzantinische Zeitschrift*, 62 (1969), S. 20–24.

BEULERTZ, Stefan, *Das Verbot der Laieninvestitur im Investiturstreit* (MGH. Studien und Texte 2), Hannover 1991.

BIDDLE, Martin (Hg.), *Winchester in the early Middle Ages. An Edition and Discussion of the Winton Domesday* (Winchester Studies 1), Oxford 1976.

BIHRER, Andreas, *Begegnungen zwischen dem ostfränkisch-deutschen Reich und England (850–1100). Kontakte – Konstellationen – Funktionalisierungen – Wirkungen* (Mittelalter-Forschungen 39), Ostfildern 2012.

BILL, Jan, Das Oseberg-Schiffsgrab, in Gareth WILLIAMS / Peter PENTZ / Matthias WEMHOFF (Hg.), *Die Wikinger*, München 2014, S. 200–201.

BILL, Jan, Roskilde 6, in Gareth WILLIAMS / Peter PENTZ / Matthias WEMHOFF (Hg.), *Die Wikinger*, München 2014, S. 228–233.

BLAIR, Peter, *An Introduction to Anglo-Saxon England*, Cambridge [3]2003.

BLIESE, John, Rhetoric and Morale: a Study of Battle Orations from the Central Middle Ages, *Journal of Medieval History*, 15 (1989), S. 201–226.

BLIESE, John, The Courage of the Normans. A Comparative Study of Battle Rhetoric, *Nottingham Medieval Studies*, 35 (1991), S. 1–17.

BOLTON, Timothy, *The Empire of Cnut the Great. Conquest and the Consolidation of Power in Northern Europe in the early Eleventh Century* (The Northern World 40), Leiden 2009.

BORGOLTE, Michael, Migrationen als transkulturelle Verflechtungen im mittelalterlichen Europa. Ein neuer Pflug für alte Forschungsfelder, *Historische Zeitschrift*, 289 (2009), S. 261–285.

BOUET, Pierre / DOSDAT, Monique, Les évêques normands de 985 à 1150, in Pierre BOUET / François NEVEUX (Hg.), *Les évêques normands au XIe siècle (Colloque de Cerisy-la-Salle, 30 septembre–3 octobre 1993)*, Caen 1995, S. 19–35.

BOUSMAR, Eric / MASSON, Christophe / MARCHANDISSE, Alain / SCHNERB, Bertrand

(Hg.), *La bâtardise et l'exercice du pouvoir en Europe du XIIIe au début du XVIe siècle* (Revue du Nord. Collection Histoire 31), Villeneuve d'Ascq 2015.

BOYER, Régis, Les sagas islandaises, in Régis BOYER/Danielle BUSCHINGER/André CRÉPIN/Jean FLORI/Jean-Marcel PAQUETTE/François SUARD/Madeleine TYSSENS/Juan VICTORIO (Hg.), *L'épopée* (Typologie des sources du Moyen Âge occidental 49), Turnhout 1988, S. 173–202.

BRETT, Martin, *The English Church under Henry I* (Oxford Historical Monographs), Oxford 1975.

BRETT, Martin, The *Collectio Lanfranci* and its Competitors, in Lesley SMITH/Benedicta WARD (Hg.), *Intellectual Life in the Middle Ages. Essays Presented to Margaret Gibson*, London 1992, S. 157–174.

BROOKE, Christopher N. L., The Archdeacon and the Norman Conquest, in Diane GREENWAY/Christopher HOLDSWORTH/Jane SAWYERS (Hg.), *Tradition and Change: Essays in Honour of Marjorie Chibnall*, Cambridge 1985, S. 1–20.

BROOKE, Christopher N. L., *The Medieval Idea of Marriage*, Oxford 1989.

BROOKE, Zacharias, *The English Church and the Papacy. From the Conquest to the Reign of King John*, Cambridge 1931.

BROOKS, Nicholas, Arms, Status, and Warfare in late-Saxon England, in David HILL (Hg.), *Ethelred the Unready: Papers from the Millenary Conference* (BAR British Series 59), Oxford 1978, S. 81–103.

BROWN, R. Allen, The Battle of Hastings, in R. Allen BROWN (Hg.), *Proceedings of the Battle Conference on Anglo-Norman Studies III, 1980*, Woodbridge 1981, S. 1–12.

BROWN, Shirley Ann, *The Bayeux Tapestry. Bayeux, Médiathèque Municipale: Ms. 1. A Sourcebook* (Publications of the Journal of Medieval Latin 9), Turnhout 2013.

BROWNLIE, Siobhan, *Memory and Myths of the Norman Conquest* (Medievalism 3), Woodbridge 2013.

BRUNDAGE, James, *Law, Sex, and Christian Society in Medieval Europe*, Chicago 1987.

CAMPBELL, Miles W., An Inquiry into the Troop Strength of King Harald Hardrada's Invasion Fleet of 1066, *The American Neptune*, 44 (1984), S. 96–102.

CAMPBELL, James, Some Agents and Agencies of the late Anglo-Saxon State, in James CAMPBELL, *The Anglo-Saxon State*, London 2010, S. 201–225.

CHIBNALL, Marjorie, Military Service in Normandy before 1066, in R. Allen BROWN (Hg.), *Anglo-Norman Studies VII. Proceedings of the Battle Conference 1984*, Woodbridge 1985, S. 65–77.

CHIBNALL, Marjorie, *Anglo-Norman England, 1066–1166*, Oxford 1986.

CHIBNALL, Marjorie, La carrière de Geoffroi de Montbray, in Pierre BOUET/François NEVEUX (Hg.), *Les évêques normands du XIe siècle. Actes du colloque de Cérisy-la-Salle, 30 septembre–3 octobre 1993*, Caen 1995, S. 279–293.

CHIBNALL, Marjorie, *The Debate on the Norman Conquest*, Manchester 1999.

CIGGAAR, Krijnie, England and Byzantium on the Eve of the Norman Conquest (the Reign of Edward the Confessor), in R. Allen BROWN (Hg.), *Anglo-Norman Studies V. Proceedings of the Battle Conference 1982*, Woodbridge 1983, S. 78–96.

CLANCHY, Michael, *England and its Rulers, 1066–1307*, Oxford ³2006.

Clarke, Peter, *The English Nobility under Edward the Confessor* (Oxford Historical Monographs), Oxford 1994.

Cooke, Alice M. / Costambeys, Marios, Art. «Peter (d. 1085)» in *Oxford Dictionary of National Biography*: http://www.oxforddnb.com/view/article/22011.

Cowdrey, Herbert, *Lanfranc. Scholar, Monk, and Archbishop*, Oxford 2003.

Cowdrey, Herbert E. J., *Art. «Thomas (d. 1100)»*, in *Oxford Dictionary of National Biography*: http://www.oxforddnb.com/view/article/27199.

Crouch, David, *The Beaumont Twins. The Roots and Branches of Power in the Twelfth Century* (Cambridge Studies in Medieval Life and Thought), Cambridge 1986.

Crouch, David, *The Image of Aristocracy in Britain, 1000–1300*, London 1992.

Crouch, David, Normans and Anglo-Normans: A Divided Aristocracy?, in David Bates / Anne Curry (Hg.), *England and Normandy in the Middle Ages*, London 1994, S. 51–67.

Crouch, David, *The Normans. The History of a Dynasty*, London 2002.

Cutler, Kenneth E., The Godwinist Hostages: The Case for 1051, *Annuale mediaevale*, 12 (1971), S. 70–77.

D'Avray, David, *Medieval Marriage. Symbolism and Society*, Oxford ²2008.

D'Onofrio, Giulio (Hg.), *Lanfranco di Pavia e l'Europa del secolo XI. Nel IX centenario della morte (1089–1989). Atti del Convegno Internazionale di Studi (Pavia, Almo Collegio Borromeo, 21–24 settembre 1989)* (Italia Sacra. Studi e documenti di storia ecclesiastica 51), Rom 1993.

Dalton, Paul, *Conquest, Anarchy and Lordship. Yorkshire, 1066–1154* (Cambridge Studies in Medieval Life and Thought), Cambridge 1994.

Darby, Henry, *Domesday England*, Cambridge 1977.

Darlington, Reginald / McGurk, Patrick, The «Chronicon ex Chronicis» of «Florence» of Worcester and its Use of Sources for English History before 1066, in R. Allen Brown (Hg.), *Anglo-Norman Studies V. Proceedings of the Battle Conference 1982*, Woodbridge 1983, S. 185–196.

Davidson, H. R. Ellis, *The Sword in Anglo-Saxon England: Its Archaeology and Literature*, Woodbridge ²1994.

Davidson, H. R. Ellis, *The Viking Road to Byzantium*, London 1976.

Davis, Ralph H. C., The Warhorses of the Normans, in R. Allen Brown (Hg.), *Anglo-Norman Studies X. Proceedings of the Battle Conference 1987*, Woodbridge 1988, S. 67–81.

De Boüard, Guillaume, Sur les origines de la Trêve de Dieu en Normandie, *Annales de Normandie*, 9 (1959), S. 169–189.

De Boüard, Michel, Note sur l'appellation ‹Guillaume le Conquérant›, in Christopher Harper-Bill / Christopher Holdsworth / Janet Nelson (Hg.), *Studies in Medieval History Presented to R. Allen Brown*, Woodbridge 1989, S. 21–26.

Delivré, Fabrice, The Foundations of Primatial Claims in the Western Church (Eleven–Thirteenth Centuries), *Journal of Ecclesiastical History*, 59 (2008), S. 383–406.

Dendorfer, Jürgen / Deutinger, Roman (Hg.), *Das Lehnswesen im Hochmittelalter.*

Forschungskonstrukte – Quellenbefunde – Deutungsrelevanz (Mittelalter-Forschungen 34), Ostfildern 2010.

DeVries, Kelly, Harold Godwinson in Wales: Military Legitimacy in late Anglo-Saxon England, in Richard Abels / Bernard S. Bachrach (Hg.), *The Normans and their Adversaries at War. Essays in Memory of C. Warren Hollister* (Warfare in History 12), Woodbridge 2001, S. 65–85.

DeVries, Kelly, *The Norwegian Invasion of England in 1066*, Woodbridge 2003.

Douglas, David, The earliest Norman Counts, *English Historical Review*, 61 (1946), S. 129–156.

Douglas, David, *The Norman Conquest and British Historians* (Glasgow University Publications 67), Glasgow 1946.

Douglas, David, *William the Conqueror. The Norman Impact upon England*, New Haven ²1999.

Ehlers, Caspar, *Metropolis Germaniae. Studien zur Bedeutung Speyers für das Königtum (751–1250)* (Veröffentlichungen des Max-Planck-Instituts für Geschichte 125), Göttingen 1996.

Ehlers, Caspar / Flachenecker, Helmut (Hg.), *Deutsche Königspfalzen. Beiträge zu ihrer historischen und archäologischen Erforschung. Bd. 6. Geistliche Zentralorte zwischen Liturgie, Architektur, Gottes- und Herrscherlob: Limburg und Speyer* (Veröffentlichungen des Max-Planck-Instituts für Geschichte 11 / 6), Göttingen 2005.

Ehlers, Joachim, *Die Ritter. Geschichte und Kultur* (C. H. Beck Wissen 2392), München 2006.

English, Barbara, *The Lords of Holderness, 1086–1260. A Study in Feudal Society*, Oxford 1979.

Falk, Hjalmar, *Altnordische Waffenkunde* (Videnskapsselskapet Skrifter, II, Hist.-filos. Klasse 1914, 6), Kristiana 1914.

Fernie, Eric, Architecture and the Effects of the Norman Conquest, in David Bates / Anne Curry (Hg.), *England and Normandy in the Middle Ages*, London 1994, S. 105–116.

Fernie, Eric, *The Architecture of Norman England*, Oxford 2000.

Fischer, Ulrich, *Stadtgestalt im Zeichen der Eroberung. Englische Kathedralstädte in frühnormannischer Zeit (1066–1135)* (Städteforschung Reihe A: Darstellungen 72), Köln 2009.

Fleming, Robin / Hollister, Warren C., Rezension von William E. Kapelle, The Norman Conquest of the North, *Speculum*, 56 (1981), S. 401–403.

Fleming, Robin, Lords and Labor, in Wendy Davies (Hg.), *From the Vikings to the Normans* (The Short Oxford History of the British Isles), Oxford 2003, S. 107–137.

Fleming, Robin, *Kings and Lords in Conquest England* (Cambridge Studies in Medieval Life an Thought), Cambridge ³2004.

Fliche, Augustin, *Le règne de Philippe Ier*, roi de France (1060–1108), Paris 1912.

Foot, Sarah, The Making of Angelcynn: English Identity before the Norman Conquest, *Transactions of the Royal Historical Society*, 6th ser., 6 (1996), S. 25–49.

Foreville, Raymonde, The Synod of the Province of Rouen in the Eleventh and Twelfth Centuries, in Christopher Brooke / David Luscombe / Geoffrey Mar-

TIN / Dorothy OWEN (Hg.), *Church and Government in the Middle Ages. Essays presented to C. R. Cheney on his 70th Birthday*, Cambridge 1976, S. 19–39.

FOURNIER, Paul, Notes sur les anciennes collections canoniques conservées en Angleterre, *Revue historique de droit français et étranger*, 12 (1933), S. 129–134.

FRANCE, John, The Importance of the Bayeux Tapestry for the History of War, in Pierre BOUET / Brian LEVY / François NEVEUX (Hg.), *The Bayeux Tapestry: Embroidering the Facts of History. Proceedings of the Cerisy Colloquium 1999*, Caen 2004, S. 289–299.

FRANKLIN, Michael J., Art. «Walkelin (d. 1098)» in *Oxford Dictionary of National Biography*: http://www.oxforddnb.com/view/article/28465.

FREEMAN, Edward August, *The History of the Norman Conquest of England. Its Causes and its Results*, 6 Bde., Oxford ²1870–1879.

FRIED, Johannes, *Der Schleier der Erinnerung. Grundzüge einer historischen Memorik* (Beck'sche Reihe 6022), München ²2012.

FUCHS, Rüdiger, *Das Domesday Book und sein Umfeld. Zur ethnischen und sozialen Aussagekraft einer Landesbeschreibung im England des 11. Jahrhunderts* (Historische Forschungen 13), Stuttgart 1987.

GALBRAITH, Vivien, *Domesday Book. Its Place in Administrative History*, Oxford 1974.

GARNETT, George, Coronation and Propaganda. Some Implications of the Norman Claim to the Throne of England in 1066, *Transactions of the Royal Historical Society*, 5th ser., 36 (1986), S. 91–116.

GARNETT, George, ‹Ducal› Succession in early Normandy, in George GARNETT / John HUDSON (Hg.), *Law and Government in Medieval England and Normandy. Essays in Honour of Sir James Holt*, Cambridge 1994, S. 80–110.

GARNETT, George, Rezension von *Mark Hagger, William, King and Conqueror*: http://www.history.ac.uk/reviews/review/1437.

GARNETT, George, *Conquered England: Kingship, Succession, and Tenure, 1066–1166*, Oxford 2007.

GARNETT, George, *The Norman Conquest. A Very Short Introduction*, Oxford 2009.

GARNETT, George, *John Selden and the Norman Conquest* (Selden Society Lecture Series), London 2013.

GELSINGER, Bruce, The Battle of Stamford Bridge and the Battle of Jaffa: A Case of Confused Identity?, *Scandinavian Studies*, 60 (1988), S. 13–29.

GELTING, Michael, *Chronicon Roskildense*: https://wikihost.uib.no/medieval/index.php?title= Chronicon_Roskildense&oldid=525.

GEM, Richard, Bishop Wulfstan II and the Romanesque Cathedral Church of Worcester, in Richard GEM, *Studies in English Pre-Romanesque and Romanesque Architecture*, 2 Bde., London 2004, Bd. 2, S. 600–632.

GHOSH, Shami, *Kings' Sagas and Norwegian History: Problems and Perspectives* (Northern World 54), Leiden 2011.

GIBSON, Margaret, *Lanfranc of Bec*, Oxford 1978.

GILLINGHAM, John, William the Bastard at War, in Christopher HARPER-BILL / Christopher HOLDSWORTH / Janet NELSON (Hg.), *Studies in Medieval History Presented to R. Allen Brown*, Woodbridge 1989, S. 141–158.

GILLINGHAM, John, 1066 and the Introduction of Chivalry, in John GILLINGHAM, *The English in the Twelfth Century. Imperialism, National Identity and Political Values*, Woodbridge 2000, S. 209–231.

GILLINGHAM, John, The Introduction of Knight Service into England, in John GILLINGHAM, *The English in the Twelfth Century. Imperialism, National Identity and Political Values*, Woodbridge 2000, S. 187–208.

GILLINGHAM, John, Thegns and Knights in Eleventh-Century England. Who was then the Gentleman?, in John GILLINGHAM, *The English in the Twelfth Century. Imperialism, National Identity and Political Values*, Woodbridge 2000, S. 163–185.

GILLINGHAM, John, ‹Holding to the Rules of War (*Bellica Iura Tenentes*)›: Right Conduct before, during, and after Battle in North-Western Europe in the Eleventh Century, in Chris LEWIS (Hg.), *Anglo-Norman Studies XXIX. Proceedings of the Battle Conference 2006*, Woodbridge 2007, S. 1–15.

GILLINGHAM, John, *Conquests, Catastrophe and Recovery. Britain and Ireland, 1066–1485*, London 2014.

GILLINGHAM, John, Richard of Devizes and ‹a rising tide of nonsense›: How Cerdic Met King Arthur, in Martin BRETT / David WOODMAN (Hg.), *The Long Twelfth-Century View of the Anglo-Saxon Past* (Studies in early Medieval Britain and Ireland), Farnham 2015, S. 141–156.

GILLINGHAM, John, *William II. The Red King* (Penguin Monarchs), London 2015.

GILLINGHAM, John, Cultures of Conquest: Warfare and Slavery in Britain before and after 1066, in Laura ASHE / Sarah FOOT (Hg.), *Conquests 1016, 1066* (im Druck).

GILLMOR, Carroll M., Naval Logistics of the Cross-Channel Operation, 1066, in R. Allen BROWN (Hg.), *Anglo-Norman Studies VII. Proceedings of the Battle Conference 1984*, Woodbridge 1985, S. 105–131.

GODFREY, John, The Defeated Anglo-Saxons Take Service with the Eastern Emperor, in R. Allen BROWN (Hg.), *Proceedings of the Battle Conference on Anglo-Norman Studies I, 1978*, Woodbridge 1979, S. 63–74.

GOETZ, Hans-Werner, Die Gottesfriedensbewegung im Licht neuerer Forschungen, in Arno BUSCHMANN / Elmar WADLE (Hg.), *Landfrieden. Anspruch und Wirklichkeit* (Rechts- und Staatswissenschaftliche Veröffentlichungen der Görres-Gesellschaft N. F. 98), Paderborn 2002, S. 31–54.

GOLDING, Brian, Robert of Mortain, in Marjorie CHIBNALL (Hg.), *Anglo-Norman Studies XIII. Proceedings of the Battle Conference 1990*, Woodbridge 1991, S. 119–144.

GOLDING, Brian, Art. «Robert, count of Mortain (d. 1095)», in *Oxford Dictionary of National Biography*: http://www.oxforddnb.com/view/article/19339.

GOLDING, Brian, *Conquest and Colonisation. The Normans in Britain, 1066–1100* (British History in Perspective), London ²2013.

GRAINGE, Christine / GRAINGE, Gerald, The Pevensey Expedition: Brilliantly Executed Plan or Near Disaster, in Stephen MORILLO (Hg.), *The Battle of Hastings: Sources and Interpretations*, Woodbridge 1996, S. 130–142.

Grassi, John, The Lands and Revenues of Edward the Confessor, *English Historical Review*, 117 (2002), S. 251–283.

Green, Judith, *Henry I, King of England and Duke of Normandy*, Cambridge 2006.

Greenway, Diana, *Fasti Ecclesiae Anglicanae, 1066–1300. Vol. 2. Monastic Cathedrals (Northern and Southern Provinces)*, London 1971.

Greenway, Diana, *Fasti Ecclesiae Anglicanae, 1066–1300. Vol. 7. Bath and Wells*, London 2001.

Grierson, Philip, A Visit of Earl Harold to Flanders in 1056, *English Historical Review*, 51 (1936), S. 90–97.

Griffiths, David, Exchange, Trade and Urbanization, in Wendy Davies (Hg.), *From the Vikings to the Normans* (The Short Oxford History of the British Isles), Oxford 2003, S. 73–104.

Grosse, Rolf, Philipp I. (1060–1108), in Joachim Ehlers / Heribert Müller / Bernd Schneidmüller (Hg.), *Die französischen Könige des Mittelalters, 888–1498* (Beck'sche Reihe 1723), München ²2006, S. 102–114.

Guillot, Olivier, Le comte d'Anjou et son entourage au XIe siècle, 2 Bde., Paris 1972.

Gullick, Michael, The English-Owned Manuscripts of the *Collectio Lanfranci* (s. xi / xii), in Lynda Dennison (Hg.), *The Legacy of M. R. James. Papers from the 1995 Cambridge Symposium*, Donnington 2001, S. 99–117.

Gullick, Michael, Lanfranc and the Oldest Manuscript of the *Collectio Lanfranci*, in Bruce Brasington / Kathleen Cushing (Hg.), *Bishops, Texts and the Use of Canon Law around 1100. Essays in Honour of Martin Brett* (Church, Faith and Culture in the Medieval West), Aldershot 2008, S. 79–89.

Hagger, Mark, Rezension von George Garnett, The Norman Conquest, *English Historical Review*, 126 (2011), S. 401–402.

Hagger, Mark, *William, King and Conqueror*, London 2012.

Hallam, Elisabeth, *Domesday Book through Nine Centuries*, London 1986.

Hallam, Elisabeth / Bates, David (Hg.), *Domesday Book*, Stroud 2001.

Halsall, Guy, Anthropology and the Study of Pre-Conquest Warfare and Society: The Ritual War in Anglo-Saxon England, in Sonia Hawkes (Hg.), *Weapons and Warfare in Anglo-Saxon England* (Oxford University Committee for Archaeology Monographs 22), Oxford 1989, S. 155–177.

Hare, Michael, Kings, Crowns and Festivals: The Origins of Gloucester as a Royal Ceremonial Centre, *Transactions of the Bristol and Gloucestershire Archaeological Society*, 115 (1997), S. 41–78.

Harvey, Sally, *Domesday. Book of Judgement*, Oxford 2014.

Head, Thomas / Landes, Richard (Hg.), *The Peace of God. Social Violence and Religious Response in France around the Year 1000*, New York 1992.

Helmerichs, Robert, *Princeps, Comes, Dux Normannorum*: early Rollonid Designators and their Significance, *Haskins Society Journal*, 9 (1997), S. 57–77.

Hoffmann, Hartmut, *Gottesfriede und Treuga Dei* (Schriften der MGH 20), Stuttgart 1964.

HOLMAN, Katherine, Defining Danelaw, in James GRAHAM-CAMPBELL/Richard HALL/Judith JESCH/David PARSONS (Hg.), *Vikings and the Danelaw. Select Papers from the Proceedings of the Thirteenth Viking Congress, Nottingham and York, 21–30 August 1997*, Oxford 2001, S. 1–11.

HOLT, James (Hg.), *Domesday Studies. Papers Read at the Novocentenary Conference of the Royal Historical Society and the Institute of British Geographers, Winchester, 1986*, Woodbridge 1987.

HOLT, James, 1086, in James HOLT (Hg.), *Domesday Studies. Papers Read at the Novocentenary Conference of the Royal Historical Society and the Institute of British Geographers, Winchester 1986*, Woodbridge 1987, S. 41–64.

HOLT, James, The Introduction of Knight-Service in England, in James HOLT, *Colonial England, 1066–1216*, London 1997, S. 81–101.

HOOPER, Nicholas, The Housecarls in England in the Eleventh Century, in R. Allen BROWN (Hg.), *Anglo-Norman Studies VII. Proceedings of the Battle Conference 1984*, Woodbridge 1984, S. 161–176.

HOOPER, Nicholas, Some Observations on the Navy in late Anglo-Saxon England, in Christopher HARPER-BILL / Christopher HOLDSWORTH / Janet NELSON (Hg.), *Studies in Medieval History Presented to R. Allen Brown*, Woodbridge 1989, S. 203–213.

HUDSON, John, *The Oxford History of the Laws of England. Vol. II. 871–1216*, Oxford 2012.

HUGHES, Shaun, The Battle of Stamford Bridge and the Battle of Bouvines, *Scandinavian Studies*, 60 (1988), S. 30–76.

HUSCROFT, Richard, *The Norman Conquest. A New Introduction*, London 2009.

HUTHWELKER, Thorsten, *Die Darstellung des Rangs in Wappen und Wappenrollen des späten Mittelalters* (RANK. Politisch-soziale Ordnungen im mittelalterlichen Europa 3), Ostfildern 2013.

ISAAC, Steven, Cowardice and Fear Management: The 1173–74 Conflict as a Case Study, *Journal of Medieval Military History*, 4 (2006), S. 50–64.

JÄSCKE, Kurt-Ulrich, *Wilhelm der Eroberer. Sein doppelter Herrschaftsantritt im Jahre 1066* (Vorträge und Forschungen. Sonderband 24), Sigmaringen 1977.

JÄSCHKE, Kurt-Ulrich, Die normannische ‹Landnahme› auf den Britischen Inseln, in Michael MÜLLER-WILLE / Reinhard SCHNEIDER (Hg.), *Ausgewählte Probleme europäischer Landnahmen des Früh- und Hochmittelalters. Methodische Grundlagendiskussion im Grenzbereich zwischen Archäologie und Geschichte* (Vorträge und Forschungen 41 / 1–2), 2 Bde., Sigmaringen 1993–1994, Bd. 2, S. 213–335.

JOHNSON, Ewan, The Process of Norman Exile into Southern Italy, in Laura NAPRAN / Elisabeth VAN HOUTS (Hg.), *Exile in the Middle Ages. Selected Proceedings from the International Medieval Congress, University of Leeds, 8–11 July 2002* (International Medieval Research 13), Turnhout 2004, S. 29–38.

KAPELLE, William E., *The Norman Conquest of the North. The Region and its Transformation, 1000–1135*, London 1979.

KAUL, Camilla, *Friedrich Barbarossa im Kyffhäuser. Bilder eines nationalen Mythos im*

19. Jahrhundert (Atlas. Bonner Beiträge zur Kunstgeschichte N. F. 4 / 1–2), 2 Bde., Bonn 2007.

KEATS-ROHAN, Katherine, William I and the Breton Contingent in the non-Norman Conquest, 1060–1087, in Marjorie CHIBNALL (Hg.), *Anglo-Norman Studies XIII. Proceedings of the Battle Conference 1990*, Woodbridge 1991, S. 157–172.

KEATS-ROHAN, Katherine, *Domesday People. A Prosopography of Persons Occurring in English Documents 1066–1166. Vol. 1. Domesday Book*, Woodbridge 1999.

KEYNES, Simon, The Æthelings in Normandy, in Marjorie CHIBNALL (Hg.), *Anglo-Norman Studies XIII. Proceedings of the Battle Conference 1990*, Woodbridge 1991, S. 173–205.

KEYNES, Simon, Cnut's Earls, in Alexander RAMBLE (Hg.), *The Reign of Cnut: King of England, Denmark and Norway*, London 1994, S. 43–88.

KEYNES, Simon, England, 900–1016, in Timothy REUTER (Hg.), *The New Cambridge Medieval History. Vol. 3. c. 900–c. 1024*, Cambridge 1999, S. 456–484.

KIFF, Jennie, Images of War: Illustrations of Warfare in early Eleventh Century England, in R. Allen BROWN (Hg.), *Anglo-Norman Studies VII. Proceedings of the Battle Conference 1984*, Woodbridge 1985, S. 177–194.

KING, David, *Castellarium Anglicanum. An Index and Bibliography of Castles in England, Wales and the Islands*, 2 Bde., London 1983.

KINGSFORD, Charles L. / COSTAMBEYS, Marios, Art. «Osbern (d. 1103)», in *Oxford Dictionary of National Biography*: http://www.oxforddnb.com/view/article/ 20866.

KNÖDLER, Julia, Rhetorik mit Todesfolge. Diversitätskonstruktionen in mittelalterlichen Feldherrenreden am Beispiel der Rede Wilhelms des Eroberers vor der Schlacht bei Hastings, in Georg STRACK / Julia KNÖDLER (Hg.), *Rhetorik in Mittelalter und Renaissance. Konzepte – Praxis – Diversität* (Münchener Beiträge zur Geschichtswissenschaft 6), München 2011, S. 167–190.

KÖRNER, Sten, *Battle of Hastings, England, and Europe 1035–1066*, Lund 1964.

KRAG, Claus, The early Unification of Norway, in Knut HELLE (Hg.), *The Cambridge History of Scandinavia*, Cambridge 2003, S. 184–201.

KÜHN, Hans-Joachim, *Die byzantinische Armee im 10. und 11. Jahrhundert. Studien zur Organisation der Tagmata* (Byzantinische Geschichtsschreiber. Ergänzungsband 2), Wien 1991.

LAWSON, Michael Kenneth, *The Battle of Hastings, 1066*, Stroud 2003.

LAWSON, Michael Kenneth, Art. «Edmund II (d. 1016)», in *Oxford Dictionary of National Biography*: http://www.oxforddnb.com/view/article/8502.

LE PATOUREL, John, Geoffrey of Montbray, Bishop of Coutances, 1049–1093, *English Historical Review*, 59 (1944), S. 129–161.

LEHTOSALO-HILANDER, Pirkko-Liisa, Weapons and their Use, in Else ROESDAHL / David M. WILSON (Hg.), *From Viking to Crusader. The Scandinavians and Europe 800–1200*, Kopenhagen 1992, S. 194–195.

LEMESLE, Bruno, *La société aristocratique dans le Haut-Maine (XIe–XIIe siècles)*, Rennes 1999.

LEWIS, Chris, The early Earls of Norman England, in Marjorie CHIBNALL (Hg.), *Anglo-Norman Studies XIII. Proceedings of the Battle Conference 1990*, Woodbridge 1991, S. 207–223.

LEWIS, Chris, The Formation of the Honor of Chester, 1066–1100, *Journal of the Chester Archaeological Society*, 71 (1991) = Alan THACKER (Hg.), *The Earldom of Chester and its Charters. A Tribute to Geoffrey Barraclough*, S. 37–68.

LEWIS, Chris, The French in England before the Norman Conquest, in Christopher HARPER-BILL (Hg.), *Anglo-Norman Studies XVII. Proceedings of the Battle Conference 1994*, Woodbridge 1995, S. 123–144.

LEWIS, Chris, Art. «Avranches, Hugh d', first Earl of Chester (d. 1101)», in *Oxford Dictionary of National Biography*: http://www.oxforddnb.com/view/article/14056.

LEWIS, Chris, Art. «Stigand (d. 1087)» in *Oxford Dictionary of National Biography*: http://www.oxforddnb.com/view/article/101198.

LEWIS, Michael, *The Archaeological Authority of the Bayeux Tapestry* (BAR British Series 404), Oxford 2005.

LEYSER, Henrietta, Art. «Walcher, Earl of Northumbria (d. 1080)» in *Oxford Dictionary of National Biography*: http://www.oxforddnb.com/view/article/28428.

LEYSER, Karl, England and the Empire in the Twelfth Century, *Transactions of the Royal Historical Society*, 5th ser., 10 (1960), S. 61–83.

LOUD, Graham, *The Age of Robert Guiscard: Southern Italy and the Norman Conquest*, Harlow 2000.

LUCHTERHANDT, Manfred, Bilder ohne Worte. Protokoll und höfischer Luxus in den Empfangszeremonien des mittelbyzantinischen Kaiserhofs, in Matthias BECHER/Alheydis PLASSMANN (Hg.), *Streit am Hof im frühen Mittelalter* (Super alta perennis. Studien zur Wirkung der Klassischen Antike 11), Bonn 2011, S. 331–363.

LUND, Niels, The Armies of Swein Forkbeard and Cnut: ‹leiding› or ‹lið›?, *Anglo-Saxon England*, 15 (1986), S. 105–118.

MADDICOTT, John, Edward the Confessor's Return to England in 1041, *English Historical Review*, 119 (2004), S. 650–666.

MADDICOTT, John, Responses to the Threat of Invasion, 1085, *English Historical Review*, 122 (2007), S. 986–997.

MADDICOTT, John, *The Origins of the English Parliament, 924–1327*, Oxford 2010.

MÄKELER, Hendrik, Die Vernetzung der wikingerzeitlichen Münzprägung im europäischen Raum und deren Bedeutung für die Definition von Herrschaftsräumen, in Sunhild KLEINGÄRTNER/Gabriel ZEILINGER (Hg.), *Raumbildung durch Netzwerke? Der Ostseeraum zwischen Wikingerzeit und Spätmittelalter aus archäologischer und geschichtswissenschaftlicher Sicht* (Zeitschrift für Archäologie des Mittelalters, Beiheft 23), Bonn 2012, S. 39–53.

MARTIN, Guido, Der salische Herrscher als *Patricius Romanorum*. Zur Einflussnahme Heinrichs III. und Heinrichs IV. auf die Besetzung der Cathedra Petri, *Frühmittelalterliche Studien*, 28 (1994), S. 257–295.

MASON, Emma, *The House of Godwine: The History of a Dynasty*, London 2004.

Mason, Emma, Art. «Wulfstan [St Wulfstan] (c. 1008–1095)», in *Oxford Dictionary of National Biography*: http://www.oxforddnb.com/view/article/30099.

Mason, John F. A., Art. «Montgomery, Roger de, first Earl of Shrewsbury (d. 1094)», in *Oxford Dictionary of National Biography*: http://www.oxforddnb.com/view/article/23953.

Maund, Kari, The Welsh Alliances of Earl Ælfgar of Mercia and his Family in the Mid-Eleventh Century, in R. Allen Brown (Hg.), *Anglo-Norman Studies XI. Proceedings of the Battle Conference 1988*, Woodbridge 1989, S. 181–190.

Mazel, Florian, *Féodalités, 888–1180* (Histoire de France), Paris 2010.

Melinkoff, Ruth, *The Horned Moses in Medieval Art and Thought* (California Studies in the History of Art 14), Berkeley 1970.

Moeglin, Jean-Marie, *L'ordre du renc, où ilz doivent aller l'un après l'autre.* Rang et société de cour en France aux derniers siècles du Moyen âge, in Jörg Peltzer (Hg.), *Rank and Order. The Formation of Aristocratic Elites in Western and Central Europe, 500–1500* (RANK. Politisch-soziale Ordnungen im mittelalterlichen Europa 4), Ostfildern 2015, S. 171–200.

Molyneaux, George, *The Formation of the English Kingdom in the Tenth Century*, Oxford 2015.

Moore, John, ‹Quot homines?›: the Population of Domesday England, in Christopher Harper-Bill (Hg.), *Anglo-Norman Studies XIX. Proceedings of the Battle Conference 1996*, Woodbridge 1997, S. 307–334.

Morillo, Stephen, Hastings: An Unusual Battle, in Stephen Morillo (Hg.), *The Battle of Hastings: Sources and Interpretations*, Woodbridge 1996, S. 220–227.

Morillo, Stephen, *Warfare under the Anglo-Norman Kings, 1066–1135*, Woodbridge 1994.

Morillo, Stephen, Expecting Cowardice: Medieval Battle Tactics Reconsidered, *Journal of Medieval Military History*, 4 (2006), S. 65–73.

Morris, Marc, *The Norman Conquest*, London 2012.

Morton, Catherine, Pope Alexander II and the Norman Conquest, *Latomus*, 34 (1975), S. 362–382.

Musset, Lucien, Aux origines d'une classe dirigeante: les Tosny, *Francia*, 5 (1977), S. 45–80.

Nelson, Janet, The Rites of the Conqueror, in R. Allen Brown (Hg.), *Proceedings of the Battle Conference on Anglo-Norman Studies IV, 1981*, Woodbridge 1982, S. 117–132, 210–221.

Nelson, Janet, The Henry Loyn Memorial Lecture for 2006. Henry Loyn and the Context of Anglo-Saxon England, *Haskins Society Journal*, 19 (2007), S. 154–170.

Nelson, Janet, Le partage de Verdun, in Michèle Gaillard / Michel Margue / Alain Dierkens / Hérold Pettiau (Hg.), *De la mer du Nord à la Méditerranée. Francia Media, une région au cœur de l'Europe (c. 840–c. 1050), Actes du colloque international (Metz, Luxembourg, Trèves, 8–11 février 2006)* (Publications du Centre luxembourgeois de documentation et d'études médiévales 25), Luxemburg 2011, S. 241–254.

Neumann, Jehuda, Hydrographic and Ship-Hydrodynamic Aspects of the Norman Invasion, AD 1066, in R. Allen Brown (Hg.), *Anglo-Norman Studies XI. Proceedings of the Battle Conference 1988*, Woodbridge 1989, S. 221–243.

Oexle, Otto Gerhard, Adalbero von Laon und sein «Carmen ad Rotbertum regem». Bemerkungen zu einer neuen Edition, *Francia*, 8 (1980), S. 629–638.

Oexle, Otto Gerhard, Deutungsschemata der sozialen Wirklichkeit im frühen und hohen Mittelalter. Ein Beitrag zur Geschichte des Wissens, in František Graus (Hg.), *Mentalitäten im Mittelalter. Methodische und inhaltliche Probleme* (Vorträge und Forschungen 35), Sigmaringen 1987, S. 65–117.

Oexle, Otto Gerhard, Die funktionale Dreiteilung als Deutungsschema der sozialen Wirklichkeit in der ständischen Gesellschaft des Mittelalters, in Winfried Schulze (Hg.), *Ständische Gesellschaft und Mobilität* (Schriften des Historischen Kollegs, Kolloquien 12), München 1988, S. 19–51.

Oschema, Klaus / Andenna, Cristina / Melville, Gert / Peltzer, Jörg (Hg.), *Die Performanz der Mächtigen. Rangordnung und Idoneität in höfischen Gesellschaften des späten Mittelalters* (RANK. Politisch-soziale Ordnungen im mittelalterlichen Europa 5), Ostfildern 2015.

Pastan, Elizabeth / White, Stephen / Gilbert, Kate, *The Bayeux Tapestry and its Contexts*, Woodbridge 2014.

Peirce, Ian, Arms, Armour and Warfare in the Eleventh Century, in R. Allen Brown (Hg.), *Anglo-Norman Studies X. Proceedings of the Battle Conference 1987*, Woodbridge 1988, S. 237–257.

Pelteret, David A., *Slavery in early Medieval England. From the Reign of Alfred until the Twelfth Century* (Studies in Anglo-Saxon History 7), Woodbridge 1995.

Peltzer, Jörg, Révoltes en Angleterre au Moyen Age central et tardif, in Philippe Depreux (Hg.), *Revolte und Sozialstatus von der Spätantike bis zur Frühen Neuzeit. Révolte et statut social, de l'Antiquité tardive aux Temps modernes* (Pariser Historische Studien 87), München 2008, S. 167–184.

Peltzer, Jörg, The Slow Death of the Angevin Empire, *Historical Research*, 81 (2008), S. 553–584.

Peltzer, Jörg, Introduction, in Jörg Peltzer (Hg.), *Rank and Order. The Formation of Aristocratic Elites in Western and Central Europe, 500–1500* (RANK. Politisch-soziale Ordnungen im mittelalterlichen Europa 4), Ostfildern 2015, S. 13–37.

Philpott, Mark, Lanfranc's Canonical Collection and «the Law of the Church», in Giulio D'Onofrio (Hg.), *Lanfranco di Pavia e l'Europa del secolo XI. Nel IX centenario della morte (1089–1989). Atti del Convegno Internazionale di Studi (Pavia, Almo Collegio Borromeo, 21–24 settembre 1989)* (Italia Sacra. Studi e documenti di storia ecclesiastica 51), Rom 1993, S. 131–147.

Philpott, Mark, The *De iniusta vexacione Willelmi episcopi primi* and Canon Law in Anglo-Norman Durham, in David Rollason / Margaret Harvey / Michael Prestwich (Hg.), *Anglo-Norman Durham, 1093–1193*, Woodbridge 1994, S. 125–137.

Plant, Richard, Ecclesiastical Architecture, c. 1050 to c. 1200, in Christopher Har-

PER-BILL / Elisabeth VAN HOUTS (Hg.), *A Companion to the Anglo-Norman World*, Woodbridge ²2007, S. 215–253.

PLASSMANN, Alheydis, *Die Normannen. Erobern – Herrschen – Integrieren* (Kohlhammer Urban-Taschenbücher 616), Stuttgart 2008.

POHL, Benjamin, *Dudo of Saint-Quentin's Historia Normannorum. Tradition, Innovation and Memory*, Woodbridge 2015.

POUNDS, Norman, *The Medieval Castle in England and Wales. A Social and Political History*, Cambridge 1990.

PRATT, David, *The Political Thought of King Alfred the Great* (Cambridge Studies in Medieval Life and Thought), Cambridge 2007.

PRESTWICH, Michael, *Armies and Warfare in the Middle Ages. The English Experience*, Yale 1996.

PRESTWICH, Michael, *Edward I*, New Haven ²1997.

PRICE, Neil, Wikingerkrieger, in Gareth WILLIAMS / Peter PENTZ / Matthias WEMHOFF (Hg.), *Die Wikinger*, München 2014, S. 116–117.

RENAUDEAU, Olivier, The Bayeux Tapestry and its Depiction of Costume: The Problems of Interpretation, in Pierre BOUET / Brian LEVY / François NEVEUX (Hg.), *The Bayeux Tapestry: Embroidering the Facts of History. Proceedings of the Cerisy Colloquium 1999*, Caen 2004, S. 237–259.

REUTER, Timothy, *Episcopi cum sua militia:* The Prelate as Warrior in the early Staufen Era, in Timothy REUTER (Hg.), *Warriors and Churchmen in the High Middle Ages. Essays Presented to Karl Leyser*, London 1992, S. 79–94.

REYNOLDS, Susan, Eadric Silvaticus and the English Resistance, in Susan REYNOLDS, *Ideas and Solidarities of the Medieval Laity. England and Western Europe* (Variorum Collected Studies Series 495), Aldershot 1995, Nr. IV, S. 102–105.

ROACH, Levi, Penance, Submission and *deditio*: Religious Influences on Dispute Settlement in later Anglo-Saxon England (871–1066), *Anglo-Saxon England*, 41 (2012), S. 343–371.

ROACH, Levi, *Kingship and Consent in Anglo-Saxon England, 871–978. Assemblies and State in the early Middle Ages* (Cambridge Studies in Medieval Life and Thought), Cambridge 2013.

ROFFE, David, From Thegnage to Barony: Sake and Soke, Title and Tenants-in-Chief, in Marjorie CHIBNALL (Hg.), *Anglo-Norman Studies XII. Proceedings of the Battle Conference 1989*, Woodbridge 1990, S. 157–176.

ROFFE, David, *Domesday: the Inquest and the Book*, Oxford 2000.

ROFFE, David, Art. «Hereward (fl. 1070–1071)», in *Oxford Dictionary of National Biography*: http://www.oxforddnb.com/view/article/13074.

ROFFE, David, *Decoding Domesday*, Woodbridge 2007.

ROLLASON, David, *Northumbria, 500–1100. Creation and Destruction of a Kingdom*, Cambridge 2003.

ROSS, Margaret, Concubinage in Anglo-Saxon England, in David PELTERET (Hg.), *Anglo-Saxon History: Basic Readings* (Basic Readings in Anglo-Saxon England 6), New York 2000, S. 251–287.

RUBENSTEIN, Jay, Art. «Eadmer of Canterbury (b. c. 1060, d. in or after 1126)», in *Oxford Dictionary of National Biography*: http://www.oxforddnb.com/view/article/8383.

SAMSON, Vincent, *Les* Berserkir. *Les guerriers-fauves dans la Scandinavie ancienne, de l'Âge de Vendel aux Vikings (VIe–XIe siècle)*, Villeneuve-d'Ascq 2011.

SAWYER, Peter, *The Wealth of Anglo-Saxon England. Based on the Ford Lectures delivered in the University of Oxford in Hilary Term 1993*, Oxford 2013.

SAYWER, Peter, Art. «Danelaw», in *The Oxford Dictionary of the Middle Ages*, 4 Bde., Oxford 2010, Bd. 2, S. 482–483.

SCHENK, Gerrit Jasper, *Zeremoniell und Politik. Herrschereinzüge im spätmittelalterlichen Reich* (Forschungen zur Kaiser- und Papstgeschichte des Mittelalters 21), Köln 2003.

SCHILD, Stefanie, *Der Investiturstreit in England* (Historische Studien 504), Husum 2015.

SCHMALE, Franz-Josef, Art. «Adam von Bremen», in *Die deutsche Literatur des Mittelalters. Verfasserlexikon*, Bd. 1, Berlin 1978, Sp. 50–54.

SCHRAMM, Percy Ernst, Die Krönung bei den Westfranken und Angelsachsen von 878 bis um 1000, *Zeitschrift der Savigny-Stiftung für Rechtsgeschichte. Kanonistische Abteilung*, 23 (1934), S. 117–242.

SCHREINER, Klaus, *Nudis pedibus*. Barfüßigkeit als religiöses und politisches Ritual, in Gerd ALTHOFF (Hg.), *Formen und Funktionen öffentlicher Kommunikation im Mittelalter* (Vorträge und Forschungen 51), Stuttgart 2001.

SCHREINER, Klaus, Friedrich Barbarossa: Herrscher, Held und Hoffnungsträger. Formen und Funktionen staufischer Erinnerungskultur im 19. und 20. Jahrhundert, in Karl-Heinz RUESS (Hg.), *Von Palermo zum Kyffhäuser. Staufische Erinnerungsorte und Staufermythos* (Schriften zur staufischen Geschichte und Kunst 31), Göppingen 2012, S. 97–128.

SEARLE, Eleanor, *Predatory Kinship and the Creation of Norman Power, 840–1066*, Berkeley 1988.

SHAPLAND, Michael, St Mary's, Broughton, Lincolnshire: A Thegnly Tower-Nave in the late Anglo-Saxon Landscape, *The Archaeological Journal*, 165 (2008), S. 471–519.

SHARPE, Richard, King Harold's Daughter, *The Haskins Society Journal*, 19 (2007), S. 1–27.

SHEPARD, Jonathan, The English and Byzantium: A Study of their Role in the Byzantine Army in the later Eleventh Century, *Traditio*, 29 (1973), S. 53–92.

SHORT, Ian, *Tam Angli quam Franci*: Self-Definition in Anglo-Norman England, in Christopher HARPER-BILL (Hg.), *Anglo-Norman Studies XVIII. Proceedings of the Battle Conference 1995*, Woodbridge 1996, S. 153–175.

SHORT, Ian, Language and Literature, in Christopher HARPER-BILL / Elisabeth VAN HOUTS (Hg.), *A Companion to the Anglo-Norman World*, Woodbridge ^{2}2007, S. 191–213.

SHORT, Ian, *Anglice loqui nesciunt*: Monoglots in Anglo-Norman England, *Cultura neolatina*, 69 (2009), S. 245–262.

SIMEK, Rudolf, *Die Wikinger* (C. H. Beck Wissen 2081), München [6]2016.

SINDBAEK, Søren, Viking Disruptions or Growing Integration? Contextualising Communication Networks in the 10th Century North Sea, in Sunhild KLEINGÄRTNER / Gabriel ZEILINGER (Hg.), *Raumbildung durch Netzwerke? Der Ostseeraum zwischen Wikingerzeit und Spätmittelalter aus archäologischer und geschichtswissenschaftlicher Sicht* (Zeitschrift für Archäologie des Mittelalters, Beiheft 23), Bonn 2012, S. 19–38.

SKOVGAARD-PETERSEN, Inge, The Making of the Danish Kingdom, in Knut HELLE (Hg.), *The Cambridge History of Scandinavia*, Cambridge 2003, S. 168–183.

SOMERVILLE, Robert, Lanfranc's Canonical Collection and Exeter, *Bulletin of Historical Research*, 45 (1972), S. 303–306.

SOUTHERN, Richard, *Saint Anselm. A Portrait in a Landscape*, Cambridge 1991.

SPATZ, Wilhelm, *Die Schlacht von Hastings* (Historische Studien 3), Berlin 1896.

SPEAR, David, L'administration épiscopale normande. Archidiacres et dignitaires des chapitres, in Pierre BOUET / François NEVEUX (Hg.), *Les évêques normands au XIe siècle (Colloque de Cerisy-la-Salle, 30 septembre–3 octobre 1993)*, Caen 1995, S. 81–102.

SPEAR, David, *The Personnel of the Norman Cathedrals during the Ducal Period, 911–1204*, London 2006.

SPIESS, Karl-Heinz (Hg.), *Ausbildung und Verbreitung des Lehnswesens im Reich und in Italien im 12. und 13. Jahrhundert* (Vorträge und Forschungen 76), Ostfildern 2013.

STAFFORD, Pauline, Women and the Norman Conquest, *Transactions of the Royal Historical Society*, 6th ser., 4 (1994), S. 221–249.

STAFFORD, Pauline, *Queen Emma and Queen Edith. Queenship and Women's Power in Eleventh Century England*, Oxford 1997.

STAFFORD, Pauline, Archbishop Ealdred and the D Chronicle, in David CROUCH / Kathleen THOMPSON (Hg.), *Normandy and its Neighbours, 900–1250* (Medieval Texts and Cultures of Northern Europe 14), Turnhout 2011, S. 135–156.

STEVENSON, William H., A Contemporary Description of the Domesday Survey, *English Historical Review*, 22 (1907), S. 72–84.

STRICKLAND, Matthew, Slaughter, Slavery or Ransom: the Impact of the Conquest on the Conduct of Warfare, in Carola HICKS (Hg.), *England in the Eleventh Century. Proceedings of the 1990 Harlaxton Symposium* (Harlaxton Medieval Studies 2), Stamford 1992, S. 41–59.

STRICKLAND, Matthew, Military Technology and the Conquest: The Anomaly of Anglo-Saxon England, in Christopher HARPER-BILL (Hg.), *Anglo-Norman Studies XIX. Proceedings of the Battle Conference 1996*, Woodbridge 1997, S. 353–382.

STRICKLAND, Matthew / HARDY, Robert, *From Hastings to the Mary Rose. The Great Warbow*, London 2005.

SZABO, John / KUEFLER, Nicolas (Hg.), *The Bayeux Tapestry: a Critically Annotated Bibliography*, London 2015.

TANNER, Heather, The Expansion of Power and Influence of the Counts of Boulogne, in Marjorie CHIBNALL (Hg.), *Anglo-Norman Studies XIV. Proceedings of the Battle Conference 1991*, Woodbridge 1992, S. 251–286.

TANNER, Heather, *Families, Friends and Allies, Boulogne and Politics in Northern France and England, c. 879–1160* (The Northern World 6), Leiden 2004.

THACKER, Alan, The Cult of King Harold at Chester, in Tom SCOTT / Pat STARKEY (Hg.), *The Middle Ages in the North-West. Papers Presented at an International Conference Sponsored by the Centres of Medieval Studies of the Universities of Liverpool and Toronto*, Oxford 1995, S. 155–176.

THIBAUDEAUX, Jennifer, *Manly Priest. Clerical Celibacy, Masculinity, and Reform in England and Normandy, 1066–1300* (The Middle Ages Series), Philadelphia 2015.

THIER, Andreas, *Hierarchie und Autonomie. Regelungstraditionen der Bischofsbestellung in der Geschichte des kirchlichen Wahlrechts bis 1140* (Studien zur europäischen Rechtsgeschichte 257. Recht im ersten Jahrtausend 1), Frankfurt 2011.

THOMAS, Hugh, The *Gesta Herewardi*, the English and their Conquerors, in Christopher HARPER-BILL (Hg.), *Anglo-Norman Studies XXI. Proceedings of the Battle Conference 1998*, Woodbridge 1999, S. 213–232.

THOMAS, Hugh, *The English and the Normans: Ethnic Hostility, Assimilation, and Identity, 1066–c. 1220*, Oxford 2003.

THOMAS, Hugh, *The Norman Conquest. England after William the Conqueror* (Critical Issues in History), Plymouth 2008.

THOMPSON, Kathleen, Family and Influence to the South of Normandy in the Eleventh Century: The Lordship of Bellême, *Journal of Medieval History*, 11 (1985), S. 215–226.

THOMPSON, Kathleen, The Norman Aristocracy before 1066: the Example of the Montgomerys, *Historical Research*, 60 (1987), S. 251–263.

TOLLERTON, Linda, *Wills and Will-Making in Anglo-Saxon England*, York 2011.

TREADGOLD, Warren, *Byzantium and its Army, 284–1081*, Stanford 1995.

TWEDDLE, Dominic / BIDDLE, Martin / KJØLBYE-BIDDLE, Birthe, *South-East England* (Corpus of Anglo-Saxon Sculpture 4), Oxford 1995.

TYLER, Elisabeth, «When Wings Incarnadine with Gold are spread»: The *Vita Ædwardi regis* and the Display of Treasure at the Court of Edward the Confessor, in Elisabeth TYLER (Hg.), *Treasure in the Medieval West*, York 2000, S. 83–107.

TYLER, Elizabeth (Hg.), *Conceptualizing Multilingualism in England, c. 800–c. 1250* (Studies in the early Middle Ages 27), Turnhout 2011.

VAN EICKELS, Klaus, *Vom inszenierten Konsens zum systematisierten Konflikt. Die englisch-französischen Beziehungen und ihre Wahrnehmung an der Wende vom Hoch- zum Spätmittelalter* (Mittelalter-Forschungen 10), Stuttgart 2002.

VAN HOUTS, Elisabeth, The Origins of Herleva, Mother of William the Conqueror, *English Historical Review*, 101 (1986), S. 399–404.

VAN HOUTS, Elisabeth, The Ship List of William the Conqueror, in R. Allen BROWN (Hg.), *Anglo-Norman Studies X. Proceedings of the Battle Conference 1987*, Woodbridge 1988, S. 159–183.

VAN HOUTS, Elisabeth, Historiography and Hagiography at Saint-Wandrille: the *Inventio et Miracula Sancti Vulfranni*, in Marjorie CHIBNALL (Hg.), *Anglo-Nor-*

man Studies XII. Proceedings of the Battle Conference 1989, Woodbridge 1990, S. 233–251.

Van Houts, Elisabeth, The Norman Conquest through European Eyes, *English Historical Review*, 110 (1995), S. 832–853.

Van Houts, Elisabeth, The Memory of 1066 in Oral and Written Tradition, in Christopher Harper-Bill (Hg.), *Anglo-Norman Studies XIX. Proceedings of the Battle Conference 1996*, Woodbridge 1997, S. 167–179.

Van Houts, Elisabeth, Wace as Historian, in Katherine Keats-Rohan (Hg.), *Family Trees and the Roots of Politics. The Prosopography of Britain and France from the Tenth to the Twelfth Century*, Woodbridge 1997.

Van Houts, Elisabeth, Hereward and Flanders, *Anglo-Saxon England*, 28 (1999), S. 201–223.

Van Houts, Elisabeth, The Echo of the Conquest in the Latin Sources: Duchess Matilda, her Daughters and the Enigma of the Golden Child, in Pierre Bouet / Brian Levy / François Neveux (Hg.), *The Bayeux Tapestry: Embroidering the Facts of History. Proceedings of the Cerisy Colloquium 1999*, Caen 2004, S. 135–153.

Van Houts, Elisabeth, Edward and Normandy, in Richard Mortimer (Hg.), *Edward the Confessor: The Man and the Legend*, Woodbridge 2009, S. 63–76.

Van Zanten, Arwen, Going Berserk: In Old Norse, Old Irish and Anglo-Saxon Literature, *Amsterdamer Beiträge zur älteren Germanistik*, 63 (2007), S. 43–64.

Vaughn, Sally, *Archbishop Anselm 1093–1109: Bec Missionary, Canterbury Primate, Patriarch of another World* (The Archbishops of Canterbury Series), Farnham 2012.

Vincent, Nicholas, *A Brief History of Britain, 1066–1485. The Birth of the Nation*, London 2011.

Vincent, Nicholas, More Tales of the Conquest, in David Crouch / Kathleen Thompson (Hg.), *Normandy and its Neighbours, 900–1250* (Medieval Texts and Cultures of Northern Europe 14), Turnhout 2011, S. 271–301.

Von Ranke, Leopold, *Geschichten der romanischen und germanischen Völker von 1494 bis 1514* (Leopold von Ranke's Sämmtliche Werke 33–34), Leipzig 1874.

Wamers, Egon, Von Bären und Männern. Berserker, Bärenkämpfer und Bärenführer im frühen Mittelalter, *Zeitschrift für Archäologie des Mittelalters*, 37 (2009), S. 1–46.

Weinfurter, Stefan, *Canossa. Die Entzauberung der Welt*, München 2006.

Weinfurter, Stefan, Das Ende Heinrichs IV. und die neue Legitimation des Königtums, in Gerd Althoff (Hg.), *Heinrich IV.* (Vorträge und Forschungen 69), Ostfildern 2009, S. 331–353.

Werner, Karl Ferdinand, Quelques observations au sujet des débuts du « duché » de Normandie, in *Droit privé et institutions régionales. Études historiques offertes à Jean Yver* (Publications de l'Université de Rouen 31), Paris 1976, S. 691–709.

Widder, Ellen, Konkubinen und Bastarde. Günstlinge oder Außenseiter an Höfen des Spätmittelalters, in Jan Hirschbiegel / Werner Paravicini (Hg.), *Der Fall des Günstlings. Hofparteien in Europa vom 13. bis zum 17. Jahrhundert* (Residenzenforschung 17), Ostfildern 2004, S. 417–480.

WILLIAMS, Ann, Land and Power in the Eleventh Century: The Estates of Harold Godwineson, in R. Allen BROWN (Hg.), *Proceedings of the Battle Conference on Anglo-Norman Studies III, 1980*, Woodbridge 1981, S. 171–187, 230–234.

WILLIAMS, Ann, The King's Nephew: The Family and Career of Ralph, Earl of Hereford, in Christopher HARPER-BILL / Christopher HOLDSWORTH / Janet NELSON (Hg.), *Studies in Medieval History Presented to R. Allen Brown*, Woodbridge 1989, S. 327–340.

WILLIAMS, Ann, *The English and the Norman Conquest*, Woodbridge 1995.

WILLIAMS, Ann, *Kingship and Government in Pre-Conquest England, c. 500–1066* (British History in Perspective), Oxford 1999.

WILLIAMS, Ann, A Bell-house and a *burh-geat*. Lordly Residences in England before the Norman Conquest, in Robert LIDDIARD (Hg.), *Anglo-Norman Castles*, Woodbridge 2003, S. 23–40.

WILLIAMS, Ann, *Æthelred the Unready. The Ill-Counselled King*, London 2003.

WILLIAMS, Ann, Art. «Eadgifu the Fair (fl. 1066)», in *Oxford Dictionary of National Biography*: http://www.oxforddnb.com/view/article/52349.

WILLIAMS, Ann, Art. «Gyrth, Earl of East Anglia (d. 1066)», in *Oxford Dictionary of National Biography*: http://www.oxforddnb.com/view/article/11826.

Williams, Ann, Art. «Ralph the Staller, Earl of East Anglia (d. 1068x70)», in *Oxford Dictionary of National Biography*: http://www.oxforddnb.com/view/article/52354.

WILLIAMS, Ann, England in the Eleventh Century, in Christopher HARPER-BILL / Elisabeth VAN HOUTS (Hg.), *A Companion to the Anglo-Norman World*, Woodbridge [2]2007, S. 1–18.

WILLIAMS, Gareth, Krieg und Eroberung, in Gareth WILLIAMS / Peter PENTZ / Matthias WEMHOFF (Hg.), *Die Wikinger*, München 2014, S. 76–115.

WORMALD, Patrick, *The Making of the English Law: King Alfred to the Twelfth Century. Vol. 1. Legislation and Its Limits*, Oxford 1999.

WORMALD, Patrick, Art. «Wulfstan (d. 1023)», in *Oxford Dictionary of National Biography*: http://www.oxforddnb.com/view/article/30098.

ZEILINGER, Gabriel, Salische Ressourcen der Macht. Grundherrschaft, Silberbergbau, Münzprägung und Fernhandel, in Bernd SCHNEIDMÜLLER / Stefan WEINFURTER (Hg.), *Salisches Kaisertum und neues Europa. Die Zeit Heinrichs IV. und Heinrichs V.*, Darmstadt 2007, S. 143–160.

Webseiten

Prosopography of Anglo-Saxon England (PASE): http://www.pase.ac.uk/index.html.

Vikingeskibs Museet, Roskilde: http://www.vikingeskibsmuseet.dk/de/.

STAMMTAFELN

Das Haus Wessex im 11. Jahhundert
(vereinfachte Darstellung)

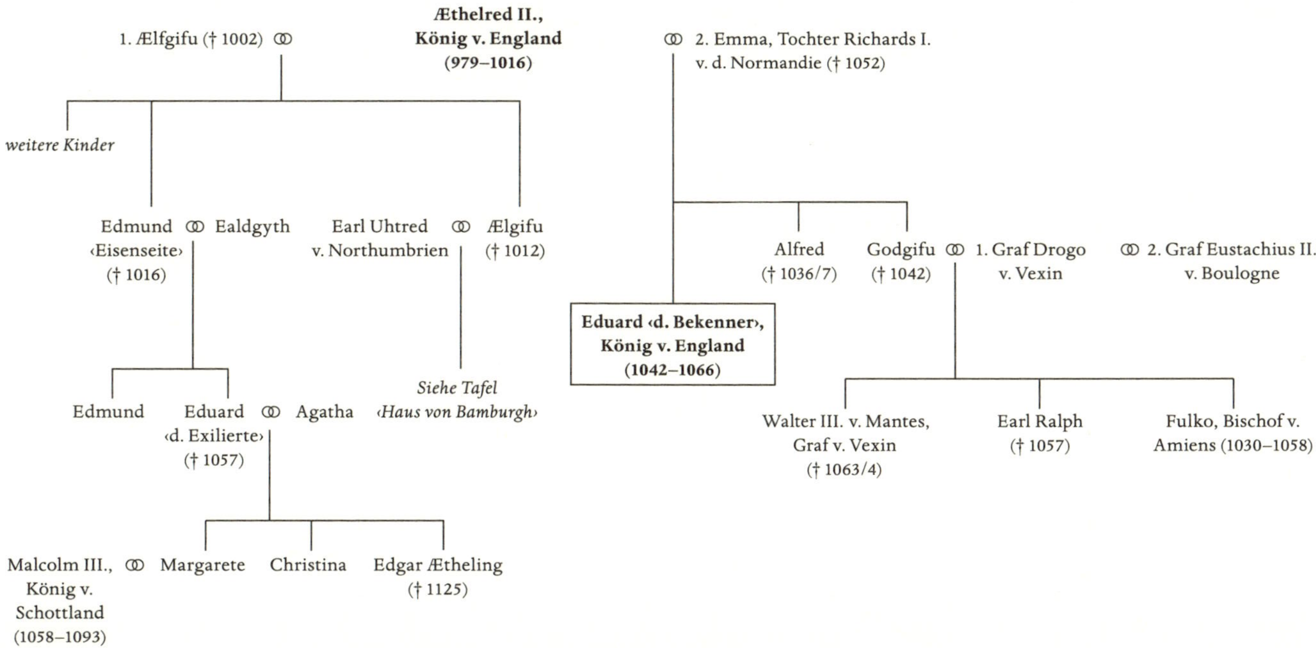

Bearbeitet nach: Barlow, *Godwins*, S. 13; Barlow, *Edward*, Falttafel.

Könige von Dänemark und England
(vereinfachte Darstellung)

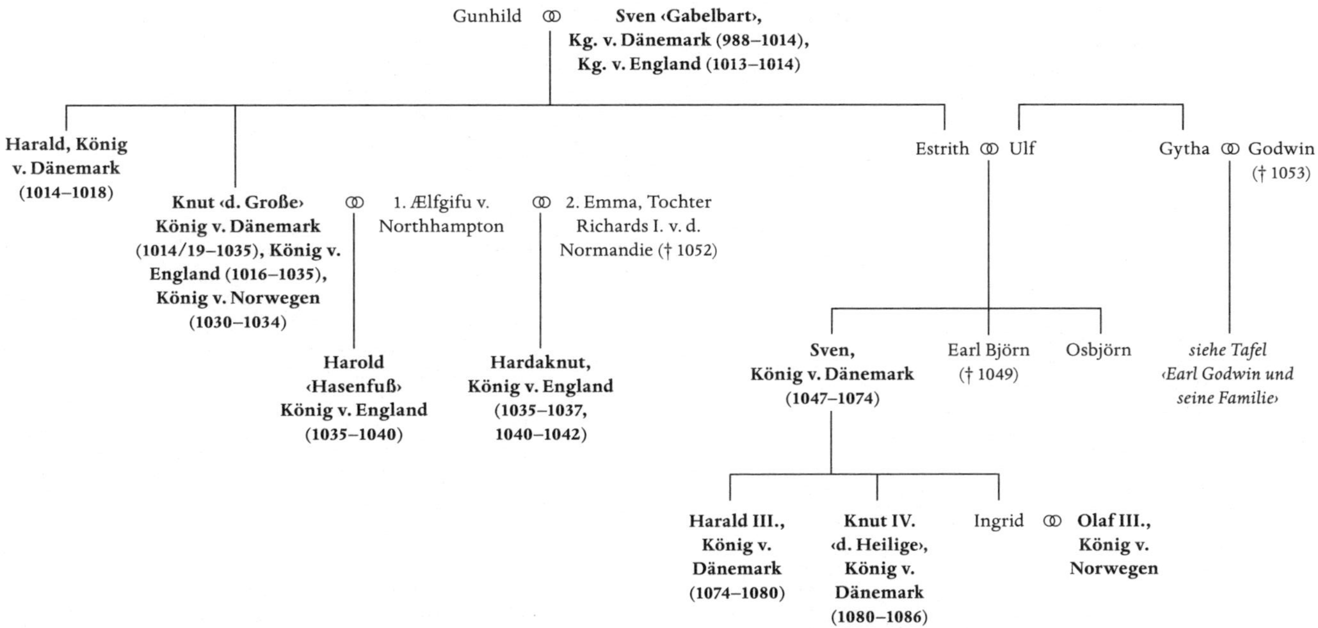

Bearbeitet nach: Barlow, *Godwins*, S. 14; Barlow, *Edward*, Falttafel.

Earl Godwin und seine Familie
(vereinfachte Darstellung)

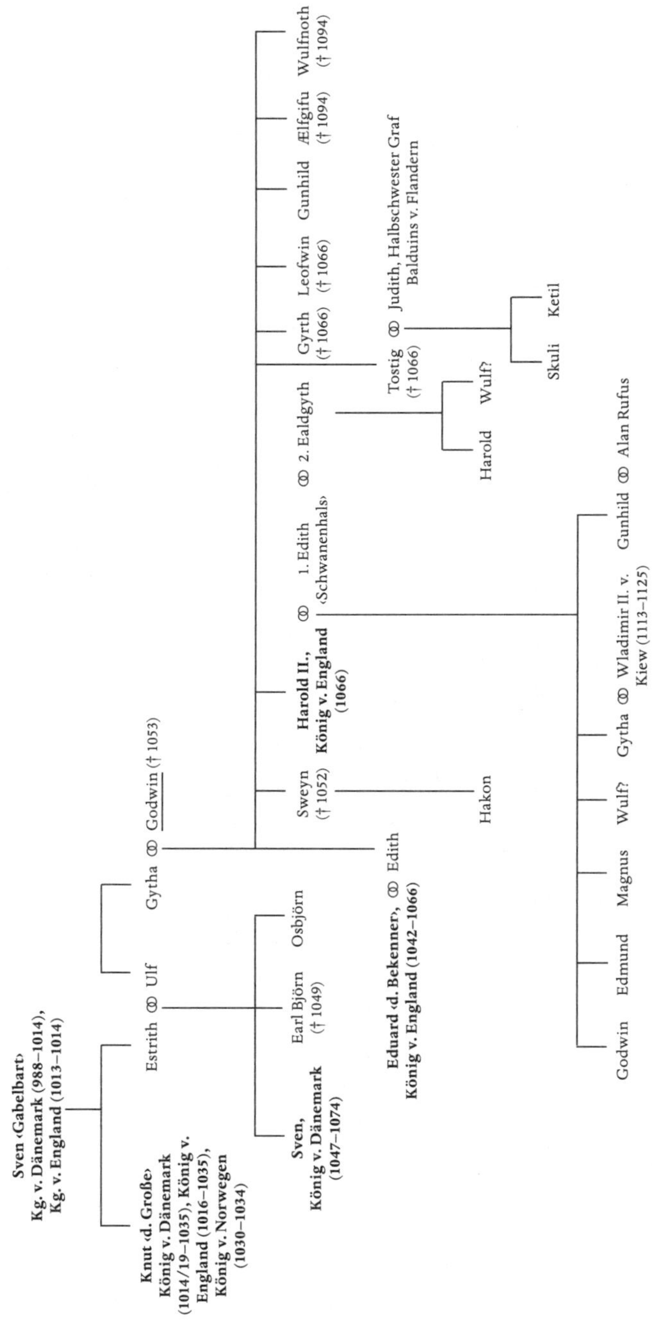

Bearbeitet nach: Barlow, *Godwin*, S. 16; Barlow, *Edward*, Falttafel.

Grafen und Herzöge der Normandie

(vereinfachte Darstellung)

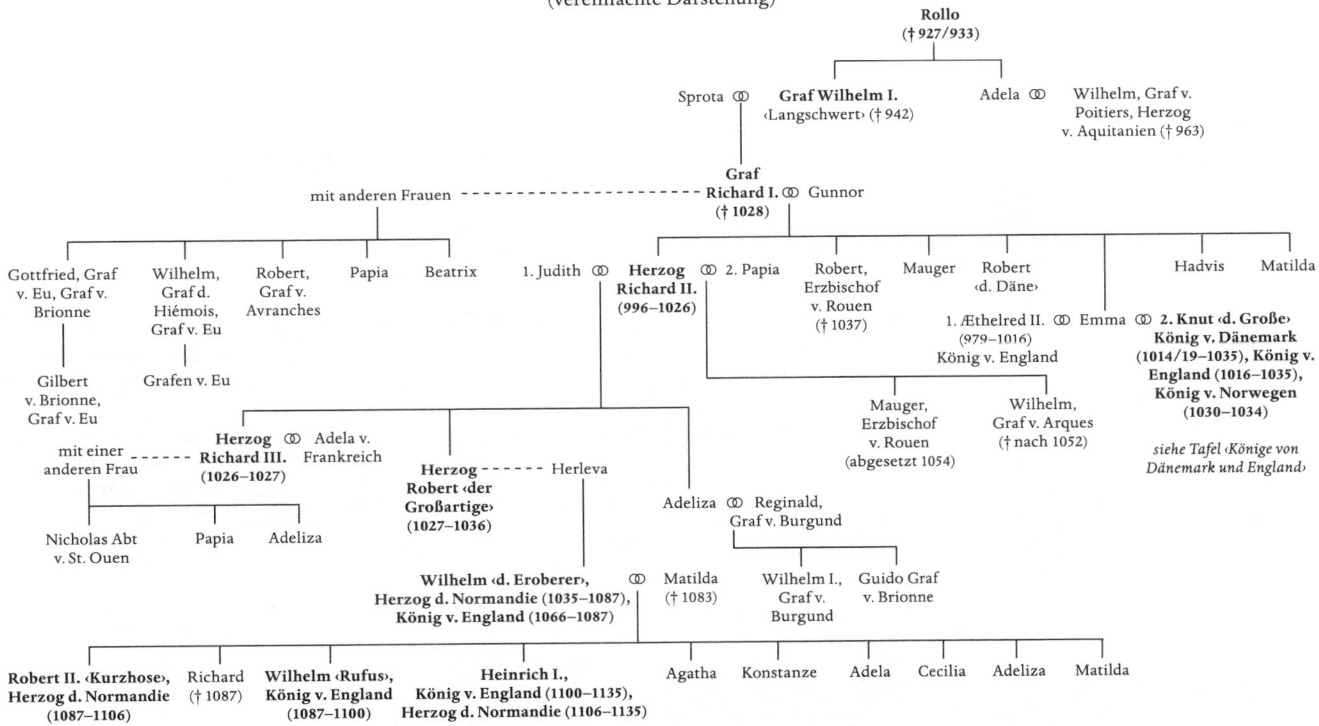

Bearbeitet nach: Bauduin, *La première Normandie*, S. 20–21.

Könige von Norwegen
(vereinfachte Darstellung)

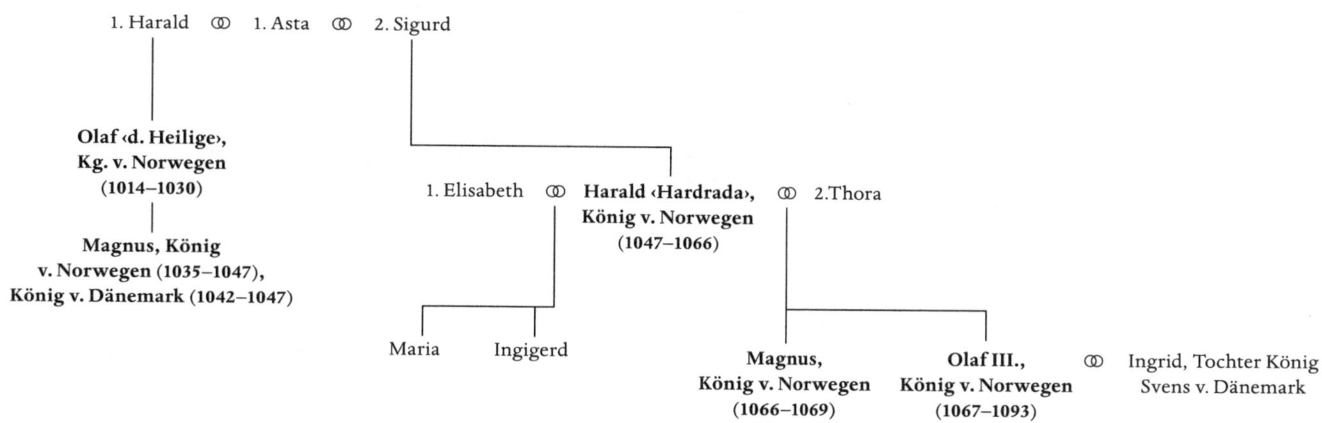

Bearbeitet nach: Barlow, *Edward*, Falttafel.

Haus von Bamburgh
(vereinfachte Darstellung)

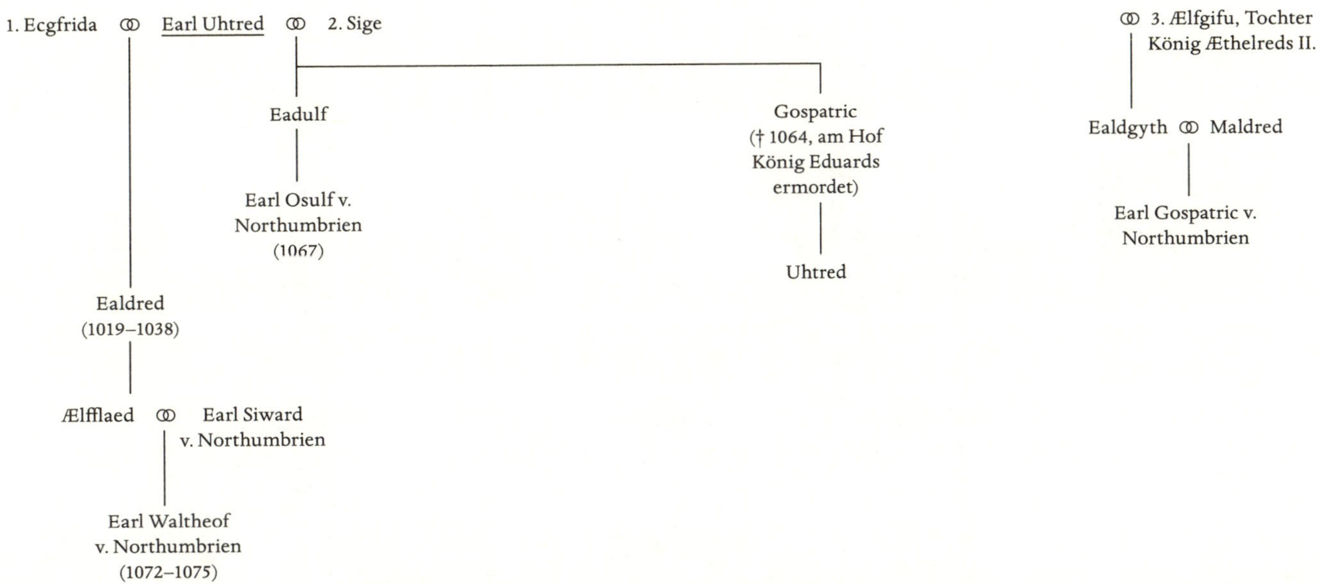

Bearbeitet nach: Williams, *Norman Conquest*, S. 28.

BILDNACHWEIS

Abb. 1, 2 bpk/The Trustees of the British Museum | **Abb. 3** The State Historical Museum, Moskau (GIM 76 990 1539/1) | **Abb. 4** © John Crook/Winchester Excavations Committee, all rights reserved (CG WS 98) | **Abb. 5** Manuel Cohen/akg-images | **Abb. 6, 36** Bridgeman Images | **Abb. 7, 9, 12, 13, 27** akg-images/Erich Lessing | **Abb. 8** bpk | **Abb. 10, 16** akg-images | **Abb. 11, 15, 25, 26, 31** Musée de la Tapisserie/Bridgeman Images | **Abb. 14** Universal History Archive/UIG/Bridgeman Images | **Abb. 17** Foto: Werner Karrasch/© The Viking Ship Museum, Dänemark | **Abb. 18** Wikinger Museum Haithabu | **Abb. 19** Arnold Mikkelsen/The National Museum of Denmark | **Abb. 20** Foto: Adnan Icagic/Tromsø University Museum | **Abb. 21** © 2016 Kulturhistorik Museum, University of Oslo; Foto: Kirsten Helgeland. http://www.unimus.no/foto/#/search?q=Cf34567_147*&museum=KHM | **Abb. 22** © 2016 Kulturhistorik Museum, University of Oslo; Foto: Eirik Irgens Johnsen; http://www.unimus.no/foto/#/search?q=Cf34511_020*&museum=KHM | **Abb. 23** © 2016 Kulturhistorik Museum, University of Oslo, Foto: Ellen C. Holte; http://www.unimus.no/foto/imageviewer.html#/?id=12679051&type=jpe | **Abb. 24** akg-images/A. F. Kersting | **Abb. 28** Look and Learn/Bridgeman Images | **Abb. 29** © The Bodleian Libraries, The University of Oxford | **Abb. 30** © Master and Fellows of Trinity College Cambridge | **Abb. 32** Neil Holmes/Bridgeman Images | **Abb. 33** Nach Eric Fernie, *The Architecture of Norman England*, Oxford: Oxford University Press 2000, S. 119, Abb. 94 | **Abb. 34** akg-images/Bildarchiv Monheim | **Abb. 35** Look and Learn/Bridgeman Images

Karten: © Peter Palm, Berlin

PERSONENREGISTER*

---

* Die Register erschließen nur den Fließtext, nicht den Anhang.

ORTSREGISTER*

* Die Lemmata Dänemark, England, Frankreich, Normandie und Norwegen wurden nicht aufgenommen.